本书的翻译，受到上海市重点学科建设项目——经济法（T1002）资助

DISPUTE SETTLEMENT IN THE WORLD TRADE
ORGANIZATION: PRACTICE AND PROCEDURE
© David Palmeter & Petros C. Mavroidis, 2004

WTO中的争端解决：
实践与程序（第二版）

原著：〔美〕戴维·帕尔米特

〔希腊〕佩特罗斯·C·马弗鲁第斯

译者：罗培新

李春林

北京大学出版社

PEKING UNIVERSITY PRESS

著作权合同登记号:图字 01-2005-1036 号
图书在版编目(CIP)数据

WTO 中的争端解决:实践与程序.第 2 版/(美)帕尔米特,(希)马弗鲁第斯
著;罗培新,李春林译.—北京:北京大学出版社,2005.11
ISBN 7-301-09670-4

Ⅰ.W… Ⅱ.①帕… ②马… ③罗… ④李… Ⅲ.世界贸易组织-国际贸易
-国际争端-研究 Ⅳ.F743

中国版本图书馆 CIP 数据核字(2005)第 103336 号

书 名:WTO 中的争端解决:实践与程序(第二版)
著作责任者:〔美〕戴维·帕尔米特 〔希腊〕佩特罗斯·C·马弗鲁第斯 著
罗培新 李春林 译
责 任 编 辑:梅 林 谢海燕
标 准 书 号:ISBN 7-301-09670-4/D·1286
出 版 发 行:北京大学出版社
地 址:北京市海淀区成府路 205 号 100871
网 址:http://cbs.pku.edu.cn
电 话:邮购部 62752015 发行部 62750672 编辑部 62752027
电 子 信 箱:pl@ pup.pku.edu.cn
排 版 者:北京高新特打字服务社 82350640
印 刷 者:涿州市星河印刷有限公司
经 销 者:新华书店
1000×1400 毫米 16 开本 21.25 印张 384 千字
2005 年 11 月第 1 版 2005 年 11 月第 1 次印刷
定 价:38.00 元

一部与作者同生共长的扛鼎之作
——代译序

催生了 1995 年世界贸易组织的多边贸易谈判乌拉圭回合的最伟大成就之一,就是创建了一套全新而统一的、而且具有广泛约束力的争端解决机制。作为 WTO 法律文件重要组成部分的《争端解决规则与程序的谅解》(DSU),修订并进一步阐发了 GATT1947 第 22 条、第 23 条关于 GATT 成员方争端解决的规定。这套新机制的以下两项特色颇为重要:其一,DSU 一体适用于 WTO 框架内任何多边贸易协定项下的争端。因而,一度被称为"GATT 照菜单点菜"、即 GATT 成员方可自行选择加入哪个(哪些)协定、从而减损了旧的争端解决机制功能的现象,终于走向终结。其二,专家组的设立和专家组(以及上诉机构)报告的通过,不再要求 GATT 全体缔约方一致同意,相反,如要阻止 WTO 总理事会的争端解决机构通过这些报告,则需要一致同意。这种"反向一致"的做法,被认为是 GATT 体制的一项最大变更。由于胜诉方通常会运用其投票权,阻止"反向一致"的达成,它意味着,在世界经贸领域,一套具有拘束力的准司法争端解决机制已然问世。

然而,只有实践工作者全面理解 DSU,这套全新的争端解决机制才可能符合各方预期。这些实践工作者既包括向 WTO 争端解决专家小组及其上诉机构提呈案件并出庭应诉的外交家、政府官员和政府律师,又包括为政府和私人客户提供咨询意见、或代表其参与相关诉讼的私人从业者。由于 WTO 争端解决事项涵盖面广,且极富技术性,除要求实践工作者对 WTO 法律规则熟稔于心外,对其实际经验亦颇为倚重。多年来,国际经贸领域一直企盼着兼顾法理与实务、融合 WTO 规则与争端解决程序的著作问世,以为实践工作者提供一项工作指南。《WTO 中的争端解决:实践与程序》正是这方面的扛鼎之作。

这部作品的作者——戴维·帕尔米特(David Palmeter)和佩特罗斯·C·

马弗鲁第斯(Petros C. Mavroidis)——的学术和实践经历,使其当仁不让地成为这方面的不二人选。正如本书前言所说,这部作品与作者的经验同生共长。

戴维·帕尔米特 1963 年毕业于芝加哥大学法学院,获法学博士学位。几乎从 WTO 诞生之日起,许多争端解决案件即活跃着他的身影。在 WTO 首起争端案件中,他为新加坡政府提供咨询意见。紧接着,他又为巴西政府和巴西石油公司在第一起达成正式决定的案件中出谋划策。此后,他长期担任 WTO 争端解决诉讼的政府和私人顾问,从 1989 年至 1993 年,他担任国际律师协会关税和贸易委员会主席。从 1994 年至 1998 年,他担任了国际律师协会与 GATT、WTO 和联合国贸易与发展会议(UNCTAD)之间的联络人。目前,戴维·帕尔米特是美国西德尼·奥斯丁 & 布朗有限合伙(LLP)法律事务所的合伙人。除了广泛参与争端解决实践外,戴维·帕尔米特还拥有不俗的学术经历。他在美国哥伦比亚大学、华盛顿大学以及欧洲的多所大学定期开设了 WTO 法律课程,出版了《作为一项法律机制的 WTO》(*The WTO as a Legal System*)等著作,在《美国国际法杂志》(*American Journal of International Law*)、《世界贸易杂志》(*Journal of World Trade*)等刊物发表了多篇学术论文。

佩特罗斯·C·马弗鲁第斯同样是一位在学界和实践部门自由迁徙的"候鸟"式人物。目前他以法学教授的身份执教于哥伦比亚大学法学院(纽约)、瑞士纽查特尔(Neuchatel)大学。欧洲大学研究院(佛罗伦萨)也曾留下他的身影。除本书外,他还在牛津大学出版社、密歇根大学出版社出版了包括《世界贸易组织法:实践和政策》(*The World Trade Organization Law, Practice and Policy*)、《管制壁垒与非歧视原则》(*Regulatory Barriers and the Principle of Non-Discrimination*)等多部著作。除在学界屡有建树外,佩特罗斯·C·马弗鲁第斯还曾于1992 年—1996 年为 GATT/WTO 的法律部门提供法律服务。1996 年 10 月到现在,他担任着 WTO 技术合作部(Technical Cooperation Division)的法律顾问,主要工作是对处于争端解决进程之中的发展中国家提供帮助。目前,他还担任着美国法律协会"WTO 法律的原则"项目的联合主报告人。

戴维·帕尔米特和佩特罗斯·C·马弗鲁第斯在这部著作里,对 WTO 的争端解决机制的研究可谓全面而系统,本书第一章以简洁的笔调勾勒了争端解决机制的历史发展概况,从创建国际贸易组织不成功的尝试开始,转到 GATT 的谈判,最后止于 WTO 的成立。接下来,第二章对争端解决机构在《争端解决谅解》项下的管辖权进行了细致的分析。在第三章中,作者依照《国际法院规约》第38条确立的顺序,探讨了与争端解决相关的法律渊源。随后的第四章全面探讨了专家组程序本身,并论述了其中出现的法律问题,如举证责任和评审标准问题。在接下来的一章中,作者分析了针对发展中国家和《争端解决谅解》所涵盖的每一项多边与诸边协定设定的特殊和附加的规则和程序。第六章专门分析了上诉程序;第七章和第八章分别探讨了争端解决机构报告的通过、执行和补救。第九章则对整个争端解决机制下了一个简短的结论。

本书对WTO争端解决机制的研究与分析不仅周全,而且与同类作品相比,还极富特色。具体表现在以下五个方面:

其一,本书将争端解决规则与大量案例紧密结合,通过案例来诠释、理解和运用规则,原本停留于纸面上的争端解决规则"活"了起来,原本抽象地存在于学者头脑中的WTO争端解决机制"动"了起来。在翻译过程中,我们似乎能够亲身体验WTO争端解决机制的运作过程。该书引用案件之广泛、论述之深刻、分析之切中要害,是其他类似题材的著作无法媲美的。

其二,本书将理论与实践紧密结合。它不仅分析了争端解决机制的起源、有关争端解决的一般性理论问题,如管辖权问题和法律渊源问题,同时尽管作者认为WTO"高高屹立于国际公法的宽阔平台上",他们仍把WTO法及WTO争端解决机制置于整个国际公法的大背景下来理解和分析。作者在书中不仅较多地引用了相关学者的精深论述,而且还提出了许多有待学者和实践工作者深入思考并解决的问题。虽然正如作者在书名中所强调的一样,其主要是从"实践与程序"的视角来描绘争端解决机制的,但作者还是提出了相当多的与WTO争端解决机制紧密相关的理论问题。

其三,本书还将争端解决程序的"实体性"规则与程序的运作紧密结合起来。相对于GATT1994和各适用协定而言,《争端解决谅解》可谓程序性规则;但相对于争端解决过程的展开来说,《争端解决谅解》又可谓实体性规则。作者通过具体案例和自身的阐述,把《争端解决谅解》与争端解决实践水乳交融般地融为一体。

其四,作者还将争端解决机制的历史与未来联系在一起。作者通过对比争端解决机制的历史与现在,发现争端解决机制取得了革命性的进展;通过对比争端解决机制的现状与未来,作者发现争端解决机制在实践中还暴露出不少问题,有的甚至是"体系性"问题,有待争端解决机制的进一步完善来解决,并由此指明了争端解决机制未来改进的方向。

其五,作者还将比较与分析紧密结合。除了对 WTO 争端解决机制与 GATT 下的争端解决进行历史比较外,作者还进行横向比较,将 WTO 争端解决机制与国际法院中的争端解决相比,甚至在某些方面将其与国内司法程序相比较,从而对其特色进行了全方位的揭示。此外,作者还进行了"内部"比较:本书不仅分析了《争端解决谅解》中的一般性规则,而且还用专章(第五章)研究了各适用协定中的特殊与附加规则,并在期限等方面对两者做了充分的比较,从而使其对 WTO 争端解决机制的描绘更趋完美。此外,"内部"比较还表现为对专家组程序和上诉程序纵向的全方位比较,从而显示了争端解决内在的阶段性和程序性品格。总体而论,就一方面而言,WTO 中的争端解决只是规则;但从另一方面而言,它只是"过程性"实践,但本书作者却能艺术般地将两者"交融"成一种机制,从而近乎完美地完成了对 WTO 争端解决机制的学理探讨与分析。

当然,本书并不是同类主题的第一部著作,更早期的作品要么主要着眼于旧的 GATT 体制、案例法和政策性问题,如 Petersmann 的《GATT/WTO 争端解决机制》(*The GATT/WTO Dispute Settlement System*),要么探讨一般的国际争端解决问题,如 Merrills 的《国际争端解决》(*International Dispute Settlement*)。戴维·帕尔米特和佩特罗斯·C·马弗鲁第斯在本书中,则将目光聚集于新的争端解决机制。1995 年 WTO 成立伊始至 2003 年年底专家组和上诉机构的所有决定,被一体纳入探讨范围。但美中不足的是,作者并没有深入探讨与国际争端解决息息相关的学术和政策问题。这种学术"厚度"的缺失不乏例证,如作为"结论"的第九章只有区区两页,另外,书中对专家组程序的适当审查标准这一重要论题的阐述,亦只有两小段,而且没有援引其他相关文献供进一步阅读之用,最后的参考书目也显得过于简单等等。然而,细想之下,这些苛责未免过于吹毛求疵。限于本书为实践工作者提供"操作指南"的主旨,作者并无意将其做成一本争端解决方面的纯粹学术刊物。事实上,它结构清晰、笔法流畅、易于理解,已经很好地完成了自己的历史使命。它之于我国的意义,正如担任驻华盛顿的"中美商业顾问理事会理事长"Karen M. Sutter 所言,对于许多在争端解决机制方面越陷越深的中国实践者而言,这本书"非常实用而且易于读懂"。

本书的翻译分工如下:罗培新负责翻译扉页、首页、前言、第 1—3 章,整理了目录及参考书目;李春林负责翻译第 4—9 章、附录和索引。两位译者在译完各自部分后还进行了互校,最后由罗培新负责统稿、协调等事宜。在翻译此书过程中,我们还得到了许多人的帮助,如上海 WTO 事务咨询中心的龚柏华老师,华东政法学院的李晓玲、赵玉同学对本书第 5、8 章翻译的顺利完成做出了贡献。另外,本书的翻译,还得到了"上海市重点学科建设项目——经济法(T1002)"的资助。还要特别感谢的是,北京大学出版社的谢海燕编辑,她的宽容使我们得以在繁重的教学和科研之余,不断重拾被一再延宕的翻译计划;她付出的智慧和辛劳,也为本译作增色良多。

曾经翻译过著作的人都知道,关于翻译的比喻很多,最著名的莫过于"翻译者即背叛者"(translator, traitor)。的确,优秀的作品,无论行文风格还是思想的个性化表达均不落窠臼。因而,翻译的语言转换过程,同时也是原著气脉和神韵耗散的过程。鉴此,译者尽了最大的努力,除力求准确之外,还尽可能以地道的中国文字捕捉原著字里行间蕴藏的韵味。但囿于水平,缺憾甚至错谬之处在所难免,在这里,恳请读者批评指正。

罗培新　李春林

2005 年 9 月

内 容 简 介

任何有经验的律师都知道,案件胜诉抑或败诉,绝大多数都能从程序方面找到原因;然而,程序事项却经常被认为太过于技术化,因而未能在法律著作中得到妥当的对待。在这部由帕尔米特(PALMETER)和马弗鲁第斯(MAVROI-DIS)完成的关于 WTO 争端解决的、已经得到全面修订的新版本权威著作中,作者探讨了 WTO 争端解决的所有条款及其在 WTO 判例中的解释。另外,从 1995年 WTO 成立伊始至 2003 年年底专家组和上诉机构的所有决定,也都被一一探讨。虽然本书包含着相当多的技术性知识,但它同时考虑到读者群的广泛性,在可接受度方面颇下了一番功夫。这本书——作为实务工作者、外交人员和政府律师的一个重要工具——是对国际法领域具有强制力的第三方裁决的一项全面研究。

戴维·帕尔米特(DAVID PALMETER)是西德尼·奥斯丁 & 布朗有限合伙(LLP)律师事务所的合伙人,长期担任 WTO 争端解决诉讼的政府和私人顾问。从 1994 年至 1998 年,他担任了国际律师协会与 GATT、WTO 和联合国贸易与发展会议(UNCTAD)之间的联络人。他在许多大学定期开设了 WTO 法律课程,还是《WTO 法律体制》(The WTO as a Legal System)一书的作者。

佩特罗斯·C·马弗鲁第斯(PETROS C. MAVROIDIS)是哥伦比亚大学法学院(纽约)、瑞士纽查特尔(Neuchatel)大学的法学教授。他曾经执教于欧洲大学研究院(佛罗伦萨),并曾于 1992—1996 年为 GATT/WTO 提供法律服务。目前,他担任着美国法律协会"WTO 法的原则"项目的首席联合报告人。

法律的进步,通常隐藏于法律运作程序的空隙中。

——奥利弗·温德尔·霍姆斯(Oliver Wendell Holmes)法官

目　　录

前　言

　　这是一部写给实践工作者的作品。一方面,这些实践工作者包括外交家、政府官员和政府律师,他们向世界贸易组织(WTO)争端解决专家小组及其上诉机构提交案件并出庭应诉;另一方面,实践工作者还包括私人从业者,他们为与案件结果休戚相关的政府和私人客户提供咨询意见,或者代表其参与相关诉讼。这部作品与其作者的经验同生共长:作者之一为私人律师,他在 WTO 及其前身《关税及贸易总协定》(GATT)框架下,向政府和私人客户提供了许多咨询意见,并代表他们参与诸多诉讼;另一名作者则是一位曾经任职于 GATT 和 WTO 法律事务部的官员,他曾经向众多专家组提供过咨询意见。

　　本书试图对实践工作者在争端解决这一极为实务的领域中面临的程序性问题做出阐析。然而,由于本书同时还在很大程度上依赖专家组和上诉机构的法理运用,因此还将描述那些非正式做法和 WTO 的"行事方式"——这是为推动争端解决进程,以及应对随着时间推移而暴露出来的法律文本的种种缺漏而采取的。我们会不时对专家组和上诉机构的裁决做出严苛批评,但这绝非本书的重心。学者们就争端解决事项发表了越来越多的批评性和解析性论文,我们都在正文的适当位置和参考书目的清单中予以提及。

　　本书 1999 年的第 1 版包括了冗长的附录,其中收入了《关于争端解决规则与程序的谅解》和 WTO 协定关于争端解决的条款。而在这一版本中,我们认为人们可以非常便利地获得这些文件,因而实无必要再次将其纳入本书。这些文件可以在 WTO 的网站 www.wto.org 找到,同时它们还公布于 WTO 和剑桥大学出版社出版的《WTO 争端解决程序》的简装版中,现在该书已经印到第 2 版。

　　本书的第三章是一篇大幅修订后的文章,该文章题为《WTO 的法律制度:法律的渊源》(The WTO Legal System:Sources of Law),最初发表于美国国际法学会主办的《美国国际法杂志》(AMERICAN JOURNAL OF INTERNATIONAL LAW, ⓒ The American Society of International Law)第 92 卷,该杂志慨然同意本书使用该文。

　　许多人在问题解答、文件置备、阅读并对本书的早期版本提出批评和建议方面,给予了大力帮助,为此,我们要感谢 Guy Evans, Todd J. Friedbacher, Reto Malacrida, Niall P. Meagher, Julia Pain, Yves Renouf, Celso de Tarso Pereira, Arun Venkataraman, Joelle Vuillemenot, Hannu Wager, Jasper-Martijin Wauters, Rhian-Mary Wood-Richards, 还有 Werner Zdouc. 我们还要特别感谢 Laurie Hieta,他仔细阅读了每一个字,检查了每一个注释,这是一项首先需要勇气、同时又超越责任感的工作。

第一章 概　　述

第一节　国际贸易组织、关税及贸易总协定和世界贸易组织

一、布雷顿森林体系和哈瓦那宪章

在第二次世界大战进行之中,盟国领导人已经开始筹划战后世界秩序的安排,他们不希望战后的世界仍象战前一样,以经济上的孤立主义为表征。他们中的许多人相信,正是经济上的孤立主义大大加重了经济大萧条并导致了战争的爆发。1941 年,美国副国务卿(Undersecretary of State)萨姆拉·威尔斯(Sumner Wells)在题为"战后商业政策"的演讲中称:

> 各国时常采取经济歧视主义政策,设置贸易壁垒,而全然不顾由此给其他国家的民众生计和贸易所带来的破坏,同时,极具讽刺意味的是,他们也同样不顾这对本国的出口贸易必然带来的消极影响。
>
> 由此带来的苦难、迷乱和怨恨,以及其他同样致命的消极因素,为独裁专政铺平了道路,而正是这种独裁统治,已经几乎把全世界都拖进了战争的深渊。[1]

这些对经济问题的关注,最终促成了 1944 年 7 月在美国新罕布什尔州召开了著名的布雷顿森林会议,并产生了"布雷顿森林组织",包括国际复兴开发银行(即众所周知的世界银行)和国际货币基金组织。也许是因为布雷顿森林会议只由各国财政部门代表参加,而没有贸易官员,因此没有商议一项涉及贸易的协定。然而,盟国的经济领袖们在心中已经有了缔结一项贸易协定的强烈愿望,并且于 1945 年 12 月初,美国即提议成立一个国际贸易组织(International Trade Organization, the ITO)。但这项雄心勃勃的计划的提出,此时却并非正当其时。恰恰相反,几乎是 5 年后的 1950 年 12 月 6 日,美国国务院(Department of State)宣布国际贸易组织流产,令其胎死腹中的是美国国会,后者——带着对美国参议院曾在凡尔赛和约和国际联盟框架下遭受令人不安的待遇的回

---

[1] US Dep't. of State, Pub. No. 1660, Commercial Policy Series 71 (1941), 转引自 John H. Jackson, *World Trade and The Law of Gatt* 38 (Bobbs-Merrill, 1969).

忆——拒绝批准国际贸易组织宪章。[2] 尽管如此,并非所有相关事项都因此消逝。国际贸易组织宪章的一个独特部分(odd portion),以一种独特的方式存活下来。它便是大家所知道的《关税及贸易总协定》,或简称为 GATT,它延续了近半个世纪——47 年。1995 年 1 月 1 日,GATT 被世界贸易组织(WTO)所取代,后者是一个在范围和效力方面均更具广泛性的实体组织,但它与设想中的国际贸易组织却大相径庭。

二、GATT 的议定

国际贸易组织雄心万丈。对于美国国会而言,这种雄心当然是过了头,而且,也许从一种事后诸葛亮的便利眼光来看,几乎在任何合理的标准之下,国际贸易组织都过于野心勃勃。从 1946 年至 1948 年,它经历了长达两年的谈判,在伦敦、纽约、日内瓦开了一系列会议,最终在哈瓦那召开的"联合国贸易与就业"会议上,制定了"建立国际贸易组织的哈瓦那宪章。"正如会议的名称所揭示的,国际贸易组织不仅涵盖贸易政策,还包括就业政策。除此之外,它还包含国际商品协定、经济发展和限制性商业行为。

尽管国际贸易组织之下的许多更为雄心勃勃的条款都在谈判之中,但各国政府却对如何更快地放松关税和其他贸易限制措施更感兴趣。在负责起草国际贸易组织宪章的预备委员会的组织下,一个起草委员会于 1947 年 1 月和 2 月间在纽约的成功湖(Lake Success)召开了会议,完成了 GATT 的全部草案。从 1947 年 4 月至 10 月,在日内瓦的联合国欧洲办公室,预备委员会全体成员在忙于国际贸易组织事务的同时,进行了一轮关税谈判。这成为 GATT 最后总共 8 轮谈判中的第 1 轮,产生了"日内瓦最后法案",包括 GATT 的成功湖(Lake Success)文本和 25 个与会国政府承诺的关税减让表。[3] 它同时还包括一项"临时适用议定书"(Protocol of Provisional Application)或称为"PPA",一项意在起到临时作用的权宜安排,却最终成为存续长达 47 年之久的 GATT 的奠基之石。

---

〔2〕 本部分主要借鉴了以下作品:Richard N. Gardner, Sterling-Dollar Diplomacy in Current Perspective: *The Origins and Prospects of Our International Economic Order* (Columbia Univ. Press ed., 1980); Robert E. Hudec, *The Gatt Legal System And World Trade Diplomacy* (2d ed., Butterworth, 1990); Jackson, 前注 1;以及 *World Trade Organization, Analytical Index, Guide to Gatt Law And Practice* (1995)。另外,John Jackson, *The World Trading System* (2d ed., MIT Press, 1997)对世界贸易体制的历史及其现状做出了很好的描述。

〔3〕 *Final Act Adopted at The Conclusion On The Second Session of The Preparation Committee of The United Nations Conference on Trade and Employment*, UN Sales No. 1947. Ⅱ/10; 55 UNTS 187 (1947).

三、临时适用议定书(PPA)

国际贸易组织相关文件广泛的适用范围,要求许多签署国政府的法律予以变更,甚至在其各自宪法体系下立法生效前的最后审批程序,也必须做出相应的调整。一些政府不愿等到所有的谈判程序彻底完结,因而在 1947 年 10 月底,其中八国政府承诺临时适用 1948 年 1 月 1 日生效的 GATT。[4] 在 PPA 条款之下,八国政府承诺完全适用 GATT 的第一部分和第三部分,并在"不违背现有法律的情况下最大限度地"适用。[5] GATT 的第一部分只有两条,规定了存在竞争关系的外国产品或服务提供者之间的非歧视待遇(最惠国待遇,简称 MFN)以及议定的关税税率减让表。第三部分主要就行政事项[*]做出规定。GATT 的实体核心是第二部分,由第 3 条到第 23 条组成。这些条款的规定涉及国民待遇;反倾销和反补贴义务;涉及关税的进口商品估价;原产地证明;进出品配额和限制;为外汇支付平衡目的而采取的进口限制措施;汇率安排;补贴;国营企业;经济发展的政府援助;进口特定产品的紧急措施;GATT 义务的例外,包括为保护人类、动植物生命、健康和安全的例外和国家安全例外。因而,第二部分就在市场准入方面,对第一部分提供了必要的补充。

GATT 的第一部分和第二部分共同设定了各缔约国议定于 GATT 之中的贸易自由化基本政策。该政策奠基于以下几点:(1) 与其他形式的贸易保护措施,如数量限制或配额制相比,优先适用关税保护措施;(2) 在此前提下,取消(原则上,但实践中往往不是)所有的配额制;(3) 只有在极其例外或者存在双边协定的情况下,才能适用配额制;(4) 最惠国待遇(MFN)原则上对所有的 GATT 缔约方均有效,且只存在特别具体、范围极其狭窄的例外;以及(5) 国民待遇赋予已经依法清理了关税体系的 GATT 缔约方的所有产品。

第二部分则只在其与各缔约国既有法律规定不相冲突的范围内有效,这被称为"祖父权利(grandfather rights)"[6]。于是,拥有这些祖父权利的缔约方被允许继续运用与 GATT 不相一致的措施,而无须考虑它们在总协定下应承担的义务。GATT 中的第 29 条第 2 款表明,它是多么期望自己只是起到临时的作用。它规定:"本协定第二部分的效力在哈瓦那宪章生效后即行中止。"而且,原

---

〔4〕　这八国政府是澳大利亚、比利时、加拿大、法国、卢森堡、荷兰、英国和美国政府。

〔5〕　55 UNTS 308, 1(a) and (b)(1947).

〔6〕　一个例子是美国的反补贴法,它原本并不要求做出实质损害的认定,而后者正是 GATT 第二部分第六条所要求的,直到美国同意该条对 1979 年东京回合反补贴法案(1979 Tokyo Round Subsidies Code)的签署国有效,或者对于那些与美国签订类似于双边协议的国家有效(美国才事实上接受了 GATT 的这一要求)。

*　指影响贸易的行政审批等事项。——译注。

本期望这一情形将会在相当短的时期内发生,所以与 GATT 规定不一致的各缔约方国内立法,也被认为不会长期存在。然而,由于哈瓦那宪章从未生效,在 GATT 长达 47 年间,它只是在"临时"的基础上使用。

四、GATT"临时适用"的 47 年

1947 年 10 月《临时适用议定书》发布,1948 年 1 月该议定书生效,在此期间参加日内瓦关税谈判的其他国家,大多数都同意适用该议定书。1947 年日内瓦谈判后,又进行了七轮会谈,称为"回合",随着更多的国家同意加入总协定和当前 WTO 框架下的多哈发展回合谈判,每一回合的参与方越来越多:

回合〔7〕	日期	参与方数量〔8〕
日内瓦	1947	19
安尼西	1949	27
托奎	1950	33
日内瓦	1956	36
狄龙	1960—1961	43
肯尼迪	1962—1967	74
东京	1973—1979	85
乌拉圭	1986—1994	128
多哈	2001—	146

1960—1961 年狄龙回合的所有谈判,都涉及到关税削减的问题。在肯尼迪回合谈判中,缔约方就所谓的"非关税壁垒"(non-tariff),或称 NTBs 进行了首次、也是相对不成功的谈判尝试。随着关税大幅削减,非关税壁垒对贸易的阻碍,显得越来越突出。然而,对于肯尼迪回合反倾销守则(A Kennedy Round Antidumping Code)和一项涉及就某些化学制品和鞋类产品进行估价的、体现着美国贸易保护主义措施的协定,美国国会却以在达成这些协定时美国谈判代表超

---

〔7〕 首次四轮谈判以谈判进行地点为名:日内瓦;安尼西(法国);托奎(英格兰);(第四次也是在日内瓦一译注)。狄龙回合和肯尼迪回合则分别以美国副国务卿(Under Secretary of State)C·道格拉斯·狄龙和美国总统约翰·F·肯尼迪命名,他们对于启动这些回合的谈判,发挥了关键的作用。东京回合和乌拉圭回合则分别以谈判进行的城市和国家命名,贸易部长们在那里议定发起这些轮次的谈判,多哈发展回合的情形亦同。

〔8〕 根据所依据的资料来源的不同,对谈判参与方数量的计算结果或许有差异,因为有些最初的 1947 年缔约方后来退出了 GATT(例如中国,捷克斯洛伐克),而且有些在谈判回合中加入 GATT 的国家最后才被计入,而不是最初即被计入。此外,对 GATT 缔约方的计算,还可能取决于欧盟是如何被计数的——是作为单一的实体被计入还是按每一成员国的数量来计算。

出授权为由,拒不接受。[9]

这一事件使美国的许多贸易伙伴极为不悦,他们发现自己不得不面临两次谈判:首先要与美国的谈判代表谈判,其次还必须与美国国会谈判。如果非关税壁垒措施只能在将来的谈判中解决,现在就必须另辟蹊径。于是,将美国贸易伙伴的需求考虑在内的另一路径是,必须明了与美国谈判代表达成的一揽子协定,不得被美国国会所分拆,同时启动美国的宪法程序,使所有要求美国修改制定法的协定,都被呈报国会,涉及非关税壁垒的绝大多数措施的调整即为此例。解决方案是所谓的"快速通道程序"(fast-track procedure),它首次出现于1974 年的贸易法案中。[10] 根据这一程序,美国国会同意,一项实施议定的协定的法案,不能随着美国国会的决定而改变,也不能耽搁于委员会,而应在一个明确规定的期间里得到直接的"赞成或者反对"的投票表决结果。

这一规定使得东京回合的谈判得以延续,并产生了一系列范围广泛的、涉及非关税问题的辅助协定(side-agreements)或"守则"(Code):

1. 关于实施 1994 年《关税与贸易总协定》第 6 条的协定(反倾销守则)

2. 关于解释和适用《关税与贸易总协定》第 6 条、第 16 条和第 23 条的协定(补贴守则)

3. 进口许可程序协定

4. 民用航空器贸易协定

5. 技术性贸易壁垒协定

6. 关于实施关税与贸易总协定第 7 条和总协定议定书的协定(海关估价守则)

7. 政府采购协定

在目前完成的谈判中,东京回合的议题最为广泛,而 1986—1994 年的乌拉圭回合则无论在广度还是在成效方面,都有过之而无不及。在转而讨论乌拉圭回合谈判之前,我们还应当简要地回顾一下 GATT 框架下争端解决机制的进程,特别是它在东京回合之后的进展情况。我们将看到,争端解决是乌拉圭回合谈判方的主要目标之一,同时也是其主要成就所在。

---

[9] 参见 Russell Long, United States Law and International Antidumping Code, 3 *Int'l Lawyer* 464 (1969).

[10] Pub. Law 93-618, 88 Stat. 1978.

五、GATT 的争端解决[11]

GATT 早期的争端解决，反映着它的外交基础。事实上，争端解决的过程最初被称为"调解"（conciliation），而不是争端解决。它肇始于 1948 年夏天荷兰针对古巴提起的申诉，该申诉提出的问题是，第 1 条的最惠国待遇义务是否适用于领事税（consular taxes）？这一事项被呈交给 GATT 主席，后者做出裁决称第 1 条的确适用于领事税。以这些由 GATT 主席做出的早期裁决为开端，争端后来被提交给工作小组（working parties），后者由申诉方、被申诉方以及其他利益关联方组成。最终，由相关当事人组成工作小组的模式被废弃，而代之以一个由三人或五人组成的调解委员会来裁决争端的模式，它使用中立的专家小组而不是争端中利益关联方的代表来裁决争端。术语"小组"（panel）源自于术语"专家小组"（panel of experts）——对这一术语，罗伯特·E·休德克（Robert E. Hudec）指出，"早在 GATT 诞生之前，这一术语即已成型，它指特别的政府专家小组（而不是政策官员），被召集起来对一些可以予以客观回答的技术问题发表专家意见。这样，这一术语便意味着它是一种基于专业知识而不是政府的政治表达而做出的客观决定。"[12]绝大多数在专家组面前主张权利的人和绝大多数专家本身——这些"法官们"——是外交家，而不是律师。因而，毫不奇怪的是，"法律裁决都是以一种令人难以捉摸的暧昧的外交语态做出。"[13]这一进程的目的，与其说是要对法律纠纷做出裁决，还不如说其更大的目的在于达成彼此各方均可接受的解决方案。[14]

GATT 争端解决机制还有另外一个特点，即事实上它的程序性规则非常有限，这在很大程度上是因为大家预计国际贸易组织的规则将很快适用。国际贸易组织宪章包含了详尽的争端解决规则，其中一条规定将争端提交国际法院（the International Court of Justice），即 ICJ。GATT 第 22 条和第 23 条是 GATT 中两条突出的争端解决规则，它们以拟议中的国际贸易组织规则为基础，分别规定了磋商和"利益的丧失或减损"。"利益的丧失或减损"这一用语，过去构成

---

[11] 这一部分主要引自 Robert E. Hudec 关于 GATT 争端解决历史回顾的两本书，*The Gatt Legal System And World Trade Diplomacy*，前注 2；及 *Enforcing International Trade Law：The Evolution of The Modern Gatt Legal System*（Butterworth，1993）（以下称 *Enforcing International Trade Law*）。

[12] Robert E. Hudec, The Role of the Gatt Secretariat in the Evolution of the WTO Dispute Settlement Procedure, in *Bhagwati & Hirsch*（Eds），*The Uruguay Round And Beyond：Essays in Honour of Arithur Dunkel*（Springer, 1998）。

[13] Hudec, *Enforcing International Trade Law*，前注 11，第 12 页。

[14] 参见 William J. Davey, Dispute Settlement in GATT, 11 *Fordham International Law Journal* 51, 65（1987）。

了 GATT 的法理基础,现在则是 WTO 的法理基础所在。

就自身而论,GATT 第 22 条的磋商条款,并没有直接后果的规定。第 22.1 条仅仅要求每一缔约方就任何影响协定运作的事项,为其他缔约方提供充分的磋商机会。第 22.2 条规定,在一缔约方请求下,缔约方全体(CONTRACTING PARTIES)可就经根据第 22.1 条"磋商"未能满意解决的任何事项,与其他缔约方进行磋商。[15] 最终,这两种磋商成为以 GATT 第 23 条为基础的 GATT 争端解决进程得以发动的基础。

GATT 第 23.1 条规定,如果任何缔约方认为,由于另一缔约方的原因,它在本协定项下直接或间接获得的利益正在丧失或减损,它可以对另一缔约方提出书面交涉或建议。如果这没能达成满意的调整,则第 23.2 条授权申诉方将该事项提交缔约方全体,缔约方全体应对此展开调查并提出建议。在适当的情况下,第 23.2 条允许缔约方全体授权申诉方中止向被认定未履行总协定义务的缔约方履行关税减让和其他总协定项下的义务。

GATT 没有一个条款包含具体的程序规则。[16] 这一情形随着时间的推移而有所改变。东京回合的谈判,除了通过《1979 年 11 月 28 日关于通知、磋商、争端解决和监督的决定》外,还加入了一些形式(formality)要求,体现在新纳入的附件《GATT 争端解决惯例的议定描述》中。这一描述部分提到了:

> 专家组建立了自己的工作程序。专家组的一贯做法是,与相关方举行二次或三次正式的会议。在各方均到场的情况下,专家组邀请当事方以书面和/或口头的方式,陈述自己的观点。专家组可以就其认为与争端有关的事项,向双方提出问题。专家组也已经听取了任何与争端有实质利益关系的其他任何缔约方的观点,他们虽然不是争端的直接当事方,但已经向理事会(Council)表达了陈述见解的愿望。向专家组呈交的书面备忘录被认为是机密的,但仍须使争端各方当事人可以获得。专家组经常咨询其认为妥当的相关来源,并从中获得信息,并且他们会时常咨询专家以就争端的某些方面获取技术性意见。专家组还可能寻求作为总协定守护人(guardian)——秘书处的建议或支持,特别是在历史性或程序性事项方面。秘书处则为专家组提供秘书和技术服务。[17]

---

〔15〕 以英文大写字母形式出现的 CONTRACTING PARTIES,是关贸总协定会议,指由总协定各方做出的集体行动。因为 GATT 是个协定,而不是个组织,所以 GATT 本身无法行动。而如果以小写字母形式 contracting parties 出现,则指总协定的各个签署方。

〔16〕 缔约方全体做出的一个早期决定认为,在该案例中,根据 GATT 第 22.1 条进行的协商,被认为符合第 23.1 条的要求。BISD 第 9 册 20 页。

〔17〕 《GATT 争端解决惯例的议定描述》,BISD 第 26 册第 215 页,217,第 4 段。

三年后,在一次部长级会议上,缔约方全体重申了 1979 年决定,并且增加了更详细的内容,包括一项要求:"被提出建议[也就是,提出一项被质疑的措施,以使其与 GATT 规定相一致]的缔约方,应当在明确规定的合理期间内,汇报采取行动的情况或不履行缔约方全体做出的建议或裁决的原因。"[18]此外,更进一步、更细微的规定体现在 1984 年 11 月 30 日《争端解决程序的决定》中。[19]

然而,GATT 中的争端解决机制却因第 23 条的规定而夭折,该条要求所有的事项都必须由缔约方全体做出,并且所有的决定都必须得到缔约方全体的批准。在法律意义上,GATT 是一纸合同———一项多方合同——并且任何修订、改变或者对合同的解释,都必须得到所有合同方的同意。[20] 实际上,这意味着在争端解决诉讼中落败的一方可以拒绝同意、并因此"阻挠"不利于它的报告的通过,它甚至可以拒绝同意专家组的设立,从而避免出现专家组程序这一尴尬情形。

不利于一方当事人的 GATT 专家组报告,的确受到了败诉方的阻挠。实际上,预料到将会面临失败的当事方有时甚至阻挠专家组的设立。正是出于对争端解决体制的赞赏和争端各方对它的相当尊重,才导致阻止专家组设立及其报告的通过的现象并没有经常发生,尽管争端各方是可以这样做的。事实上,罗伯特·E·休德克(Robert E. Hudec)教授的研究表明,从 1947 年到 1992 年,在将近 90% 的案件中,败诉方最终都接受了不利于己的专家组报告所带来的结果。[21] 当然,阻挠仍然是一个问题,并且看起来在 20 世纪 80 年代显得越发频繁。减少阻挠的重要一步——至少是在设立专家组的阶段——随着"蒙特利尔规则"(Montreal Rules)的确定而被实施。1988 年 12 月,在加拿大的那座城市里举行了部长级会议,以评判乌拉圭回合谈判的得失,并试图收获该轮谈判全部结果中的"早期成果","蒙特利尔规则"即诞生于此。经过 1989 年初日内瓦会议的进一步考虑,"蒙特利尔规则"于同年 4 月被缔约方全体通过。[22] 它们构成了《WTO 关于争端解决规则与程序的谅解》的基础。

缔约方全体同意,将蒙特利尔规则"在试验的基础上适用于从 1989 年 5 月

---

[18] BISD 第 29 册第 13 页, 第 15 页, 第 6 段。

[19] BISD 第 31 册第 9 页。

[20] 《维也纳条约法公约》第 40 条规定,在没有明确条款作相反规定的情况下,上述事项都应当得到缔约国的一致同意。

[21] Hudec, *Enforcing International Trade Law*, 前注 11, 第 278 页。

[22] Improvements to the GATT Dispute Settlement Rules and Procedures, 1989 年 4 月 12 日的决定, BISD 第 36 册第 61 页 61(下称"蒙特利尔规则")。

1 日至乌拉圭回合谈判结束期间根据 GATT 第 22 条或第 23 条提起的申诉。"[23] 这些规则的最重要部分，是设定了磋商时间限制和对自动建立专家组予以进一步规定的条款。被依据 GATT 第 22.1 条或第 23.1 条提出磋商请求的缔约方，将被要求在 10 天内对该请求做出回应，并同意在 30 天内本着诚意进行磋商。在未达成磋商合意也未及时进行磋商的情况下，申诉方有权直接要求设立专家组。[24] 如果在提出请求后的 60 天内，磋商无法解决争端，申诉方也有权要求设立专家组。[25]

在 GATT 所有过于间接的语言表达中，蒙特利尔规则的表达方式之间接，仍显鹤立鸡群。它规定："如果申诉方请求，则一个设立专家组或工作组的决定，至迟应在该请求首次出现于理事会常规议程之后的理事会上做出，除非该理事会会议做出相反的决定。"[26] 它意味着专家组将在设立专家组的请求被列入议程之后的第二次 GATT 理事会上设立，不会有其他变数，除非理事会做出相反的决定。然而，在 GATT 以"一致同意"做出决定的方式下，理事会要"做出相反的决定"，意味着所有的缔约方——包括申诉方——也必须"做出相反的决定"。换言之，这一机制已经从"积极的一致同意"——要求一致同意以设立专家组，转变为"消极的一致同意"——要求一致同意以不设立专家组。

这些变更在 WTO 中被永久地固定下来。蒙特利尔规则中以相同或类似方式进入 WTO 的其他重要条款，涉及到专家组的职权范围、专家组的组成、存在多个申诉人的程序安排、存在第三参与方的程序安排，以及时间限制等。在通过专家组报告这一敏感话题上，也加入了一些具体规则，这使得阻挠行为在外交方面显得有些令人难堪，但却并没有根除阻挠行径。要彻底消除败诉方单方面阻挠专家组报告通过的权力，还有待乌拉圭回合谈判的结束和世界贸易组织的建立。

第二节 乌拉圭回合

乌拉圭回合是迄今为止最广泛、最深入、期限最长和争论最为激烈的多边贸易谈判。它开始于 1986 年 9 月，当时是南半球的冬季，也是乌拉圭的旅游名胜埃斯特角城（Punta del Este）的旅游淡季（off-season），在灰暗的天空下和凛冽的寒风中，GATT 部长级会议在此召开。这场谈判长达近 8 年，最后在暖春四

[23] 同上，第 A.3 段。
[24] 同上，第 C.1 段。
[25] 同上，第 C.2 段。
[26] 同上，第 F.(a) 段。

月阳光明媚的摩洛哥马拉喀什结束。"几乎没有哪个贸易商团(trading cara-vans)能够象我们一样,以如此愉悦而放松的心境来欣赏这座美丽的城市",GATT 总干事(Director-General)对聚集在一起签署《马拉喀什建立世界贸易组织协定》的 124 个乌拉圭回合谈判参与方的代表们如此说道。"但那时也几乎没有贸易商团走过了七年多的长途跋涉,也没有一个贸易商团携带着这样一个无价的行囊。"[27]

乌拉圭回合在很大程度上发端于东京回合未竟的商事谈判,后者虽然取得了许多成就,但仍被许多人认为不够完整。东京回合大量地解决了涉及非关税壁垒的结构性问题,但缔约方并没有被要求遵守相关倾销、补贴、政府采购及类似的守则。这些协定只对那些遵守它们的缔约方有效,产生了许多人称之为"GATT 照菜单点菜"(GATT *a la carte*)的问题。农业,这一国际贸易中长期存在的问题,根本未被触及;贸易中的假冒品是工业化国家特别是美国关注的新问题,也毫发未动。

这些和其他方面的考虑,引发了 1982 年 9 月在日内瓦召开的 GATT 部长级会议,这一会议主要由美国召集,后者希望发起新一轮的多边会谈。这一努力虽告失败,但绝非徒劳无功。试图寻找进一步商谈机会的尝试一直持续到 20 世纪 80 年代初,并最终促成了于 1986 年 9 月在埃斯特角城商议此事的决定。

这次会议闭幕时部长们发布的《埃斯特角宣言》,勾勒了下一轮会谈的议程,并且以一种并不妥当的乐观姿态称,下一轮会谈将在 4 年内结束。事实上,正如前面所述,这些会谈用了将近两倍的时间。在会谈进行过程中,议程在许多重要的方面都发生了变化。实际上,埃斯特角城议程也是范围最为广泛的。

议程的主体部分是关于货物贸易,这也是 GATT 的传统内容。除了关税自由化之外,埃斯特角城议程还要求对非关税措施、热带和以自然资源为基础的产品、纺织品和服装、农业、保障措施(允许国家临时采取措施以保护国内产业免受进口产品所带来的竞争伤害的规定)、补贴和争端解决。特别值得一提的是,议程以一种宽泛的形式将假冒品问题纳入其中,即"与贸易有关的知识产权,包括假冒品交易"。议程还进一步将与贸易有关的投资措施纳入其中。这些努力,使得 WTO 协定在每一领域都产生了协定,如《与贸易有关的知识产权协定》(TRIPS),《与贸易有关的投资措施协定》(TRIMS)。最后,要求对服务贸易进行会谈的议程的第二部分催生了 WTO 的《服务贸易总协定》(GATS)。

正如彼得·萨瑟兰(Peter Sutherland)在马拉喀什发表的言论所称,乌拉圭

---

[27] 《聚焦 GATT》(GATT Focus),1994 年 5 月,第 107 号特刊,第 2 页。

回合谈判的进程漫长而且极其艰辛。[28] 设定了谈判的最后期限,但未在期限内达成协定,又重新设定最后期限,但仍旧未能达成协定。对谈判进程阻滞最大的,正如谈判次数所表明的,是农业,但农业也不是惟一的因素。热衷于使用反倾销法律对抗进口产品的产业,有其自身的需求,这几乎在最后一分钟使谈判胎死腹中。[29] 胜利最终还是来到,1993 年 12 月 15 日,会谈正式结束。全世界的媒体都对会谈者表示祝贺,但此时还有许多工作需要完成,包括将所有的协定编撰在一起,并做到前后格式一致,以备马拉喀什正式签署之用,这是一项具有里程碑意义的簿记和行政工作。当所有的一切工作都已经完成时,世界便产生了一个全新的世界贸易组织。

13

第三节 世界贸易组织

1995 年 1 月 1 日,世界贸易组织正式成立,成为 GATT 继任者和国际贸易体制的法律和制度基石。世界贸易组织由部长们于一年前的四月签署的《马拉喀什建立世界贸易组织协定》("WTO 协定")正式创立。与 GATT 不同的是,WTO 是一个组织,而不是一项协议。它与布雷顿森林组织,即世界银行和国际货币基金组织具有同等的官方地位。[30]

"WTO 协定"的四个附件包含了该组织的主要内容。附件 1 的三个子部分 (subparts),是 WTO 协定的实质核心。第一个子部分为附件 1A,包含着 13 个独立的协定,将货物贸易涵盖其中:

1. 1994 年关税与贸易总协定
2. 农业协定
3. 实施卫生与植物卫生措施协定

---

[28] 许多作品对乌拉圭谈判的历史进程作了描述。John Croome, *Reshaping the World Trading System: A History of the Uruguay Round* (World Trade Organization, 1995)是最为全面的; Hugo Paemen & Alexandra Bensch, *From the GATT to the WTO: The European Community in the Uruguay Round* (Leuven University Press, 1995)提供了一种欧洲的视角; Ernest H. Preeg, *Traders in a Brave New World: The Uruguay Round and the Future of the International Trading System* (Chicago, 1995)提供了一种美国的视角; and Jeffrey J. Schott, *The Uruguay Round: An Assessment* (Institute for International Economics, 1994)是从经济和政策的视角对结果的一份早期评估。

[29] Ernst-Ulrich Petersmann, The Dispute Settlement System of the World Trade Organization and the Evolution of the GATT Dispute Settlement System Since 1948, 31 *Common Market Law Review* 1157, 1204, 1224 (1994)。

[30] 以下论著对 WTO 有详尽的描述:Bernard Hoekman & Michel Kostecki, *The Political Economy of The World Trading System: From Gatt to The WTO* (Oxford, 1995);还可参见 Patrick Messerlin, *La Nouelle OMC* (Dunod, 1995)。

4. 纺织品与服装协定

5. 技术性贸易壁垒协定

6. 与贸易有关的投资措施协定

7. 关于实施 1994 年关税与贸易总协定第 6 条的协定(反倾销协定)

8. 关于实施 1994 年关税与贸易总协定第 7 条的协定(关税估价协定)

9. 装运前检验协定

10. 原产地规则协定

11. 进口许可程序协定

12. 补贴与反补贴措施协定

13. 保障措施协定

上述 13 个协定中的第 1 个——《1994 年关税与贸易总协定》,被称为《GATT1994》,包括:最初的 GATT(现在被称为《GATT1947》)的条文,它的"协定"("acquis")或 GATT 缔约方全体做出的决定,6 个独立的解释性谅解和一个签订于马拉喀什的实施议定书。此外,《GATT1994》还包括了货物贸易的 WTO 规则。附件 1 接下来的两个子部分调整着新的重要贸易领域:附件 1B 为 GATS,附件 1C 则为 TRIPS。

"WTO 协定"的附件 2 由《关于争端解决规则与程序的谅解》组成,这也是本书所要讨论的主题。附件 3 是贸易政策评审机制,据此 WTO 秘书处对成员国的贸易政策进行常规审查。附件 4 包含两个诸边(plurilateral)协定,成员方可按自己意愿选择加入与否,这也是 WTO 中"照菜单点菜"方面的惟一体现。这两个协定是《民用航空器贸易协定》和《政府采购协定》。[31]

WTO 的最高权力机构是部长级会议(Ministerial Conference),至少每两年召开一次,对 WTO 的运作绩效做出评估并确立贸易政策。WTO 的日常工作则由总理事会(General Council)和数个附属机构负责,事实上主要是由独立的货物贸易理事会、服务贸易理事会和与贸易有关的知识产权理事会负责。此外,13 个多边货物贸易协定中有 12 个委员会,两个诸边协定也有各自的委员会。(《装运前检验协定》没有相应的委员会)。

WTO 已经建立了许多其他的委员会,负责处理实体利益和谈判利益方面的事务,例如贸易与环境委员会、贸易与发展委员会、区域贸易协定委员会等。此外,服务贸易委员会还建立了许多实体性谈判团体,负责电讯、金融服务和海事服务等方面的事务。与本书有特别关联的是"WTO 协定"新创设的最重要的机构之一——争端解决机构。

---

[31] 另两个诸边协定是《国际奶制品协定》和《国际牛肉协定》,自 1998 年 1 月 1 日起失效。参见 WT/L/251,1997 年 12 月 17 日;和 WT/L/252,1997 年 12 月 16 日。

第四节　争端解决机构

争端解决机构(DSB)由 WTO 各成员方代表组成。它创设于乌拉圭回合,意在解决 WTO 各项协定可能引发的争端;它根据《关于争端解决规则与程序的谅解》,即《争端解决谅解》或称"DSU"而设立。DSB 有权设立专家组,通过专家组和上诉机构报告监督它通过的裁决和建议的执行,以及如果成员方未对其裁决和建议及时做出回应,它有权授权中止适用协定项下的减让和其他义务。

DSB 应"视需要召开会议,以行使其职能"[32],它通常每月召开一次会议,也可应某一成员方的请求而召开特别会议。DSB 以一致同意的方式做出决议,即如果 DSB 做出决议时,与会成员方无一正式表示反对,该决议即属通过。[33] DSB 由一名主席主持,后者通常是一成员方常驻日内瓦的使团首领。

DSB 不仅是设立专家组、通过并执行专家组报告的工具,它还发挥着探讨争议事项的论坛功能。虽然 DSB 有权不设立专家组,或者拒不通过一项报告,但这种权力却更多是虚幻的,因为 DSB 是在"消极"一致的原则上运作,后者与 GATT 的积极一致原则恰恰相反。在 WTO 框架下,正如在蒙特利尔规则生效后的 GATT 框架下一样,专家组将自动设立,除非有相反的一致意见。然而,与 GATT 框架不同的是,在 WTO 框架下,专家组报告将自动通过,除非有相反的一致意见。同时,因为相反的一致意见还包括取得申诉方和胜诉方的许可,所以这些当事方,而不是争端解决机构,通常就关键的事项拥有最后的话语权。

第五节　争端解决谅解

16

《争端解决谅解》或称 DSU,拥有 27 节计 143 段和 4 个附录,它或许是乌拉圭回合谈判的最重要成果了。在国际公法上独树一帜的是,它赋予了争端解决机构在争端解决方面的强制性管辖权。从 DSU 第 3.2 条的规定看,"在为多边贸易体制提供可靠性和可预测性方面,WTO 争端解决体制是一个重要因素。"

DSU 规定了 WTO 争端解决适用于哪些基本制度,及其司法管辖范围。它的四个附录规定了谅解适用的协定,详细说明了适用协定中特别或附加的争端解决规则和程序,概要列举了工作程序和专家组的工作时间表,规定了适用于所有由专家组根据 DSU 第 13.2 条建立的专家审议小组的规则和程序。DSU 附

---

[32]　DSU 第 2.3 条。
[33]　一个 WTO 机构"应被认为已经通过一致同意的方式对提交予其考虑的事项做出了决议,如果在做出决议时,与会成员方无一正式反对该拟议中的决议"。(《WTO 协定》第 9 条,注 1。)

录 2 专门规定的争端解决要求,必须引起特别关注。如果 DSU 与这些特别或附加的规则和程序规定不同,则后者优先适用。[34]

　　DSU 第 17 条规定了常设上诉机构的设立,后者已经公布了它自己的"上诉审工作程序"。本书第六章将对上诉机构进行探讨。

---

[34] 参见第 5 章。

第二章 管 辖

第一节 概 述

DSU 和 WTO 协定都没有一个类似于《国际法院规约》第 36 条的条款,明确规定 DSB、专家组或者上诉机构的管辖权。然而,DSU 的许多条款都涉及管辖权问题,只是没有明确使用这一术语而已。这些条款包括:第 1 条规定了 DSU 的范围和适用;第 2 条规定设立 DSB 以管理 DSU;第 3.1 条规定各成员确认遵守以往根据 GATT1947 第 22 条和第 23 条实施的管理争端的原则;第 6 条规定了专家组的设立;第 17.6 条将上诉机构的管辖权,限定于专家组报告所涉及的问题和所作的法律解释;第 17.13 条授权上诉机构维持、修改或撤销专家组的法律裁决和结论。也许国际法院(ICJ)和 WTO 在管辖权方面最大的结构性差异,并不在于 DSU 就此缺乏明确的条款,而在于以下事实:由于 DSU 的存在,WTO 体制拥有了强制性的管辖权,而这正是国际法院所缺乏的。然而,专家组的管辖权范围一方面取决于争端所涉及的事项,即对物(*ratione materiae*),另一方面则取决于争端所涉及的当事方,即对人(*ratione personae*)。在任何争端中,专家组的基本文件都是那些设定其职权范围的文本。[1]

第二节 职 权 范 围

一、职权范围的原理

由于以下两方面原因,专家组的职权范围显得非常重要:(1)通过向争端应诉方和其他利益相关的第三方提供与引发争议的诉讼请求相关的充分信息,以使其能对起诉的案件做出回应,从而实现重要的正当程序目标;和(2)通过

---

[1] 通常可见于 Bernhard Jansen, Scope of Jurisdiction in GATT/WTO Dispute Settlement: Consultations and Panel Requests in Friedl Weiss (Ed), *Improving WTO Dispute Settlement Procedures: Issues And Lessons From The Practice of Other International Courts And Tribunals* 45 (Cameron May, 2001)

准确界定争端中的诉请,来确定专家小组的管辖范围。[2]

二、磋商和职权范围的对应

专家组的职权范围由起诉方设立专家组的请求决定。[3] 请求磋商的范围,与实际进行的磋商(可能事实上超越了请求的范围)依次影响着设立专家组的请求的范围,而正如下文所提及的,它也将纳入专家组的职权范围。然而,由于磋商本身可能会使争端各方重新审视他们争议的本质,因而磋商的请求与设立专家组的请求之间并不要求保持完全一致。曾有一个专家组称,请求磋商的"事项"与请求设立专家组的"事项"并不必须保持一致,因为磋商过程中确立的事实,可能会影响随后专家组诉讼的内容和范围。[4] 上诉机构曾称,"缺乏事先的磋商,就其本质而言,并不是一个据此能够剥夺专家组审理并解决某一事项的权限的缺陷。"[5]

三、职权范围标准条款

19

在 DSU 第 7 条规定的职权范围标准条款下,专家组被要求:

> 按照(争端各方引用的适用协定名称)的有关规定,审查(争端方名称)在……文件中提交 DSB 的事项,并提出调查结果以协助 DSB 提出建议或做出该协定规定的裁决。

第 7 条的省略语表明,起诉方设立专家组的请求的文件编号,也将出现于专家组的职权范围中。在请求中,起诉方将提及与论争事项相关的特定协定,以及那些协定的相关条款。[6]

四、不得越权裁判

争端解决机制的目标是确保争端得到积极解决。[7] 相应地,专家组只处理提交给他们的诉请(claims),这些诉请或者通过起诉方设立专家组的请求

---

〔2〕 上诉机构报告,巴西——关于影响椰子干的措施案,WT/DS22/AB/R,1997 年 3 月 20 日通过,DSR 1997：Ⅰ,167,186,第六节。

〔3〕 专家组报告,加拿大——影响民用飞机出口措施案,WT/DS70/R,1999 年 8 月 20 日通过,为上诉机构报告所支持,WT/DS70/AB/R,DSR1999：Ⅳ,1443,第 9.12 段。

〔4〕 引自专家组报告,印度——对药品和农业化学药品的专利权保护案,WT/DS50/AB/R,1998 年 1 月 16 日通过,DSR 1998：Ⅰ,9. 还可参见本书第四章第二节、第四节。

〔5〕 上诉机构报告,墨西哥——对源自美国的高果糖玉米糖浆(HFCS)的反倾销调查案——美国援引 DSU 第 21.5 条,WT/DS132/AB/RW,2001 年 9 月 21 日通过,第 54 段。

〔6〕 这些请求应具备的特征,在本书第四章第四节中有讨论。

〔7〕 DSU 第 3.7 条。

（这将被纳入专家组职权范围）提出，或者由被告方提出。[8] 因而有人称，除非有关例外为一方当事方所援引，专家组不应主动审查 GATT 第 20 条规定的 WTO 义务的例外。[9]

然而，在美国——补偿法案（伯德修正案）中，专家组明确决定考虑《反倾销协定》第 15 条关于对发展中国家实施特殊和差别待遇的诉请，虽然专家组的请求中并没有援引这一条。[10] 专家组注意到，DSU 第 12.11 条规定，专家组"应明确说明以何种形式考虑对发展中国家成员在争端解决程序过程中提出的、有关发展中国家成员的差别和更优惠待遇规定。"该专家组认为，虽然在设立专家组的请求中，《反倾销协定》第 15 条之下的诉请并未被提出，但 DSU 第 12.11 条仍要求对其予以考虑，因为第 15 条"已经在目前进行的诉讼中被发展中国家成员提起。"[11]然而，在同意考虑这项诉请后，该专家组接着根据事情的是非曲直（on the merits）驳回了这一诉请。[12]

专家组的职权范围还可被用来避免调查一些在为被质疑的措施进行辩护的过程中所提及的事项。在日本——酒精饮料案 II 中，专家组拒绝考虑日本在抗辩中援引的其他国家的税收体制。"专家组注意到，它的职权范围严格限定于日本的国内立法。因而，专家组不能考虑其他国家的国内税收体制，因为它们在专家组的职权范围之外。"[13]然而，当其他成员国的立法与合理解释 WTO 的要求有关联时，这些立法可以被一方当事人作为事实证据而提出。例如，在为实施《关于实施 1994 年关税与贸易总协定第 6 条的规定》而进行的反倾销立法时，或者为实施 GATS 或 TRIPS 的一些规定而进行立法时，这种情形就可能发生。

五、专家组审议在职权范围内提及的所有事项的义务

专家组被要求考虑职权范围内的所有事项。这样，在日本——酒精饮料案

---

〔8〕　专家组报告，巴西——飞机出口融资项目案——加拿大援引 DSU 第 21.5 条，WT/DS46/RW，2000 年 8 月 4 日通过，为上诉机构报告所更改，WT/DS46/AB/RW，DSR 2000：IX，4093，注17。

〔9〕　专家组报告，欧共体——影响石棉及含有石棉的制品案，WT/DS135/R 和增补 1，2001 年 4 月 5 日通过，为上诉机构报告所更改，WT/DS135/AB/R，注 115。

〔10〕 专家组报告，美国——《2000 年持续性倾销和补贴补偿法案》案，WT/DS217/R，WT/DS234/R，2003 年 1 月 27 日通过，为上诉机构报告所更改，WT/DS217/AB/R，WT/DS234/AB/R，第 7.87 段。

〔11〕 同上。

〔12〕 同上，第 7.88 段。

〔13〕 专家组报告，日本——关于酒精饮料的税收案，WT/DS8/R，WT/DS10/R，WT/DS11/R，1996 年 11 月 1 日通过，为上诉机构报告所更改，WT/DS8/AB/R，WT/DS10/AB/R，WT/DS11/AB/R，DSR 1996：I，125，第 6.26 段。

Ⅱ 中,专家组被请求考虑被特别提及的种类繁多的酒精饮料是否 GATT1994 第 3 条所称的"相同产品"或"直接竞争的或可替代的"产品。在设立专家组的请求中,包括了"所有其他 HS2208 项下的蒸馏酒精和液体"这一种类。但是,专家组的结论表明,它并没有明确将这一一"所有其他"种类纳入考虑,上诉机构认为,这一疏漏是一项法律错误。[14] 然而,如果起诉方在诉讼进行的任何时刻,都没有提出具体观点以反对某项措施,或者提交任何事实或科学的证据来反对这项措施,专家组就可以认为,这项措施在争端范围之外,即便它在"技术上"属于专家组的职权范围。[15]

六、专家组职权范围与提请专家组裁决事项的对应

如果未能将一项诉请加入设立专家组的请求,并因此未能将其纳入专家组职权范围,那么即使在提交专家组的书状中加入该项请求,也达不到补救的效果。[16] 进而言之,一项基于未在设立专家组的请求中列明的贷款而提出的诉请,也不在专家组的职权范围之内,即便这项诉请是项目的一个方面,同时项目又是本次诉请的主要内容。[17] 当一项设立专家组的请求没有将 GATT 第 23 条作为起诉的法律基础提出,而只是将其作为设立专家组的法律基石,并且设立专家组的请求也没有援用 GATT 第 23.1(b)条的非违反条款(non-violation provision),则非违反之诉也在专家组的职权范围之外。[18]

第三节   对物管辖权

一、适用协定

《争端解决谅解》(DSU)适用于根据其磋商和争端解决条款所提出的、与该谅解附录 1 所列"适用协定"相关的争端。这些"适用协定"是:《建立世界贸易

---

[14] 上诉机构报告,日本——关于酒精饮料的税收案,WT/DS8/AB/R,WT/DS10/AB/R,WT/DS11/AB/R,1996 年 11 月 1 日通过,DSR 1996:Ⅰ,97,118,第 H.2(a)节。

[15] 专家组报告,欧共体——关于肉类及肉类制品的措施案(荷尔蒙)——源自美国的起诉,WT/DS26/R/USA,1998 年 2 月 13 日通过,为上诉机构报告所更改,WT/DS26/AB/R,WT/DS48/AB/R,DSR 1998:Ⅲ,699,925,第 8.17 段。

[16] 专家组报告,美国——对源自韩国的圆形焊接碳质条形管最终保障措施案,WT/DS202/R,2002 年 3 月 8 日通过,为上诉机构报告所更改,WT/DS202/AB/R,第 7.125 段。

[17] 专家组报告,印度尼西亚——影响汽车工业的某些措施案,WT/DS54/R,WT/DS55/R,WT/DS59/R,WT/DS64/R 和更正 1—4,1998 年 7 月 23 日通过,DSR 1998:Ⅵ,2201,第 14.3 段。

[18] 专家组报告,澳大利亚——影响鲑鱼进口的措施案,WT/DS18/和 Corr. 1,1998 年 11 月 6 日通过,为上诉机构报告所更改,WT/DS18/AB/R,DSR 1998:Ⅷ,3407,第 8.21 段。

组织协定》、13 个单独的货物贸易多边协定、GATS、TRIPS 和两个诸边协定。[19] DSU 适用于在一成员"领土内采取的、影响任何适用协定运用的措施",包括在下文第二章第四节第二目所讨论的由地区性和地方政府采取的措施。[20] 它并不延及其他事项。[21] 没有援引适用协定的诉请不在专家小组的职权范围之列。[22]

二、协定之间的冲突

WTO 的许多协定都包含着争端解决的特别或附加规则。在将两个或多个适用协定(DSU 之外的)运用于争端解决而产生冲突的时候,DSU 第 1.2 条号召争端各方自身就争端解决适用的规则和程序达成合意。如果在专家组设立 20 天内争端各方无法做到这一点,则争端解决机构主席应在任一成员提出请求后 10 天内,在与争端各方磋商后,确定应遵循的规则和程序。主席应遵循以下原则:即只要可能,就使用特殊或附加的规则和程序,并在避免抵触所必需的限度内使用 DSU 的规则和程序。[23]

三、同时适用不同协定

义务能够而且确实同时存在于不同的 WTO 协定中,例如,这些协定包括 GATT1994 和 GATS。[24] 正如一专家组所说:

23

> 如果我们认定 GATS 和 GATT 的适用范围都是排它性的(exclusive),换言之,如果我们认定,一项措施一旦被认为属于一项协定的范围,就不能同时属于另一项协定的范围,则成员承担的义务和责任的价值将会受到破坏,并且两项协定的目标和意图将会根本落空。成员应承担的义务,会通过采取某一协定下的措施来间接影响另一协定下的贸易、并且不会产生任

---

[19] DSU 第 1.1 条。

[20] DSU 第 4.2 条。

[21] 在 GATT 专家组报告,加拿大——外国投资审查管理法案,BISD 第 30 册第 140 页,1984 年 2 月 7 日通过,第 141 页,第 1.4 段中,理事会确认,"专家组的活动和裁决将被限于 GATT 的四个领域。"

[22] 专家组报告,加拿大——区域航空器出口信贷和贷款的担保案,WT/DS222/R 和更正 1,2002 年 2 月 19 日通过,第 7.49 段。

[23] DSU 第 1.2 条。

[24] 上诉机构报告,欧共体——香蕉进口、销售和分销体制案,WT/DS27/AB/R,1997 年 9 月 25 日通过,DSR 1997:Ⅱ,591,680,第 222 段;专家组报告,加拿大——关于期刊的某些措施案,WT/DS31/R 和 Corr. 1,1997 年 7 月 30 日通过,为上诉机构报告所更改,WT/DS31/AB/R,DSR 1997:1,481,576,第 5.17 段。上诉机构报告,加拿大——关于期刊的某些措施案,WT/DS31/AB/R,1997 年 7 月 30 日通过,DSR 1997:1,449,465,第四节。

何法律追索权的方式而被规避。[25]

如果同一行政措施的不同组成部分由一个以上的 WTO 协定规定,则专家组有权决定适用哪个协定。专家组并没有义务将裁决仅仅建立于争端各方提出的论据之上。[26]

四、在特定成员间的不适用

WTO 协定规定,DSU、货物贸易的 13 个多边协定、GATS 和 TRIPS,"如在任何成员成为成员之时或在另一成员成为成员时,不同意在彼此之间适用这些协定,则这些协定在该成员之间不适用。"[27]该规定与 GATT1947 第 35 条的规定相一致,后者曾被广泛援用,特别是被用于 1955 年日本加入 GATT 之时。目前还存在援引《WTO 协定》第 13 条的例子:美国之于摩尔多瓦[28],和萨尔瓦多之于中国[29]。

五、DSU 和其他 WTO 机构的权限

争端解决程序对于任何涉及国际收支平衡的争端同样适用,尽管 WTO 总理事会及国际收支平衡委员会拥有 GATT1994 第 18.12 条和《关于 1994 年关税与贸易总协定国际收支条款的谅解》的权限去处理这些争议。[30] 另外,专家组有权审查关税同盟(Custom Union)形成过程中采取的措施,而不论 GATT 第 24 条或者《关于解释 1994 年关税与贸易总协定第 24 条的谅解》是作何规定的。[31]

六、提请专家组审议的"事项"

起诉方将某一"事项"提交争端解决机构,于是这便成为专家组的职权范围。[32]"事项"包含两个要素:(1)争论中的措施,例如法律或规章;和(2)包

---

〔25〕 专家组报告,欧共体——香蕉进口、销售和分销体制案——由美国提起,WT/DS27/R/USA,
1997 年 9 月 25 日通过,为上诉机构报告所更改,WT/DS27/AB/R,DSR 1997:Ⅱ,943,
1037,第 7.283 段。

〔26〕 专家组报告,欧共体——石棉案,前注 9,第 8.32 段和注 24。

〔27〕 《WTO 协定》第 13.1 条。

〔28〕 WT/L/395。

〔29〕 WT/L/429。

〔30〕 上诉机构报告,印度——关于进口农产品、纺织品及工业产品数量限制案,WT/DS90/AB/R,
1999 年 9 月 22 日通过,DSR 1999:Ⅳ,1763,第 88 段。

〔31〕 专家组报告,土耳其——对纺织品和服装产品的进口限制案,WT/DS34/R,1999 年 9 月 19
日通过,为上诉机构报告所更改,WT/DS34/AB/R,DSR 1999:Ⅵ,2363,第 9.51 段。

〔32〕 DSU 第 7.1 条。

含在一项适用协定中的起诉方请求的法律基础。[33] "合并起来考虑,'措施'和与该措施有关的'诉请',就构成了'提交争端解决机构的事项',这也成为专家组职权范围的基础。"[34] "事项"一词,在《关于实施 1994 年关税与贸易总协定第 6 条的协定》(反倾销协定)第 17 条和 DSU 第 7 条中,具有相同的含义。[35]作为"事项"一部分的"措施",必须而且当然是政府措施。[36]

七、诉讼进行中措施的改变

在 GATT 框架下,当被挑战的措施在诉讼进行之中被改变或修订时,专家组下一步的做法,取决于争端各方是否就考虑修订后的措施达成合意。在有关美国——1930 年关税法案(*Tariff Act of 1930*)第 337 节的争端中,专家组设立之后这部法律修改了,专家组仍以其设立之时生效的法律为基础做出报告。[37]在金枪鱼案 II 中,起诉方要求暂停诉讼,以使其能够对美国相关立法的变化做出评估。专家组同意了这一请求,随后美国也同意了起诉方另行磋商的请求,但同时明确地保留一项疑问,即这是补充性协商还是在新一轮争端解决程序中的初始磋商? 最后争端各方就新修订的可供专家组考虑的法律规定达成一项谅解,争端解决进程遂继续往前推进。然而,美国最终阻挠了专家组报告的通过。[38]

这种情形在 WTO 中继续上演。在印度——汽车一案中,就在争端解决过程中,争论中的政府措施发生了变化。[39] 专家组认定,自己的管辖范围延及请求设立专家组时存在的政府措施。[40] 同时专家组还认为,在专家组诉讼开始后采取的新措施,不在自己的职权范围之内。[41] 专家组继续陈述:"可能需要考虑这些变化是否会影响以下的持续妥当性(*continued relevance*)……

25

---

[33] 上诉机构报告,危地马拉——对自墨西哥进口的波兰特水泥反倾销调查案,WT/DS60/AB/R,1998 年 9 月 25 日通过,DSR 1998:IX,3797,第 72 段。

[34] 同上,第 72 段。

[35] 同上,第 76 段。

[36] 专家组报告,欧共体——影响几种家禽产品进口措施案,WT/DS69/AB/R,DSR 1998:V,2089,第 272 段。

[37] BISD 第 36 册第 345 页,第 383 页,1989 年 9 月 7 日通过,第 5.2 段。参见 David Palmeter,Section 337 and the WTO Agreements-Still in Violations?,20 *World Competition* 27(1996 年 9 月第 1 号)。

[38] GATT 专家组报告,美国——限制进口金枪鱼案,DS33/1,10 June 1994,未获通过,I. L. M. 839(1994)。

[39] 专家组报告,印度——影响汽车部门的措施案,WT/DS146/R,WT/DS175/R 和更正 1,2002 年 4 月 5 日,在上诉被撤回后,该报告获得通过。

[40] 同上,第 7.22 段。

[41] 同上,第 8.20 段。

专家组就其设立时政府措施的一致性而可能做出的裁决和结论(可能会因为措施已经改变,而使相关裁决和结论缺乏妥当性——译注)。"[42]专家组进一步陈述:"如果政府措施的任何变更将影响专家组设立时可能被认定的不法行为的持续存在,而且这种变更已经发生,它根据 DSU 第 19.1 条向 DSB 做出富有意义的建议的能力,可能会受到影响。"[43]对于一个相符性审查专家组(compliance panel)而言,政府措施变更的潜在妥当性,"并没有以任何方式减少这一专家组应承担的、DSB 明确要求它必须考虑所面对的措施的义务。"[44]

类似地,在智利——价格标签体系案中,当面对一项变更的政府措施时,专家组认为,它只有先确定在专家组设立请求中引用协定之下智利应承担的义务范围,才能对这项变更的妥当性予以评估。[45] "如果我们只是因为智利在诉讼后一阶段才对争议的措施进行修改而拒绝做出裁决,则我们的做法无疑与 DSU 第 11 条赋予我们的义务格格不入。"[46]

八、措施的法律理由的改变

当被告改变了其面临挑战的措施的法律理由时,起诉方可能被迫重新磋商。在挪威——纺织品案中,在挪威对香港的产品实施单方进口限制时,后者要求磋商。磋商失败后,香港请求设立专家组。在随后一个月,挪威援引 GATT 第 29 条为其措施的正当性进行辩解,由于挪威行动的法律基础已经发生变更,香港寻求新的磋商。最后,一个专家组被设立以审查挪威援引的 GATT 第 29 条是否足以成为法律理由。[47]

虽然在 DSU 框架之下,面临挑战的措施的法律理由的变更,也将导致类似的诉讼中断情形,但 DSB 监督之下的 DSU 设定的时间限制,使得诉讼中断造成的延误,不可能像挪威和香港争端那样,历时将近一年之久。

在阿根廷——鞋类和纺织品案中,最初提出的措施被撤回,而代之以另一项措施,以便为其限制提供正当性理由。这一案例在接下来一节中加以探讨。

---

[42]   同上,第 7.30 段。

[43]   同上。

[44]   同上,第 7.149 段。

[45]   专家组报告,智利——有关某些农产品价格标签体系和保障措施案,2002 年 10 月 23 日通过,为上诉机构报告所更改,WT/DS207/R,WT/DS207/AB/R,第 7.7 段。

[46]   同上。

[47]   GATT 专家组报告,对某类纺织品施加的进口限制案,BISD 第 27 册第 119 页,1980 年 6 月 18 日通过,第 5 段。

九、不再有效的措施

一项措施被撤销的事实,并不足以使专家组不再裁决该项措施,只要它仍在专家组的职权范围之内。在美国——羊毛衬衫和上衣案中,争议中的进口限制措施,在专家组向争端各方提交中期报告之后、做出最终报告之前被撤回了。专家组决定继续审议这项措施:

27

> 在争端各方没有达成终止诉讼协议的情况下,我们认为就职权范围内的事项发布我们的最终报告以履行我们的受托职责,这是妥当的……尽管美国的限制措施已被撤回。[48]

在阿根廷——鞋类和纺织品一案中,美国对阿根廷的一系列特定关税提出质疑,认为它们违反了受 GATT1994 年第 2 款约束的关税税率。在设立专家组的请求提交后、专家组设立前,阿根廷撤销了设定特定关税的措施。[49] 但就在该项措施被撤销的当天,阿根廷重新设定了特定的关税作为一项临时保障措施。[50] 虽然这些同样的特定关税在专家组的职权范围内,但专家组拒绝审议这一被撤销的措施,以下引自上诉机构就美国——羊毛衬衫和上衣案一案发表的意见:

> 争端解决的目标,并不在于"鼓励专家组或上诉机构在解决特定的争端之外,通过澄清 WTO 协定的既有规定去'创造法律'。专家组只须应对那些必须被应对的诉请,以解决争端中的论争事项。"[51]

然而,在仅仅涉及保障措施问题的智利——价格标签体系案中,专家组针对最初的措施做出裁决,称:

> DSU 第 19.1 条并没有阻止我们就一项已经终止的临时保障措施的一致性做出裁决,如果我们考虑到做出这项裁决对于"确保积极的争端解决方案"是事所必须的。然而,我们不会针对这些措施形成建议。[52]

---

[48] 专家组报告,美国——关于影响自印度进口的羊毛衬衫和上衣措施案,WT/DS33/R,1997年 5 月 23 日通过,上诉机构报告予以支持,WT/DS33/AB/R,DSR 1997:Ⅰ,343,第 6.2 段。

[49] 专家组报告,阿根廷——影响鞋类、纺织品、服装和其他进口产品的措施案,WT/DS56/R,1998 年 4 月 22 日通过,后被上诉机构报告改变,WT/DS56/AB/R,DSR 1998:Ⅲ,1033,1147,第 6.4 段。

[50] 同上,第 6.5 段。

[51] 同上,第 6.13 段,1150 引用上诉机构报告,美国——羊毛衬衫和上衣案,前注48,第 19 页,DSR 1150.

[52] 专家组报告,智利——价格商标体系案,前注45,第 7.124 段。

GATT 案件产生了类似的结果。在美国——源自加拿大的金枪鱼案中,根据《渔业保护和管理法案》而设定的进口产品限制措施面临挑战。在诉讼进行过程中,限制措施被取消了,但该措施赖以做出的法律条款仍然有效。在一次决定应采取何种妥当行动的专家组会议上,加拿大认为专家组应当将裁决进行下去,因为要求采取限制措施的法律仍然有效,这使得以后仍然存在禁运的可能性。而美国则称,它怀疑诉讼进行的必要性,因为限制措施已经被取消,但表态说如果专家组决定继续下去,它将予以合作。最后,诉讼继续进行。[53]

专家组认为,临时的禁运措施与 GATT 第 21 条规定不符,尽管该措施已被终止,但专家组没有对作为该措施的法律基础的、根本性的强行法进行裁决。[54] 专家组推断,即便假定法律符合 GATT 的要求,要求予以特别裁决的具体行为也可能不符合 GATT 的规定,并且这种情形会再次上演。在这些情形下,如果专家组因为措施不再有效而拒绝对其加以考虑,这一措施可能会在周而复始的进程中被再次强加。也许同样的推理推动了专家组对另外两例案件的裁决。这两例案件都涉及对苹果进口实施五个月的限制措施,并且该措施在专家组设立之后、专家组报告发布之前已经终止。在这两例案件中,专家组都做出了有利于原告的裁决,但同时都没有对措施终止事项进行探讨。[55]

十、审查为遵循 DSB 裁决和建议而采取的措施

如某一成员被认为其采取的措施与 WTO 义务不符,则其将被号召纠正该措施,使该措施与 WTO 义务相符。[56] 当争端各方对是否采取措施产生分歧时,这一分歧遂转而成为争端解决的对象,并在可能的情况下呈交原来的专家组。[57] 专家组审查的作用,"是当为遵守 DSB 的建议和裁决所采取的措施,在是否存在或是否与适用协定相一致的问题上'存在分歧'时,做出决定。"[58] 对

---

[53] GATT 专家组报告,美国——禁止从加拿大进口金枪鱼和金枪鱼制品案,BISD 第 29 册第 91 页,1982 年 2 月 22 日,第 2.2 段,第 2.8 段,和 4.8。在 GATT 专家组报告,欧洲经济共同体——关于动物饮料的蛋白质措施案,被挑战的限制措施生效于 1976 年 4 月,同年 10 月终止。BISD 第 25 册第 49 页,1978 年 3 月 14 日通过,第 2.4 段。专家组根据案件的是非曲直发布了一个完整的报告。但看起来措施终止的问题并没有被讨论。

[54] 同上。第 109 页,第 4.15 段。

[55] GATT 专家组报告,欧洲经济共同体——限制进口来自智利的苹果案,BISD 第 27 册第 98 页,1980 年 11 月 10 日通过;GATT 专家组报告,欧洲经济共同体——限制进口来自智利的苹果甜点案,由智利提起,BISD 第 36 册第 93 页,1989 年 6 月 22 日通过。

[56] DSU 第 19.1 条。根据《补贴与反补贴措施协定》第 4.7 条和第 7.8 条,成员被号召分别"撤回[被禁止]补贴"和"消除不利影响或者……撤回[可诉]补贴"。参见本书第 7.08 节。

[57] DSU 第 21.5 条。

[58] 专家组报告,巴西——航空器案(加拿大援引第 21.5 条),前注 8,注 17。

DSU 第 21.5 条规定的专家组的审查范围和"相符性"（compliance）专家组的职权的讨论，参见本书第七章第六节。

<h2 style="text-align:center">第四节　对人管辖权</h2>

一、非成员

WTO 义务只延及那些同意加入《WTO 协定》的成员方政府。"只有 WTO 成员才可能成为专家组裁决事项的争端方，也只有对被提交给专家组裁决的事项'有着实质性利益的 WTO 成员'才可以成为专家组诉讼的第三方。"[59] 非 WTO 成员既不能利用 WTO 规则，也不受其管辖。就此而言，WTO 的司法机关迥异于国际法院。即便不是联合国成员，也可能成为国际法院裁决争端中的申请人和应诉人，有时还能成为参加人（intervenor）。[60] 然而，在 GATT 框架下，缔约方只能代表其当时负有国际责任的非成员领地（non-member territories）提起争端诉讼。例如，英国就曾代表香港发起针对挪威的争端解决诉讼，荷兰也代表荷属安第列斯群岛（Netherlands Antilles）发起了针对美国的争端解决诉讼。[61]

当政治变迁使得成员方政府的持续存在面临质疑时，将产生 WTO 规则的适用性问题。例如，在 GATT 框架下，欧共体拒绝继续参加由南斯拉夫请求而设立的专家组诉讼，理由是由塞尔维亚和黑山组成的南斯拉夫联邦共和国取代了南斯拉夫社会主义联邦共和国，这使得南斯拉夫作为缔约方的地位面临质疑。[62]

二、地区或地方政府措施

30

DSU 本身并不特别针对地区（例如州或省）或地方政府采取的措施，只有一项例外。这项例外包含在 DSU 第 4.2 条的脚注里。DSU 第 4.2 条只是要求每一成员"对另一成员提出的有关在前者领土内采取的、影响任何适用协定运用的措施的交涉给予积极考虑，并提供充分的磋商机会"。在这一句子的末尾的脚注规定：

---

〔59〕　上诉机构报告，美国——禁止进口某些虾及虾制品案，WT/DS58/AB/R，1998 年 9 月 6 日通过，DSR 1998：Ⅶ，2775，第 101 段；还可参见土耳其——纺织品案，前注 31，第 9.41 段。

〔60〕　Shabtai Rosenne, *The World Court* 31 (5th ed., Martinus Nijhoff, 1995).

〔61〕　Norway-Textiles，前注 47；和 Tuna Ⅱ，前注 38。后来香港成为 GATT 缔约方，现在是 WTO 成员。

〔62〕　GATT 理事会备忘录 256，第 32 页。

如任何其他适用协定有关一成员领土内的地区或地方政府或主管机关所采取措施的规定与本款存在差异，则以此类其他适用协定的规定为准。

虽然这项脚注只是涉及另外的协定与 DSU 第 4 条相冲突的情形，并且似乎只是多余地增强了 DSU 第 1.2 款针对地区和地方政府措施的一般要求，但显而易见的是，调整货物贸易的 GATT1994 和调整服务贸易的 GATS，都对地区和地方政府有效。

GATT 第 24.12 款明确规定，"每一缔约方应采取其可采取的合理措施，保证其领土内的地区和地方政府、主管机关遵守本协定的规定。"加拿大——牛奶案的专家组在考虑加拿大政府在多大范围内支持了牛奶产业时，引用了这一条规定：

> 加拿大是由有一个联邦政府和十个省级政府组成的联邦制国家。对奶制品贸易的监管权力，由联邦政府和各省政府分享。联邦政府对省际和国际间的贸易拥有管辖权。除此以外，牛奶生产和销售的其他所有方面都在各省政府管辖之下。加拿大联邦政府和各省政府都是［农业协定］第9.1(a)条之下的"政府"。[63]

作为 GATT 的组成部分，《关于解释 1994 年关税与贸易总协定第 24 条的谅解》清楚地表明：

> 每一成员在 GATT1994 项下对遵守 GATT1994 的所有规定负有全责，并应采取其所能采取的合理措施，保证其领土内的地区和地方政府和主管机关遵守这些规定。[64]

《谅解》继续称，如果成员能够采取的"合理的措施"仍不足以取消一项与协定不一致的地区或地方政府措施，成员则必须对以下事项负责："如遇无法保障遵守的情况，则适用有关补偿和中止减让或其他义务的规定"。[65]

GATS 就其条款规定而言，只适用于"各成员影响服务贸易的措施"。[66] 然而，它同时将"各成员的措施"界定为"中央、地区和地方政府以及主管机关"采

---

〔63〕 专家组报告，加拿大——影响牛奶进口和奶制品出口措施案，WT/DS103/R，WT/DS113/R，1999 年 10 月 27 日通过，为上诉机构报告所更改，WT/DS103/AB/R，DSR 1999：Ⅵ，2097，第 7.73 段。

〔64〕 《关于解释 1994 年关税与贸易总协定第 24 条的谅解》，第 13 段。

〔65〕 同上，第 14 段。

〔66〕 GATS 第 1.1 条。

取的措施。[67]　然而，TRIPS 却没有提及由地区或地方政府采取的措施，大概是由于这些层级的政府通常不会采取与中央政府不同的方式来规范知识产权。TRIPS 中的国民待遇条款的确要求每一成员"给予其他成员国民的待遇不得低于给予本国国民的待遇。"[68]另外，TRIPS 还要求各成员达到《巴黎公约》(1967)和《伯尔尼公约》(1971)的标准。两项公约几乎以同样的语言，要求各方采取必须的措施来确保公约实施，并使得在本国法的框架下公约的条款也具有法律效力。[69]这一要求似乎也使得作为公约成员方的各中央政府，必须对其领土范围内的地区或地方主管机关采取的措施负责。

三、习惯国际法对于 WTO 成员的适用

32

DSU 第 3.2 款规定，必须依照解释国际公法的惯例来解释 WTO 文本。然而，有一个专家组已经建议，至少在裁决非违反诉讼过程中，专家组有权将国际法惯例中的实体性规则，运用在 WTO 成员身上。

在韩国——采购案中，专家组注意到，必须依照解释国际公法的习惯规则来解释 WTO 协定，但接着在一个脚注中称，"我们可以认为，本裁定中根本不存在做出相反(*a contrario*)暗示——除解释性规则之外的其他国际法规则不得适用——的依据。"[70]它紧接着说，"WTO 协定与习惯国际法的关系，比这[也就是，WTO 协定与国际法的解释规则之间的关系]"更为广泛。习惯国际法通常适用于 WTO 成员之间的经济关系。此类国际法规则在 WTO 协定没有将其'排除在外'的范围内适用。"[71]

专家组于是继续将《维也纳公约》有关条约订立过程中的错误的第 48 条，"运用"于解决根据《政府采购协定》第 22.2 款提起的关于利益丧失或减损的非违反之诉。[72]它认定第 48 条是一个习惯国际法的法典化条文，但它没有认定第 48 条是一项国际法解释的习惯规则。然而，最终专家组认为起诉方没有确立丧失利益丧失或减损的诉讼。[73]结果，专家组的所有讨论都因此变成了附

---

[67] 同上。第 1.3(a)(ⅰ)条。它还包括由"中央、地区或地方政府或主管机关授权行使权力的非政府机构所采取的措施。"第 1.3(a)(ⅱ)条。(原著 Art. Ⅰ:3(a)(ⅰ)中，ⅰ 应为 ⅱ 的笔误——译注)

[68] TRIPS 第 3.1 条。

[69] 《保护工业产权的巴黎公约》第 25 条；《保护文学和艺术作品的伯尔尼公约》第 36 条。

[70] 专家组报告，韩国——影响政府采购的措施案，WT/DS163/R，2000 年 6 月 19 日通过，DSR2000：Ⅵ，3541，第 7.96 段和脚注 753（强调为作者所加）。还可参见本书第三章第四节。

[71] 同上。

[72] 同上，第 7.123 段。

[73] 同上，第 8.2 段。

带意见(*obiter dicta*)。

毫无疑问,习惯国际法不同于国际法的解释规则,前者就像其适用于所有国家一样,也通常适用于 WTO 各成员。但认可这一点并不等于说,WTO 专家组必然有权将这些规则运用于 WTO 各成员。韩国——采购案中的专家组裁决,可以被解释为它认为专家组可以运用习惯国际法中的实体性规则作为标准,来判断关于利益丧失或减损的非违反之诉是否已经发生,换言之,WTO 成员可以认为其他成员必须遵守国际法惯例,如某一成员未能做到这一点,非违反之诉的提起将因此获得依据。专家组并没有提及,这一理论是如何与《政府采购协定》第 22.2 条的规定相契合的,后者在相关部分提及"任何措施,不论它是否与本协定的规定相冲突"。[74] 由于这一报告未被上诉,上诉机构对这一问题的看法尚不得而知。

第五节 资格(出庭资格)

一、要求拥有法律利益

一项与 WTO 义务不一致的措施,可能会使其他成员甚至无法争取特定贸易领域的经济利益。因而,WTO 规则原则上关注的是竞争机会,而不是实际发生的贸易。相应地,GATT1994 第 23.1 条规定,当一成员认为"直接或者间接获得的利益……正在丧失或减损,或本协定任何目标的实现正在受到阻碍"时,它就可以对造成这种局面的措施发起挑战。

部分依据第 23.1 条,上诉机构确认了香蕉案中的专家组裁决。该裁决认为,一成员拥有"法律利益",并不是其提请争端解决的先决条件。[75] 上诉机构注意到,美国虽然不是香蕉出口国,但却是香蕉生产国和潜在的出口国。另外,美国内部的香蕉市场会受到欧共体香蕉体制、特别是会受到世界香蕉供给和价格体制的影响。[76] 值得注意的是,上诉机构做出结论,"综合考虑各种因素,这些原因可以为美国提起诉请提供充分的理由。"然而,它同时又补充一点,"然而,这并不意味着,我们在本案中提及的一个或多个因素必然在其他案件中也具有决定意义。"[77]

在香蕉案中,"法律"利益这一术语被赋予了"经济"利益的含义,即指既存

---

[74] 当然,这种表述与出现于 1994 年 GATT 第 23 条 (1)(b)款的语言相同,后者普遍适用于非违反之诉。

[75] 欧共体——香蕉案Ⅲ,前注 24,第 132 段。

[76] 同上,第 136 段。

[77] 同上,第 138 段。

的经济利益。然而,正如上文所指出,即便与既存的经济利益毫不相干,WTO
的利益也可能会丧失或减损。这一点在后来韩国——奶制品案的专家组中得
到确认,该专家组称:"DSU 并不要求争端各方具有经济利益。"[78]

　　美国——第 211 节一案的上诉机构做出的决定,强化了这一点。欧共体成
功地抨击了美国的这一措施,理由是它侵犯了古巴国民根据 TRIPS 享有的国民
待遇权利。欧共体争辩道:

> 两部分……违反了 TRIPS 协定和《巴黎公约》(1967)之下的国民待遇
> 义务,因为它们对作为原作品所有权人的古巴国民,提供了低于作为原作
> 品所有权人的美国国民的待遇。[79]

　　美国基于案件本身的是非曲直对上述争辩提出质疑,但这项质疑并没有基
于缺乏经济或法律利益的管辖基础而提出。最后,上诉机构对欧共体的争辩予
以支持,并裁决其中的确存在违反国民待遇的情形。[80]

二、用尽当地救济

　　在危地马拉——水泥 II 案中,墨西哥对强加给自己的反倾销措施提出挑
战,专家组称:"墨西哥是否选择寻求危地马拉法律赋予的权利,我们对此并不
关注,因为这并不影响它根据 WTO 协定所享有的权利。"[81]类似的观点还出现
于美国——进口羊肉保障措施案[82]中,结论也颇为类似:

> 国家主管机关处理的案件可能会受到国内法律、法规和程序规定的影
> 响,这也是案件的焦点。但另一方面,根据 DSU 提起的有关按《保障措施
> 协定》设定的保障措施的争端解决程序,可能涉及到利害关系方并没有提
> 交给国家主管机构的论据。[83]

　　不过,上诉机构称,"WTO 成员不能本着以后将有关论据提交专家组的想
法,不适当地从一国的主管机构撤回这些论据。"[84]

---

〔78〕　专家组报告,韩国——对某些奶制品进口的最终保障措施案,WT/DS98/R 和更正 1,2000 年
　　　1 月 12 日通过,为上诉机构报告所更改,WT/DS98/AB/R, DSR 2000:Ⅰ,49,第 7.13 段。

〔79〕　上诉机构报告,美国——1998 年综合拨款法第 211 节案,WT/DS176/AB/R,2002 年 2 月 1
　　　日通过,第 275 段。

〔80〕　同上,第 296 段。

〔81〕　专家组报告,危地马拉——对自墨西哥进口的波兰特水泥反倾销调查案,WT/DS156/R,
　　　2000 年 9 月 17 日通过,DSR 2000:Ⅺ,5295,第 8.83 段。

〔82〕　上诉机构报告,美国——对源于新西兰和澳大利亚的新鲜、冷藏或冰冻羊肉保障措施案,
　　　WT/DS17/AB/R, WT/DS178/AB/R,2001 年 5 月 16 日通过。

〔83〕　同上,第 113 段。

〔84〕　同上,第 115 段。

看来，GATT 的一般规则是，私人主体用尽当地救济的原则并不适用。[85]在大多数场合，这一点无疑是正确的。GATT 和 WTO 协定都是政府之间关于产品和服务的协定，在本质上（per se）不是私人主体之间的约定，虽然私人主体在政府承担的义务中，拥有广泛的利益。所以，私人主体未能用尽当地救济，对于某一政府是否以与其义务不一致的方式对待另一政府，并没有任何影响。这一视角与国际法委员会新近就国家责任发布的报告草案，也是吻合的。[86]

然而，许多 WTO 协定，包括 GATS 和 TRIPS，都包括直接适用于私人主体的实体性和程序性法律义务。由此可以证明，在以下情况下，一成员不能起诉另一成员侵犯了自己的实体权利：如果另一成员按规定提供了程序性途径供行使和补救那些实体权利，而且就实体问题起诉的一方并没有利用这些途径提供的救济手段。[87]

三、法庭之友的参与

法庭之友*参与 WTO 争端解决的问题，直到现在仍然争议重重。然而，随着情境的变更，似乎专家组和上诉机构在经过正当程序考虑后，可能接受法庭之友提交的书状（submission），但（在正当程序考虑之下——译注）它们可能并不正式要求这些文件——至少在没有遭到大量成员坚决反对的情况下，它们是会这样做的。[88]

法庭之友的历史渊源，可追溯至两个环境组织向美国——虾[89]案的专家组提交了摘要（briefs）之时。虽然这些摘要为争端各方而制备，也得到了专家组的认可，但专家组拒绝将其加以考虑。[90]专家组推论道，虽然根据 DSU 第 13 条，专家组有权从任何来源寻求信息，但本案中专家组并没有向提交摘要的非政府机构寻求信息。专家组称："接受从非政府渠道提供的未经请求的信息，在

---

[85]　GATT 专家组报告，美国——对自挪威进口的大西洋鲑鱼征收反倾销关税案，BISD 第 41 册第 229 页，1994 年 4 月 27 日通过，第 347 段—35 段（疑有误，35 似应为 350——译注）。

[86]　UN GA Doc. A/CN. 4/L. 528/Add. 2，1996 年 7 月 16 日，第 22 条。

[87]　参见 Rutsel Silvestre J. Martha, World Trade Dispute Settlement and Exhaustion of Local Remedies Rule, 30 *Journal of World Trade* 107（1996 年 8 月第 4 期）。

[88]　关于 WTO 裁决机构做出的关于法庭之友待遇的简要讨论，可参见 Petros C. Mavroidis, *Amicus Curiae Briefs before the WTO : Much Ado About Nothing* in Armin von Bogdandy, Petros C. Mavroidis & Yves Meny (Eds) *European Integration And International Co-Ordination : Studies in Transnational Economic Law in Honour of Claus-Dieter Ehlermann*（Kluwer, Leiden 2002）.

[89]　专家组报告，美国——禁止进口某些虾及虾制品案，WT/DS58/R 和更正 1，1998 年 9 月 6 日通过，为上诉机构报告所更改，WT/DS58/AB/R, DSR 1998：Ⅶ, 2821.

[90]　同上，第 3. 129 段。

*　指对案件中涉及利害事项陈述自己看法的法院临时法律顾问，字面意义是"friend of court"。

我们看来,是与目前适用的 DSU 规定互相矛盾的。"[91] 然而,专家组提到,任何争端方如果愿意将全部或部分法庭之友的摘要,当作自己的文件提交,专家组也愿意以同样的方式采纳它们。因此,美国就在向专家组提交的第二次陈述中,将部分法庭之友的摘要作为附件提出。[92]

对于专家组做出的它不能接受由非政府组织提交的未经请求的书状,美国提出上诉,但被上诉机构驳回。上诉机构最初称只有 WTO 成员才有权参与专家组诉讼。至于非成员,上诉机构说,专家组有权自主决定是否接受其提交的书状。基于 WTO 裁决机构接受 WTO 成员提交书状的义务(当然,如果 DSU 的相关条款也已经被编入)与它们接受其他来源的书状的自由裁量权之间的分野,上诉机构继续陈述:

> ……我们并不相信'寻求'(seek)这一单词必定要以一种过于字面化的方式去解读,而显然专家组正是这么解读它的。专家组对'寻求'(seek)这一单词的解读,显得不必要的正式,并且在本质上过于技术化。据此,显然非常清楚的是,应当是'个人或机构'首先请求专家组允许其提交声明或书状摘要。在这种情况下,专家组可能拒绝做出这种许可……在目前的情况下,在寻求信息的权力与禁止接受未经专家组请求的信息之间,并没有取得妥当的平衡。专家组拥有自由裁量权去接受并考虑提交给它的信息,或者拒不接受,而不论这些信息是否由专家组请求提供。[93]

但这还不是故事的终结。法庭之友的摘要、以及如何在 WTO 的框架内处理它们,一直以来 DSB 和总理事会为此费尽思量。

在美国——铅和铋 II 案[94] 中,这一问题重新出现。在该案中,专家组拒绝审查一项未经请求而主动提供的法庭之友摘要,理由是它在诉讼进程中姗姗来迟。专家组认为,如果接受这份摘要将使争端各方没有机会做出充分的反应。[95] 对于这项否决,争端各方没有提起上诉(并且非争端方无权上诉)。然而,当美国根据事情的是非曲直对专家组就争端做出的裁决提起上诉时,两个非争端方向上诉机构提交了法庭之友摘要。欧共体认为,法庭之友摘要在上诉机构诉讼中是不可被接受的。欧共体主张,DSU 第 13 条只适用于专家组,因而

37

---

[91] 同上,第 7.8 段。

[92] 同上。

[93] 上诉机构报告,美国——虾案,前注 59,第 107 段和第 108 段。(强调为原文所加)。

[94] 专家组报告,美国——对原产于英国的热轧铅和铁碳钢产品征收反补贴税案,WT/DS138/R 和更正 2,2000 年 6 月 7 日通过,上诉机构报告予以支持,WT/DS168/AB/R,DSR 2000:VI,2631.

[95] 同上,第 6.3 段。

只限于事实方面的信息和技术建议,而不包括法律纷争。[96]

欧共体的观点并没有被采纳。上诉机构称,虽然 DSU 和上诉机构工作程序都没有规定法庭之友的书状的呈交,但同时也没有明确禁止它们:

> 非属 WTO 成员的个人和组织,没有法律权利向上诉机构呈交书状,也无权接受上诉机构的审理。上诉机构没有法律义务去接受或者考虑由非属 WTO 成员的个人或组织提交的、未经请求的法庭之友摘要。上诉机构只有法律义务去接受并考虑作为 WTO 成员的、特定争端的当事方或第三方提交的书状。[97]

然而,专家组又称"我们在 DSU 之下拥有法律权力去接受并考虑在上诉中提交的法庭之友书摘要,只要我们认为这样做是妥当而且有用的。"[98]但恰恰在本案中,上诉机构认为,在做出决定时没有必要将这两份书状考虑在内。[99]

在澳大利亚——鲑鱼(加拿大援引第 21.5 条)案中,专家组接受了来自"渔民和渔产品加工者关爱组织"(Concerned Fishermen and Processor)以信件的形式呈交的未经请求的信息,在专家组看来,这些信息"与专家组程序有关。"[100]专家组援引了 DSU 第 13.1 条作为其职权依据。[101]它还引用了前述美国——虾[102]案中上诉机构的表述。在欧共体——石棉案中,专家组收到了五份法庭之友摘要,其中四份自诉讼一开始即提交,而另一份则在专家组的中期报告分发给争端各方后才提交。[103]被告将其中两份法庭之友摘要并入其书状中,并力促专家组排除另外两份一开始就提交的法庭之友摘要。原告则要求专家组排除所有四份自始即提交的法庭之友摘要。专家组接受了被告纳入其书状的两份法庭之友摘要。而第五份"在它提交的那个程序阶段,已经不可能被加以考虑了",因而没有被接受。[104]专家组将第五份书状连同不予接受的决定一起发送给争端各方,供其了解,同时通知他们,同样的决定适用于随后非政府组

---

〔96〕 上诉机构报告,美国——对原产于英国的热轧铅和铋碳钢产品征收反补贴税案,WT/DS138/AB/R,2000 年 6 月 7 日通过,DSR 2000:Ⅴ,2601,第 36 段。

〔97〕 同上,第 41 段。(强调为原文所加)。

〔98〕 同上,第 42 段。

〔99〕 同上。

〔100〕 专家组报告,澳大利亚——影响鲑鱼进口措施案——加拿大援引 DSU 第 21.5 条,WT/DS18/RW,2000 年 3 月 20 日通过,DSR 2000:Ⅳ,2035,第 7.8 段。

〔101〕 同上。

〔102〕 同上,第 7.9 段。

〔103〕 欧共体——石棉案,前注 9,第 8.12 段—第 8.13 段。

〔104〕 同上,第 8.14 段。

织提交的任何书状。[105]

　　欧共体——石棉案的专家组报告被上诉时,上诉机构预计会出现大量的法庭之友书状。在与争端各方和第三方协商后,上诉机构援引《上诉审查工作程序》规则 16(1),建议附加一套程序规则,以应对预料之中的书状问题。[106] 在它给 DSB 的信件中,上诉机构称,它的这项动议并不是根据 DSU 第 17.9 条制定的新的工作程序,而只是为欧共体——石棉案上诉而设。这套附加的程序规则,为法庭之友设定了一系列的程序要求。

　　这项动议遭到了强烈的反对。埃及代表发展中国家非正式团体,要求总理事会召开特别会议来讨论有关信件(Communication)问题。[107] 埃及称,做出创设附加程序的决定,“超越了上诉机构的职责和权限。”[108] “在特定案件的上诉阶段中由既不是争端各方也不是第三方的个人或机构提交了书面摘要,上诉机构为此设立了附加程序,并广为沟通,对于这种 WTO 运行体制之外的做法,乌拉圭回合予以极大关注。”[109] 中国香港对此也表示关切,称“这种决定将使发展中国家成员背负不可能承受的负担,而且事实上任何希望对提交的摘要予以评论和做出反应的成员,也将受制于时间和资源条件。”[110] 印度称,“上诉机构非常不幸地忽视了反对接受未经请求的法庭之友摘要的成员的不可遏制的感情。”[111] “巴西期望,当上诉机构面临在本质上属于实体问题、或者具有系统性意味的问题时,在行使 DSU 第 17.9 条赋予的自由裁量权的同时,也能运用同一条的磋商规定。”[112]

　　众多的其他成员也对此发表了看法,绝大多数持批判态度。然而,美国在支持上诉机构发出的信件时,却称“上诉机构已经以一种公平、合法而妥当的方式,采用一种程序规则来处理这一问题,而且在使民间团体的观点受到考虑方面,考虑了民间团体的利益;在能够对任何法庭之友书状做出评论和反应方面,考虑了争端各方的利益;在争端解决方面,考虑了所有方面的利益。”[113] 在上诉机构的报告中,上诉机构并未提及总理事会会议,但提到它收到了 11 份请求其

[105] 同上。
[106] 欧共体——石棉案,从上诉机构获得的信息,WT/DS135/9,2000 年 9 月 8 日。
[107] 这场会议的详细报导,可见于 General Council, Minutes of Meeting held in the Centre William Rappard on 22 November 2000, WT/GC/M/60, 2001 年 1 月 23 日。
[108] 同上,第 10 段。
[109] 同上,第 5 段。
[110] 同上,第 27 段。
[111] 同上,第 31 段。
[112] 同上,第 47 段。
[113] 同上,第 74 段。

拒绝将法庭之友摘要归入档案的申请。所有的申请均被驳回,而且没有任何进一步的解释。[114]

40

第六节 审查管辖权请求

一、争端方提出的管辖权异议

在美国——1916 法案一案中,对于专家组做出的它有权考虑某些请求的裁决,美国提起上诉。[115] 欧共体则认为,直到专家组诉讼的中期审查阶段才对专家组的管辖权提出异议,应当以不适时为由予以驳回。[116] 上诉机构否决了欧共体的这一观点,称虽然管辖权问题应在诉讼中尽早提出,"但管辖权的一些问题,可能具有使得专家组必须在任何时候将其加以解决的属性。"[117]

二、依职权审查管辖权

"一条被广泛接受的规则是,国际法庭有权主动考虑其管辖范围内的任何事项,并且有权说服自己对其面临的任何案件行使管辖权。"[118] 这一规则适用于 WTO 专家组,后者拥有"决定其权限的权限",并且可以不考虑当事方的处境而决定某种请求是否能够被提起。[119] 的确,专家组有责任确定自己的管辖权[120],而不能简单地忽略触及管辖权"根基"的事项。[121]

虽然专家组的管辖范围受其职权范围的制约,并且专家组也许不能僭越该

---

〔114〕 上诉机构报告,欧共体——影响石棉及含有石棉的制品措施案,WT/DS135/AB/R,2001 年 4 月 5 日通过,第 56 段。还可参见,Geert Z. Zonnekeyn, The Appellate Body's Communication on Amicus Curiae Briefs in the Asbestos Case, 35 *Journal of World Trade* 553 (2001 年 6 月第 3 期). Robert Howse & Reinhard Quick, Trade, Environment and the Rule of NGOs (separate contributions under the same title), 4 *Journal of World Intellectual Property* 277, 281 (2001 年 3 月第 4 期).

〔115〕 上诉机构报告,美国——1916 年反倾销法案,WT/DS136/AB/R, WT/DS162/AB/R, 2000 年 9 月 26 日通过,DSR 2000:X, 4793, 第 52 段。

〔116〕 同上,第 53 段。

〔117〕 同上,第 54 段。

〔118〕 *US—1916 Act*, 前注 115, 注 30。

〔119〕 专家组报告,美国——1916 年反倾销法案——源自欧共体的诉讼,WT/DS136/R 和 Corr. 1, 2000 年 9 月 26 日通过,上诉机构报告予以支持,WT/DS136/AB/R, WTDS162/AB/R, DSR 2000:X, 4593, 第 6.72 段。

〔120〕 专家组报告,美国——禁止进口某些虾及虾制品案——马来西亚援引 DSU 第 21.5 条,WT/DS58/RW, 2001 年 9 月 21 日通过,上诉机构报告予以支持,WT/DS58/AB/RW, 第 5.6 段。

〔121〕 上诉机构报告,墨西哥——玉米糖浆案(美国援引第 21.5 条),前注 5, 第 64 段。

范围去考虑被起诉的措施或行为是否与其他协定或该被援引协定的其他规定相一致,[122]但专家组有责任去确定其管辖权,并且"它的职权范围是这项决定的核心部分。"[123]

WTO 法庭考虑管辖问题的权力延及上诉机构,后者已经认定,它有权去考虑关于专家组已经超越职权范围的请求,即便该请求不是在上诉通知(Notice of Appeal)中做出的。[124]

三、既判力原则

印度——汽车案中,专家组首次在报告中提出 WTO 中是否存在既判力原则的问题。[125] 专家组注意到,这一问题"具有体系性的重要意义,"又称"一些被广泛认可的国际法原则,已经被裁定可运用于 WTO 的争端解决、特别是处理一些基础性的程序事项,这无疑是正确的。"[126]专家组也注意到,DSU 并不直接涉及这一问题。[127] "要使既判力原则在 WTO 争端解决中发挥任何可能的作用,"专家组说,"前面被裁决的事项与被提交给后来专家组的事项,至少大体上是相同的。"[128]进而言之,"要确定的问题是,特定的争议是否已被裁决或判定,而不仅仅是确定执行以前的裁决是否有可能对后来的争端中的特定措施产生实际的影响。"[129]在审查完各个事项后,专家组认定,既判力原则对该争端并不适用。"专家组并未寻求对该原则能否潜在地适用于 WTO 争端解决做出裁决。"[130]

在讨论这一问题时,专家组注意到在以前的一个案件中,印度曾提及既判力原则,但那里存在涉及不同成员接连起诉的情形。[131] 在加拿大——航空器信贷和担保案中,专家组征询争端各方:既判力原则是否适用于本案。没有一方主张既判力原则能够拘束该争端,专家组也没有在它的报告中提及这一原则。[132]

---

〔122〕 专家线报告,日本——酒精饮料案 II,前注 13,第 6.5 段。

〔123〕 美国——虾(马来西亚援引 DSU 第 21.5 条),前注 120,第 5.6 段。

〔124〕 上诉机构报告,美国——《2000 年持续性倾销和补贴补偿法案》案,WT/DS217/AB/R,WT/DS234/AB/R,2003 年 1 月 27 日通过,第 208 段。

〔125〕 前注 39。

〔126〕 同上,第 7.57 段。

〔127〕 同上,第 7.58 段。

〔128〕 同上,第 7.66 段。

〔129〕 同上,第 7.94 段。

〔130〕 同上,第 7.103 段。

〔131〕 同上,注 331,提到专家组报告,印度——对药品和农业化学药品的专利权保护案——源自欧共体的诉讼,WT/DS79/R,1998 年 9 月 22 日通过,DSR 1998:Ⅵ,2661,第 4.2 段。

〔132〕 专家组报告,加拿大——对地方性飞机提供出口信贷和贷款担保案,WT/DS222/R 和更正 1,2002 年 4 月 19 日通过,附件 A-9,第 74 页(巴西的反应)和附件 B-7,第 57 页(加拿大的反应)。

也许实际上运用了既判力原则的第一个专家组并没有使用这一术语。在欧共体——亚麻床单(印度援引第 21.5 条)案件中,欧共体提出了"与专家组在 DSU 第 21.5 条之下的权限范围相关的新奇而又困难的问题。"〔133〕在最初的专家组调查中,印度主张,诸多事项均表明欧共体在反倾销进程中没有妥当地评估造成损害的"其他因素"。这一主张被专家组驳回,专家组裁定印度并没有提交表面证据确凿的案件(prima facie case)以支持其这一主张。〔134〕印度对于专家组就这点做出的结论,并没有提起上诉,然而,在随后为监督建议或裁决的遵守而组建的专家组面前,印度又称,欧共体在采取措施以遵守原来案件中争端解决机构做出的建议和裁决方面,再一次未能妥当考虑"其他因素。"在 DSU 第 21.5 条语义之下,专家组认为,"印度是在*挑战其提及的欧共体的决定,它本可以在原来的争端中谋求对这一问题的解决,但它并没有这么做。"〔135〕

在推断印度没有妥当地提出请求时,专家组推论道,"原专家组报告中没有被上诉的部分,连同为解决上诉争端而作出的上诉机构报告,在我们看来,必须被认为是争端的最终结论,争端各方也必须这样看待,我们在这起诉讼中也应当如此看待。"〔136〕

上诉机构对此予以确认。在引用 DSU 第 17.14 条关于 DSB 通过的上诉机构报告"争端各方应无条件接受"后,它紧接着表达了实际上完全相同的观点,即"未被上诉的、且被纳入 DSB 通过的专家组报告中的一项专家组裁决,争端各方应将其作为他们之间争端的最终结论来接受。"〔137〕

与印度——汽车案不同的是,欧共体——亚麻床单案涉及的是同样的人和同样的事件。它吻合了既判力原则的绝大多数要求。〔138〕

43　　**四、禁止反言**

"禁止反言奠基于以下见解:如果一成员方基于对另一成员方的保证的信任而被诱导做出某种行为,且要是另一方后来改变其立场的话,则其将受到损

---

〔133〕　专家组报告,欧共体——对来自印度进口的棉质亚麻床单征收反倾销税案——印度援引 DSU 第 21.5 条,WT/DS141/RW, 2003 年 4 月 24 日通过,为上诉机构报告所更改,WT/DS141/AB/RW, 第 6.37 段。

〔134〕　同上,第 6.41 段。

〔135〕　同上,第 6.42 段。

〔136〕　同上,第 6.51 段。

〔137〕　上诉机构报告,欧共体——对来自印度进口的棉质亚麻床单征收反倾销税案——印度援引 DSU 第 21.5 条,WT/DS141/AB/RW, 2003 年 4 月 24 日通过,第 93 段。

〔138〕　参见专家组报告,India-Autos,前注 39。既判力原则要求前面裁决的事项和后来提交给专家组的事项相同,并且各方当事人也应当相同。

*　　原文是"India is not challenging……"。其中"not"应为"now"的笔误。——译注

害,此时,另一方立场的改变就是'反言',是应被禁止的。"〔139〕这样,在美国——钢板案中,专家组不允许印度提出一项其已经在第一份书面书状中放弃的请求。〔140〕"作为被告的美国,以及其他参与诉讼的第三方,都合理地信赖印度关于其不会提出这一请求的声明",专家组说。〔141〕"如果允许一方重提它已经明确申明……自己不会提出的请求,将在专家组程序未作重大调整的情况下,剥夺其他参与争端解决诉讼的成员就该项请求维护自身利益的充分机会。"〔142〕

在墨西哥——玉米糖浆(美国援引第21.5条)案,上诉机构又一次在未使用"禁止反言"这一字眼的情况下认定,未能在争端解决机构和专家组面前,就没有进行磋商一事提出反对意见,则已经有效地使得该方不能在上诉机构面前主张专家组的设立有欠妥当。在该案中,第21.5条下的复审专家组(an Article 21.5 review Panel)在未经磋商的情况下成立,而且墨西哥直到上诉时才提出反对意见。"未能及时提出反对意见的成员,不管它有一个还是多个机会这样做,"上诉机构称,"可以被认为已经放弃了要求专家组考虑这种反对的权利。"〔143〕在美国——羊肉案中,专家组也将未及时提出有关争议事项作为其驳回美国如下请求的理由之一:请求专家组认定有关设立专家组的请求存在缺陷。〔144〕同样,在美国——外国销售公司案中,上诉机构在没有使用"禁止反言"一词的情况下,认定在长达5个月的时间里已经分三批进行了磋商的美国,不 44 能随后在其磋商请求中提出缺乏《补贴与反补贴措施》第4.2条 * 所要求的"可获得的证据的说明"。〔145〕

然而,当一成员在WTO争端解决进程中的适当时候提出请求,这一成员就不能因为未能在此前提出抗议而被禁止提出这些请求。〔146〕另外,一成员也不

---

〔139〕 专家组报告,危地马拉——水泥案Ⅱ,前注81,第8.23段。专家组对比了"禁止反言"和"默许",它把后者定义为"适格的沉默"(qualified silence),据此,在面对需要做出某种反应的事项时保持沉默,可以被解释为推定的同意。"

〔140〕 专家组报告,美国——对自印度进口的钢板反倾销和反补贴税案,WT/DS206/R和更正1,2002年7月29日通过,第7.29段。

〔141〕 同上,第7.26段。

〔142〕 同上,第7.28段。

〔143〕 上诉机构报告,墨西哥——对源自美国的高果糖玉米糖浆(HFCS)的反倾销调查案—美国援引DSU第21.5条,WT/DS132/AB/RW,2001年9月21日通过,第50段。

〔144〕 专家组报告,美国——对源于新西兰和澳大利亚的新鲜、冷藏或冰冻羊肉保障措施案,WT/DS177/R,WT/DS178/R,2001年5月16日通过,为上诉机构报告所更改,WT/DS177/AB/R,WT/DS178/AB/R,第5.32段。

〔145〕 上诉机构报告,美国——"境外销售公司"的税收待遇问题案,WT/DS108/AB/R,2000年3月20日通过,第133段。参见第5.09[4]节。

〔146〕 同上,第8.24段。

* 原著为"Article 4.1",实为"Article 4.2"的笔误。——译注

能被禁止主张《技术性贸易壁垒协定》之下的措施不是技术性规则。这些通知是因为透明度原因而发出,并且不具有公认的法律效力。[147] 进而言之,磋商过程中一方提出的声明,至少在对方没有产生对该声明的合法信赖、也没有随后因该声明被违背而受到损害的情况下,不会使得该方被禁止反言。[148]

在 GATT 中,美国——软木案的专家组,在没有使用"禁止反言"这一字眼的情况下,在处理补贴与反补贴措施的过程中,也有效地运用了这一原则。[149]

在欧共体——亚麻床单(印度援引第 21.5 条)案中,印度主张欧共体应被禁止在专家组面前,援引反倾销协定某一条款的解释,这一解释与欧洲初审法院(European Court of First Instance)就欧共体国内反倾销法律的同样条款所做出的解释不同。[150] 专家组驳回了这一请求,认为基于国内法院对国内法律的司法解释而提出的"禁止反言"主张,并不能制约 WTO 专家组就适用协定所做出的裁决。[151]

在阿根廷——家禽案中,阿根廷主张,南方共同市场特别仲裁法庭此前受理的案件,应使巴西不得提出 WTO 中的反倾销请求。[152] 对此,专家组引用并认可一个 GATT 专家组的观点(该专家组报告未获通过),即禁止反言只能发端于"起诉方明确的同意、或者在特殊的案件中起诉方隐含的同意"。[153] 但在该案中,专家组没有发现存在这种同意的情形。"巴西在前面的南方共同市场争端解决进程之后,选择不援用其 WTO 争端解决的权利,"专家组认为,"在我们看来,这一事实并不意味着巴西明确放弃了它在 DSU 之下的权利。"[154] 专家组注意到在 2002 年 2 月,巴西签署了《南方共同市场奥利维斯议定书》(Mercosur Protocol of Olivos),该议定书规定,在南方共同市场或 WTO 争端解决机构中,一旦将案件提交其中之一审理,就不可就同样的争端在另外一方启动争讼。然而,这一议定书在争端提交专家组时尚未生效。[155]

---

[147] 专家组报告,欧共体——石棉案。前注 9, 第 8.60 段。

[148] 同上。

[149] GATT 专家组报告,美国——针对来自加拿大的软木措施案, BISD 第 40 册第 358、第 480—486 页, 1993 年 10 月 27 日通过,第 308 段—第 325 段。

[150] 前注 133,第 6.89 段。

[151] 同上,第 6.91 段。

[152] 专家组报告,阿根廷——针对来自巴西的家禽征收反倾销税案,WT/DS241/R,2003 年 5 月 19 日通过, 第 7.17 段。

[153] 同上,第 7.38 段,引用 GATT 专家组报告,欧洲经济共同体——成员国香蕉出口体制案,1993 年 6 月 3 日,未获通过,DS32/R, 第 361 段。

[154] 同上。

[155] 同上。

第七节　仲　裁

根据 DSU 第 25.2 条设立的一个仲裁机构认为,正像任何国际法庭一样,仲裁机构也有权主动考虑它自身的管辖权问题。[156] 仲裁人称,"他们认可仲裁机构对这件案子的管辖权,但这并不是 WTO 管辖权的单边延伸,因为它依赖于争端各方同意援引 DSU 第 25 条的协议。"[157]仲裁人强调,他们的管辖权包含于第 25.2 条规定的争端各方共同提出的仲裁请求中。[158]

第八节　上诉管辖权

一、概要

DSU 规定了上诉机构的管辖权限。第 17.6 条规定,"上诉应限于专家组报告涉及的法律问题和专家组所做的法律解释。"第 17.13 条授权上诉机构去"维持、修改或撤销专家组的法律调查结果和结论。"所以,专家组对与事实评估有关的证据的考虑和权衡,就在上诉机构的审查范围之外。[159] 这种将上诉机构的管辖权限定于法律问题的做法,将在考虑如何正确解释各成员国内法律这一表面上看是事实、而非法律的问题时,产生一定的尴尬情形。

二、国内法问题[160]

从国际法的角度看,国内法是事实方面的问题,这是正确的。国际常设法院称:

> 从国际法及其组织国际法院的角度看,国内法只是纯粹的事实,它以与司法决定或行政措施同样的方式,表达着国家的意愿并组织着国家的活动。法庭当然不被请求解释波兰国内法本身;但没有什么可以阻止法院就

---

[156] 仲裁人裁决,美国——美国著作权法案第 110(5)节——寻求 DSU 第 25 条之下的仲裁,WT/DS160/ARB25/1,2001 年 9 月 9 日,第 2.1 段。参见第 2.06[2]节。

[157] 同上,第 27 段,注 30。

[158] 同上,第 1.6 段,提及 WT/DS160/15(2001 年 8 月 3 日). 关于 WTO 中的仲裁,可参见第 5.15 节。

[159] 上诉机构报告,澳大利亚——影响鲑鱼进口的措施案,WT/DS18/AB/R, 1998 年 9 月 16 日通过,DSR 1998Ⅷ,3327 第 261 段;上诉机构报告,日本——影响农业产品的措施案,WT/DS76/AB/R, 1999 年 3 月 19 日通过,DSR 1999:1,277, 第 98 段。

[160] 关于什么构成了国内法的证据的讨论,可参见第 4.09[9]节。

这样一个问题做出判决:在适用该法律的过程中,波兰的行为是否与其在《日内瓦公约》下对德国承担的义务相符。[161]

通常,国际法的许多问题,特别是迄今为止 WTO 法律的绝大多数问题都涉及国内法——某条法规或规章、某项"措施"。由于国际法庭并不拥有数百个国家的法律的专门知识,他们必然要寻求专家的帮助。主题(subject matter)仍然还是"法律",而且,国际法院的法官裁决的正是法律问题,这必然包括判断什么是国内法律问题的"事实"——总而言之,它涉及如何"解释"国内法律素材(materials)的问题。

WTO 中的这一问题远比国际法中的这一问题复杂,主要原因在于,有着上诉机构的 WTO 法律体系,在国际法上还找不到其他可与之相媲美的法律体系。[162] 甚至国际法院也只是一个既裁决事实问题又裁决法律问题的初级管辖权法院,并且不能就其裁决提起上诉。这样,"事实/法律的区分"最终在其他国际法庭中也意义有限,因为那些法庭也一并裁决两类问题。[163] 这使得它们将问题归结为法律或事实问题,基本上没有任何影响。然而,由于上诉机构的管辖权被限定于法律问题,前述区分就凸显出国际法其他方面都未曾有过的重要性。

在印度——专利案中,上诉机构首次面临这个问题,有观点认为,在该案中专家组没有将印度法律作为一个有待确证的事实,而把它作为有待解释的法律予以评估。[164] 上诉机构并不同意这种观点。"国内法可以作为事实的证据,也可以作为国家行为的证据,"上诉机构说,"然而,国内法也可以构成是否遵守国际义务的证据。"[165] 在引用了国际常设法院关于德国在波兰上西里西亚的某些利益[166]案中的观点后,上诉机构称:"专家组在确定(这些措施)是否与印度承担的义务相一致时,只是在履行它自己的职责。"[167] 接着又说:"专家组在做出这项决定时,如不审查印度国内的法律,则完全无计可施。"[168] 紧接着,专家组又说:"认为专家组应当做点别的,等于是说只有印度自己能够评估印度的国内

---

[161] 德国在波兰上西里西亚的某些利益案,国际常设法院报告,系列 A,第 7 部分,第 19 页。

[162] 通常可参见 David Palmeter,The WTO as a Legal System, 24 *Fordham International Law Journal* 444(2000 年 9 月—12 月)。

[163] 通过可参见 Richard B. Builder, The Fact/Law Distinction in International Adjudication in Richard Lillich(Ed)*Fact-Finding Before International Tribunals* 95(Transnational,1991)。

[164] 前注 4。

[165] 同上,第 65 段。

[166] 前注 161。

[167] 前注 4,第 66 段。

[168] 同上。

法是否与印度应承担的 WTO 协定下的义务相一致。"[169]

在美国——热轧钢案中,上诉机构被请求考虑美国反倾销法律中所谓的"受制生产"(captive production)条款在表面上看是否违反《反倾销协定》。[170]上诉机构引用了印度——专利一案的意见,称"虽然像这样去解释一成员的国内法,并不是专家组或上诉机构的任务,但详细审查国内法以评估其是否与WTO 规则相一致,这是被允许的,而事实上这也是最基本的。"[171]接下来,上诉机构继续"考察"、"进一步注意"并且"也审查了"这部法律的若干方面,[172]得出结论称,这一规定并不"需要"或"强迫"进行一次特别的分析。[173]

在另一涉及美国——拨款法案第 211 节的案件[174]中,这一问题重新出现。美国主张,上诉机构应受制于专家组就争议中的措施的含义所做出的结论,因为那是个事实问题。[175]　上诉机构在又一次引用了印度——专利案的专家组意见后,驳回了这一主张。[176]　它认为就国内法遵守 WTO 义务的情况进行的评估,是专家组的"法律定性"(legal characterization),而且"专家组就国内法与WTO 义务的一致性所做的评估,属于上诉审查的范围。"[177]"为了讨论本次上诉提出的法律问题,"上诉机构称,"我们必须……必要地审查专家组对美国该法律第 211 节的含义的解释。"[178]

48

---

[169]　同上。
[170]　上诉机构报告,美国——对从日本进口的某类热轧钢的反倾销措施案,WT/DS184/AB/R,2001 年 8 月 23 日。
[171]　同上,第 200 段。
[172]　同上,第 203 段。
[173]　同上,第 208 段。
[174]　美国——拨款法案第 211 节,前注 79。
[175]　同上,第 101 段。
[176]　同上,第 104 段。
[177]　同上,第 105 段。
[178]　同上,第 106 段(强调为原文所加)。

第三章 法律渊源

第一节 概　述

现代关于国际法渊源的讨论,通常以援引《国际法院规约》(Statute of International Court of Justice)第 38.1 条为开端,该条规定:

> 法院对于所陈各项争端,应依国际法裁判之,裁判时应适用:
>
> (a)确定了诉讼当事国明确承认的规则的国际公约,不论它是普通公约还是特别公约;
>
> (b)作为被接受为法律的通常做法之证据的国际习惯;
>
> (c)为文明各国所承认的一般法律原则;
>
> (d)在第 59 条规定之下的、作为确定法律规则之补充手段的司法判例及各国最高权威之公法学家的学说。[1]

《马拉喀什建立世界贸易组织的协定》——就是《国际法院规约》第 38.1a 条含义之中的一项"特别"国际条约,同样地,《争端解决谅解》中称为"适用协定"(covered agreements)的、处理货物贸易和服务贸易、知识产权的附加的协定和法律工具,也属此类。当然,关于 WTO 成员适用协定下的实体权利和义务所发生的争端而做出的裁决,也受 DSU 管辖。这样,在第 31.1a 条的语境里,DSU 规则是受到作为 WTO 争端解决程序参与各方的"争讼各国明确认可的"。同样地,包含于数个适用协定中的特殊规则和程序也属这种情形。[2]

因而,WTO 中最基本的法律渊源,就是相关的协定文本自身。所有的法律

---

[1] 参见,例如 Ian Brownlie, *Principles of Public International Law* 3 (4 th ed., Oxford, 1990); Barry E. Carter &Philip R. Trimble, *International Law* 18(2d ed., Little Brown, 1994); Rosalyn Higgins, Problems & Process: *International Law And How We Use it* 17—18(Oxford, 1994); Malcolm N. Shaw, *International Law* 59(Grotius, Cambridge, 1991); Lori F. Damrosch, Louis Henkin, Richard Pugh, Oscar Schachter, Hans Schmidt, *International Law*, 503—517(2d ed., West, 2002). 在第 38(1)(d)节中提及的规约第 59 条只是规定,"法院做出的裁决,只对当事方和该特定的案件具有效力。"

[2] 本书第五章将对此予以讨论。

分析即以此为开端。对此,上诉机构是这样措辞的,"对条款的妥当解释,首先是文本解释。"[3]然而,文本只是"首先",它们并没有排除其他潜在的相关法律渊源。相反,第38.1条之下的每一小段,都是可被 WTO 争端解决吸收的潜在的法律渊源。[4] 说得更明确一些,包括 GATT 争端解决专家组报告在内的 GATT 框架下的前期做法,WTO 实践,特别是争端解决专家组和上诉机构报告、惯例、资深国际法专家的教义、法律的一般原则和其他国际协定都对快速增长着的、日益重要的"WTO 法律",做出了贡献。

虽然在 DSU 或 WTO 的其他任何协定中,都没有给《国际法院规约》第38.1条规定相当的明确规则,但通过 DSU 第3.2条和第7条,事实上已经有效地将第38.1条带进了 WTO 的争端解决进程中。第3.2条规定,争端解决的目的是"依照解释国际公法的惯例澄清"WTO 协定的"现有规定"。第7条规定,专家组的职权范围应当是,"按照(争端各方引用的适用协定)的有关规定,审查提交给 DSB 的事项",并"处理争端各方引用的任何适用协定的有关规定"。[5]

第二节　适用协定

51

DSU 第7条的"适用协定"一词,是指所有作为《马拉喀什建立世界贸易组织的协定》附件的 WTO 多边协定。DSU 还适用于作为 WTO 一部分的两个诸边协定的成员方发生的争端。[6] 正如前面所言,这些文本是争端解决诉讼的起点,因为 DSU 第6.2条要求设立专家组的请求中,必须指出这一请求的法律基础。[7] 请求的法律基础可以是某一或某些特定协定的特定条款。这一要求还隐含着合理通知的正当程序考量,它使得上诉机构认为:"专家组必须仔细审查设立专家组的请求,以确保其同时吻合 DSU 第6.2条的字面意思和实质精神,

---

〔3〕 上诉机构报告,日本——酒精饮料案,WT/DS8/AB/R, WT/DS10/AB/R, WT/DS11/AB/R, 1996年9月1日通过, 19, DSR 1996:1,97。

〔4〕 就此的不同见解,可参见 Michael Lennard, Navigating by the Stars : Interpreting the WTO Agreements, 5 *Journal of International Economic Law* 17,36(2002年3月), and Gabrielle Marceau, A Call for Coherence in International Law: Praises for the Prohibition against ' Clinical Isolation ' in WTO Dispute Settlement, 33 *Journal of World Trade* 87,109(1999年10月第5卷). 与前述引用相一致的观点,参见 Joost Pauwelyn, The Role of Public International Law in the WTO: How Far Can We Go?, 95 *American Journal of International Law* 535, 561(2001年4月)。

〔5〕 一般可见于,Lorand Bartels, Applicable Law in WTO Dispute Settlement Proceedings, 35 *Journal of World Trade* 499(2001年6月第3卷)。

〔6〕 参见本书第五章第十三节和第十四节。

〔7〕 未援引 WTO 协定条款的主张,不符合第6.2条。专家组报告,加拿大——区域航空器出口信贷和贷款的担保案,WT/DS222/R and 订正.1, 2002年2月19日通过, 第7.49段。

这是专家组的职责所在。"[8]数个适用协定的条文明确援引其他国际协定,在这个意义上,后者也可以被认为是"适用协定"[9]。

第三节 先前专家组和上诉机构的报告

除了适用协定的条文本身,在重要性方面,WTO 争端解决的法律渊源中,没有一个堪与先前争端解决法庭做出的决定相比。它们包括 GATT 专家组、WTO 专家组和上诉机构做出的报告。"司法决定"是规定于《国际法院规约》第38.1 条的、确立国际法规则的"补充"渊源之一。这些"决定"可以出自法院自身,也可以出自其他法庭。[10]《国际法院规约》第 59 条界定了国际法院的司法决定对当事方的拘束力,将此条联系起来解读,《国际法院规约》第 38.1 条已经创设了先例制度,据此,国际法院在本质上会考虑并提及它的先前决定,但法律并未要求它去遵循先例。然而,正如穆罕默德·谢哈布丁(Mohamed Shahabuddeen)法官所指出,国际法院"虽然有权背离先例,但它不会轻易行使这一权力。"[11]专家组报告和上诉机构报告是 WTO 的"司法决定",它们有效地复制了这一制度。当然,由于世界法院(World Court)和 WTO 法庭是在"运用"法律而不是"创设"法律,因而,在这种严格的意义上,也即在"条约规定是法律渊源"同样的意义上,它们的决定也不是法律"渊源"。形式主义者可能更愿意将它们指称为证据——可能是极具权威的——关于法律是什么的证据,所以,在何处寻找法律证据方面,它们可以被称为一种"渊源"。而现实主义者则可能只是对此耸耸肩,并继续前行。

一、GATT 实践

GATT 应否遵循先前的专家组就同样事项做出的裁决,金枪鱼 II[12]案提出了这个问题。专家组认定:

> 欧洲经济共同体认识到 GATT 中不存在遵循先例原则,这仅仅是因为 GATT 体制下的法院或法庭不存在层级序列。绝大多数国际法院或法庭也

---

[8] 上诉机构报告,欧共体——香蕉进口、销售和分销体制案,WT/DS27/AB/R,1997 年 9 月 25 日通过,DSR 1997:II,591,第 142 段。

[9] 参见本书第三章第七节第一目。

[10] 例如,可参见 Brownlie,前注 1,19—24;本书第三章第八节。

[11] Mohamed Shahabuddeen, *Precedent in the World Court* 3 (Grotius, Cambridge, 1996).

[12] GATT 专家组报告,美国——限制进口金枪鱼案,DS33/1,1994 年 6 月 10 日,未获通过,33 I. L. M. 839 (1994).

属这种情况。然而,这种国际法院或法庭在维护它们自身的先例和它们裁决的一致性方面,通常是非常谨慎的。GATT 对专家组解释法律的一致性要求,是为了确保世界贸易体制内部的稳定性。[13]

这一报告未获通过,因而正如下文所讨论的[14],它仅具有有限的法律价值,但它的确反映着 GATT 专家组多年来确保(解释法律——译注)一致性的意愿,也会保持到判例法当中。当时非常重要的一点是,GATT 专家组依赖于"GATT 中的法院或仲裁机构之间"没有层级序列的架构。后来随着上诉机构的出现,专家组的那部分推理已经与现实不相吻合了。[15]

二、WTO 中获得通过的 GATT 报告

WTO 协定规定,WTO 应以 GATT1947 及其框架内设立的机构所遵循的决定、程序和惯例为指导。[16] 为在货物贸易中执行这一要求,GATT1994 规定,总协定还包括"GATT1947 缔约方全体的其他决定"[17]。

GATT 通过的专家组报告是否属于 GATT1947 缔约方全体的"决定"? 日本——酒精饮料案 Ⅱ[18] 提出了这一问题。专家组在没有明确援引《世界法院规约》(World Court Statute)第 38.1d 条的情况下,行之有效地将通过的报告视同 GATT1994 的一部分。特别是,专家组认为,因为通过的报告是 GATT1994 第 1(b)(ⅳ)条含义之中的"GATT1947 缔约方全体的其他决定",因而它们是 GATT1994 整体的一部分。[19] 上诉机构对此并不认同,但最终却又难于察觉主要由语义上的歧见而导致的实际的区别。

上诉机构认为,通过专家组报告的"决定",并不属于第 1(b)(ⅳ)条意义上的"决定"。然而,除了将它们称为"GATT 协定的重要组成部分"[20]外,上诉机构并没有很肯定地说,如果这些通过的专家组报告不是"决定"的话,它们又将是什么。这的确有些令人疑惑不解,一方面是由于 GATT 协定的法律渊源并没有明确界定,另一方面则是因为上诉机构讨论这一问题时,它本身也援引着一

53

---

〔13〕 同上,第 3.74 段(强调为原文所加)。

〔14〕 参见本书第三章第三节第三目。

〔15〕 参见本书第三章第三节第五目。

〔16〕 第 16 条第 1 款(除本协定或多边贸易协定项下另有规定外)。

〔17〕 第 1(b)(ⅳ)条。

〔18〕 专家组报告,日本——酒精饮料案,WT/DS8/R,WT/DS10/R,WT/DS11/R,1996 年 9 月 1 日通过,后被上诉机构更改,WT/DS8/AB/R,WT/DS10/AB/R,WT/DS11/AB/R,DSR 1996:1,125。

〔19〕 同上,第 6.10 段。

〔20〕 上诉机构报告,日本——酒精饮料案 Ⅱ,前注 3,第 15 页,DSR 108。

项或多项"决定"以通过专家组报告。[21] 上诉机构显然关注着,专家组的结论可以被解释为,专家组认为通过的报告"构成了对 GATT1947 相关条款的一项确定的解释"。[22] 大致说来,"一项确定的解释"应具有拘束力,并且就此而论,如果它不是在悄悄地改变了 WTO 的文本本身,则可称是向 WTO 中严格的遵循先例原则中"输入"了先例。如果这就是它们关注的焦点,则似乎犯了一个错误。专家组将通过的报告视为 WTO 法律的"补充"渊源,其地位堪比世界法院(World Court)做出的司法决定。但专家组并没有认为通过的报告具有拘束力。专家组只是说,这些报告"必须被以后处理相同或者类似问题的专家组所考虑。"[23] 然而,"专家组并非一定要遵循它们的推理或结论。"[24] 于是,在专家组看来,通过的报告并不"构成对协定的一项确定的解释"。它只是一项必须被加以考虑的"决定"——但后来的专家组并非一定要遵从它。专家组十分赞同谢哈布丁(Shahabuddeen)法官引述的沙勃塔·罗森(Shabtai Rosenne)的观点:"先例可以被遵从或放弃,但却不可被完全忽视。"[25]

在上诉机构关于通过的专家组报告的描述中,可以看出,在任何情况下上诉机构都几乎在说着同样的事情。"[通过的报告]经常被后来的专家组所考虑。它们在 WTO 成员中创造着合法的预期,因而应当在它们与争端有关时被加以考虑。然而,它们除了对解决特定的争端方之间的争端外,没有拘束力。"[26]

这一陈述读起来极似《国际法院规约》第 38.1d 条及其提及的国际法"补充"渊源。的确,在本节的一个注脚里,上诉机构继续将其与世界法院的做法作一类比:

> 值得关注的是,国际法院规约有一明确的规定,第 59 条,其效果与此相同。它禁止该法院(以及其前身)发展出一套可以明显察觉出对于先例的价值存在极大依赖的判例法。[27]

---

[21] 同上,第 14 页,DSR 107。

[22] 同上。

[23] 专家组报告,日本——酒精饮料案 II,前注 18,第 6.10 段。

[24] 同上。

[25] Shabtai Rosenne, *The Law and Practice of the International Court* 56(1985 年修订,第 2 版), Shahabuddeen 将其加以引用,前注 11,第 131 页。

[26] 专家组报告,日本——酒精饮料案 II,前注 3,第 6.10 段。

[27] 同上,注 30。参见 Malcolm N. Shaw, A Practice Look at the International Court of Justice in Malcolm Evans(Ed)*Remedies in International Law: The Institutional Dilemma* 13(Hart Publishing, Oxford, 1998).

三、WTO 中未通过的 GATT 报告

未获通过的专家组报告,其作用更小,但它们仍然不无关联。上诉机构赞同日本——酒精饮料案 Ⅱ 中专家组的观点,即未通过的报告"在 GATT 或 WTO 体制中都不拥有法律地位,因为它们未经 GATT 缔约方全体或 WTO 全体成员的决定的认可(endorsed)。"[28] 然而,上诉机构也同意"专家组仍然可以从没有通过的专家组报告的推论中,寻求它认为有益的相关指导。"[29]

在美国——羊肉案中,专家组注意到了上诉机构对 GATT 报告的法律意义的陈述,并对通过的和未通过的 GATT 报告都详加讨论,以支持它的一项裁决。[30] 类似地,美国——1916 年法案(日本)的专家组,也从一份未通过的 GATT 报告中寻求指引。[31] 总之,在上诉机构就未通过的 GATT 报告的法律意义的描述范围内,WTO 专家组如果发现其推理富于说服力,还是会加以援引以支持它们的法律结论。

最终而言,通过的和未通过的专家组报告惟一的差别,看起来只是程度不同。它们两者无一具有拘束力;两者都可以具有说服力。也许,考虑到没有通过的报告极可能仅仅意味着该报告受阻于败诉一方、而不是被缔约方全体明确驳回(虽然情形并非总是如此)的事实,对于 WTO 专家组而言,弃用未获通过的 GATT 报告,只是显得在措辞上(rhetorically)更容易一些而已。

四、WTO 专家组报告

迄今为止,没有一件案例明确涉及通过的 WTO 专家组报告对争端各方之外的法律意义问题。[32] 然而,日本——酒精饮料案 Ⅱ 中上诉机构的推理,似乎同样适用于通过的 WTO 专家组报告。[33] 通过的 WTO 专家组报告,正如通过

---

〔28〕 前注 3,第 15 页,引用了日本——酒精饮料案 Ⅱ 中的专家组报告,前注 18,第 6.10 段。

〔29〕 同上,第 16 页。

〔30〕 专家组报告,美国——对源于新西兰和澳大利亚的新鲜、冷藏或冰冻羊肉保障措施案,WT/DS/177/R,WT/DS178/R,2001 年 5 月 16 日通过,为上诉机构报告所修改,T/DS177/AB/R,WT/DS178/AB/R,第 7.78 段—第 7.100 段。

〔31〕 专家组报告,美国——1916 年反倾销法案——源自的日本的诉讼,WT/DS162/R and Add.1,2000 年 9 月 26 日通过,上诉机构报告予以支持. WT/DS136/AB/R,WT/DS162/AB/R,DSR 2000:X,4831,第 6.189 段。

〔32〕 参见上诉机构报告,欧共体——对来自印度进口的棉质亚麻床单征收反倾销税案——印度援引 DSU 第 21.5 条,WT/DS141/AB/RW,2003 年 4 月 24 日通过,第 93 段:"[一项]未被上诉、且纳入 DSB 通过的专家组报告之中的裁决,争端各方必须将其当作争端的最终解决方案来接受。"一般可参见既判力原则,本书第二章第六节第三目。

〔33〕 参见本书第三章第三节第二目。

56　的 GATT 专家组报告一样,"在 WTO 成员中创造着合法的预期,因而应当在它们与争端有关时被加以考虑。然而,它们除了对解决特定的争端方之间的争端外,没有拘束力。"〔34〕这一对《国际法院规约》第 59 条的描述,令人印象深刻。曾任职上诉机构的一位专家,解释了争端解决机制正是这样运作的:

> 必须强调的是,专家组和上诉机构裁断案件的基础,充分地形成于先例之中。的确,虽然 WTO 法律中不存在"遵循先例"原理,但"普通法"视角已经成为其突出的特色。〔35〕

这样,印度——专利(欧共体)一案的专家组报告称:"即便受理事项是一样的,专家组也不受先前专家组或上诉机构决定的拘束……然而……我们也会考虑[先前争端中的]专家组和上诉机构的结论和推论。另外,在审查中,我们相信应当对强调 WTO 争端解决机制应为多边贸易体制提供可靠性和可预测性的 DSU 第 3.2 条、以及避免做出不一致裁决(双方都对此表示关注)的需要,都给予重点关注。"〔36〕

通过的专家组报告具有强大的说服力,可以被视为一种没有拘束力的先例,堪与当前许多国家(如法国)的民法所发挥的法理作用相媲美,也可比肩于美国司法决定对同一层级的法院的作用。在实践中,争端各方继续向专家组援引先前的专家组报告,专家组也继续通过采纳它们的推理——事实上是遵循了先例——来将其考虑在内,除非专家组有更好而明确的理由认定他们应当另外

57　行事。〔37〕

先前报告的说服力不仅有赖于它们所包含的推论过程,而且还取决于一项纯粹的事实:一旦争端被以某种方式裁决,其后的专家组极可能加以遵循,即便它们相信如果是自己首先处理这些问题时,可能做出不一样的裁决。连续性和一致性在任何法律制度中,都是可贵的品质:对同样的事实适用同样的规则,而不论当事方姓甚名谁——审理案件同样如此——这对于任何裁决者而言,都是重要的合法性渊源。对于国际事项的裁决者而言,尤其重要的是,与国内的同

---

〔34〕　参见前注 3。

〔35〕　Mitsuo Matsushita, 5 *Selected GATT WTO Panel Repots: Summaries and Commentaries ix* (Fair Trade Center, Tokyo,1999)。

〔36〕　专家组报告,*India-Patent Protection for Pharmaceutical and Agricultural Chemical Products-Complaint by the European Communities*, WT/DS79/R, 1998 年 9 月 22 日通过,DSR 1998:Ⅵ,2661, 第 7.30 段(强调为原文所加)。

〔37〕　Cf. Malcolm N. Shaw, A Practical Look at the International Court of Justice, in Malcolm Evans (Ed) *Remedies in International Law: The Institutional Dilemma* (Hart Publishing, Oxford,1999)第 13 页:"虽然国际法院的决定只对当前案件及其当事方有拘束力,但如果认为这种决定对于处于类似情形的国家没有影响,那将是幼稚的。"

行相比,他们缺乏垄断性的执行权,并且只拥有说服其裁决的相对方相信这些决定是正确的权力。[38]

这样,如果专家组决定不遵循先前的报告,从而不对同样的案件做相同对待时,专家组最"应当"——以上诉机构的话说——提及那个"在 WTO 成员中创造了合法预期"的报告,并解释为什么它不应当被遵循。如果不如此行事,争端解决进程的合法性这一严重的问题,将由此而生。在一位法学理论家看来,"形式正义的概念,要求个案中司法裁决的正当性能够经常以法官遵循的以下普遍假定为基础:法官以裁定当前案件的相同方式,来裁决相同的其他案件。"[39]

法庭选择遵循在先案例,不仅是出于公平和合法的考虑,同时还出于效率的考量:今天的法庭受益于昨天就相同的法律问题所完成的工作;车轮并不需要重新发明。最终,遵循先例使得法律更加确定、更为清晰,这也有益于法律制度和法律从业人员。

先前专家组报告这种具有说服力但不具拘束力的地位所带来的实际影响,为那些试图寻求不同的解释来向专家组表明为什么它应当背弃前面的专家组推理和结论的争端方,增加了负担。因为,正如上诉机构所说,通过的报告"创造了合法预期,"因而试图说服专家组去背离其前任,就会——并且应当——困难重重。然而,这并非完全不可能,从一个 GATT 专家组拒绝遵循几乎是在同样情形下做出的先前专家组裁决的声明中,也可看出端倪,这一声明完全值得大段引述如下:

58

> 在考虑与第 6 条特别相关的事实和观点的时候,专家组注意到一项事实,即 1980 年设立的一个专家组曾裁决过一件诉请,该诉请涉及与当前争端相同的产品和争端方,并且涉及类似的 GATT 问题。专家组也仔细地察觉到,争端方提出的本专家组及其他专家组的建议的"先例价值",以及通过的专家组报告使缔约方产生合法期望的论点。专家组将自己的职权范围解释为,它被授权审查智利根据总协定的所有相关条款,及与其解释和执行有关的规定而提出并呈交专家组的事项。它会考虑 1980 年的专家组报告和由该报告的通过而产生的合法期望,也会考虑 GATT 的做法和缔约方全体通过的专家组报告以及本诉请的特殊情况。因而,本专家组并没有感觉到,自己在法律上受到 1980 年专家组报告的所有细节和法律推理的

---

[38] 参见 Thomas Frank, *Falrness in International Law and Institutions* 26—46（Clarendon Press, 1995）.

[39] Neil MacCormick, *Legal Re Asoning and Legal Theory* 99（Oxford, 1999）.

拘束。[40]

日本——酒精饮料案Ⅱ中的 WTO 专家组本身也拒绝遵循两项 GATT 专家组报告,一项已获通过,而另一项则未通过。对于那项未通过的报告,专家组称自己"并没有被它的推理所说服";而对于那项通过的专家组报告,专家组则称自己"决定不遵循 1992 年麦牙酒精案的报告提出的、对(GATT1947——译注)第 3.2 条第一句中'同类产品'的解释,只要该解释引入了目标与效果测试(aim-and-effect test)",对于这种解释,该专家组已经详细讨论过并将其予以废弃。[41]

这些专家组,每一个都阐明了为什么它决定不遵循先前通过的报告。恰恰正是这种为背离先例提供正当化理由的需要,成为国际裁决机构寻求合法性的关键。杰拉德·菲茨莫里斯(Gerald Fitzmaurice)先生曾就世界法院的功能发表了类似的看法:

> 看起来虽然法院并没有义务……以先前类似的司法决定为基础而做出裁决,它所能够做的是在做出后来的决定时,将它们充分考虑在内,并且……它必须在把先前的司法决定作为本案进程一部分的意义上,运用它们并达成本案的法律结论。[42]

毫无疑问,部分因为先前的专家组报告没有法律拘束力,另外,可能部分是因为 GATT 的外交传统,争端方和专家组在指称先前的决定时,使用着奇奇怪怪的语言,如他们"注意到"(note)先前的报告。[43] 他们"回忆"(recall)起它们。[44] 他们赞同(concur)先前专家组的推理。[45] 在一个早期的 WTO 专家组报告中,专家组大量引述另一报告,并称"我们在这一论述中看到了强大的说服力。"[46]不管他们如何措辞,专家组都倾向于"遵循"(follow)先前专家组报告,

---

[40] GATT 专家组报告,欧洲经济共同体——限制进口来自智利的苹果甜点案,智利提起的诉讼,BISD 第 36 册第 93 页,1989 年 6 月 22 日通过,第 123—124 页,第 12.1 段。

[41] 专家组报告,日本——酒精饮料案Ⅱ,前注 18,第 6.18 段,DSR 262。

[42] 参见 Gerald Fitzmaurice, *The Law and Procedure of The International Court of Justice* 584(Cambridge, 1986).

[43] 同上,第 6.11 段;专家组报告,美国——精炼与常规汽油案,WT/DS2/R,1996 年 5 月 20 日通过,为上诉机构报告所修改,WT/DS2/AB/R, DSR 1996:I,29,第 6.11 段。

[44] 同上,第 6.11 段,第 6.40 段;专家组报告,日本——酒精饮料案Ⅱ,前注 18,第 6.19 段。

[45] 专家组报告,美国——汽油案,前注 43,第 6.14 段。

[46] 专家组报告,美国——棉织和人造纤维内衣进口限制案,WT/DS24/R,1997 年 2 月 25 日通过,为上诉机构报告所修改,WT/DS24/AB/R, DSR 1997:I,31,第 7.12 段(援引 GATT 专家组报告,新西兰——从芬兰进口电子变压器案,BISD 第 32 册第 55 页,1985 年 7 月 18 日通过。

除非那些报告与提交给他们的案件判然有别,或者专家组确信前面的专家组犯了错误。[47]

然而,专家组有时看起来像是在夜间通过的火车*,这体现在两份发端于《纺织品和服装协定》、一开始即面临审查的适当标准问题的报告中。第一个针对美国——内衣案而设立的专家组,在其 1996 年 9 月 8 日的报告中称,它发现 1985 年一个专家组报告中的观点,有着"强大的说服力"。[48] 两个月后,第二个针对美国——羊毛衬衫和上衣案而设立的专家组,在其 1997 年 1 月 6 日做出的报告中,废弃了相同的 1985 年报告以及争端方援引的其他报告:

> 我们并不认为争端方援引的报告与当前争端有关…[它们]通过于多年之前…并且它们在不同的语境下解释着不同的协定…《纺织品和服装协定》已经为纺织产品提供了新的制度,并且 DSU 也为专家组创设了新的规则。[49]

美国——羊毛衬衫和上衣案的专家组不但对待先前报告的观点完全不同,而且甚至没有提及美国——内衣案的专家组报告及其对同一问题的看法。考虑到两个案件的相关记录均极为庞杂,以及这两个几乎是同时进行的案件在很大程度是重叠的,而且专家组都受到时间的拘束,这一结果并不令人惊奇。更可能的情形是美国——羊毛衬衫和上衣案的专家组,在准备自己的报告时,甚至并不知道美国——内衣案的报告。

关于先前专家组做出的事实裁决(相对于法律结论而言)与后面的专家组可能存在多大的相关度这一问题,并没有经常被提及。然而,早期的一个 WTO 专家组曾对由更早的 GATT 专家组做出的纯粹的事实结论,予以考虑。这个 WTO 专家组在引用了先前专家组的事实裁决后称:"对 1987 年专家组报告提

60

---

〔47〕 这一语言表明,这些报告的起草者意识到,国际常设法院报告也运作可比较的语言。参见 Shahabuddeen,前注 11,第 17 页。世界法院的措辞艺术持续进行着,涉及 *Gabcikovo-Nagy-maros Project*(匈牙利/斯洛伐克),1997 ICJ NO.92(1997 年 9 月 25 日判决)的案件提供了见证。"世界法院回忆起它近来已经在一些场合强调…"(第 53 段);"世界法院回忆起在渔业权限(*Fisheries Jurisdiction*)案件中…"(第 104 段);"在此情境下,世界法院将回忆起,正如它曾在北海大陆架(*North Sea Continental Shelf*)案件中所言…"(第 141 段);但更为权威性的说法是,"国际常设法院在其 1928 年 9 月 13 日做出的涉及乔佐工厂案的判决…"(第 149 段)(着重号为后来所加)。

〔48〕 *US-Underwear*,前注 46,第 7.11—第 7.12 段。

〔49〕 专家组报告,美国——关于影响自印度进口的羊毛衬衫和上衣措施案,WT/DS33/R,1997 年 5 月 23 日通过,上诉机构报告予以支持,WT/DS33/AB/R 和更正 1,DSR 1997:I,343,431,第 7.15 段。

* 指专家组彼此不打招呼、互不通气之状态。——译注。

及的事实进行独立的考量之后,专家组同意这项陈述。"[50] 它继续说,回应的成员"没有提供进一步可信的证据来表明,1987 年专家组报告达成的结论是错误的",这使得挑战先前报告的一方承担的、原本经常含糊不清的负担,变得极为清晰,即挑战方必须从法律或事实的角度,来证明先前的报告是错误的。[51]

五、上诉机构报告

作为一项正式事项,上诉机构报告正如专家组报告一样,只拘束特定争端的当事方,并且并不创设具有拘束力的先例。于是,印度——专利(欧共体)案的专家组在说"专家组不受……先前上诉机构报告的拘束"时,毫无疑问是正确的。[52] 的确,DSU 第 3. 2 条最后一句规定:"DSB 的建议和裁决不能增加或减少适用协定所规定的权利和义务。"据此,不论此前上诉机构可能已经做过怎样的解释,协定的文本仍然要以开放的姿态面对任何法律挑战。如果 DSB 的建议和裁决——DSB 有权通过或驳回专家组和上诉机构的报告——不能增加或减少成员在协定之下的权利,则专家组或上诉机构的建议和裁决,更加(a fortiori)不能。

谈及这些,但显然还有更多的没有论及。DSB 在缺乏一致同意的情况下,不能拒绝通过一项报告,而且一致同意至少要求获胜的一方不会反对。[53] 而绝少一方会反对有利于其报告的通过。于是,真正的问题在于,专家组和上诉机构本身在多大程度上将上诉机构报告视为权威性的。答案非常清楚:不管印度——专利(欧共体)案的专家组如何陈述,所有的专家组事实上都在很大程度采取了下级法院遵从上层法院的相同方式,来遵循上诉机构的决定。在一些法律制度中,这是强制性的做法;而在其他法律制度中,它则作为实际中的做法而存在。[54](在争端解决机制中——译注)这同样有意义。拥有专家组和随后的上诉机制的争端解决体系,实际上就是层级体制。"在一个层级体制中,"尼尔·麦考密克(Neil MacCormick)写道,"下级法院拒不遵从上层法院设定的先例,只会带来混乱和高昂的成本;因而,就标准的意义而言,上层法院的决定拘束着下层法院。"[55] 考虑到上诉机构实际上拥有最后话语权这一事实,专家组如果只是简单地拒绝遵循上诉机构对先前案件的裁决,也只会是徒劳无功。更

---

[50] 专家组报告,日本——酒精饮料案 II,前注 18,第 6. 22 段。

[51] 同上。

[52] 专家组报告,印度——专利权(欧共体)案,前注 36(强调为原文所加)。

[53] DSU 第 16 条。

[54] 参见,例如 Rene David, *French Law: Its Structure, Sources, and Methodology* 186(Michael Kindred, trants.)(Louisiana State University Press,1972)。

[55] MacCormick, 前注 39,227。

可能、同时也可能更有效的方式是,专家组努力发现眼前的案件和上诉机构的在先裁决存在区别,并且希望上诉机构会认定这种区别是具有说服力的。

欧共体——沙丁鱼案就是一件专家组遵从上诉机构的典型例子。[56]该案提出的一个问题是,在 1995 年 1 月 1 日《技术性贸易壁垒协定》生效前采取的措施,是否要符合该协定的要求。专家组援引了欧共体——荷尔蒙案中的专家组决定,该案也提出了一个与《实施卫生与植物卫生措施协定》相关的类似问题。[57]上诉机构确认了专家组的决定,即 1995 年之前采用的、目前仍然存续的措施,在协定本身没有相反规定的情况下,必须符合协定的要求。[58]沙丁鱼案的专家组称:

> 就当前争端的事实方面而言,它与欧共体——荷尔蒙一案并没有什么不同,因为[那里争论中的 1995 年前的措施]欧共体的规定是"仍然存续的措施或情形",并且 TBT 协定*并没有相反的意图,以限制自己对 1995 年 1 月 1 日以后采取的措施的临时适用。
>
> 所以,TBT 协定第 2.4 条对于 1995 年 1 月 1 日以前通过、目前仍未停止存续的措施,仍可适用。[59]

上诉机构遵循它自己之前决定的可能性,要高于专家组遵循其他专家组决定的可能性。这是因为上诉机构是实际意义上的常设司法机构,相比较而言,专家组则由临时(*ad hoc*)选任的成员组成,而且成员随案件不同而有差异。虽然在 7 名成员中只有 3 名组成某一"小组"(division)去审理某一特定的上诉案件[60],但上诉机构已经选择了"合议"作为运作基础,在该体制下,负责某上诉案件的小组在保留完全决定权的同时,在做出最后决定之前会和其他成员沟通看法。[61]因而,上诉机构成员在面对之前的决定时,实际上是面对他们自己的决定,或者至少是面对关系紧密的同事的决定。而这种情形在专家组成员中绝少发生。这样,上诉机构成员就会被期望对那些决定的推理和结论,都抱有一种强烈的认同感。"一旦形成了常设的司法机构,"法官穆罕默德·谢哈布丁

62

---

[56] 专家组报告,欧共体——沙丁鱼贸易描述案,WT/DS23/R and 订正.1, 2002 年 10 月 23 日通过,为上诉机构报告所修改,WT/DS231/AB/R。

[57] 上诉机构报告,欧共体——关于肉类及肉类制品的措施案(荷尔蒙),WT/DS26/AB/R, WT/DS48/AB/R, 1998 年 2 月 13 日通过, DSR 1998:I, 135。

[58] 同上,第 128 段, DSR 182。

[59] 专家组报告,欧共体——沙丁鱼案, 前注 56, 第 7.59 段, 第 7.60 段。

[60] DSU 第 17.1 条。

[61] 参见本书第六章第四节第四目。

* 指《技术性贸易壁垒协定》——译注。

(Mohamed Shahabuddeen)曾说道,"就会对法律将来的发展提供附加的机制。"[62]

一个早期的例子出现于日本——酒精饮料案Ⅱ上诉机构的第二个意见中。在该案中,上诉机构在对涉及条约解释问题的美国——汽油案做出第一份意见时,作了两次援引:(1)"在美国——精炼与常规汽油案中,我们强调必须援引《维也纳公约》第31(1)条规定的条约解释的基本规则,来完成这样的澄清"[63];和(2)"在美国——精炼与常规汽油案中,我们注意到………"[64]

虽然在法律语境里,"我们强调"和"我们注意到"这两个词语,与"我们认为"并不相同,但其中具有权威性的语调表明,它们已经远远不仅是在说服。在上诉机构看来,这一语调表明,这些问题都已经结束了。随后的声明确认了这一分析。例如在美国——虾(马来西亚援引第21.5条)案中,上诉机构认为它自己的报告构成了WTO协定(acquis)的一部分:

> 在这方面,我们注意到在我们就日本——酒精饮料案所做的报告中,我们曾说:
>
> 通过的专家组报告是GATT协定的重要组成部分。它们经常被后来的专家组考虑。它们在WTO成员中创造着合法的期望,因而应当在其与任何争端有关时被考虑在内。
>
> 这一推理同样适用于上诉机构报告。这样,在考虑已经通过的上诉机构报告的推理时——该报告甚至与专家组处理眼前的争端直接相关——专家组并没有犯什么错误。专家组将我们的裁决当作自身推理的工具来使用,这是正确的。进而言之,从DSB的建议和裁决的视角出发,我们也没有发现,专家组在工作时必须将自身限定于仅仅审查新的措施。[65]

上诉机构应在多大程度上背离自己先前的决定,这一问题也使其面临着两难选择。一方面,法律的稳定性——对待案件亦当如此——通过拒不背弃先前决定的方式来实现,甚至那些看起来可能存在问题的决定,也不应当背弃,而如果成员相信上诉机构犯了错误的话;则任由其去改变一项协定的文本。另一方面,国际法律机构如WTO,没有立法机关,结果是国际法缺乏有效的"规则变

[62] Shahabuddeen,前注11,第45页。服务于专家组的秘书处,在专家们希望利用自己专业知识的范围内,提供着某些连续性和"制度上的记忆",但秘书处成员不像专家组成员和上诉机构成员,并不决定案件。关于秘书处的作用,请参见本书第四章第八节。

[63] 参见前注3,第10—11页。

[64] 同上,第13页。

[65] 上诉机构报告,美国——禁止进口某些虾及虾制品案,WT/DS58/AB/R,1998年9月6日通过,DSR 1998:Ⅶ,2755,第108段—第109段。

更"，这是广为人知的事实。[66] 上诉机构的一位前成员，在其任期结束后发表 64
的一篇文章中提到，"DSU 建立了强大的（准）司法结构，但其政治决策进程却
如此低效，对于这两者之间的不平衡，我深有感触。"[67]

　　修改一项 WTO 协定，与其说像修订一部法律，还不如说更像修订一部书面
的宪法。[68] 这意味着如果许多成员不同意上诉机构的报告，除了以下方法外，
也别无其他实际办法：获取成员方的一致同意，或者使其成为一个贸易谈判重
要回合的组成部分，在该回合中，成员可以更改适用协定的文本并因此改变法
律。从所有的现实目的出发，上诉机构的话语极可能具有决定意义，至少在相
当长的时间内是如此。

　　这种实际的权力，应当会使上诉机构更愿意重新审查先前的裁决。上诉机
构拥有最终话语权这一事实，并不意味着它永远总是正确的。它本质上是一个
最后被诉诸的法院，如果在形式上不是的话。而"最后被诉诸的法院已经认识
到，它们并无义务遵循自己的先前决定；在严格的条件约束下，它们也可能会背
离先例。"[69] 对于上诉机构体系而言，偶尔面临尴尬情形，也许也要比在该体系
下产生了错误的决定要好得多。[70]

---

[66] 参见 H. L. A. Hart, *The Concept of Law* 3, 95—96, 214 (2d ed, Oxford, 1994); David Palmeter, The WTO as a Legal System, 24 *Fordham International Law Journal* 444, 474—478（2000 年 11 月—12 月）。

[67] Claus-Dieter Ehlermann, *Six Years on the Bench of the "World Trade Court"—Some Personal Experiences as a Member of the Appellate Body of the World Trade Organization*, 36 *Journal of World Trade* 605, 632 (No. 4, August 2002)。

[68] WTO 协定的修订规则与美国宪法的修订规则存在某些相同点。《马拉喀什建立世界贸易组织协定》第 10 条规定，三分之二以上的成员可以提出修正案，四分之三以上的多数成员同意方为通过。美国宪法第 5 条规定，宪法修正案须由参众两院三分之二以上的多数提出，或由三分之二以上的州的立法机关提出，并经四分之三以上的州通过方为有效。

[69] Shahabuddeen, 前引注 11, 第 238 页。前美国最高法院陪审大法官（Associate Justice）罗伯特 H. 杰克逊（Robert H. Jackson）的如下这番话，也不无关联：

　　　　"当一法院的裁决被另一法院审查时，总有一定比例的裁决被改判。这反映
　　　了通常可见的不同法院的组成人员之间的见解上的差别。然而，上级法院改判并
　　　不证明，正义由此得到了更好的实现……我们并非因为自己不犯错误而成终审法
　　　院，而是因为我们是终审法院而不犯错误。"

　　Brown v. *Allen*, 344 U. S. 443, 540 (1953)（coucuring）。

[70] 从 1946 年到 1992 年，美国联邦最高法院总共做出了 115 项改判决定——平均每年 2.5 件——Saul Brenner and Harold J. Spaeth, *Stare Indecisis: The Alteration of Precedent on The Supreme Court*, 1946—1992 23 (Cambridge, 1995)。

65   第四节 习   惯

　　争端解决谅解第 3.2 条规定,争端解决的目的是"依照解释国际公法的惯例"澄清 WTO 协定的规定。据此,习惯国际法就在 WTO 争端解决中发挥着独特的作用。在实践中,第 3.2 条已经使得专家组和上诉机构去援引《维也纳条约法公约》第 31 条和第 32 条,它们一直被看作是构成在此主题上的习惯国际法的编纂。[71]

　　实体的——相对于程序的——习惯问题首先产生于欧共体——荷尔蒙案,该案提出的问题是"风险预防原则"是否是习惯国际法的一部分。[72] 专家组称,即便风险预防原则被认为是习惯国际法,它也不能超越 WTO 协定的明确规定。[73] 上诉机构确认了这一结论,说风险预防原则在国际法中的地位本身仍然面临争议。[74] 上诉机构又称,虽然风险预防原则可能已经被明确为习惯国际环境法的一条普遍原则,但它是否已经作为一般或习惯国际法原则被广为接受,则还不明确。[75] 如果在上诉机构看来,这一原则只是作为习惯国际环境法的一部分、而不是作为总体上的习惯国际法的一部分被接受,则这一观点将导致什么样的结果尚难预料。

66
　　在韩国——采购案中,专家组称,"WTO 协定与习惯国际法的关系,要广于"WTO 协定与纯粹的解释规则之间的关系。[76] 至少在非违反诉讼中,专家组称"习惯国际法通常适用于 WTO 成员之间的经济关系。这种国际法规则在WTO 条约和协定没有'将其选出'(contract out)的范围内都适用。换句话说,

---

〔71〕 参见本书第三章第九节第一目。

〔72〕 专家组报告,欧共体关于肉类及肉类制品的措施案(荷尔蒙)——由美国提起的诉讼,WT/DS26/R/USA, DSR 1998:Ⅲ,699,第 8.157 段;和专家组报告,欧共体关于肉类及肉类制品的措施案(荷尔蒙)——由加拿大提起的诉讼,WT/DS48/R/CAN, DSR 1998:Ⅱ,235,第 8.160 段。两项报告均通过于 1998 年 1 月 13 日,为上诉机构报告所修改,WT/DS26/AB/R, WT/DS48/AB/R。"风险预防原则"规定:"当存在严重的、或不可回复的损害的威胁时,缺乏全面而科学的确定性,不能成为迟延采用合算的(cost-effective)措施以避免环境恶化的理由。"《里约热内卢环境和发展宣言》(Rio Declaration on Environment and Development)第 15 条。还可参见 Frank,前注 38,第 370 页;Phillipe Sands, *Principles of International Environmental Law*, VOL. I 第 208—213 页(Manchester Univ. Press,1995)。

〔73〕 同上。

〔74〕 上诉机构报告,欧共体——关于羊肉和羊肉制品措施(荷尔蒙)案,WT/DS26/AB/R, WT/DS48/AB/R, 1998 年 1 月 13 日通过,DSR 1998:I,135,9,第 123 段。

〔75〕 同上。

〔76〕 专家组报告,韩国——影响政府采购的措施案,WT/DS163/R, 2000 年 6 月 19 日通过,DSR 2000:Ⅷ,3541,第 7.96 段。还可参见本书第二章第四节第三目。

只要没有冲突或不一致,或 WTO 适用协定的表述没有不同的暗示,我们认为,习惯国际法规则适用于 WTO 条约和 WTO 之下的条约形成过程。"[77]

但 WTO,正如此前的 GATT,奠基于协定而不是习惯,因而习惯问题或许并不频繁发生。[78] 甚至 GATT 首要的、最基础的规定,即最惠国待遇(MFN)条款,也不是由习惯国际法编纂而成,它同时也没有创设一条习惯法规则。相反,GATT 中的最惠国待遇的义务只延及其他缔约方,而且缔约方经常拒绝将其适用于非缔约方。WTO 的适用协定都属这种情形。

正如前面所述,WTO 协定第 16 条规定"WTO 应以 GATT1947 缔约方全体遵循的决定、程序和惯例为指导。"但仍不确定的是,这里提及的"惯例"会被认可为习惯国际法。虽然 GATT 的惯例可能会符合习惯的一些要求,但仍存悬疑的是,它们会被 GATT 缔约方接受、或被 WTO 成员视同为"法律"。[79]

第五节 资深国际法专家的教义

在专家组报告中,可以零散地发现引用了 GATT 法律方面的资深国际法专家的教义和著述,但这种援引极为少见。[80] 在很大程度上,这种缄默(reticence)滋生于 GATT 的外交传统。目前在本质上属于司法机制的争端解决,起源于外交体制中的"调解"(conciliation)。与律师相比较而言,外交官员甚至不知道法律学者的著述,更不用说受到其影响了。多年来,GATT 的外交官员对于将调解转成法律诉讼的想法,一向是断然反对的。[81] 因而,不论国际法学者的水平有多高,他们的观点也几乎影响不了"GATT 老手"(old GATT hands)。[82]

---

[77] 同上。

[78] "WTO 争端解释专家组和上诉机构只能适用 WTO 实体法,无权适用一般实体国际法或其他的习惯国际法。"Joel P Trachtman, The Domain of WTO Dispute Resolution, 40 *Harvard International Law Journal* 333, 347—348 (Spring, 1999). 韩国——采购案的专家组看起来可能并不同意这种观点。然而该报告并未被提起上诉。还可参见 Michael Lennard, *Navigating by the Stars: Interpreting the WTO Agreements*, 前注 4,第 42—45 页。

[79] 这是规定于《国际法院规约》第 38(1)(b)条的法律意见要求。

[80] 参见,例如 GATT 专家组报告, *United States-Measures Affecting Alcoholic and Malt Beverages*, BISD 第 39 册第 206 页,1992 年 6 月 19 日通过,第 285 页,引用了罗伯特 E. 胡德克教授约翰 H. 杰克逊(John H. Jackson)教授的作品。

[81] 罗伯特 E. 胡德克的以下两本书,叙述了这一历史:The GATT Legal System and World Trade Diplomacy (2d ed., Butterworth, 1990) and Enforcing International Trade Law: The Evolution of The Modern GATT Legal System (Butterworth, 1993)。

[82] 这种对法律的怀疑态度,从 GATT 第二任总干事 OLIVER LONG 以下作品的标题中,也可见一斑: *Law and Its Limitations in the GATT Multilateral Trade System*(Martinus Nijhoff, 1985)。

如果法律学者相比较于外交官员,更可能去引用其他法律学者的作品,那么 GATT 报告中相对缺少学者著述的引用的一个原因是,专家组成员中相对缺乏学者。虽然有一些学者曾担任过专家组成员,但从 GATT 的绝大多数发展历程来看,这种情形并不普遍。然而,在 WTO 专家组成员中,学者越来越多,也许正是由于他们的参与,WTO 报告经常援引国际法学者的教义。这一情形开始于一些早期的报告[83],并持续进行着[84]。专家组中学者的日益增多,毫无疑问,也反映了外交官和贸易官员总体上认可法律对于贸易体制日益增长的重要性,这种重要性在上诉机构设立时就阐述得非常清楚了。限于审查专家组报告涉及的法律问题和专家组所做的法律解释[85],上诉机构必然要将法律视角带入争端解决进程;并且在秘书处律师建议(在 GATT 最初的几十年间,没有这种情形)之下运作的专家组,也不断地处理着复杂的法律问题。

第六节 法律的一般原则

在必要的时候,GATT 专家组会援引法律的一般原则来支持他们的推理,WTO 专家组和上诉机构也如此。一般规则的例外应做狭义解释的原则,被多次运用。例如,美国——内衣案的专家组就曾下结论说,《纺织品与服装协定》

---

[83] 参见,例如专家组报告,阿根廷——影响鞋类、纺织品、服装和其他进口产品的措施案,WT/DS56/R,1998 年 4 月 22 日,为上诉机构报告所修改,WT/DS56/AB/R,DSR 1998:Ⅲ,1033,注 176(John H. Jackson),注 184(Keith Highet),和注 185(Mojtaba Kazazi);上诉机构报告,印度——对药品和农业化学药品的专利权保护案,WT/DE50/AB/R,1998 年 1 月 16 日通过,DSR 1998:Ⅰ,9,脚注 26(F. Roessler and E. – U. Petersmann),脚注 28(E. – U. Petersmann)和脚注 52(I. Brownlie);上诉机构报告,欧共体——荷尔蒙案,前注57。(P. Sands,J. Camerson,J. Abouchar,P. Birnie,A. Boyle,L. Gündling,A. de Mestral,and D. Bodansky)。

[84] 参见,例如上诉机构报告,韩国——对某些奶制品进口的最终保障措施案,WT/DS98/AB/R,2000 年 1 月 12 日通过,DSR 2000:Ⅰ,3,脚注 26(M. Bronckers,M. Trebilcock,and R. Howse cited in the argument presented by the United States),脚注 44(Ⅰ. Brownlie,G. Fitzmaurice,A. McNair,I. Sinclair,M. O. Hudson,L. A. Podesta,and J. M. Ruda);上诉机构报告,美国——1998 年综合拨款法第 211 节案,WT/DS176/AB/R,2002 年 2 月 1 日通过,脚注 122(D. Gervais);和上诉机构报告,美国——"外国销售公司"的税收待遇问题案——欧共体援引第 21.5 条,WT/DS108/AB/RW,2002 年 1 月 29 日通过,脚注 119(A. H. Qureshi and M. J. McIntyre),注 127(A. H. Qureshi,B. J. Arnold,M. J McIntyre and J. Schuch)。

[85] DSU 第 17.6 条。

中的过渡性保障机制,是一例外措施,对此"应作狭义解释"。[86] 然而,上诉机构在欧共体——荷尔蒙案中,有效地批驳了这一原则。在该案中,上诉机构称,条约规定的"例外"字样,并未授权以条约解释的正常规则之外的方式来对该语言进行解释。[87] 在美国——虾案中,上诉机构评述道,GATT 第 20 条的序言(chapeau)是一条关于善意原则的表述,它作为国际法的一条总原则,控制着各国权利的行使。[88] 这样,上诉机构称,善意原则就包含着滥用权利原理,即各国滥用自己的权利[89](指各国不得滥用自己的权利——译注)。在韩国——采购案中,专家组援引了国际公法中关于议定条约义务时的善意和错误原则。[90] 69
即必须避免出现导致文本的整个句子或者段落"多余或无益"的解读(readings),这一解释原则,已经数次被上诉机构所认可。[91]

DSU 第 22.4 条和第 22.6 条界定了中止减让、丧失和减损的层级,它们当然远远不仅是原则,它们本身是由协定产生的法律。然而,值得注意的是,这些条款遵循世界法院(World Court)所认可的均衡(proportionality)原则。[92]

第七节 其他国际协定

其他国际协定不是"适用协定",所以它们——自己本身——并不构成 WTO 的权威性渊源。然而在 WTO 争端解决中,其他国际协定也确实发挥着重要的作用。专家组和上诉机构会不时地考虑 WTO 协定中明确提及的国际协

---

[86] 前注 46,第 7.21 段(引用了数个其他的案例)。还可参见 GATT 专家组报告,加拿大——冰琪淋和酸乳酪进口限制案,BISD 第 36 册第 68 页,1989 年 12 月 5 日通过,第 59 段:"专家组回忆…例外应作狭义对待"。引自专家组报告,日本——限制某些农产品进口案,BISD 第 35 册第 163 页,1988 年 3 月 22 日通过;和 GATT 专家组报告,牙欧洲经济共同——限制苹果进口案——由美国提起的诉讼,BISD 第 36 册第 135 页,1989 年 6 月 22 日通过。这一原则可能不再具有适用性。参见第四节第十一节第五目。

[87] 上诉机构报告,欧共体——荷尔蒙案,前注 57,第 104 段。

[88] 上诉机构报告,美国——虾,前注 65,第 158 段。

[89] 同上,美国——1998 年综合拨款法第 211 节案,案中的专家组提到了这一原则,WT/DS176/R,2002 年 1 月 1 日通过,为上诉机构报告所修改,WT/DS176/AB/R,第 8.57 段。

[90] 专家组报告,韩国——采购案,前引注 76,第 7.101 段。

[91] 上诉机构报告,美国——精炼与常规汽油标准案,WT/DS2/AB/R,1996 年 5 月 20 日通过,DSR 1996:Ⅰ,3,§ Ⅲ.B;日本——酒精饮料案Ⅱ,前注 3,第 12 页;美国——内衣案,前注 46,第 16 页。

[92] "一个重要的考虑是,采取的对策所取得的效果必须相当于受到的损害";这是"国际法所要求的均衡性"。与 Gabcikovo-Nagymaros 项目(匈牙利/斯洛伐克)相关的案子,前注 47,第 85。参见本书第八章第六节第一目。禁止反言原则同时在 GATT 和 WTO 争端解决中被提出。参见本书第二章第六节第四目。

定、其他多边协定和争端方之间的协定。另外,WTO 本身也是其他国际协定的一方。

一、WTO 协定中提及的协定

在 WTO 数个协定的文本中,都明确提及其他的国际协定,因而,后者能够作为 WTO 争端解决诉讼的直接法律渊源。它们包括重要的国际知识产权公约,如《巴黎公约》(1967)、《伯尔尼公约》(1971)、《罗马公约》和《关于集成电路知识产权条约》等,都规定在 TRIPS 协定中。[93] 于是,在美国——拨款法案第 211 节案中,上诉机构称:"WTO 成员,不论它们是否为巴黎联盟(Paris U-nion)成员国,都在 WTO 协定之下,有义务遵守被并入 TRIPS 协定的《巴黎公约》(1967)。"[94] 加拿大——药物专利权案中的专家组更是往前推进了一步。[95] 它将《伯尔尼公约》的预备工作也考虑在内,以澄清规定于 TRIPS 协定、且要求其做出解释的"条件"的含义。在它为这一选择寻求正当化理由时,专家组注意到它正在审查的关于"条件"的文本,源自于《伯尔尼公约》。[96]

WTO《补贴与反补贴措施协定》稍显间接地规定,政府根据《经济合作组织官方支持出口信贷指引安排》(*Arrangement on Guidelines for Officially Supported Export Credits*),给予的出口信贷,不应当被认为是出口补贴。[97] 在加拿大——航空器(巴西援引第 21.5 条)案中,专家组认为自己必须解释这一"安排"的文本,因为《补贴与反补贴措施协定》中对其有所提及。[98] 加拿大——飞机信贷和担保案中的专家组也对"安排"这一术语做出了解释。[99]《技术性贸易壁垒

---

[93] TRIPS 第 1.3 条。

[94] 上诉机构报告,美国——综合拨款法第 211 节案,前注 84,第 125 段。

[95] 专家组报告,加拿大——药物农产品专利保护权案,WT/DS/114/R,2000 年 4 月 7 日,DSR 2000:V,2295。还可参见本书第三章第九节第二目。

[96] 同上,第 7.70 段。

[97] 《补贴与反补贴措施》附件 1(k)规定:

> 如一成员属一官方出口信贷的国际承诺的参加方,且截至 1979 年 1 月 1 日至少有 12 个本协定创始成员属该国际承诺的参加方(或创始成员所通过的后续承诺),或如果一成员实施相关承诺的利率条款,则符合这些条款的出口信贷做法不得视为本协定所禁止的出口补贴。

以上所谓"国际承诺"是指《经济合作组织官方支持出口信贷指引安排》。

[98] 专家组报告,加拿大——影响民用飞机出口的措施案——加拿大援引 DSU 第 21.5,WT/DS70/RW,2000 年 8 月 4 日通过,为上诉机构报告所修改,WT/DS70/AB/RW,DSR 2000:IX,4315。

[99] 专家组报告,加拿大——飞机信贷和担保案,前引注 7,第 7.176 段,第 7.234 段,第 7.241 段。

协定》第 2.4 条要求成员使用"国际标准"作为各自技术规范的基础。欧共体——沙丁鱼案的专家组认定,联合国食品法典委员会(Codex Alimentarius Commission of the UN)所订立的标准属于《技术性贸易壁垒协定》第 2.4 条范畴内的国际标准,该专家组还对该标准的文本进行了解释。[100]

在美国——版权法第 110(5)节一案中,专家组考虑了《伯尔尼公约》(1971)中的"轻微例外原则"。[101] 公约的大会报告总起草人已经就这一原理提交了报告,与会各方予以通过,但它最终并没有作为修正案而被纳入公约。专家组认为,根据《维也纳条约法公约》第 31.2a 条,大会通过本身即足以使专家组能够将起草人报告作为缔约方嗣后订立的协议而加以考虑。[102]

上诉机构已经利用 DSU 第 3.2 条关于"解释国际公法的习惯规则"来援引维也纳公约第 31 条和第 32 条,这两条规定在其所表达出的习惯国际法的范围内构成了一种法律渊源。[103] 维也纳公约的其他规定,可能也会为 WTO 诉讼提供法律资源。例如,WTO 专家组考虑到了维也纳公约第 28 条关于条约不溯及既往(*non-retroactivity of treaties*)的规定后,认定该条不适用于本案事实。[104]

虽然 WTO 文本中没有明确提及一些国际协定,但它们仍然可能被并入WTO 法律。如《洛美公约》要求欧共体对于产自非洲、加勒比和太平洋(ACP)地区的某些国家的货物实行优惠待遇。GATT 总理事会认可了这项豁免特定义务的申明,并且通过 WTO 总理事会将其延及欧共体。[105] 这里实质性的问题在于,《洛美公约》规定了什么要求? 欧共体和 ACP 国家认为专家组无权回答这些问题。相反他们主张,专家组应当援引欧共体和 ACP 国家的解释,后者才有权对此做出回答。[106]

专家组并不赞同这种观点。专家组注意到,欧共体豁免 ACP 国家的义务,以使后者获得优惠待遇,GATT 缔约方全体已经许可了这一豁免,这一豁免随后被 WTO 采纳。因而,显然这一豁免本身就是一项专家组职权范围之内的 WTO

---

[100] 专家组报告,欧共体——沙丁鱼案,前注 56。第 7.67 段, 第 7.103 段。

[101] 专家组报告,美国——版权法案第 110(5)节案。WT/DS160/R, 2000 年 7 月 27 日通过, DSR 2000: Ⅷ,3769.

[102] 同上,第 6.53 段。

[103] 参见上诉机构报告,美国——汽油,前注 91, 和下文第三章第九节第一目。

[104] 专家组报告,欧共体——荷尔蒙案,前注 72, 由美国提起的诉讼,第 8.24 段,第 8.21 段,和由加拿大提起第 8.27 段,第 8.28 段。第 28 条规定,条约的规定通常对于与一方有关的、在该方加入条约前已经停止的情形没有拘束力。

[105] 专家组报告,欧共体——香蕉进口、销售和分销体制案——由美国提起的诉讼,WT/DS27/R/USA, 1997 年 9 月 25 日通过,为上诉机构报告所修改, WT/DS27/AB/R, DSR 1997: Ⅱ, 943。

[106] 同上,第 7.95 段,第 7.97 段。

协定。"因为这一豁免适用于'第四次洛美公约相关规定所要求的……对于提供优惠待遇所必须……'的事项,"专家组说,"我们也必须确定洛美公约所要求的优惠待遇是什么。"[107] 上诉机构了确认了这一点,称:"要确定洛美公约'要求'的是什么,我们必须首先参考该公约的文本,并指出其与香蕉贸易有关的规定。"[108]

因为这项豁免有效地将洛美公约变成了一项 WTO 协定,专家组解释豁免,以及因此而解释洛美公约本身的权力,就能够与主张适用协定中明确援引的协定(例如,一系列的知识产权公约)的权力,相提并论。该报告对于争论中的国际协定不是、至少不是明确意义上的 WTO 协定的情形,没有做出处理。

至今仍悬而未决的问题是,通过这些其他的协定带入 WTO 中的权利和义务,是仅仅保持着 WTO 协定生效时它们有效的状态,还是 WTO 的权利和义务也随着这些协定的改变而变更? TRIPS 协定的第 2 个脚注称,援引知识产权公约的目的在于确定这些公约的版本。[109] 因而,可以推测的是,知识产权公约各缔约方后来议定的权利和义务将不会影响 WTO 框架内的权利和义务,因而也无法成为 WTO 法律的渊源。就此而言,加拿大—药物专利权案的专家组称,TRIPS 协定并入了"之前存在的关于知识产权的主要国际约定的某些条款。"[110] 在涉及 TRIPS 和《伯尔尼公约》的美国——版权法案第 110(5)节案中,专家组认定,在 TRIPS 和 WTO 生效之后将近两年才通过的《世界知识产权组织版权公约》(WIPO Copy Right Treaty, WCT),与《伯尔尼公约》相关条款的解释有关。[111] 专家组注意到,总共有 127 个国家参加了最终通过 WCT 的外交会议,其中绝大多数国家是 WTO 成员,并且参加了 TRIPS 谈判。[112] "由于这些原因,"专家组称,"在解释的同时又要避免在整体框架中产生冲突,寻求 WCT 文

---

[107]　同上,第 7.97 段。

[108]　上诉机构报告,欧共体——香蕉案 Ⅲ,前注 8,第 167 段, 第 169 段。

[109]　TRIPS 协定在相关部分规定:

　　　　在本协定中,《巴黎公约》指《保护工业产权巴黎公约》;《巴黎公约》(1967)指 1967 年 7 月 14 日该公约的斯德哥尔摩文本。《伯尔尼公约》指《保护文学艺术作品伯尔尼公约》,《伯尔尼公约》(1971)指 1971 年 3 月 24 日该公约的巴黎文本。《罗马公约》指 1961 年 10 月 26 日在罗马通过的《保护表演者、录音制品制作者和广播组织的国际公约》。《关于集成电路的知识产权公约》(《IPIC 条约》)指 1989 年 5 月 26 日在华盛顿通过的该条约。

[110]　前注 95,第 7.14 段。

[111]　前引 101,第 6.70 段。

[112]　同上。

本的指引,就显得密切相关,除非这些条约另作规定。"[113]

在巴西——飞机案中,第二次援引 DSU 第 21.5 条的专家组称,考虑到《补贴与反补贴措施协定》的目标,OECD 安排(*OECD Arrangement*)应当是最新的版本,而不是在《补贴与反补贴措施协定》生效时即已存在的版本。[114] 在《北美自由贸易协定》(NAFTA)之下设立的专家组,面临着一个类似的问题。NAFTA 中有一个条款,保留了成员方享有 GATT 和 GATT 之下议定的各项协定的权利。在考虑这个条款时,NAFTA 专家组认为,要加以援引的依据,并不仅仅是 NAF-TA 生效之时的 GATT,而是不断发展、并最终演进为 WTO 的 GATT 体制。[115] NAFTA 同时注意到,在该协定中援引习惯国际法,是"一项对不断演进的体制的援引"。[116]

二、其他多边协定

除了《维也纳条约法公约》外,其他国际多边协定也进入了 WTO 法庭的视野,并被其视为间接的法律渊源。也许,其中最引人注目的例子莫过于美国——虾案的上诉机构报告。[117] 首先,在解释 GATT 第 20(g)条中的"可枯竭自然资源"这一术语时,上诉机构摘引了《联合国海洋法公约》、《联合国生物多样性公约》、《21 世纪议程》(Agenda 21)、《联合国保护迁徙野生动物物种公约》及与之一起通过的《向发展中国家提供援助的决定》、《濒危动植物群落国际贸易公约》。[118] 在面临一项 WTO 条约文本的解释问题时,上诉机构援引了这些协定。在这个方面,DSU 第 3.1 条要求 WTO 法庭在解释 WTO 条约文本时,利用习惯国际法的解释规则。[119] 但多边环境条约本身并不是习惯国际法的解释规则。因而,上诉机构援引这些协定的做法,并不能从 DSU 第 3.1 条中找到正当化依据。然而,上诉机构明确无疑地认定,使用这些其他协定中类似的或者虽不类似但却是相关的术语,为解释面前的 WTO 文本提供了证据方面的支持。

然而,在美国——虾案中,并不是上诉机构援引其他多边协定的所有方面,都与解释直接相关。例如,上诉机构是把《美洲国家保护海龟公约》的存在本

74

---

[113] 同上。

[114] 专家组报告,巴西——飞机出口融资项目案—加拿大第二次援引 DSU 第 21.5 条,WT/DS46/RW/2,2001 年 8 月 23 日通过,第 5.79 段。

[115] 加拿大对原产于美国的一些农产品采用关税措施而引发了争端,根据《北美自由贸易协定》第 2008 条设立的仲裁专家组于 1996 年 12 月 2 日对此做出了最终报告。

[116] 同上,第 134 段。

[117] 上诉机构报告,美国——虾案,前注 65。

[118] 同上,第 127 段—第 134 段。

[119] 参见本书第三章第九节第一目。

身,作为一项与歧视问题相关的事实而提及的。[120] 上诉机构继续推测,《WTO贸易和环境决定》援引了《环境和发展里约宣言》和《21世纪议程》,并且在这些协定中找到了对以下论点的支持:要保护迁徙性强的物种,就必须在国际间展开合作。[121] 专家还进一步摘引了《保护迁徙野生动物物种公约》。[122]

当然,并不能由此认为,上诉机构在这些协定中直接找到了针对WTO制定的规则,更不用说运用相关规则了。另外,上诉机构也以一种迥异于其通常运用维也纳公约第31条和第32条的方式,来利用这些协定中的规则。美国——虾案中对多边环境协定的利用,已经不仅涉及解释问题,而同时涉及了实质问题。[123]

类似地,在美国——"外国销售公司"的税收待遇问题案中,上诉机构援引大量的双边或多边国际协定,以对《补贴与反补贴协定》脚注59的"国外来源收入"这一术语,"赋予其含义"。[124] 这些协定包括《经济合作与发展组织资本和收入标准税收公约》、《联合国发达国家与发展中国家双重征税公约》、安第斯共同体成员国和加勒比共同体成员国通过的《成员国和与本区之外的其他国家之间避免双重征税的标准协定》。[125]

这一方法与GATT框架内的方法迥然不同。例如,在金枪鱼II案中,美国主张,《濒危物种国际贸易公约》和许多其他双边和多边协定,都与作为那些协定成员方的GATT缔约方有关。[126] 以一种低于全面支持的建议性语调,专家组提及:"各方将他们的许多观点……奠基于环境和贸易条约之上。"此后,专家组称:"首先必须确定这些条约与总协定文本的解释,究竟在多大程度上相关。"[127] 专家组断定它们毫无相干,称:"争端方引用的是未经总协定缔约方达成一致的双边或复边协定,并且这些协定未曾被运用于解释总协定或其条款的规定。"[128]

最后,纺织品和服装产品多年来一直受到《多纤维协定》(MFA)———项GATT之下议定的多边安排的辖制。专家组称:MFA"不是WTO协定整体的一

---

〔120〕 上诉机构报告,美国——虾案,前注65,第167段。
〔121〕 同上,第168段。
〔122〕 同上。
〔123〕 一项关于"规则"和"原则"之间区分的、与本问题有关的探讨,请参见 Joel P. Trachtman, The Domain of WTO Dispute Resolution, 前注78,第350页。
〔124〕 上诉机构报告,美国——"外国销售公司"的税收待遇问题案(欧共体援引第21.5条——),前注引84。
〔125〕 同上,第141段。
〔126〕 前注12,第3.14段,第3.21段—第3.34段。
〔127〕 同上,第5.18段。
〔128〕 同上,第5.19段。

部分,也不是因'与本条约的结论密切相关'而制定的协定。"[129]

三、当事方之间的协定

WTO 协定及其附属协定,是政府、特别是在二战后达成的旨在解决经济、　76
环境和社会问题的众多国际调节协定(international regulatory agreements)的一
部分。[130] 许多 WTO 成员是这些协定的签署国。而且,似乎调节协定(regulato-
ry agreements)的数量、特别是在环境领域,还呈现出增长的趋势。这就提出了
如下的问题,即这些协定在多大程度上影响了签署该协定的 WTO 成员方之间
的权利和义务?

在 20 世纪 90 年代早期,这一问题即已产生。但最早并不涉及多边条约,
而是一项加拿大和欧共体的双边协定。在 20 世纪 60 年代早期一次涉及加拿
大在共同农业政策框架下向欧共体出口小麦的谈判中,各方达成了一项延展时
限的协定,在该时限范围内,加拿大可以根据 GATT 第 28 条挑战欧共体对其出
口小麦施加的待遇。加拿大随后发起挑战,但欧共体予以拒绝,称现在为时太
晚。各方最后同意就加拿大根据 GATT 第 28 条的诉权的时限问题,提交仲裁。

在仲裁员面前,欧共体甚至质疑加拿大有权在 GATT 的多边程序之下,基
于一项双边协定提出诉求。仲裁员予以驳回:

> 原则上一项基于双边协定的诉求不得在 GATT 的多边争端解决程序
> 下提出。但本案中,考虑到这项特定的双边协定与 GATT 存在着密切的联
> 系、该协定与 GATT 的目标相一致、以及双方都同意寻求 GATT 仲裁程序的
> 帮助,这些事实都为一项例外提供了正当性依据。[131]

WTO 专家组在考虑巴西向欧共体出口家禽产品而引发的巴西和欧共体之
间的争端时,产生了类似的问题。[132] 巴西主张,它和欧共体之间一项双边的
"《油籽协定》"(Oilseeds Agreement),适用于该项争端的解决。虽然美国作为　77
第三方主张这不在专家组的职权范围之内,但欧共体并没有明确反对专家组考

---

[129]　专家组报告,美国——对来自巴基斯坦的波纹(combed)棉纱的过渡性保障措施案,WT/
　　　　DS192/R,2001 年 9 月 5 日通过,为上诉机构报告所修改, WT. DS192. AB. R, 第 7. 74 段。

[130]　这一灵巧的用语"国际调节协定",取自于 Abram Chayes & Antonia Handler Chayes 以下一书
　　　　的副标题: *The New Sovereignty*: *Compliance With International Regulatory Agreements* (Harvard,
　　　　1995)。

[131]　加拿大/欧共体第 28 条的权利,仲裁人作出的裁决,BISD 第 37 册第 80 页,第 84 页。

[132]　专家组报告,欧共体——影响几种家禽产品进口措施案,WT/DS69/R,1998 年 7 月 23 日,为
　　　　上诉机构报告所修改,WT/DS69/AB/R, DSR 1998:Ⅴ,2089。

虑《油籽协定》。[133] 然而,专家组注意到《油籽协定》是在 GATT 第 28 条框架内议定的,同时在引用了加拿大/小麦仲裁案的意见后,专家组决定对《油籽协定》在"确定欧共体与巴西之间在 WTO 协定之下的义务相关的范围内",予以考虑。[134]

上诉机构认为,专家组对待《油籽协定》,"没有可逆的错误"。[135] 然而,上诉机构又详细地阐述道,《油籽协定》作为巴西和欧共体之间的一项双边协定,它不是 DSU 第 1 条和第 2 条意义上的一项"适用协定";它没有在 WTO 协定中的任何一个附件中被引用;它不是在 GATT1947 框架下生效、并进而成为 GATT1994 一部分的法律文件;它也不构成"GATT1947 缔约方全体所遵循的决定、程序和惯例"的一部分,而后者根据 WTO 协定第 16.1 条的规定,则是 WTO 的指引。[136]

然而,最终上诉机构做出一项看起来与专家组报告并没有两样的结论。它认可《油籽协定》是在 GATT 第 28 条的框架内议定的,并且为争议中的关税税率配额(tariff-rate quota)提供了基础。于是,上诉机构称:"《油籽协定》可以作为一种解释的补充手段而使用。"[137]

在土耳其——纺织品案中,专家组认定,两个 WTO 成员之间的双边协定,"并没有改变争议中的措施的法律性质,也没有改变相关 GATT/WTO 条款的适用性。"[138] 专家组继续引用《维也纳条约法公约》第 41 条,并认为即便这项双边协定要求土耳其必须做出某些行为,"这些要求也不足以免除土耳其应承担的 WTO 协定之下的义务。"[139] 在美国——"境外销售公司"的税收待遇问题案中,专家组认定,《补贴与反补贴措施协定》的脚注 59 允许成员方采取措施(包括协定)以避免对国外来源的收入进行双重征税,但它并不限制寻求 WTO 争端解决的权利。[140]

---

[133] 同上,第 197 段。

[134] 同上,第 2.02 段。专家组同时还援引了香蕉案中专家组对《洛美公约》的考虑,参见下文注 88.

[135] 上诉机构报告,欧共体——影响几种家禽产品进口措施案,WT/DS69/AB/R, 1998 年 7 月 23 日通过, DSR: V, 2031,第 85 段。

[136] 同上,第 79 段—第 80 段。

[137] 同上,第 83 段(强调为原文所加)。

[138] 专家组报告,土耳其——对纺织品和服装产品的进口限制案,WT/DS34/R, 1999 年 9 月 19 日通过,为上诉机构报告所修改, WT/DS34/AB/R, DSR 1999: Ⅵ,2363,第 9178 段。

[139] 同上,第 9.182 段。维也纳公约第 41 条只处理某些主体之间为更改多边条约而缔约的协定。

[140] 专家组报告,美国——"外国销售公司"的税收待遇问题案,WT/DS108/R, 2000 年 3 月 20 日通过,为上诉机构报告所修改,WT/DS108/AB/R, DSR 2000: Ⅳ,1677, 第 7.18 段—第 7.19 段。

在阿根廷——家禽(*Argentina-Poultry*)案中,阿根廷称,在南方共同市场(Mercosur)之下议定的奥利维斯议定书(Protocol of Olivos),使得巴西不得把此前受到南方共同市场(Mercosur)仲裁管辖的反倾销诉求,在WTO框架内再行提出。[141] 该议定书规定,在南方共同市场(Mercosur)或WTO法庭中,如果一方将争端提交给其中一个,它就不能随后将该争端提交另一法庭。[142] 专家组驳回了阿根廷的诉求,认为议定书当时并未生效,并且就其本身规定而言,并不适用于家禽反倾销这类事项,后者由更早的南方共同市场议定书(Mercosur Protocol)[143]管辖。

四、WTO作为一缔约方的协定

在WTO与其他组织缔结的协定中,WTO本身是一方主体。这其中的两个协定都涉及布雷顿森林组织——国际货币基金组织和世界贸易组织之间的协定,以及国际复兴与发展银行(即世界银行——译注)、国际发展联合会与世界贸易组织之间的协定。[144] 这些协定旨在于加强WTO与国际货币基金组织和世界银行之间的联系。上诉机构已经宣称,WTO与国际货币基金组织的协定,并没有改变、增加或减少成员方在WTO协定下的权利和义务。[145]

79

第八节 其他国际法庭的裁决

专家组和上诉机构频繁引用其他国际法庭、特别是国际法院的裁决,来支持自己的决定。例如美国——汽油案,上诉机构在它的首份报告中,援引了国际法院、欧洲人权法院和美洲人权法院的裁决,为其以下结论提供权威依据:《维也纳条约法公约》第31条已经取得了习惯国际法规则的地位。[146] 这种做法事实上一直不间断地持续着。例如,在一个晚近得多的关于美国——条形管案的报告中,上诉机构引用了国际法院的裁决和美国提交给仲裁法庭的书状。

---

[141] 专家组报告,阿根廷——对来自巴西的家禽征收最终反倾销关税案,WT/DS241/R, 2003年5月19日通过, 第7.20段。

[142] 同上,第7.38段。

[143] 同上。

[144] 参见WTO与国际货币基金组织与国际复兴与发展银行之间的协定,WTO总理事会于1996年9月7日、8日和13日召开会议,通过了这些协定, *WT/L/195*(1996年9月18日)。WTO还与世界知识产权组织缔结了一项协定,35 ILM 754,以及与国际兽疫组织缔结了一项协定,WT/L/272,1998年7月8日。还可参见本书第五章第五节。

[145] 上诉机构报告,阿根廷——影响鞋类、纺织品、服装和其他进口产品的措施案,WT/DS56/AB/R和更正1, 1998年4月22日通过, DSR 1998:Ⅲ,1003, 第72段。

[146] 上诉机构报告,*US-Gasoline*,前注91,注34。

该仲裁法庭根据成立于 1978 年 7 月 11 日(当事方为进行仲裁或接受国际法院的管辖权而签订)的协定,审理美国起诉法国、与《1946 年 3 月 27 日航空服务协定》有关的一桩案件。上诉机构援引它们的目的在于支持自己的一项结论,即《国际法委员会关于国家对国际不法行为的责任条款草案》第 51 条,规定了一项被认可的习惯国际法原则。[147] 此间,在美国——虾案中,上诉机构援引国际法院的裁决以支持它的以下结论:GATT 第 20(b)条不是"静止不变的",而是"不断演进的"[148],并且滥用权利原则禁止各国滥用它的权利。[149]

　　在实践中,如果其他国际法庭已经处理过与 WTO 争端解决相关的一件案子、解释过一条术语或者一个习语,争端各方通常会援引这些法庭的决定以支持自己的观点,并且专家组和上诉机构也会运用它们来支持自己的结论。

80　　　　　　　　第九节　　WTO 法的解释[150]

　　　　　　"解释法律有着和创造法律一样多的自由和空间。"
　　　　　　　　　　——米歇尔·德·蒙田(Michel de Montaigne)[151]

一、《维也纳条约法公约》

　　DSU 第 3.2 条要求专家组和上诉机构依照解释国际公法的惯例去解释 WTO 协定的条款。自始即为如此,在 WTO 的第一个争端解决报告中,专家组即注意运用维也纳公约第 31 条来实现 DSU 第 3.2 条的意图。[152] 在该案件中,上诉机构明确表明,公约第 31 条规定的规则,"已经取得了习惯或普通国际法规则的地位。"[153] 在它的第二份报告中,上诉机构确认,公约第 32 条已经取得了同样的地位。[154]

　　公约第 31 条规定,条约应依其用语、按其上下文、并参照条约之目的及宗

---

[147]　上诉机构报告,美国——对源自韩国的圆形焊接碳质条形管最终保障措施案,WT/DS202/AB/R,2002 年 3 月 8 日通过,脚注 256 和 257。

[148]　上诉机构报告,美国——虾,前注 65,脚注 109。

[149]　同上,脚注 156。

[150]　对这一论题的详细讨论,参见 Michael Lennard, Navigating by the stars: Interpreting the WTO Agreements, 前注 4. 还可参见 Niall P. Meagher, The Sound of Silence: Giving Meaning to O-missions in Provisions of the WTO Agreements, 37 *Journal of World Trade* 417(2003 年 4 月 2 日)。

[151]　摘自 Donald M. Frame (ED), The Complete Essays of Montaigne 815(Standford, 1965)。

[152]　专家组报告,美国——汽油案,前注 43,第 6.7 段。

[153]　上诉机构报告,美国——汽油案,前注 91,第Ⅲ.B 节,第 17 页。

[154]　上诉机构报告,日本——酒精饮料案Ⅱ,前注 3,11,DSR 104。

旨所具有之通常意义,进行解释。第 32 条规定了解释的补充资料,包括条约之准备工作及缔约的具体情形。这两条都有效地成为 WTO 法律的基础性部分。它们反映了有效条约解释的原则,该原则在美国——汽油案中,被上诉机构表述为:"解释者不得自由采纳一种导致文本的整个句子或者段落多余或无益的解读。"[155]

二、订约准备资料

《维也纳条约法公约》第 32 条被援引的次数远远少于第 31 条,因为专家组和上诉机构经常运用第 31 条规定的上下文和条约的目的来解决解释问题。因而,在印度——数量限制案中,专家组拒绝寻求解释的补充手段的帮助,因为"我们认为,运用第 31 条进行解释后的意思,既不会暧昧不清,也没有含糊其辞,并没有导致出现一种明显荒诞或不合理的结果。因而我们在确定术语的含义时,并不需要考虑反映于谈判历史中的准备工作。"[156] 加拿大——药物专利权案的专家组,在没有明确提及第 32 条的情况下,审查了 TRIPS 协定中一条规定的谈判历史。[157] 然而,这个专家组最终还是决定按照字面意思去解读文本。[158]

当问题涉及某一成员特定的议定承诺(negotiated commitments)时,就产生了求助于条约准备工作和订约准备资料的情形。在加拿大——奶制品案中,上诉机构发现,加拿大在农业协定之下的承诺进度表的语言,从表面上看并不清楚,并且认定"在本案中,根据维也纳公约第 32 条寻求'解释的补充手段'的帮助,这是恰当的,确实也是必要的。"[159] 类似地,在韩国——采购案中,专家组认定《政府采购协定》之下的一项承诺模棱两可,于是转而对谈判的历史展开审查。[160] 另一方面,在韩国——针对牛肉的多种措施案中,在解释进度表时却没有寻求补充手段的帮助。[161]

---

[155] 参见,前注 91。这一原则也被称为 *l' effect utile or ut res magis ualeat quam pereat.*

[156] 专家组报告,印度——关于进口农产品、纺织品及工业产品数量限制案,WT/DS90/R, 1999 年 9 月 22 日通过,上诉机构报告予以支持,WT/DS90/AB/R, DSR 1999:Ⅴ,1799, 第 5.110 段。

[157] 专家组报告,加拿大——药物专利权案,前注 95,第 7.29 段。

[158] 同上,第 7.31 段。

[159] 上诉机构报告,加拿大——影响牛奶制品和日常产品出口措施案,WT/DS103/AB/R, WT/DS113/AB/R 和更正 1, 1999 年 10 月 27 日通过,DSR 1999:Ⅴ,2057, 第 138 段。

[160] 专家组报告,韩国——影响政府采购措施案,WT/DS163/R, 2000 年 6 月 19 日通过,DSR 2000:Ⅷ,3541, 第 7.74 段。

[161] 上诉机构报告,韩国——影响进口新鲜、冷藏或冰冻羊肉的措施案,WT/DS161/AB/R, 2001 年 1 月 10 日通过,第 94 段—第 106 段。

82

三、字典的运用

自从上诉机构在它的第一份报告中使用字典后,上诉机构自此重复着这种做法。[162]专家组报告也充满了源自字典的定义。查找字典的定义,这是确定有争议的条约术语的普通含义的首要一步。然而,字典却并不必然掌控一切。上诉机构已经表明,"字典的含义仍然对许多解释性的问题保持开放。"[163]在美国——不锈钢案件中,专家组称:"然而,我们认识到,字典的定义只能够将解释者带到这么远,在解释条约的某一规定时,我们必须将它的目标和宗旨都考虑在内。"[164]在美国——补偿法案(伯德修正案)一案中,上诉机构说:"对于协定和法律文件中的语词的定义,字典是重要的指引,但不具有决定意义。"[165]

四、特别法

《维也纳条约法公约》中没有涉及的特别法原理,GATT 专家组也加以运用,并且将其延续进 WTO 体制之中。[166]

在欧共体——香蕉Ⅲ案中,上诉机构称,专家组在适用 GATT 第 10.3a* 条之前,本应当适用《进口许可程序协定》,因为这一许可协定"对进口许可程序做出了特别而详细的规定"。[167]这一裁定被欧共体——沙丁鱼案的专家组所运用以支持如下决定:在 GATT 第 3 条之下审查一项诉请之前,应先在《技术性贸易壁垒协定》之下对其加以审查。[168]另外,在印度尼西亚——汽车案中,专家

83

组在审查争议中的措施时,首先将其放在更为具体的《与贸易有关的投资措施

---

[162] 上诉机构报告,美国——汽油案,前注 91,在注 40。

[163] 上诉机构报告,加拿大——影响民用飞机出口措施案,WT/DS70/AB/R,20 August 1999 年 8 月 20 日通过,DSR1999:Ⅲ,1377,第 153 段;上诉机构报告,美国——"境外销售公司"的税收待遇问题案,WT/DS108/AB/R,2000 年 3 月 20 日通过,DSR 2000:Ⅲ,1619,第 129 段。上诉机构报告,欧共体——影响石棉及含有石棉的制品措施案,WT/DS135/AB/R,2001 年 4 月 5 日通过,第 92 段。

[164] 专家组报告,美国——对来自韩国的不锈钢卷板和不锈钢钢片和钢条采取反倾销措施案,WT/DS179/R,2001 年 2 月 1 日通过,第 6.99 段。

[165] 上诉机构报告,美国——《2000 年持续性倾销和补贴补偿法案》案,WT/DS217/AB/R,WT/DS234/AB/R,2003 年 1 月 27 日通过,第 248 段。

[166] 一般可参见,Michael,Lennard,Navigating by the Stars:Interpreting the WTO Agreements,前注 4,70—72。

[167] 上诉机构报告,香蕉案Ⅲ,前注 8,第 204 段。

[168] 专家组报告,欧共体——沙丁鱼案,前注 56,第 7.15 段—第 7.19 段。

* 原文为 10:3(a),应为 10.3(a)的笔误。

协定》，而不是在 GATT 第 3 条之下审查。[169] 印度尼西亚——汽车案的专家组也认识到，特别法原则与冲突问题须臾不可分离，并且当两个条约虽然处理同样问题、但从不同的视角进行，或者当一条规定适用的范围更广泛，但其与另一规定不一致时，特别法原则并不适用。[170]

五、"时代性"原则

在美国——虾案中，上诉机构根据"演进中"的"时代性"原则来解释 GATT 第 20(g)条的"可枯竭自然资源"这一术语。[171] 上诉机构称，"可枯竭的自然能源一词，实际上是 50 年前写就的。它们必须由条约解释者基于各国生物群落保护群体当前对保护和保存环境的关注而做出解读。"[172] 于是，尽管这一术语的起草者试图将"可枯竭自然资源"指向有限的资源(如矿产)，上诉机构却不管这一事实，也并没有查找当时的订约准备资料，相反却宣称："从文义上看，第 20(g)条并不限定于保存'矿产'或'没有生命'的自然资源。"[173] 相应地，上诉机构称："假定 GATT1994 第 20(g)条可以被解读为仅指保存可枯竭的矿产或其他没有生命的自然资源，今天说这话也为时过晚。"[174]

美国——虾案中上诉机构的结论，即第 20(g)条中的术语应当根据它们当前的意思而不是条约缔结时的意思来解读，并没有被广泛接受。拉沙·奥本海(Lassa Oppenheim)的论文称："条约中的术语通常要以条约缔结时的意思为基础、并且根据当时主要的情形予以解读。"[175]奥本海进一步称："条约中的概念可能不是静态的，而是不断演进的"，但"可枯竭的自然能源"这一术语是否属于这种"概念"，看起来是有争议的。然而，正如上诉机构所认定的，由于第 20(g) 84条本身并没有将术语限定为与"活的"相对的"死的"自然资源，可以肯定地说，上诉机构原本并不需要讨论这一问题。看起来，使用通常的《维也纳公约》关于

---

[169] 专家组报告,印度尼西亚——影响汽车工业的某些措施案, WT/DS55/R, WT/DS59/R, WT/DS64/R and 订正. 1, 2, 3, and 4, 1998 年 7 月 23 日通过, DSR 1998:Ⅵ, 2201, 第 14.63 段。

[170] 同上,第 14.28 段。

[171] 上诉机构报告,美国——虾案,前注 65, 第 127 段—第 134 段。

[172] 同上,第 129 段。

[173] 同上,第 128 段(强调为原文所加)。

[174] 同上,第 131 段。(作者的意思是,如果要这种解读,当时就应作明确规定。否则就应遵循"时代性"原则来解读——译注)

[175] *Oppenhelm's International Law*(Jennings & Watts,Eds)1282(9th ed., Longman, 1992)(省略了引文)。

以文本为基础的解释方法即已足够。[176]

六、"有效性"原则

在阿根廷——鞋类(欧共体)案中,上诉机构改变了专家组的如下裁决:《保障措施协定》"明确地省略"了 GATT 第 29 条关于"不可预见情形"的要求,这意味着谈判者并不试图要求在保障措施争端中认定"不可预见情形"。[177] 上诉机构称,专家组的这一方法,"未能对 WTO 协定的所有相关条款,赋予其意思和法律效果,这违反了条约解释的有效性原则(*Ut res magis valeat quam pereat*)。"[178] 这一裁决为美国——条形管案的专家组援引,后者称:"正因为第 23 条的一些规定被《保障措施协定》所复制,这本身并不意味着其他的条款(指未被复制的条款——译注)对各成员停止生效。"[179] 在加拿大——专利术语案中,专家组引用了上诉机构在美国——汽油案中的观点,驳回了一种有可能使 TRIPS 协定的部分规定"多余或者无益的"主张。[180]

---

[176] 原告的观点已列明于专家组报告中美国——禁止进口某些虾及虾制品案,WT/DS58/R 和更正 1,1998 年 9 月 6 日通过,为上诉机构报告所修改,WT/DS58/AB/R,DSR 1998:Ⅶ,2821,第 3.237 段—第 3.238 段。

[177] 上诉机构报告,阿根廷——鞋类进口的保障措施案,WT/DS121/AB/R,2000 年 1 月 12 日通过,DSR2000:Ⅰ,515,第 88 段。

[178] 同上。

[179] 专家组报告,美国——对源自韩国的圆形焊接碳质条形管最终保障措施案,WT/DS202/R,2002 年 3 月 8 日通过,为上诉机构报告所修改,WT/DS202/AB/R,第 7.44 段。

[180] 专家组报告,加拿大——专利保护术语案,WT/DS170/R,2000 年 10 月 12 日通过,为上诉机构报告所支持,WT/DS170/AB/R,DSR 2000:Ⅺ,5121,第 6.48 段—第 6.50 段。

第四章 专家组程序

第一节 概 述

随着 WTO 的建立和《争端解决谅解》的制定,国际贸易争端的解决已经进入了一个崭新的、且在国际贸易法意义上堪称高度法制化(legalistic)的时代。在 GATT 框架下,争端解决常常被称作"调解",一个体现 GATT 的外交传统及其对法治(legalism)的冷淡(即使不是敌视的话)的术语。早期的 GATT 程序在很大程度上是一种外交程序,它试图调和争端各方之间在看法上的分歧。如果无法实现此目标,GATT 程序就常常会陷入僵局。随着时间的推移,尽管 GATT 争端解决在形式上变得越来越法制化(legalistic),但它在实质上仍旧具有强烈的外交性。并且,在许多人看来,它的有效性大打折扣,特别是考虑到败诉一方可以阻止一致同意的达成,从而能够阻止 GATT 争端解决专家组报告的通过。尽管这样的情形在绝大多数情况下不会发生,但只要一旦发生,就会引发不满,并构成一个总是无法消除的威胁。单凭这一点,就可能打消争端当事方利用 GATT 争端解决程序解决争端的念头。[1]

在 WTO 框架下,GATT 中的一致同意要求被颠倒了过来:根据 WTO 协议的规定,只有在拒绝通过而不是通过专家组报告时才要求一致同意。由此产生了一个司法性大为增强的体制。尽管争端解决机构只是在争端各方有相关意愿时提供"斡旋、调解或调停";并且,尽管作为 DSB 而联合采取行动的 WTO 全体成员在形式上仍然有最终决定权,但在实践中,法律意义上的最终决定权现在事实上已经转移到了专家组和上诉机构的手中。结果是:尽管专家组和上诉机构不是法院,但它们越来越与法院有着惊人的相似,这一点可以从它们的报告本身,特别是上诉机构的报告中看到。[2]

争端解决程序的法制化,使得必须为争端解决程序的参与者制定更多的正式规则。为此,DSB 在 1996 年制定了《关于争端解决规则与程序的谅解》行为

---

〔1〕 参见本书第一章第一节第五目。

〔2〕 参见 David Palmeter, The WTO Appellate Body's First Decision, 9 *Leiden Journal of International law* 337, 356—358 (1996).

规则。[3]

第二节 斡旋、调解或调停

争端任何一方可随时请求进行斡旋、调解或调停(以下称"调解")。[4] 这些程序及争端各方在有关程序中所采取的立场应予保密,并不得损害它们在进一步的诉讼程序中所享有的权利。[5] 如争端各方同意,可在专家组程序进行的同时继续进行调解。[6] 在争端持续存在期间,总干事可以在任何时候提供调解(offer to mediate)。[7] 如果调解在收到磋商请求之日起 60 天内开始,则除非被起诉一方承认调解程序无法解决有关争端,起诉方在请求设立专家组之前,应自收到磋商请求之日起给予 60 天的调解时间。[8]

正式诉诸调解程序是很少见的,因为争端各方在求助于争端解决程序之前通常已经用尽了各种外交途径来解决有关争议。直到 2002 年 10 月 10 日,才首次出现向 WTO 总干事提出调解请求的事件,而此时世界贸易组织已经建立差不多有 8 年之久了。[9]

DSU 也为涉及发展中国家的争端中的斡旋规定了相对特殊的程序。这些程序将在本书第五章第三节第二目中加以探讨。

第三节 磋 商

一、目的

争端解决程序从提出正式磋商请求开始。[10] 但在很多时候,有关成员方
87 之间可能在此之前早已进行了非正式的磋商。而正式的磋商请求只是在起诉方成员断定非正式磋商程序没有成效之后才会提出。磋商的目的是使当事方能够收集到相关的、正确的信息——以便既可以帮助它们达成一个相互同意的

---

〔3〕 WT/DSB/RC/1,1996 年 12 月 11 日。

〔4〕 DSU,第 5.3 条。

〔5〕 DSU,第 5.2 条。

〔6〕 DSU,第 5.5 条。

〔7〕 DSU,第 5.6 条。

〔8〕 DSU,第 5.4 条。

〔9〕 由菲律宾、泰国和欧共体提出的调解请求,WT/GC/66,2002 年 10 月 16 日。

〔10〕 参见 William J. Davey, WTO Dispute Settlement: Segregating the Useful Political Aspects and Avoiding "Over-Leglization", in Macro Broncker and Reinhard Quick (eds) *New Directions in International Economic Law: Essay in Honour of John H. Jackson* 291, (Kluwer, 2000).

解决办法;或者,在未能达成一个相互同意的解决办法时又可以帮助它们向专家组提供可靠的信息。[11]上诉机构强调,通过磋商,争端各方可交换信息,评估它们各自立场的是非曲直,缩小相互之间的分歧。[12]

二、磋商请求的形式和内容

任何磋商请求都应以书面的形式提出,并应分别向 DSB 和 WTO 相关理事会与委员会各送交一份副本。这些理事会是指货物贸易理事会、服务贸易理事会和与贸易有关的知识产权理事会。有关委员会是指那些涉及 WTO 协定不同实体性领域的委员会,如反倾销措施委员会、技术性贸易壁垒委员会和补贴与反补贴措施委员会。磋商请求应当明确指出磋商借以提出的 WTO 相关协定中的条款。这些条款通常包括 DSU 第 4 条、列举在 DSU 脚注 4 中的其他适用协定中的相应规定和 GATT 第 22 条与 23 条。

第 4.5 条* 要求起诉方"说明提出请求的理由,包括确认所争论的措施,并指出起诉的法律依据"。第 4.5 条* 中的要求和随后任何设立专家组的请求之间必然存在着联系。第 6.2 条要求设立专家组的请求,除其他外(inter alia),应指出是否已进行磋商并确认所争论的措施。[13]当然,第 4 条看重(contemplate)的是,在设立专家组来审查有关措施之前成员应当被给予机会进行磋商。

由此就提出了一个问题:在磋商请求中所确认的措施与在随后设立专家组的请求中所确认的措施之间,是否必须在内容上完全一致。这一问题首先出现于美国——半导体记忆存储器案(US——DRAMS)中。在该案中,美国坚决主张,如果一项诉讼请求在磋商过程中事实上已经被提出,即使它可能没有被包括在磋商的书面请求中,也应允许有关成员向专家组提出该项诉讼请求。[14]不过,专家组认为该项诉讼请求对于问题的裁定而言并非是必要的。[15]在日本——农产品案 II 中,磋商请求使用的表述是"包括,但不限于"第 2 条、第 4条、第 5 条和第 8 条。专家组接受了后来才把第 7 条硬塞进设立专家组请求中

88

---

[11] 专家组报告,韩国—关于酒精饮料的税收案,WT/DS75/ R,WT/DS84/R,1999 年 2 月 17 日通过,为上诉机构报告所修改,WT/DS75/AB/R,WT/DS84/AB/R,DSR 1999:I,44,第 10.23 段。

[12] 上诉机构报告,墨西哥——对从美国进口的高糖玉米糖浆(HFCS)的反倾销调查案——美国援引 DSU 第 21.5 条提起的诉讼,WT/DS132/AB/RW,2001 年 11 月 21 日通过,第 54 段。

[13] 参见第四章第四节。

[14] 专家组报告,美国——对从韩国进口的一兆及一兆以上半导体动态随机存储器征收反倾销税案,WT/DS99/R,1999 年 3 月 19 日通过,DSR 1999:II,521,第 6.8 段。美国在对专家组提出的问题的答复中做出了声明。同上。

[15] 同上。

* 实际上是"谅解"第 4.4 条,原文有误。——译注

** 同上。——译注

的做法，尽管该条最初并没有被明确列明在磋商请求中。[16]

类似的问题出现在了巴西——航空器案中。在该案中，设立专家组的请求中所确认的特定措施没有出现在磋商请求中。[17] 专家组认为，由于"磋商请求和设立专家组的请求所涉及的都是同一个一般性的主题"，有关措施完全可以被包括在专家组请求中，并完全可以向专家组提起。[18] 专家组指出："磋商的一个目的就是'澄清有关争议的事实'，因而，在磋商过程中获得的信息有望可以使起诉方缩小其寻求设立专家组所针对事项的关注范围。所以，把专家组程序的范围限定在举行磋商所针对的同一事项上，可能影响专家组程序的功效。"[19]

上诉机构同意专家组的上述看法，认为争端解决谅解第4条和第6条并不"要求作为磋商对象的特定措施与在设立专家组的请求中所确认的措施之间在内容上严格和完全一致"。[20]

89 美国——半导体记忆存储器案和巴西——航空器案之间的一个不同之处表现在：前者显示的情形表明，磋商事实上是针对在磋商请求中没有被确认的措施展开的，而在后者中，可以认为磋商根本不是针对某项特定措施而进行。不过，在巴西——航空器案中，专家组和上诉机构都裁定："争议中的有关措施只不过是后来采取的涉及相关（underlying）补贴的规范性措施，这些措施在专家组请求中得到了确认并且成为了磋商的对象。"[21]

在美国——欧共体某类产品案中，欧共体要求就美国在1999年3月3日宣布的对来自欧共体的某些进口产品施加额外保函（bonding）要求的决定进行磋商。[22] 4月19日，美国对3月3日后进入美国的其中一些产品征收100%的关税。在专家组程序中，欧共体"承认4月19日的行为本身（as such）按照惯例（formally）不构成在4月21日举行的磋商的对象"。[23] 因而，上诉机构支持专

---

[16] 专家组报告，日本——关于影响农产品的措施案，WT/DS76/R，1999年3月19日通过，为上诉机构报告所修改，WT/DS76/AB/R，DSR 1999：I，315，第8.4段。有关结果是与在建立专家组的请求中所使用的术语不相同的。参见第四章第四节第六目。

[17] 专家组报告，巴西——飞机出口融资项目案，WT/DS46/R，1999年8月20日通过，为上诉机构报告所修改，WT/DS46/AB/R，DSR 1999：III，1221，第7.8段。

[18] 同上。

[19] 同上，第7.9段。

[20] 上诉机构报告，巴西——飞机出口融资项目案，WT/DS46/AB/R，1999年8月20日通过，DSR 1999：III，1161，第132段。

[21] 同上，以及专家组报告，巴西——航空器案，参见注释17，第7.8段。

[22] 上诉机构报告，美国——对从欧共体进口的某类产品进口措施案，WT/DS165/AB/R，2001年1月10日通过。

[23] 同上，第70段（强调为原文所加）。

家组做出的裁定:4 月 19 日的行为不在专家组的职权范围之内。[24] 这样的裁定似乎是与美国——半导体记忆存储器案和巴西——航空器案中的裁定相一致的,因为,与前一个案件不同的是,后续性措施事实上没有成为磋商的对象;而与后一个案件不同的是,后续性措施不被看作是随后采取的涉及在磋商请求中被确认并成为磋商对象的相关措施的规范性措施。

三、磋商是否发生

尽管 DSU 第 4 条对磋商做了规定,并要求它们应在根据第 6.2 条请求设立专家组之前提出,然而,第 4.3 条又明确规定:如果被诉方拒绝进行磋商,专家组也可以在不经过磋商程序下直接建立。在墨西哥——玉米糖浆案(美国援引第 21.5 条)中,上诉机构在做出有关墨西哥事实上已经全部放弃了其本来可以享有的磋商权利的裁定时,就在一定程度上依靠了这样的事实。[25] 在该案中,一起涉及第 21.5 条下的复审,专家组是由 DSB 在没有经过在此之前的磋商程序下建立起来的。墨西哥在专家组建立时或在专家组程序进行中都没有对此提出过异议。它在上诉程序中才第一次提出了该问题,认为专家组应当主动地(*sua sponte*)解决这样一种缺陷。[26] 因为第 6.2 条事先预料到了专家组可能是未经磋商程序而建立起来的情形,所以,上诉机构裁决:"缺乏早先的磋商并不构成一种就其本身性质来说会剥夺专家组处理和裁决某一事项的权限的缺陷,因而,即使争端双方一直对此缺陷保持沉默,专家组也并非一定要对它进行审查。"[27] 所以,墨西哥就该问题提起的上诉被驳回了。[28]

在巴西——椰子干案中,起诉方请求专家组裁定巴西宣称拒绝按照 GATT 第 23.1 条的要求进行磋商是与其 WTO 义务不相符的。[29] 专家组拒绝了起诉方的请求,并裁定:"在设立专家组的请求中没有任何内容会导致得出这样一个结论:被请求设立的专家组将会被要求针对巴西被控没有进行磋商做出任何裁定"。[30]

90

---

[24] 同上。

[25] 上诉机构报告,参见前注 12。

[26] 同上,第 35 段。

[27] 同上,第 64 段。

[28] 同上,第 75 段。

[29] 专家组报告,巴西——关于影响椰子干的措施案,WT/DS22/R,1997 年 3 月 20 日通过,为上诉机构报告所支持,WT/DS22/AB/R,DSR 1997:I,189,第 286 段。

[30] 同上,第 290 段。

四、磋商的充分性

DSU 和 WTO 判例都不承认所谓磋商的"充分性"的概念。[31] 磋商是保密的,并且是在没有争端解决机构、专家组或者秘书处的介入下进行的,不会留下任何正式记录。所以,专家组无法得知在磋商过程中究竟讨论了什么问题,因而也无法解决各争端方之间在此问题上发生的争议。因此,在磋商过程中所发生的一切"并不是专家组关注的对象所在"。[32] 专家组的职责仅仅在于查明磋商是否确实举行过。"DSU 中没有任何条款规定:除非在磋商过程中就其起诉依据(case)做出充分的解释,否则起诉方不得请求设立专家组。"[33]

上诉机构曾经强调,所有参与争端解决的当事方必须是"十分乐于提供信息的"(fully forthcoming),因此,事实(facts)必须是可以随意进行披露的,特别是在磋商过程中。实际上,上诉机构已经指出,隐含在 DSU 中的正当程序要求,使得在磋商期间充分披露事实变得尤为重要:"因为在磋商过程中所提出的诉讼请求和所澄清的事实,在很大程度上决定了随后的专家组程序的实质内容与范围。在磋商结束以后,如果任何争端方认为与一项诉讼请求有联系的所有事实并没有全部提交专家组,不论是出于何种原因,那么,该争端方就可以要求本案中的专家组另行调查。"[34] 这一相当清楚的声明到目前为止还没有导致立即展开调查的先例的出现。不过,它有可能鼓励专家组在诉讼程序的后续阶段中更积极地行使其在第 13 条中的调查权。

由于磋商期间的讨论在随后的诉讼程序中可能具有某种实际意义,磋商各方常常会保留一份有关在磋商过程中加以讨论的主题的记录。在磋商期间向对方提出的书面问题,可能会具有某种证据性的意义。[35]

---

〔31〕 专家组报告,韩国——酒精饮料案,参见注 11,第 10.19 段。

〔32〕 同上。

〔33〕 专家组报告,欧共体——香蕉进口、销售和分销体制案(美国提起的诉讼),WT/DS27/R/USA,1997 年 9 月 25 日通过,为上诉机构报告所修改,WT/DS27/AB/R,DSR 1997:II,943,第 7.20 段;专家组报告,美国——棉织和人造纤维内衣进口限制案,WT/DS24/R,1997 年 2 月 25 日通过,为上诉机构报告所修改,WT/DS24/AB/R,DSR 1997:I,31,148,第 7.61 段。

〔34〕 上诉机构报告,印度——对药品和农业化学药品的专利权保护案,WT/DS50/AB/R,1998 年 1 月 16 日通过,DSR 1998:I,9,第 94 段。成员通常承担的提供证据和资料的义务将在后面第四章第九节第三目中加以讨论。

〔35〕 专家组报告,美国——对源于新西兰和澳大利亚的新鲜、冷藏或冰冻羊肉保障措施案,WT/DS177/R,WT/DS178/R,2001 年 5 月 16 日通过,为上诉机构报告所修改,WT/DS177/AB/R,WT/DS178/AB/R,第 5.36—5.40 段。

五、保密性

DSU 第 4.6 条要求磋商应当保密,并规定它们不得损害任何一方在任何进一步诉讼程序中的权利。所以,成员方作出妥协或调整某一特定措施,并不意味着承认该项措施是与其 WTO 义务不相符的。在韩国——酒精饮料案中,专家组拒绝接受这样一种辩驳意见:通过在其做出的陈述中援引了韩国在磋商过程中所提供的信息,各起诉方由此违背了 DSU 第 4.6 条中的保密性要求。[36] 专家组的解释是,第 4.6 条确实要求所获得的信息不得向没有参与磋商的当事方披露;不过,正如磋商构成争端解决程序的一部分,专家组程序也是争端解决程序的组成部分,因而,它们也应当是保密性的。所以,专家组指出,"当事方并不会因为在这些程序中披露了在磋商过程中所获得的信息而违反任何保密性义务"。[37] 而且,专家组还特别强调,"磋商的根本宗旨在于使当事方能够收集到正确的、相关的信息,目的是帮助它们达成一个相互同意的解决办法;或者,在未能达成一个相互同意的解决办法时,又可以帮助它们向专家组提供可靠的信息。如果在磋商过程中获得的信息在随后的专家组程序中不能为任何当事方所利用,那将严重阻碍争端解决程序的顺利进行。"[38]

在澳大利亚——车用皮革案 II 中,澳大利亚要求专家组裁定:美国在根据早先的磋商请求所开展的磋商过程中获得的信息,是不能为根据稍后的设立专家组请求而建立的专家组采纳的。[39] 专家组不同意澳大利亚的看法,认为 DSU 第 4.6 条中的保密性规定"并不意味着在根据一个请求而举行的磋商的过程中所获得的事实和信息,不能在专家组程序中被利用,正如本案所表明的,根据另一个不同的请求所进行的专家组程序,涉及的是同样的当事方之间的同一项争端"。[40]

争端方在其向专家组做出的陈述中披露其在磋商过程中获得的信息必然会向没有参与磋商程序的第三方泄露该信息。有关这种披露会违反磋商的保密性要求的辩驳意见在墨西哥——玉米糖浆案中被提了出来,但同样为专家组所拒绝接受。[41] 专家组强调,第三方参与专家组程序是一种行使其权利的行

92

---

[36] 参见前注 11,第 10.20—10.23 段。

[37] 同上。

[38] 同上。

[39] 专家组报告,澳大利亚——向汽车用皮革生产商和出口商提供补贴案,WT/DS126/R,1999 年 6 月 16 日通过,DSR 1999:III,951,第 9.31 段。

[40] 同上,第 9.32 段。

[41] 专家组报告,墨西哥——对源自美国的高果糖玉米糖浆(HFCS)的反倾销调查案,WT/DS132/R 和更正 1,2000 年 2 月 24 日通过,DSR 2000:III,1345。

为。专家组还指出，如果第三方行使这样一种权利"具有限制"专家组"可以利用的证据的效力"，仅仅因为第三方没有——或者不可能参与磋商程序，"那将是很不正常的"。[42] 专家组特别提到，第三方同样得遵守适用于争端各方的保密性要求，并裁定第 4.6 条中的保密性要求，并没有因为在为第三方可以获得的向专家组做出的书面陈述中加入在磋商过程中所获得的信息而被违反，即使第三方并没有参与磋商。[43]

在美国——羊肉案中，起诉方递交了在磋商过程中提出的书面问题，并把它们作为证据纳入到向专家组做出的书面陈述中。[44] 美国既没有确认、也没有否认有关问题是在磋商过程中提出的，但提出的质疑是："在确定 DSU 第 6.2 条针对专家组请求所设定的明确性要求是否被满足时，来自双边的、保密性的磋商程序中的信息，对于专家组程序而言，其可接受性和相关性是值得怀疑的，因为磋商过程中通常不会存在客观的证据和书面记录。"[45]专家组没有接受这样一种推理模式，并郑重指出："我们并不认为，如果我们打算仅仅注意那些与某些争议事项是否在磋商过程中被提出有关的纯粹事实性问题的记录性证据，磋商的目的本身就可能遭到破坏。"[46]

六、时间因素

成员方可以在任何时候要求与其他成员方进行磋商。不过，DSU 确实提醒争端各方：在提出一案件前，应当考虑有关措施是否会是"富有成效的"。[47] DSU 第 4.3 条要求收到磋商请求的成员方得遵守两个最后期限：(1) 它必须在收到请求之日起 10 天内对该请求做出答复；(2) 在该答复中，它必须同意在收到请求之日起的 30 天内，或者在双方相互商定的期限内进行磋商。如果收到磋商请求的成员没有在 10 天内做出答复，或者它没有在 30 天内或在另经议定的期限内进行磋商，第 4.3 条规定，请求进行磋商的成员就可以立即请求设立专家组。

如果举行了磋商，但未能在收到磋商请求之日起 60 天内解决争端，则起诉方就可请求设立专家组。[48] 专家组在一起案件中曾经提到过所谓 60 天的期

---

〔42〕 参见前注 41，第 7.41 段。第三方不可以参加根据第 23 条举行的磋商，在被要求进行磋商的当事方的允许下，可以参加根据第 22 条举行的磋商。参见第四章第三节第七目。

〔43〕 同上。

〔44〕 专家组报告，美国——羊肉案，参见前注 35，第 5.36 段。

〔45〕 同上，第 5.39 段（强调为原文所加）。

〔46〕 同上，第 5.40 段。

〔47〕 DSU，第 13.7 条（实为第 3.7 条，原注有误——译注）。

〔48〕 DSU，第 4.7 条。

限。在该案件中,争端各方之间没有举行过磋商,因为被诉方拒绝进行磋商。
专家组裁定,其惟一的职责在于"根据 DSU 的规定断定磋商是否被适当地提
出,起诉方是否愿意与被诉方进行磋商,以及起诉方在提出设立专家组请求时 94
60 天的期限是否已经届满"。[49] 不过,可以肯定的是,在对方明确拒绝同意进
行任何磋商的情形下,起诉方可以更早,甚至在 10 天期限到期之前就提议设立
专家组。

七、第三方

由于磋商的目的在于解决争端各方之间的争端,所以 DSU 只是为第三方在
该程序中规定了有限的角色。如果磋商请求是依据 GATT 第 22 条提出的,拥有
"实质性贸易利益"的第三方可在最初的磋商请求散发之日起 10 天内,将其参
加磋商的愿望通知进行磋商的成员和 DSB。在这种情况下,它们应当被允许参
加磋商,除非原磋商请求所针对的争端方表示反对。不过,如果磋商请求是依
据第 23 条提出的,第三方不能要求参加磋商。这样一种区分使得请求磋商的
争端方能够就它是否希望第三方参加磋商,并是否可能由此获得支持做出策略
性的决定。当然,如果被诉方认为任何成员参加磋商都会对其利益构成损害的
话,它也可以拒绝有关成员参加磋商的请求。在许多案件中,请求进行磋商的
争端方通过利用第 23 条来彻底避免了第三方请求参加磋商问题,很可能是为
了把"局外方(outsiders)"排除在磋商程序之外。[50]

第四节 设立专家组的请求与专家组的职权范围

一、概述

起诉方设立专家组的请求通常会被并入到专家组的职权范围内,因而决定
了专家组对标的(subject matter)的管辖权。[51] 它也实现了把争议中的诉讼请
求通知被诉方与潜在的第三方的正当程序目标。[52] 与磋商请求截然不同的 95
是,设立专家组的请求是一个基础性的管辖权文件。争端各方在专家组职权范

---

[49] 专家组报告,土耳其——对纺织品和服装产品的进口限制案,WT/DS34/R,1999 年 11 月 19
日通过,为上诉机构报告所修改,WT/DS34/AB/R,DSR 1999:VI,2363,第 9.24 段。

[50] DSU,第 4.11 条。

[51] William J. Davey, WTO Dispute Settlement: Segregating the Useful Political Aspects and Avoiding
"Over-Leglization",参见前注 10。

[52] 上诉机构报告,巴西——关于影响椰子干的措施案,WT/DS22/AB/R,1997 年 3 月 20 日通
过,DSR 1997:I,167,186,第六部分,第 22—23 页。

围上的分歧,在 WTO 判例中一直表现得非常突出。

二、时间因素

如果被请求磋商的成员在 10 天内同意在 30 天之内进行磋商,并且确实进行了磋商,则起诉方只有在自最初请求提出之日起过去 60 天后才可以请求设立专家组,除非磋商各方认为,在此期间举行进一步的磋商不会有什么效果。[53] 应起诉方的请求,DSB 应在提出请求后 15 天内为此召开特别会议,但得至少提前 10 天发出会议通知。[54] 针对紧急案件,包括涉及容易腐烂货物的案件,DSU 规定了一项例外。在这些案件中,DSU 第 4.8 条规定各成员应在收到磋商请求之日起不超过 10 天的期限内进行磋商。如在收到请求之日起 20 天的期限内,磋商未能解决争端,则起诉方可请求设立专家组。紧接着的是,专家组应当力争在 3 个月内将其报告提交争端各方,这正好是通常所允许的时间的一半。[55]

第 4.8 条的原文推定争端各方对案件的紧急性有一致的看法。当然,只有存在着一致的看法,才可以认为磋商应当在收到磋商请求之日起不超过 10 天的期限内举行。正如第 4.8 条所预先规定的,如果磋商未能在 20 天的期限内解决争端,则起诉方可请求设立专家组,而不管对方是否存有异议。不过,第 4.8 条并没有规定一种处理争端各方之间在紧急性问题上看法不一致的机制。尽管涉及紧急性诉讼请求的案例数量有限,但这也表明并不总是存在着一致的看法。

在美国——来自日本的汽车案中,日本在其磋商请求中宣称它认为本争议是一个紧急案件,并要求在 10 天之内进行磋商。[56] 不过,美国却不同意日本的看法。在 10 天期限到期之后紧接着举行的一个 DSB 会议上,日本再次重申了其主张:一方面声称该项诉讼请求提出了重要的体系性问题,另一方面又声称,如果有关情势不能得到迅速解决,经销日本汽车的销售网络"就会受到不利影响,并被迫解雇员工和面临破产"。[57] 为了表明其不同意日本的看法的原因,美国强调指出,除其他外(inter alia),一项诉讼请求的体系性或其经济重要性对于案件的紧急性来说都不应当是决定性的。美国认为,"夸大争议的美元(或日

---

[53] DSU,第 4.7 条。

[54] DSU,脚注 5。

[55] DSU,第 12.8 条。

[56] 美国——对来自日本的汽车根据 1974 年贸易法第 301 节和 304 节征收进口税案——日本提出磋商请求,WT/DS6/1,1995 年 5 月 22 日。

[57] 争端解决机构,会议记录,WT/DSB/M/5,1995 年 7 月 4 日,第 2 段。

元)价值以作为确定有关争议具有紧急性的手段,对于更小的工业和经济来说有着固有的歧视性"。[58] 进一步讲,如果案件的经济或体系重要性只是试图使它们受制于缩短了的"紧急性"诉讼程序的期限,它们"就可能会动摇整个 WTO 争端解决体制"。[59]

在本争端案中,磋商是在 1995 年 6 月 12 日,即在 5 月 17 日提出磋商请求后第 26 天举行的。[60] 在 1995 年 7 月 19 日,争端各方通知 DSB 它们已经就该争端的解决达成了和解。[61]

在罗马尼亚——小麦案中,匈牙利修改了其最初的磋商请求以援引第 4.8 条中的"紧急性"规定。[62] 磋商是在最初请求被修订 10 天后举行的,且在 17 天后匈牙利请求设立专家组。[63] 为了表明其紧急性诉讼请求的合理性,匈牙利在随后的 DSB 会议上特别提到了"给匈牙利农场主和出口商造成的严重经济和贸易损失以及有关措施的季节性"。[64] 然而,罗马尼亚声称,它"从未同意并且在将来也不会同意匈牙利援引 DSU 第 4.8 条"。[65] 美国,这一在会上发言的惟一非争端当事方,发表了支持罗马尼亚的意见。[66] 在会后不久,罗马尼亚终止了有关措施,而匈牙利随即撤回了其设立专家组的请求。[67]

三、形式与内容

DSU 第 6.2 条列明了设立专家组请求的形式要求。其一,请求应当是书面的。其二,请求应指出是否已进行磋商。其三,请求应当确认争论中的措施。其四,请求应当提供一份足以明确地陈述有关问题的起诉法律依据概要。其五,如果要求专家组拥有特殊的职权范围,必须在请求中有陈述特殊职权的拟议案文。

97

---

[58] 同上。

[59] 同上。

[60] 美国——对来自日本的汽车根据 1974 年贸易法第 301 节和 304 节征收进口税案——日本提交的信件,WT/DS6/5,1995 年 6 月 27 日。

[61] WTO 争端解决最新案例,WT/DS/OV/13,2003 年 5 月 1 日,第七部分 A.2 段。

[62] 罗马尼亚——对小麦和面粉的进口禁止案——匈牙利提出的磋商请求,附录,WT/DS240/1/Add.1,2001 年 11 月 28 日。

[63] 罗马尼亚——对小麦和面粉的进口禁止案——匈牙利提出的建立专家组请求,WT/DS240/2,2001 年 11 月 28 日。

[64] 争端解决机构,会议记录,WT/DSB/M/115,2002 年 1 月 8 日,第 4 段。

[65] 同上,第 7 段。

[66] 同上,第 9 段。

[67] 罗马尼亚——对小麦和面粉的进口禁止案——匈牙利撤回建立专家组的请求,WT/DS240/3,2002 年 1 月 7 日。

如果举行了磋商,按照一般惯例,尽管不作明确要求,应在设立专家组的请求中指出磋商的日期和地点。如果因为被控诉的成员在收到磋商请求之日起的 10 天内不同意在 30 天内进行磋商,而没有举行磋商,正如第 4.3 条所要求的,设立专家组请求也应加以说明。由于这样的情形出现的概率极低,所以,请求中应当含有尽可能详尽的信息,包括任何相关信件的副本。

第 6.2 条提到了争论中的"措施"。争论中的"措施"是受到指控的成员所采取的措施。一项措施通常是指一项法律或法规,或者是实施法律或法规的行为。第 6.2 条也要求"争论中的措施"和"起诉的法律依据"应在专家组请求中加以确认。[68] 起诉的法律依据,以及"诉讼请求",加上有关"措施",共同构成提交专家组的"事项",也就是在 DSU 第 7.1 条所规定的职权范围标准条款中提到的"事项"。[69] 在专家组请求中所要求的事实性调查结果(findings)并不构成一"事项"。[70] 针对专家组请求中所要求的、就有关措施和诉讼请求的确认的明确性(specificity),目前已经有了重要的判例。

四、争论中的特定措施

在日本——胶卷案中,日本辩称,在美国向专家组做出的第一次书面陈述中首次提及的 8 项措施并没有被纳入到其专家组请求中。[71] 专家组指出,"如果一项'措施'对于特别确认的'措施'来说是补充性的或者联系非常密切的,以致于可以合理地断定应诉方(responding party)已经获得了有关起诉方所提出的诉讼请求的范围的充分通知,那么,第 6.2 条中的要求就会得以满足。"[72] 所以,专家组做出裁定:其中的三种措施是与特别确认的措施密切相关的,因而在其职权范围之内,而另外五项措施却不在其职权范围之内。[73] 在印度尼西亚——汽车案中,专家组裁定,没有在专家组请求中加以确认的贷款不在其职权范围之内,即使它构成了作为专家组请求对象(subject)的项目的一个方面。[74]

在美国——碳钢反补贴税案中,专家组请求特别提到了美国有关反补贴关

---

〔68〕 同上,第 69 段。

〔69〕 上诉机构报告,危地马拉——对自墨西哥进口的波兰特水泥反倾销调查案,WT/DS60/AB/R,1998 年 11 月 25 日通过,DSR 1998:IX,3767,第 75 段。

〔70〕 专家组报告,加拿大——区域航空器出口信贷和贷款的担保案,WT/DS222/R 与更正 1,2002 年 2 月 19 日通过,第 7.17 段。

〔71〕 专家组报告,日本——影响消费胶卷和相纸的措施案,WT/DS44/R,1998 年 4 月 22 日通过,DSR 1998:IV,1179,1635,第 10.2 段。

〔72〕 同上,第 10.8 段。

〔73〕 同上,第 10.20—21 段。

〔74〕 专家组报告,印度尼西亚——影响汽车工业的某些措施案,WT/DS54/R,WT/DS55/R,WT/DS59/R,WT/DS64/R 与更正 1—4,1998 年 7 月 23 日通过,DSR 1998:VI,2201,第 14.3 段。

税令的日落复审程序的法律和法规依据,既包括这些法律法规本身,又包括其在特定案件中的适用。[75] 其中的问题在于,涉及提交证据的机会的法律的特定内容,是否在专家组的职权范围之内。专家组裁定它们不在其职权范围之内。专家组指出,认为该项具体诉讼请求在专家组职权范围之内"将意味着笼统性的表述——'导致(美国商务部做出不撤销针对碳钢的反补贴税的决定)的日落复审程序的某些方面'——告知有关成员:与针对碳钢的本日落复审案有联系的美国 CVD 法的任何方面都可以向专家组提出。实际情形不可能是这样,因为其涵盖的范围将会(potentially)过于宽泛。"[76]

并不要求起诉方质疑整项措施。相反,它"仅仅可以确认并质疑其认为对于解决本争端来说具有中心意义的有关措施中的那些违反性条款"。[77]

五、在专家组请求提出后修正有关措施

在智利——价格标签体系案中,争论中的措施在专家组程序的进行过程中被修正了。上诉机构认为,被修正后的有关措施才是应当加以审查的措施。[78] 在该案中,专家组请求中提到了法律"以及规章与补充规定和/或修正案"。[79] 上诉机构做出的解释是:

> 正当程序的要求是,起诉方不应在争端解决程序中调整其申诉,以便将争议措施作为"活动靶"("moving target")来处理。如果争端中的权限宽泛到足以包括措施的修正案——如同本案——并且如果为了保证使争端得到积极解决,有必要对修正案予以考虑——此处就是这样——那么,在对争端做出裁决时,对修正后的措施予以考虑就是适当的了。[80]

六、起诉方的"诉讼请求"或法律依据

上诉机构已经指出:"简洁的表述——'包括但不限于',根本不足以'鉴别出争论中的措施并提供一份足以明确地陈述有关问题的起诉法律依据概要',

---

[75]　专家组报告,美国——对源自德国的若干抗腐蚀性碳钢板产品征收反补贴税案,WT/DS213/R 与更正 1,2002 年 12 月 19 日通过,为上诉机构报告所修改,WT/DS213/AB/R,第 8.142 段。

[76]　同上,第 8.144 段。

[77]　专家组报告,欧共体——沙丁鱼商品说明案,WT/DS231/R 与更正 1,2002 年 10 月 23 日通过,为上诉机构报告所修改,WT/DS231/AB/R,第 7.34 段。

[78]　上诉机构报告,智利——有关某些农产品价格标签体系及保障措施案,WT/DS207/AB/R,2002 年 10 月 23 日通过,第 139 段。

[79]　同上,第 135 段。

[80]　同上,第 144 段(强调为原文所加)。

而这是为 DSU 第 6.2 条所要求的。"[81] 因而，声称一项措施是"与 TRIPS 协定，包括但不必然限于第 27 条、第 65 条和第 70 条中的义务不相符"的专家组请求，是不足以把与第 63 条的有关诉讼请求纳入专家组职权范围之内的。[82] 同样，即使事实是被诉方在其第一次书面陈述中，就首先提到与某一适用协定的另一条款相符来进行辩驳，这也并不能把相符性问题纳入专家组的职权范围之内，以期裁定违反了另一条款。[83]

尽管在专家组请求中，具体指明构成起诉成员方诉讼请求依据的条约规定是至关重要的，但仅仅对有关规定进行列举可能是不够的。[84] 这必须在个案（case by case）的基础上加以认定，具体要求考虑到："鉴于专家组程序的实际进行情况，被诉方维护自身利益的能力，是否为专家组请求仅仅列举被指控所违反的条款这一事实所损害。"[85] 在韩国——奶制品案中，专家组请求仅仅列举了 GATT1994 第 19 条，其中包括 3 个部分共 5 段，以及《保障措施协定》中的几个条文，其中涉及多个段落。尽管上诉机构指出专家组请求本来应当更为详尽，但它裁决专家组请求是可以接受的，因为被诉成员方"没有向我们表明，在专家组程序的进行过程中，仅仅罗列被指控遭到违反的条款已经损害了其维护自身利益的能力"。[86] 当同样的术语被用在磋商请求中时，其所产生的结果是与此种结果不相同的。具体可参见本章前面第三节第二目的论述。

与上诉机构在韩国——奶制品案中的分析一脉相承的是，专家组在墨西哥——玉米糖浆案中支持有关专家组请求，因为其"不只是罗列了被指控遭到违反的条款"，而且"也列明了描述该争端实质内容的事实与细节"。[87] 在泰国——H 型钢案中，上诉机构再次面对同样的问题：

> 被诉方有权知道它要应对什么样的起诉，有权知道被指控违反了什么么，以便其可以开始准备应诉。同样，那些打算作为第三方参加专家组程序的 WTO 成员，也必须被告知起诉方的法律依据。这种正当程序要求是保证争端解决程序得以公平、有序地进行的基本条件。[88]

---

[81] 上诉机构报告，印度——专利案（美国），同前注 34，第 90 段。

[82] 同上，第 89—90 段。

[83] 同上，第 96 段。

[84] 上诉机构报告，韩国——对某些奶制品进口的最终保障措施案，WT/DS98/AB/R，2000 年 1 月 12 日通过，DSR 2000:I,3，第 124 段。

[85] 同上，第 127 段。

[86] 同上，第 131 段。

[87] 专家组报告，墨西哥——玉米糖浆案，同前注 41，第 7.15 段。

[88] 上诉机构报告，泰国——对波兰进口铁或角钢和 H 型钢征收反倾销税案，WT/DS122/AB/R，2001 年 4 月 5 日通过，第 88 段。

然而,由于存在"附带情形",专家组在美国——羊肉案中所接受的专家组请求正好是与上诉机构在韩国——奶制品案中所批驳的专家组请求相似的。[89] 它之所以这样做,是因为考虑到诸多理由的存在:包括被提起的诉讼请求的范围,事实上覆盖了引发争议的条款的全部内容[90],以及针对美国的调查的讨论,是在保障措施委员会中举行的,而美国的调查构成了争议的主题,另外,磋商是针对有关调查和措施举行的,DSB 考虑了专家组请求,以及美国要求裁定专家组请求不适当的时机选择问题。[91] 进一步讲,与在韩国——奶制品中的裁定相一致的是,专家组判定,美国没有表明其在专家组程序中维护自身利益的能力受到了损害。[92]

在欧共体——亚麻床单案中,由于面对的情形是未能在专家组请求中列明声称受到违反的条约条款,尽管是由于疏忽大意所致,专家组仍认为建立在该条款基础上的诉讼请求不在其职权范围之内。[93] 该条款被列明在磋商请求中,并在磋商过程中被讨论,以及起诉方在第一次书面陈述中所涉及的事实并不能够改变前述裁定结果。[94] 用专家组的话来说,"甚至未能在最低限度的意义上通过罗列声称遭到违反的条约条款来提出一项诉讼请求,这是不能够通过提及后来的书面陈述来得到弥补的"。[95] 但是,在没有证据显示随意罗列某一条款构成了对起诉方或第三方权益的损害的情况下,有关该项诉讼请求因为缺乏明确性而应当被驳回的请求被拒绝了。[96]

101

七、在请求中对产品的列明

在某些争端中,特定的产品名称可能列明在专家组请求中。有时候,列举本身就可能导致争端。在 GATT 下,一个专家组已经指出,"在专家组程序开始之前允许加入其中一争端方事先没有被正式告知的新增产品名目,将会导致某种不公平的结果"。[97] 该报告为欧共体在欧共体——计算机设备案中所援引,

---

〔89〕　专家组报告,同前注 35,第 5. 19—20 段。

〔90〕　同上,第 5. 31 段。

〔91〕　同上,第 5. 32 段。美国有关磋商的主张,见之于涉及的是磋商保密性的本章第三节第五目中;美国请求裁决过迟的效果见之于第二章第六节第四目。

〔92〕　同上,第 5. 33 段。

〔93〕　专家组报告,欧共体——对来自印度进口的棉质亚麻床单征收反倾销税案,WT/DS141/AB/R,2001 年 3 月 12 日通过,为上诉机构报告所修改,WT/DS141/AB/R,第 6. 17 段。

〔94〕　同上,第 6. 14—15 段。

〔95〕　同上,第 6. 15 段。

〔96〕　同上,第 6. 29 段。

〔97〕　GATT 专家组报告,欧洲经济共同体——对来自香港的某些产品进口的数量限制案,BISD 30S/129,1983 年 7 月 12 号通过,第 30 段。

以便支持其关于笼统地提及"LAN(局域网)设备"的专家组请求是不充分的,因为,除仅有的一个例外之外,起诉方没有清楚地指明受制于该争端的 LAN 产品。[98] 专家组对不同的案件做了区别对待。

为了回答专家组提出的问题,美国详细列出了"LAN 设备"所覆盖的产品名目。[99] 专家组指出,这并不意味着在诉讼程序中增加了一种新的产品,而是"澄清已经列举在……就此事项提出的设立专家组请求中的产品名目。"[100] 上诉机构支持专家组的裁定,强调专家组请求已经提到了"所有类型的 LAN 设备",而其中惟一提到某一类型的设备无非是举一个例子而已。[101] 上诉机构强调它理解起诉方的担心:"如果欧共体有关产品范围界定的明确性的主张被接受的话,那么,在每一起诉讼的专家组程序的早期阶段,就必然会爆发一场漫长的、势均力敌的程序战。"[102]

当然,如果专家组未能把职权范围中提到的所有产品名目都纳入裁定,它就会犯错误。[103]

八、职权范围的标准条款

除非争端各方在专家组设立后 20 天内达成相反的议定,否则专家组就会依据列明在 DSU 第 7.1 条中的职权范围标准条款开展工作,该条款指示专家组:

> 按照(争端各方引用的适用协定名称)的有关规定,审查(争端方名称)在……文件中提交 DSB 的事项,并提出调查结果以协助 DSB 提出建议或做出该协定规定的裁决。

带有省略号所提到的"文件"是指起诉方设立专家组的请求。该文件会详细说明被指控与 WTO 义务不相符的措施和所谓遭到违反的特定 WTO 条款。

DSU 第 7.2 条规定,"专家组应处理争端各方引用的任何适用协定的有关规定"。其中提到"争端各方引用的"有关规定的表述有些含糊不清,因为只有

102

---

[98] 专家组报告,欧共体——某些计算机设备海关分类案,WT/DS62/R,WT/DS67/R,WT/DS68/R,1998 年 6 月 22 日通过,为上诉机构报告所修改,WT/DS62/AB/R,WT/DS67/AB/R,WT/DS68/AB/R,DSR 1998:V,1891,第 4.1 段。

[99] 同上,第 8.8 段。

[100] 同上,第 8.9 段。

[101] 上诉机构报告,欧共体——某些计算机设备海关分类案,WT/DS62/AB/R,WT/DS67/AB/R,WT/DS68/AB/R,1998 年 6 月 22 日通过,DSR 1998:V,1851,第 72 段。

[102] 同上,第 71 段。

[103] 上诉机构报告,日本——酒精饮料税案,WT/DS8/AB/R,WT/DS10/AB/R,WT/DS11/AB/R,1996 年 11 月 1 日通过,DSR 1996:I,97,§H.2(a),117—118。

一争端方,即起诉方向 DSB 提交了一份请求设立专家组的文件。另一争端方在
争辩过程中所援引的 WTO 协定的规定不可能被包括在起诉方的专家组请求
中。不过,在审查起诉成员方诉讼请求的是非曲直的过程中,专家组应当考虑
由被诉成员方所提到的任何协定的任何相关规定对于该项诉讼请求的影响。
比如,成员可能主张一项措施是与 GATT1994 第 3 条中的国民待遇条款不相符
的。被诉方可以对此表示同意,但同时主张有关不一致性被第 20 条证明是正
当的。第 20 条中含有一系列针对 GATT 义务的有限例外,包括针对第 3 条国民
待遇义务的例外。起诉方成员提出的声称一项措施与 GATT 第 3 条不相符的设
立专家组请求,不必援引第 20 条。

在这些情形中,不会禁止被诉方提起规定在第 20 条中的抗辩理由,尽管有
关抗辩理由没有被明确列举在设立专家组的请求中,因而在专家组的职权范围
中不被提及。第 20 条是由 GATT1994 针对与第 3 条不相符的诉讼请求规定的
一项积极抗辩,即使 DSU 没有提供途径使被诉方把该抗辩纳入到起诉方的专家
组请求中,并因而进入专家组职权范围内,此项抗辩也不会因此而丧失。

九、特殊的职权范围

如果争端各方同意,DSU 第 6.3 条* 规定 DSB 可以授权其主席与争端各方磋
商,设定专家组特殊的职权范围。使用特殊职权范围条款是非常少见的。它们
目前只是在巴西——椰子干案中得到了使用。[104]

十、复审与仲裁

若一项措施被判定为与 WTO 义务不相符,有关成员会被要求使该项措施
符合 WTO 适用协定的规定。[105]如果对于有关成员所采取的步骤是否在事实
上成功地使相关措施与 WTO 适用协定的规定相符发生分歧,DSU 第 21.5 条规
定此分歧也应通过援用争端解决程序加以解决。如果有可能的话,应提交原专
家组以求解决。如果有关成员没有使一项措施与 WTO 适用协定的规定相符,
第 22.2 条规定 DSB 可以授权起诉方成员中止对该成员承担的减让和其他义
务。如果对于起诉方成员提议的中止程度持有异议,由此引发的争端可以根据
第 22.6 条提交仲裁。DSU 对于专家组在第 21.5 下的复审,第 22.2 条下的中
止减让请求以及第 22.6 条下的仲裁的职权范围没有做出明确规定。

在欧共体——香蕉 III 案(厄瓜多尔援引第 21.5 条)中,欧共体认为复审专

---

[104] 专家组报告,巴西——椰子干案,见前注 29,第 10 段,第 288 段。

[105] DSU,第 19.1 条。

* 原文有误,实际上是"谅解"第 7.3 条。——译注。

家组的职权范围仅限于 DSB 基于原专家组和上诉机构报告通过其建议和裁决的"事项"。[106] 专家组不同意欧共体的看法,并裁定其职权范围涉及由厄瓜多尔提出的所有诉讼请求。[107] 在加拿大——航空器案(巴西援引第 21.5 条)中,上诉机构做了更为明确的说明。[108] 上诉机构指出,第 21.5 条下的程序仅限于针对为遵守 DSB 的建议和裁决而采取的措施。它继续指出:"在原则上,一项'为遵守 DSB 的建议和裁决而采取'的措施,与构成原争端对象的措施不是同一项措施,以致于在原则上有两个独立的并截然不同的措施:原始的措施导致了 DSB 的建议和裁决;而'为遵守采取的措施'是——或者应当是——被制定来执行这些建议和裁决的。"[109] 因而,专家组在第 21.5 条下的任务是裁定有关新措施是否与 WTO 义务相符。[110]

在欧共体——香蕉案(援引第 22.6 条——2000)中,仲裁人认为即使 DSU 第 6.2 条关于在专家组请求中确认争论中的具体措施、并提供一份起诉的法律依据概要的要求不是第 22 条的组成部分,依据第 22 条提起的仲裁请求也起到了同样的正当程序的功能。[111] 仲裁人指出,依据第 22.2 条提出的中止减让请求和依据第 22.6 条提出的提交仲裁的请求,做出了通知并允许做出适当的答复。依据第 22.2 条提起的请求"确定的是 DSB 在授权起诉方中止减让上的管辖权",而"依据第 22.6 条提起的仲裁请求确定的是仲裁人的职权范围"。[112]

105　　上述话题将在本书第七章的第七至九节和第八章第五节中做更为详尽的探讨。

第五节　专家组的设立与组建

一、设立

专家组最迟应在专家组请求首次列入 DSB 议程之后的第二次会议上设立,

---

[106] 专家组报告,欧共体——香蕉进口、销售和分销体制案(厄瓜多尔援引 DSU 第 21.5 条),WT/DS27/RW/ECU,1999 年 4 月 12 日通过,DSR 1999:II,803,第 6.3 段。

[107] 同上,第 6.12 段。

[108] 上诉机构报告,加拿大——影响民用飞机出口措施案(巴西援引 DSU 第 21.5 条),WT/DS70/AB/RW,2000 年 8 月 4 日通过,DSR 2000:IX,第 299 段。

[109] 同上,第 36 段(正文中加以强调,省略脚注)。

[110] 同上,第 40 段。

[111] 仲裁人裁决,欧共体——香蕉进口、销售和分销体制案(欧共体根据 DSU 第 22.6 条诉诸仲裁),WT/DS27/ARB/ECU,2000 年 3 月 24 日通过,DSR 2000:V,2243,第 20 段。

[112] 同上。

除非 DSB 经协商一致决定不设立专家组。[113] 由于请求设立专家组的争端方通常不会加入反对设立专家组的协商一致行列,所以,决定不设立专家组的情形是不可能发生的。相反,如果请求设立专家组的争端方改变了立场,它更有可能采取的做法是撤回其专家组请求。如果请求提起方认为举行进一步的磋商是更可取的,它在 DSB 的特别会议上也可能会同意不设立专家组。如果进一步的磋商没有取得成功,它后来可能再次把设立专家组的请求列入随后举行的会议的议程上。

由于只有在专家组请求首次出现在会议议程之后举行的 DSB 会议上才有权请求设立专家组,在实践中,这意味着被指控的争端方可能"阻止"设立专家组的 DSB 会议的召开。当然,被指控的争端方在第一次会议上也可能同意设立专家组,在这种情况下,很可能会达成设立专家组的协商一致。这样的情形并不总是经常发生。

二、组建

专家组通常由三名成员组成,其中一人担任主席。不过,争端各方也可以同意专家组由 5 名成员组成,但其条件是在 DSB 设立专家组 10 天后,争端各方同意设立 5 人专家组。[114] 专家组成员常常是非争端方现任或前任 WTO 代表,或者是学者。除非争端各方另有议定,专家组成员不得为争端方或第三方的国民。[115] 根据《服务贸易总协定》设立的与具体服务部门有关的专家组应当有与所涉部门有关的必要专门知识。[116] 也许有点略显多余的是,GATS 的《关于金融服务的附件》明确规定:"关于审慎措施(prudential issues)和其他金融事项争端的专家组应具备与争议中的具体金融服务有关的必要的专门知识。"[117]

专家组成员以其个人身份任职,既不作为政府代表,也不作为其他组织的代表。成员通常被要求允许其政府官员充任专家组成员(一个非常耗时的任务,可能会挤占他们履行其他职责的时间),并禁止就专家组审议的事项向他们做出指示或试图影响他们的个人判断。[118] 在争端涉及发展中国家时,如该发展中国家提出请求,应至少由一名专家组成员来自发展中国家。[119]

———————————

[113] DSU,第 6 条。
[114] DSU,第 8.5 条。
[115] DSU,第 8.3 条。
[116] 关于《服务贸易总协定》部分争端解决程序的决定,第 4 段。
[117] 附件 4 第 4 段。
[118] DSU,第 8.9 条。
[119] DSU,第 8.10 条。

三、专家组成员的提名

尽管争端各方本身可以就专家组的组成达成一致意见,并把该事实通知
DSB,但在具体实践中,这种情况非常少见。[120] 在实践中,专家组成员是由秘书
处从成员代表和政府与非政府个人的名册中提名的,后者由于其专门训练和社
会阅历被认为有资格充任专家组成员。这常常是由法律事务部(Legal Affairs
Division)主任(director)与对于争论中的事项负有实质性责任的秘书处的分部
(division)合作完成。秘书处通常会与争端各方就它们愿意和不愿意选择的专
家组成员的类型进行协商,并试图在其所提议的专家组成员的选择中反映争端
各方的意见。[121] 在反倾销和补贴与反补贴税争端中,规则部(Rule Division)的
主任(director)通常会向争端各方推荐拟任命的专家组成员的姓名。争端各方
不得反对提名,"除非由于存在无法控制的原因"。[122] 在实践中,通常由成员自
己决定它们是否把它们反对提名的原因看作是"无法控制的",因为还不存在任
何机制来质疑成员反对拟提议的专家组成员的理由的合理性。

107　专家组选拔程序是以轮回的方式(iterative fashion)进行的。典型的做法
是,在任命专家组成员之前,秘书处会向争端各方征求一般性的选择标准,然后
提供一份候选人名单。争端各方和秘书处随后碰头讨论该候选人名单。如果
两者之间无法达成一致意见,秘书处就会根据从争端各方那里得到的反馈意
见,提议一份新的候选人名单。这样一种程序可能被重复运用好几次。

不过,如果争端方在专家组设立 20 天内未就专家组的成员达成协议,任何
一方都可以请求总干事在与 DSB 主席及有关委员会或理事会主席协商后提名
专家组成员。[123] 秘书处"事实上在挑选专家组成员上起着关键性的作用"。[124]

---

[120] 只有几个例子,如,GATT 专家组报告,美国——限制进口金枪鱼案,30 I. L. M 1594(1991)
(未获通过)。在该案中,GATT"理事会被通知专家组将会有下列组成人员"。第 1. 2 段。

[121] 参见 William J. Davey, A Permanent Panel Body for WTO Dispute Settlement: Desirable or Prati-
cal? In Kennedy & Southwick (eds), *The Political Economy of International Trade Law: Essays in
Honor pf Robert E. Hudec* 496 (Cambridge, 2002); William J. Davey, The Case for a Permanent
Panel Body, 6 *Journal of International Economic Law* 177 (2003 年 3 月第 1 期); Thomas J. Cot-
tier, The WTO Permanent Panel Body, 同上,第 187 页;Andrew W. Shoyer, Panel Selection in
WTO Dispute Settlement System, 同上,第 203 页;Jacques H. J. Bourgeois, Michael Cartland,
Seung Wha Chang, Luzius Wasescha, Julio Lacarte, Frieder Roessler, Comments on a WTO Per-
manent Panel Body, 同上,第 211 页。

[122] DSU,第 8. 6 条。

[123] DSU,第 8. 7 条。

[124] J. H. H. Weiler, The Rule of Lawyer and the Ethos of Diplomats: Reflections on the Internal and
External Legitimacy of WTO Dispute Settlement, 35 *Journal of World Trade* 191 (2001 年 4 月第 2
期)。

在挑选那些将会向争端各方推荐的专家组成员时,它实际上是在"筛选"潜在专家组成员。如果争端各方未能在向其推荐的人名中就专家组的组成人员达成一致意见,秘书处通常会向总干事建议有关人选,尽管 DSU 并不要求它这样做。

因专家组成员的提名而发生争议出现在危地马拉——水泥案 II 中。[125] 在危地马拉——水泥案 I 中做出的支持墨西哥的专家组报告,被上诉机构基于程序上的理由推翻了。[126] 在墨西哥重新提起其诉讼请求且争端各方不能就专家组的组建达成一致意见后,总干事被请求提名专家组成员的人选。[127] 危地马拉对总干事提名曾经在第一个专家组中任职的专家组成员提出了抗议,声称该专家组成员在第一个专家组中的任职经历将损害第二个专家组为完成其任务所必要的客观性和公正性。[128] 专家组驳回了危地马拉的诉讼请求,理由是规定专家组成员提名的 DSU 第 8 条并没有赋予专家组本身在专家组程序中以任何角色。在专家组看来,危地马拉提出其主张的惟一法律途径,将是援引有关专家组成员独立性和公正性的"行为规则",而危地马拉并没有这样做。[129] 由于缺乏对前述规则的援引,专家组声称它缺乏依职权审查专家组的组建是否与 DSU 的要求相符的权限(authority)。[130]

第六节 专家组的职能、权限和责任

专家组的正式职能是协助 DSB 履行其在 DSU 和 WTO 协定项下的职责。[131] 不过,鉴于通过 DSB 报告的 WTO 程序具有近乎自动通过的性质,更实事求是地讲,专家组,还有上诉机构,事实上履行了 DSB 所承担的职责。在讨论专家组职能的几个报告的其中一个中,上诉机构注意到至少在两种情形下专家组负有义务解决有关争议事项(issue)。其中第一种情形是专家组有义务解决由争端各方提交给它们的争议事项;第二种情形是专家组有义务解决和判定管辖权争议,即使它们不为争端各方所提及。[132]

---

[125] 专家组报告,危地马拉——对来自墨西哥的灰色硅酸盐水泥的最终反倾销措施案,WT/DS156/R,2000 年 11 月 17 日通过,DSR2000:XI,5295。

[126] 上诉机构报告,危地马拉——水泥案 I,参见前注 69。对此问题更广泛的讨论参见第五章第七节。

[127] 专家组报告,危地马拉——水泥案 II,参见前注 125,第 1.7 段。

[128] 同上,第 8.10 段。

[129] 同上,第 8.11 段。

[130] 同上,第 8.12 段。

[131] DSU,第 11 条。

[132] 上诉机构报告,墨西哥——玉米糖浆案(美国援引 DSU 第 21.5 条),参见前注 12,第 36 段。

专家组在 DSU 所设定规则的范围之内控制争端解决程序,同时设定提供书面陈述的最后期限,此外还要决定专家组程序的时间表。[133] 不过,这些期限通常证明是不切实际地(unrealistically)短,在征得争端各方同意并向 DSB 发出通知的前提下,专家组常常会在一定程度上背离有关期限。尽管所有相关信息通常都是由起诉方和被诉方提供的,但专家组并不受只能向争端各方获得它们所需要的信息的限制。它们可以考虑由第三方提供的信息。[134] 它们也可以向其认为适当的任何来源寻求信息和技术建议。[135] 不过,争端方就专家组正在审议的事项与之进行的单方面(ex parte)联系是不被允许的。[136] 专家组可与专家磋商以获得他们就科学或技术事项所发表的意见。[137] 规范专家审议小组的设立及其行为的程序规定在 DSU 附录 4 中。

几乎没有任何规范专家组运作的正式程序规则。因而,专家组在它们被组建起来,如在专家组成员被提名之后不久,就逐渐开始制定相当详尽和具体的工作程序。这些程序补充了规定在 DSU 附录 3 中的工作程序,并可能涉及到从出席专家组会议的顺序到提交证据的时间限制,再到书面陈述的形式,包括电子版本等一系列的主题。一个专家组工作程序的范本列明在 DSU 的附录中。

第七节   第三方、多个起诉方和反诉

一、概述

由于任何 WTO 成员采取的一项措施都可能影响不止一个其他成员的现有利益,并可能潜在地影响所有成员的利益,DSU 规定了多个起诉方和第三方对专家组程序的参与。正如前面所注意到的,第三方可以请求参与由另一争端方提请的磋商。如果其参与请求被拒绝的话,它可以主动地提出磋商请求,并因而可以启动一个独立的专家组程序。[138]

二、第三方

任何对争端有实质利益且已将该利益通知 DSB 的成员,都应由专家组给予

---

[133] DSU,第 12.3 条、第 12.4 条及第 12.5 条。

[134] 专家组报告,韩国——酒精饮料案,参见前注 11,第 10.58 段。

[135] DSU,第 13.1 条。参见本章第十一节有关举证责任的论述。

[136] DSU,第 18.1 条。

[137] DSU,第 13.2 条。参见本章第九节有关专家的论述。

[138] 参见本章第三节第七目。

听取其意见并向专家组提出书面陈述的机会。[139] DSU 并没有明确规定第三方必须在一定期限内通知 DSB 其在其他当事方之间发生的争端中拥有利益。不过,由于第 8.3 条规定争端方或第三方成员的公民在没有征得争端各方同意下不得担任专家组成员,如果成员在其公民已经被提名充任专家组成员之后通知 DSB 它在争端中的利益,就可能引起麻烦(difficulties)。为了最大限度地降低有关麻烦发生的可能性,秘书处已经采用了一种非正式的做法:在 DSB 已经投票决定建立专家组 10 天内,不向争端各方推荐候选专家组成员的名单。

　　在所有案件中,第三方都有权获得争端各方"向专家组首次会议"提交的第一次书面陈述。[140] 在实践中,这意味着争端各方在专家组首次会议上做出的第一次书面陈述和口头陈述的书面版本,都可以为第三方所获得。第三方可以在专家组第一次实质性会议期间为此专门安排的一场会议上陈述其意见。[141] 第三方不能向专家组提起诉讼请求,且起诉方不得依靠第三方来代表它提出诉讼请求。[142] 第三方也不得对专家组报告提起上诉。不过,如果某一争端方提起上诉,第三方可以作为"第三方参与方"参加上诉程序。[143]

　　在香蕉案 III 中,当许多发展中国家第三方请求允许它们参加专家组和该争端的各当事方之间举行的所有会议时,"强化"第三方的权利问题才第一次凸现了出来。[144] 专家组同意了有关请求,[145] 但不允许第三方参与中期审查。[146] 在欧共体——荷尔蒙案中,由同样的成员构成的两个独立的专家组被设立起来审查同样的措施。[147] 专家组也决定与向它们提供咨询意见的科技专家举行一次联合会议。所以,它们裁定分别赋予加拿大和美国在由其他争端方提起的诉讼程序中以第三方的资格,并有机会获得根据每一种程序提交的所有信息,包括第二次书面陈述,口头陈述的书面版本,对所提问题的书面答复和科学文

---

[139]　DSU 第 10.2 条。

[140]　DSU 第 10.3 条。

[141]　DSU 附录 3 第 6 条。

[142]　上诉机构报告,智利——有关某些农产品价格标签体系案,参见前注 78,第 163 段。

[143]　DSU 第 17.4 条。参见本书第六章。

[144]　专家组报告,欧共体——香蕉案 III(美国),参见前注 33,第 7.4 段。

[145]　同上,第 7.8 段。

[146]　同上,第 7.9 段。

[147]　专家组报告,欧共体——关于肉类及肉类制品的措施案(荷尔蒙)——源自加拿大的起诉,WT/DS48/R/CAN,DSR 1998:Ⅱ,235,以及欧共体——关于肉类及肉类制品的措施案(荷尔蒙)——源自美国的起诉,WT/DS26/R/USA,DSR 1998:Ⅲ,699,两报告于 1998 年 2 月 13 日通过,为上诉机构报告所修改,WT/DS26/AB/R,WT/DS48/AB/R,DSR 1998:Ⅰ,135,第 8.12 段。

件。[148] 上诉机构支持专家组的裁定。[149]

在美国——1916 年法案（欧共体）中，[150] 日本——在平行的美国——1916年法案（日本）中的起诉方，请求类似地提升第三方的权利。[151] 正如在荷尔蒙案中，同样的专家组成员在两个独立的程序中审查同样的措施。不过，专家组拒绝了日本的请求，裁定在 1916 年法案中并不具有荷尔蒙案中"所存在的特殊情势"。在提到荷尔蒙案时，专家组的原话是："除了专家组决定同争端各方以及所有专家举行一场单独的会议的事实外，它们还具有高度的技术性和事实上的透彻性。"[152]这些在专家组看来具有决定性意义的因素，在 1916 年法案中都是不存在的。[153] 上诉机构维持了专家组的裁定，并指出："因而，专家组决定是否赋予第三方以'强化的'参与权，是一个在该专家组的自由裁量权范围之内的事项。此自由裁量权当然不是无限的，而是会受到正当程序之类的义务的制约。"[154]

三、第三方在复审和仲裁中的权利

在根据 DSU 第 21.5 条进行的复审和根据 DSU 第 22.6 条进行的仲裁中，第三方的权利问题又一次出现了。这些问题将在第七章第七节第七目和第八章第五节第九目中分别加以探讨。

四、多个起诉方

当一个以上的成员就同一主题事项请求设立专家组时，DSU 第 9.1 条规定，只要可行，就应设立单一专家组来审查此类起诉。每一起诉方提交的书面陈述都可以为其他起诉方所获得，且每一起诉方有权在任何其他起诉方向专家

---

[148]　同上，第 8.15 段。

[149]　上诉机构报告，欧共体——关于肉类及肉类制品的措施案（荷尔蒙），WT/DS26/AB/R，WT/DS48/AB/R，DSR 1998：I，135，第 154 段。

[150]　专家组报告，美国——1916 年反倾销法案——源自欧共体的诉讼，WT/DS136/R 和更正 1，2000 年 9 月 26 日通过，为上诉机构报告所支持，WT/DS136/AB/R，WT/DS162/AB/R，DSR 2000：X，4593，第 6.29 段。

[151]　专家组报告，美国——1916 年反倾销法案——源自日本的诉讼，WT/DS162/R 和增补 1（Add. 1），2000 年 9 月 26 日通过，为上诉机构报告所支持，WT/DS136/AB/R，WT/DS162/AB/R，DSR 2000：X，4831。

[152]　专家组报告，美国——1916 年法案（欧共体），参见前注 150，第 6.33 段。

[153]　同上，第 6.34 段。

[154]　上诉机构报告，美国——1916 年反倾销法案，WT/DS136/AB/R，WT/DS162/AB/R，2000 年 9 月 26 日通过，DSR 2000：X，4793，第 150 段。

组陈述意见时在场。[155] 专家组可以发布单一的报告,除非该争端的其中一当事方请求发布单独的报告。在这种情形下,专家组应当发布单独的报告。[156] 不过,发布单独报告的请求必须及时提出。在美国——补偿法案(伯德修正案)中,在专家组已经公开其报告的描述性部分两个月后,美国才请求发布单独的报告。[157] 美国既没有就这种拖延做出解释,也没有主张因发布单一报告而会受到损害。[158] 专家组拒绝了美国的请求,强调准备单独报告会延缓其做出中期报告,因而会延缓整个专家组程序,结果会损害其他争端方的利益。[159] 上诉机构维持了专家组的裁定,并指出:"我们并不认为我们可以轻易地推翻专家组按照其程序做出的裁定,特别是在类似本案的案件中;专家组的裁定看起来不仅是合理的,而且也是与正当程序相符的。"[160] 此外,上诉机构还进一步补充道:"专家组是在对所有争端方的权利、而不是仅仅就其中一方的权利加以评估的基础上做出其裁定的,因而是正确的。"[161]

在印度——专利(欧共体)案中,印度认为欧共体的起诉应当被驳回,其理由是:因为,欧共体"完全可以"(feasible)在美国早先提起有关起诉的同时提起其起诉,所以,欧共体的起诉不符合 DSU 第 9.1 条的要求。[162] 专家组拒绝接受印度的辩驳意见。

第 9.1 条规定,如一个以上成员就同一事项请求设立专家组,"只要可行,即应设立单一专家组审查此类起诉"。专家组指出,这些规定"是指导性的或建议性的,而不是强制性的"。[163] 它们并不"影响每个成员方在 DSU 中享有的实

112

---

[155]　DSU 第 9.2 条。

[156]　同上。在第一起涉及多个起诉方的案件中,只发布了一个单一报告。美国——精炼与常规汽油案,WT/DS2/R,1996 年 5 月 20 日通过,为上诉机构报告所修改,WT/DS2/AB/R,DSR 1996:I,29。在欧共体——香蕉进口、销售和分销体制案中,参见前注 33,发布了 4 个单独的报告。这些报告的事实部分是相同的,尽管"裁定"部分因为考虑到起诉方并没有提出相同的事实而不同,但一个统一的段落编号体制被用作共同的裁定。参见第 7.58 段。

[157]　专家组报告,美国——《2000 年持续性倾销和补贴补偿法案》案,WT/DS217/R,WT/DS234/R,2003 年 1 月 27 日通过,为上诉机构报告所修改,WT/DS217/AB/R,WT/DS234/AB/R,第 7.4 段。

[158]　同上。

[159]　同上。第 7.5—7.6 段。

[160]　上诉机构报告,美国——《2000 年持续性倾销和补贴补偿法案》案,WT/DS217/AB/R,WT/DS234AB/R,2003 年 1 月 27 日通过,第 316 段。

[161]　同上。

[162]　专家组报告,印度——药品及农业化学品专利保护案——源自欧共体的起诉,WT/DS79/R,1998 年 9 月 22 日通过,DSR 1998:VI,2661,第 7.9 段。

[163]　同上,第 7.14 段。

体与程序权利以及承担的义务"。[164]

五、反诉

由于求助于 WTO 争端解决程序不被视为一种诉讼行为(contentious act)*,所以,DSU 程序没有规定反诉("相反的诉讼请求")。因而,如果应诉的成员方就不同的事项针对原起诉方提起它自己的起诉,DSU 规定它不应当和原始的起诉联系在一起。[165]这两起诉讼应当彼此独立地依照有关程序进行。不过,在巴西——飞机案和加拿大——航空器案中,专家组在同一天被设立并组建起来,同时按照争端方与专家组商议制定的时间表进行诉讼程序,最终报告也在同一天被发布。[166]

六、法庭之友的书状

法庭之友的书状问题在 WTO 中一直很有争议。[167]一般说来,专家组倾向于接受这些书面材料,尽管同时声明它们并不会使用有关书状来裁决争端。

第一个实例发生在美国——虾案中。在该案中,两个环境组织向专家组提交了法庭之友的书状,并把它们送交给争端各方。[168]专家组以它并没有请求提交这些材料为由而拒绝接受,但同时指出,任何争端方都可以把这些书状的全部或部分作为其自己的书面陈述的组成部分加以提出。[169]在专家组看来,根据 DSU 第 13 条的规定,何时和如何"寻求"信息的主动权掌握在专家组手中,且只有争端方与第三方才被允许"提供"信息。[170]

上诉机构认为这种做法太拘泥于现状,并指出,"寻求信息的权力被不恰当地与禁止接受未经专家组请求而提交的信息划等号。专家组有接受并考虑或拒绝接受提交给它的信息和建议的自由裁量权,无论有关信息是否为专家组请

---

〔164〕 同上。

〔165〕 DSU 第 3.10 条。

〔166〕 巴西——飞机案,参见前注 17,以及专家组报告,加拿大——影响民用飞机出口的措施案,WT/DS70/R,1999 年 8 月 20 日通过,为上诉机构报告所支持,DSR 1999:IV,1443。

〔167〕 围绕在上诉机构面前提出法庭之友书状产生了严重的分歧。参见本书第六章第四节第十七目。

〔168〕 专家组报告,美国——禁止进口某些虾及虾制品案,WT/DS58/R 和更正 1,1998 年 11 月 6 日通过,为上诉机构报告所修改,WT/DS58/AB/R,DSR 1998:VII,2821,第 3.129 段。

〔169〕 同上。

〔170〕 同上,第 7.8 段。

* 有的学者将"contentious act"译为"引起争议的行为",这似乎不太妥当。——译注。

求提供。"[171]在随后进行的第21.5条下的遵守复审中,专家组收到了两个法庭之友的书状,接受了其中一个被附加在争端方提交的书面陈述中的书状,而拒绝接受另一个书状。[172]

在美国——铅铋案Ⅱ中,专家组指出,尽管它有权接受法庭之友的书状,但它拒绝这样做,原因是有关书状是在争端各方提交反驳性陈述的最后期限过后,同时也是专家组与争端各方举行第二次实质性会议之后才被提交的。[173]在欧共体——石棉案中,专家组从非政府组织那里收到了四个法庭之友的书状。欧共体通过引证把其中的两个书状融入到了其书面陈述中,并因而为专家组所接受。[174]第五个书状是在诉讼程序进行到其不再可能被考虑的阶段才提交的,所以没有被专家组接受。[175]在美国——软木案Ⅲ中,专家组接受了未经请求而提交的法庭之友的书状,该书状是在与争端各方举行的第一次实质性会议之前提交的,因而争端各方和第三方都有机会对它发表评论意见。专家组拒绝在第一次会议举行之后提交的另外三个法庭之友的书状,"其中的原因是与提交这些书面材料的时机选择有关"。[176]

第八节　秘书处的职责

秘书处应向专家组提供法律、历史和程序方面的协助。[177]它也应提供秘书和技术支持。一般说来,专家组为法律事务部(division)的一个代表和秘书分部(division)的一个对争端的主题事项赋予实质性责任的代表所协助。法律事务部的作用是就WTO法的细节问题(points)向专家组成员提供咨询服务,并协助专家组维持前后一致且内在统一的案例法判例,除非专家组出于充分可靠

[171] 上诉机构报告,美国——禁止进口某些虾及虾制品案,WT/DS58/AB/R,1998年11月6日通过,DSR 1998:Ⅶ,2755,第108段(斜体为原文所加)。

[172] 专家组报告,美国——禁止进口某些虾及虾制品案(马来西亚援引DSU第21.5条),WT/DS58/RW,2001年11月21日通过,为上诉机构报告所支持,WT/DS58/AB/RW,第5.16段。

[173] 专家组报告,美国——对原产于英国的热轧铅和铋碳钢产品征收反补贴税案,WT/DS138/R和更正2,2000年6月7日通过,为上诉机构报告所支持,WT/DS138/AB/R,DSR 2000:Ⅵ,2631,第6.3段。

[174] 专家组报告,欧共体——影响石棉及含有石棉的制品案,WT/DS135/R和增补1(Add. 1),2001年4月5日通过,为上诉机构报告所修改,WT/DS135/AB/R,第6.1—6.3段。

[175] 同上,第6.4段。

[176] 专家组报告,美国——针对来自加拿大的软木的初步裁定案,WT/DS236/R,2002年11月1日通过,第7.2段。

[177] DSU第27.1条。参见Robert E. Hudec, The Role of the GATT Secretariat in the Evolution of the WTO Dispute Settlement System, in Jagdish Bhagwatti and Mathias Hirsch (Eds), *The Uruguay Round and Beyond: Essays in Honor of Arthur Dunkel* 101, (Springer-Verlag, 1998).

(informed)的理由决定背离先前的案例法。[178]　在涉及反倾销、反补贴和保障措施的所谓"规则"(rules)案例中,协助专家组的法律官员和秘书通常都来自规则分部(division)。

115　　　尽管秘书处经常被要求超出争端解决之框架向成员提供协助和咨询,但所提供的任何咨询意见在争端发生时都不具有支配力(controlling)。在智利——价格标签体系案中,智利援引来自 GATT 秘书处的一封信件以支持其主张。[179]专家组指出:"仅仅是在 GATT 秘书处工作的某个人可能已经做出了一项声明的事实,并不具有决定意义。"[180]

　　然而,"每一个 WTO 代表团都依靠作为一个共享价值与组织历史(institutional history)的公正卫士的秘书处。秘书处是中枢性的、不可取代的,同时又是脆弱的。"[181]它在争端解决中的职责既是重大的同时又是艰难的。事实上,约瑟夫·韦勒把有关职责评价为"不可能完成的"。[182]　用韦勒教授的话来说,秘书处的职责仅限于向专家组提供中立的法律、历史和程序协助的说法,简直是"一句安慰性的胡话"(comforting nonsense)。[183]　因为专家组成员是临时选任的,而秘书处相对来说却是常设性的,随着时间的推移,秘书处已经拥有一套几乎没有任何专家组成员可与之相媲美的专门知识。由此必然导致秘书处存有的法律意见一定会向专家组公开发表。并不是每一个专家组成员都认为自己有资格质疑秘书处的法律意见的正确性。[184]　这种职责的"不可能完成性"的根基在于争端解决体制表面上拒绝承认:在充满激烈争论的法律诉讼程序中,事实不可能有 DSU 所预先设想的那种所谓"客观的"法律意见。可以肯定地说,在绝大多数案件中,至少会有一个争端方(disputants)对有关法律意见表示强烈的异议,并发现它绝对不是"客观的"。

　　秘书处可能会对争端解决的结果产生强有力的影响,这种影响在发挥时一直带有几分小心与谨慎。在这一点上值得注意的是,秘书处法律事务部前部长曾经指出,设立一个常设性的专家组将会"增加专家组成员的专门知识并改进

---

[178]　参见第三章第三节。

[179]　专家组报告,智利——有关某些农产品价格标签体系及有关某些农产品的保障措施案,WT/DS207/R,2002 年 10 月 23 日通过,为上诉机构报告所修改,WT/DS207/AB/R,第 7. 94 段。

[180]　同上。

[181]　Amelia Porges, Step by Step to an International Trade Court, in Kennedy & Southwick (eds), *The Political Economy of International Trade Law: Essays in Honor pf Robert E. Hudec*,参见前注释121,第 528,533 页。

[182]　J. H. H. Weiler, 参见前注 124, § IV. 5.

[183]　同上。

[184]　同上。

其工作成果的质量"。[185]

第九节 证据与信息

116

一、概述

WTO 专家组,像一般意义上的国际法庭一样,在评估证据上被赋予了相当的灵活性。[186] DSU 没有规定有关证据的获得、接受与充分性的技术性规则。涉及到专家组程序的第 12 条没有提到该主题(subject)。DSU 的附录 3 只是规定:在专家组召开第一次会议之前,争端各方应当提交书面陈述,说明"案件的事实"和论据。由于绝大多数 WTO 争端关涉的是成员国政府的"措施",争论中的措施的文本规定通常是诉讼程序的事实依据。所以,专家组程序倾向于强调有关法律依据——争论中的措施与 WTO 协定之间的关系——而不是在细节问题(points)上发生的争议。不过,由于争端变得越来越复杂,事实在其中的份量已经增长。随着争端各方在争端中越来越多地使用证据来证明事实的可靠性,成员可以指望专家组会进一步发展出必要的程序规则。

二、专家组寻求证据和信息的权利

DSU 第 13.1 条明确了专家组"向其认为适当的任何个人或机构寻求信息和技术建议"的权利,而第 13.2 条同时授权专家组从"任何有关来源"寻求信息。在阿根廷——鞋袜案中,上诉机构裁定,这种权力是自由裁量性的[187],从而确认了它在荷尔蒙案中所作的结论,即第 13 条的目的是"使专家组在具体的案件中寻求其认为适当的信息和建议"。[188] 同样,在美国——虾案中,上诉机构提到了专家组从"任何个人或机构"或"任何有关来源"寻求信息和技术建议

---

[185] William J. Davey,参见前注 121,第 527 页。一个不满的利害关系人指控专家组成员事实上把决策做出过程交给秘书处,一位 WTO 发言人对此指控进行了否认,但他也认为,由于该利害关系人及其代表在专家组审议过程中并不出席,它们没有办法知道专家组和秘书处如何互动。参见,Kodak Charges WTO Secretariat with Unfair Intervention in Film Case, *Inside US Trade*, 1998 年 7 月 3 日。WTO 发言人也注意到,作为争端方成员的美国更有资格评价秘书处的作用,而美国却没有提出此类诉讼请求。

[186] 专家组报告,阿根廷——影响鞋类、纺织品、服装和其他进口产品的措施案,WT/DS56/R,1998 年 4 月 22 日通过,为上诉机构报告所修改,WT/DS56/AB/R,DSR 1998:III,1033,第 6.39 段。

[187] 上诉机构报告,阿根廷——影响鞋类、纺织品、服装和其他进口产品的措施案,WT/DS56/AB/R 和 Corr. 1,1998 年 4 月 22 日通过,DSR 1998:III,1003,第 84 段。

[188] 上诉机构报告,欧共体——荷尔蒙案,参见前注 149,第 147 段。

117 的权力的"广泛性"。[189] 专家组从"任何个人或机构"寻求信息的权力包括从任何 WTO 成员那里寻求信息,"其中当然(*a fortiori*)包括作为提请专家组裁决的争端的当事方的成员"。[190] 这种权力不以确立表面证据确凿(*prima facie*)的诉讼请求或有关争端的其他当事方进行争辩为条件。[191]

由于该权力是自由裁量性的,所以,专家组并没有义务去寻求信息(gather data)。[192] 因而,在加拿大——航空器案中,尽管争端方依据上诉机构在印度——专利案(美国)中做出的建议提出了请求,[193]但专家组拒绝在它收到该争端方提交的第一次书面陈述之前就另行开展调查。[194] 专家组也不限于仅仅从争端方或 WTO 成员那里寻求信息。因而,在涉及知识产权问题的争端中,专家组曾经向世界知识产权组织寻求信息。[195]

三、提供证据和信息的义务

与专家组有从任何来源、包括从争端当事方那里寻求证据和信息的权利相对应的是,争端各方都有义务向专家组提供证据和信息。第 13 条规定:"成员应迅速和全面地答复专家组提出的有关提供此类信息的任何请求。"该义务第一次为在欧共体——荷尔蒙案中的仲裁人所提及,仲裁人指出:"所有争端方承担的提供证据和就向仲裁人出示证据方面进行合作的义务——一个与谁承担举证责任截然不同的问题——对于第 22 条所规定的仲裁程序来说至关重

118 要。"[196] 即使有关争端方一方面决定不在特定争议事项上进行辩护,一方面又否认或拒绝承认有关诉讼请求的内容,但这并不能够阻止专家组寻求有关该争

---

[189] 参见前注 171,第 124 段。

[190] 上诉机构报告,加拿大——影响民用飞机出口的措施案,WT/DS70/AB/R,1999 年 8 月 20 日通过,DSR 1999:III,1377,第 185 段。

[191] 同上。和解(Accord):专家组报告,泰国——对波兰进口铁或角钢和 H 型钢征收反倾销税案,WT/DS122/R,2001 年 4 月 5 日通过,为上诉机构报告所修改,WT/DS122/AB/R,第 7.50 段。请见下文本章第十一节第二目有关举证责任和初步证据案件的论述。

[192] 上诉机构报告,欧共体——关于肉类及肉类制品的措施案(荷尔蒙),参见前注 149,第 136 段(提到了第 11 条及专家组的职责)。

[193] 参见前注 34,第 94 段。

[194] 加拿大——飞机案,参见前注 166,第 9.50 段。

[195] 专家组报告,美国——版权法第 110(5) 节案,WT/DS160/R,2000 年 7 月 27 日通过,DSR2000:VIII,3769,附件 4.1;专家组报告,美国——1998 年综合拨款法第 211 节案,WT/DS176/R,2002 年 2 月 1 日通过,为上诉机构报告所修改,WT/DS176/AB/R,第 8.13 段。

[196] 仲裁员裁决,欧共体——有关肉和肉制品的措施案(荷尔蒙)——最初源自美国的诉讼——欧共体依据 DSU 第 22.6 条诉诸仲裁,WT/DS26/ARB,1999 年 7 月 12 日通过,DSR 1999:III,1105,第 11 段。

议事项的信息。[197]

专家组曾经指出，争端方提供独家拥有的信息的义务，"直到起诉方(claim-ant)已经尽其全力保全证据并事实上已经提交某些确凿的表面证据来支持其起诉之时才会发生"。[198]　不过，正如上诉机构在加拿大——航空器案中所明确强调的，"某些表面证据的存在"并不意味着存在一个表面证据确凿的案件。上诉机构指出：

> （专家组）被赋予充分和广泛的自由裁量权，以决定何时需要解决争端的信息以及它需要什么样的信息。专家组可能在起诉方或应诉方已经在表面证据的基础上确立其起诉或辩护之前或之后需要此类信息。在对起诉方或应诉方是否已经确立了表面证据确凿的案件或辩护意见进行裁定的过程中，专家组事实上需要寻求一些信息来评估已经向其提交的证据。本案可能就是如此。[199]

进一步讲，在第13.1条中使用"应当"一词并不仅仅是劝告。成员"在DSU第13.1条下有义务和责任'充分地答复'专家组为获取信息而提出的有关请求"。[200]

成员在磋商过程中披露事实的义务已经在本章第三节第四目中作了探讨。

四、反向推断

专家组一直不愿意——至少是从表面上(explicitly)看——针对没有提供被请求的、同时又在其控制范围之内的信息的争端方做出反向推断(adverse infer-ences)，尽管上诉机构已经明确指出它们有权这样做。在印度尼西亚——汽车案中，印度尼西亚要求专家组以起诉方未能提交其公告(publication)的全文为由而做出反向推断。专家组拒绝这样做，同时强调印度尼西亚并没有对其认为该报告的相关部分已经被有意隐瞒(excluded)的理由做出任何解释。而且，由于该报告"并不是一个起诉方能够控制其获得性的文件，诉诸反向推断似乎是不妥当的"。[201]　在加拿大——航空器信贷和担保案中，专家组指出，"尽管起诉 119 方本来可以指望加拿大会更乐于提供有关信息"，但它"并不认为做出被请求的

---

[197]　专家组报告，加拿大——飞机案，参见前注166，第9.83段。

[198]　专家组报告，阿根廷——纺织品与服装案，参见前注186，第6.40段。

[199]　上诉机构报告，参见前注190，第192段。请见下文本章第十一节第二目有关举证责任和初步证据案件的论述。

[200]　同上，第187段。

[201]　参见前注74，第14.180段。

反向推断是恰当的"。[202] 在该案中,专家组裁定加拿大并不被要求提供具体的信息细节以充分地答复所提出的问题。[203]

在加拿大——航空器案中,专家组在好几种场合下都拒绝做出反向推断。[204] 尽管专家组的裁定在上诉过程中得到了支持,但上诉机构同时指出,如果首先是由它来裁判有关争议事项,"我们就完全可以裁定记录在案的事实确实可以为"反向推断"提供充分的根据"。[205] 上诉机构借此机会,对专家组在争端方未能或拒绝应其请求提供它所能控制的信息时做出反向推断的权力做了阐明。在强调"因成员拒绝提供信息而做出反向推断的权力",属于审查有关禁止性出口补贴(加拿大——航空器案中的争议事项)的诉讼请求的专家组的同时,上诉机构指出:"在我们看来,对于所有专家组查明涉及任何适用协定的任何争端的事实而言,这项权力都是该项任务的应有内容:一种为国际法庭的一般实践与惯例所支持的看法。"[206] 在描述反向推断在 WTO 争端解决体制中的作用时,上诉机构指出:

> 该体制的持续有效,在相当程度上取决于专家组采取一切可以采取的措施来促使争端的各当事方遵守其承担的有关提供为解决争端所必要的信息的义务的意愿。特别是,专家组应当愿意明确提醒争端各方——在争端解决程序的进行过程中——拒绝提供为专家组所请求的信息,可能导致对被隐瞒的信息的可责难(inculpatory)性做出推断。[207]

在美国——麦麸案中,一起涉及《保障措施协定》的争端,专家组请求提供根据美国国际贸易委员会——国内调查机构——发布公告的公开版本所编辑的信息。[208] 该信息是美国主管机构从私人当事方那里获得的,同时根据《保障措施协定》第 3.2 条的规定做出了保密性的保证。因而,美国告知专家组它不被允许披露被请求提供的信息。[209] 专家组由此强调指出:"一方面,成员方的调查机关根据(《保障措施协定》)第 3.2 条对在国内保障措施调查过程中所获得的机密性信息,必须承担保密性义务;另一方面,如专家组依据 DSU 第 13 条

---

〔202〕 参见前注 70,第 7.384—7.386 段。

〔203〕 同上。

〔204〕 参见前注 166,记录 577、621 及 623,与第 9.263 段和第 9.281 段。

〔205〕 参见前注 190,第 205 段(省略脚注)。

〔206〕 同上,第 202 段(省略脚注)。

〔207〕 同上,第 204 段。

〔208〕 专家组报告,美国——对自欧共体进口的麦麸采取最终保障措施案,WT/DS166/R,2001 年 1 月 19 日通过,为上诉机构报告所修改,WT/DS166/AB/R,第 8.7 段。

〔209〕 同上,第 8.8 段。

的规定提出请求,则成员必须承担提供此类机密性信息的义务,这两者之间存在一个严重的内在体系冲突问题。"[210]专家组裁定,尽管被请求的信息"原本会促进我们对有关事实做出客观评估",但没有该信息的记录仍足以让专家组继续进行有关程序。[211]

在上诉过程中,欧共体辩称专家组本来应当因美国拒绝提供所请求的信息而对其做出反向推断。[212]上诉机构强调它"非常赞同"专家组就其所识别出(identified)的"体系性"冲突所作的评论,并补充到,"我们认为这些问题需要加以解决"。[213]通过援引加拿大——航空器案的裁决,上诉机构指出:"成员拒绝提供被请求的信息会严重影响专家组根据 DSU 第 11 条的规定对有关事实和事项进行客观评估的能力。"[214]不过,上诉机构仍拒绝接受欧盟的上诉。[215]

上诉机构指出,成员拒绝提供被请求的信息是一个重要的记录性事实(fact of record)。[216]然而,它不是惟一的事实,专家组忽略其他相关事实将会导致其无法做出为 DSU 第 11 条所要求的"客观的评估"。[217]当在被请求做出反向推断时,上诉机构指出:

> 上诉方必须清楚地显示专家组以不当的方式行使其自由裁量权。考虑到有关事实的全体(ensemble),申诉方至少应:明确指出专家组本来应当借以做出反向推断的记录性事实;表明专家组本来应当依据这些事实做出的事实或法律推断;最后解释专家组未能通过做出这些推断行使其自由裁量权意味着犯了 DSU 第 11 条所规定的法律错误的原因。[218]

五、专家

121

除了授权专家组从"任何有关来源"寻求信息外,第 13.2 条也授权它们"与专家进行磋商并获得他们就该事项某些方面发表的意见"。这种权力是自由裁量性的,专家组并非一定得寻求专家建议。[219]DSU 的附录 4 规定了设立专家

---

[210]　同上,第 8.11 段。

[211]　同上,第 8.12 段。

[212]　上诉机构报告,美国——对自欧共体进口的麦麸采取最终保障措施案,WT/DS166/AB/R,2001 年 1 月 19 日通过,第 169 段。

[213]　同上,第 170 段。

[214]　同上,第 171 段。

[215]　同上,第 176 段。

[216]　同上,第 174 段。

[217]　同上。

[218]　同上,第 175 段。

[219]　上诉机构报告,阿根廷——纺织品与服装案,参见前注 187,第 84 段。

审议小组的规则，以及它们应当遵循的程序。

第 13.2 条初步规定了来自专家审议小组的书面报告，而附录 4 中的规则对此规定做出了全面的完善和补充。不过，在 WTO 程序中第一次使用专家的案例中，专家组决定以不同的方式进行诉讼程序。在欧共体——荷尔蒙案中，专家组决定不接受作为小组的专家的一致意见报告，而是选择接受单个专家的个人意见。[220] 这种做法为上诉机构所支持。[221]

在美国——虾案中，没有一个争端方请求委派专家，但他们都提供了专家所作的研究成果，并引用了同一项科学文件来支持相互对立的观点。于是，专家组只好根据 DSU 第 13.1 条和第 13.2 条的规定，主动寻求专家的建议。[222] 专家组要求争端各方推荐专家的人选，同时也可从秘书处获得各专家的简历（*curricula vitae*）。结果，五位专家被挑选出来，并被要求以其个人身份提供服务。[223] 专家组给予所有争端方一定的时间就专家对专家组所提出的问题的回答，做出书面评论。[224]

同样，在澳大利亚——鲑鱼案中，尽管没有任何争端方请求专家组寻求专家建议，但在专家组决定寻求专家建议时它们都没有表示反对。[225] 四位专家是从争端方所提名的个人和国际兽疫组织（Office International des épizooties）中选出来的。[226] 争端各方被赋予了根据其所获得的专家简历（*curricula vitae*）对候选专家的名单做出评论的机会，并指出它们针对特定专家个人所持有的"任何令人信服的异议"。[227] 经过与争端各方协商，专家组准备好了具体的问题，并向每一个专家提出。专家们被请求就他们认为自己能够解决的问题提交书面答复。争端各方的书面陈述，包括它们口头陈述的书面版本，一并被交给每位专家。而专家做出的书面答复又被交给争端各方，并反过来赋予争端各方对这些答复做出评论的机会。[228] 最后，各专家与专家组和争端各方会面一起讨论专家对有关问题的答复。[229] 在根据第 21.5 条对澳大利亚——鲑鱼案进行的

122

---

[220] 参见前注 147，第 8.7—8.9 段。专家组接着指出，在《实施卫生与植物卫生措施协定》第 11 条中，也规定了专家组的使用。请见本书第五章第五节。

[221] 参见前注 149，第 146—149 段。

[222] 参见前注 168，第 5.1 段。

[223] 同上，第 5.5—5.7 段。

[224] 同上，第 7.10 段。

[225] 专家组报告，澳大利亚——影响鲑鱼进口措施案，WT/DS18/R 和更正 1，1998 年 11 月 6 日通过，DSR 1998：VIII，3407，第 6.1 段。

[226] 同上，第 6.2 段。

[227] 同上，第 6.3 段。

[228] 同上，第 6.4 段。

[229] 同上，第 6.5 段。

复审中,专家组指出,在起诉方确立起表面证据确凿的案件之前,专家组不得被禁止考虑专家的建议。[230]

在日本——农产品案 II 中,专家组在没有任何争端方表示反对的情况下,与专家进行了磋商。[231] 专家组向专家提出了书面问题,并同争端各方一道与专家进行会面以讨论他们的书面答复。[232]

在欧共体——石棉案中,专家组在其与各争端方举行首次会议后,决定与专家进行磋商。[233] 有关磋商是和单个专家而不是专家小组一起进行的。不过,争端各方被提供了专家对专家组所提出的书面问题的答复,并和专家及专家组一道会面以讨论专家的答复。[234] 本案中的专家组是根据第 13.1 条的授权采取行动以"从其认为适当的个人或机构寻求信息和技术建议"的,而不是根据第 13.2 条的授权采取行动以"从专家审议小组寻求书面咨询报告"的。[235] 欧共体——石棉案是《技术性贸易壁垒协定》下的第一起案件,在该案件中,专家组强调 DSU 第 13 条和 TBT 协定第 14.2 条之间没有冲突,后者规定专家组可以建立一个技术性的专家小组。它认为此条款与 DSU 第 13.2 条一样,共同构成对 DSU 第 13.1 条的补充。[236]

上诉机构曾经指出,专家组没有义务一定要与特定的专家进行磋商,并且,正因为专家组有决定如何寻求专家建议的自由裁量权,所以它们也有决定是否寻求专家建议的自由裁量权。[237]

翻译上遇到的问题,有时也需要专家来解决。在日本——电影案中,专家组在翻译上就面临严重的困难,结果只好提名由两个成员组成的专家小组来对此提供咨询意见。[238]

123

目前在专家的合格性问题上,几乎还没有形成任何判例。在欧共体——石棉案中,加拿大在上诉程序中声称,某些专家缺少在特定相关领域的专门知识,尽管它在专家组程序阶段一直没有对这些专家的选任提出过异议。[239] 上诉机

---

[230] 专家组报告,澳大利亚——影响鲑鱼进口措施案——加拿大援引 DSU 第 21.5 条,WT/DS18/RW,2000 年 3 月 20 日通过,DSR 2000:IV,2035,第 7.118 段。

[231] 专家组报告,日本——农产品案 II,参见前注 16,第 6.2 段。

[232] 同上,第 6.3 段。

[233] 参见前注 174,第 8.10 段。

[234] 同上,第 5.23 段。

[235] 同上,第 8.10 段。

[236] 同上。

[237] 阿根廷——纺织品与服装案,参见前注 187,第 84 段。

[238] 专家组报告,日本——电影案,参见前注 71,第 1.9—1.10 段。

[239] 上诉机构报告,欧共体——影响石棉及含有石棉的制品案,WT/DS135/AB/R,2001 年 4 月 5 日通过,第 179 段。

构拒绝接受加拿大的主张,并强调专家是受专家组的指示来回答仅仅属于其自身专业领域范围之内的那些问题的。[240] 上诉机构指出,"专家组有权认为专家拥有回答全部问题或者其中部分问题所必要的专门知识,只要有关问题是他们愿意回答的。"[241]

在一起反倾销争端即危地马拉——水泥案 II 中,墨西哥反对危地马拉所提名的两名非政府专家进入将对墨西哥出口商进行调查的核查小组名单,声称其与墨西哥有利益冲突。[242] 专家组裁定:对墨西哥的出口商来说,反对这些专家出现在核查小组名单中是合理的。[243]

在另一起反倾销争端即美国——来自印度的钢板案中,印度出示美国商务部前官员做出的宣誓陈述书(affidavits)来支持其立场。美国认为该宣誓陈述书应当被拒绝接受,原因在于该商务部前官员是在本案中代理印度进行诉讼的律师事务所的一位雇员。[244] 不过,专家组接受了该宣誓书以作为"具有某种'专家意见'的信息来支持印度的主张。"[245]

六、承认与声明

如果其中一争端方承认某一特定的事实,专家组就有权把有关声明看作是准确时,也有权把有关事实看作是可靠的。[246] 在印度——数量限制案中,印度向国际收支限制委员会通报了其进口限制。[247] 专家组裁定该通报更多的是对事实的承认(admission),它意味着承认有关措施构成"数量限制"。[248] 在美国——1916 年法案(日本)中,日本要求把由美国现任和前任行政官员就 GATT1947 之下有争议的措施的地位所作的声明,看作是对事实的承认。[249] 美国对该声明的真实性与准确性表示质疑,正因为这种原因,"在没有事先查清有关声明做出的背景下",专家组"不愿意把它们看作是美国的'承认'"。[250]

124

---

[240] 同上。

[241] 同上,第 180 段。

[242] 专家组报告,危地马拉——水泥案 II,参见前注 125,第 8.188 段。

[243] 同上,第 8.250—8.251 段。

[244] 专家组报告,美国——对自印度进口的钢板反倾销和反补贴税案,WT/DS206/R 和更正 1,2002 年 7 月 29 日通过,第 7.10 段。

[245] 同上,第 7.13 段。

[246] 专家组报告,美国——虾案,参见前注 168,第 7.15 段。

[247] 专家组报告,印度——关于进口农产品、纺织品及工业产品数量限制案,WT/DS90/R,1999 年 9 月 22 日通过,为上诉机构报告所支持,WT/DS90/AB/R,DSR 1999:V,1799,第 5.123 段。

[248] 同上,第 5.124 段。

[249] 参见前注 151,第 6.60—6.61 段。

[250] 同上。和解:专家组报告,美国——1916 年法案,参见前注 150,第 6.64 段。

在许多起争端中,当事方都通过引用和引述对方政府官员的声明来支持其主张。然而,专家组在美国——301 贸易法案中告诫道:"在当今高度互动和相互依存的世界中,主权国家通常不应发现自己在国际层面上,由于代表其发言的众多代表之一的随意声明,或由于其代表在激烈的法律辩论过程中代表该国所作的陈述而受法律上的影响。"[251] 在巴西——飞机案(加拿大援引第 21.5 条 II)中,专家组"并不排除由相关成员就其打算如何实施一规划所发表的官方声明,对于评估该项规划与 WTO 的相符性来说具有相关意义的可能性",但同时又拒绝认为引发争议的有关声明使巴西有义务以任何特定的方式实施争论中的措施。[252]

专家组在智利——酒精饮料案中指出,"不用说,有关成员国的政府所宣称的目标,对于评估一项措施的意图来说,可能具有重要的相关意义"。[253] 它继续强调道:"政府所作的违背其 WTO 利益(如表明保护性目的或意图)的声明,具有很强的证明力。与之相对应的是,政府所发表试图证明其措施之正当性的自圆其说的(self-serving)声明,不大可能具有突出的证明力。"[254] 在美国——补偿法案(伯德修正案)中,美国辩称一项措施本身所宣称的目的,不应当被纳入 GATT 第 6 条和《反倾销与反补贴协定》的考虑范围之内。[255] 专家组拒绝接受美国的主张,并强调指出:"如果接受美国有关措施不是一项'针对倾销采取的特别措施'的辩护意见,则将意味着(该项措施)的确没有产生美国国会显然希望它产生的效果。"[256]

在美国——版权法第 110(5)节案中,有关问题是在国内立法中所规定(claimed)的一项例外,是否满足《与贸易有关的知识产权协定》第 13 条的要求。[257] 专家组指出:"国内立法者在制定一项限制或例外时所宣称的公共政策目的,从事实的角度来看,对于推定限制或例外的范围、或其界定(definition)的

125

---

[251] 专家组报告,美国——《1974 年贸易法》第 301—310 节案,WT/DS152/R,2000 年 1 月 27 日通过,DSR 2000:II,815,第 7.118 段。

[252] 专家组报告,巴西——飞机出口融资项目案——加拿大第二次援引 DSU 第 21.5 条,WT/DS46/RW/2,2001 年 8 月 23 日通过,第 5.162 段。

[253] 专家组报告,智利——酒精饮料税案,WT/DS87/R,WT/DS110/R,2000 年 1 月 12 日通过,为上诉机构报告所修改,WT/DS87/AB/R,WT/DS110/AB/R,DSR 2000:I,303,第 7.118 段(斜体为强调所加)。

[254] 同上,第 7.119 段。

[255] 参见前 157,第 7.41 段。

[256] 同上。

[257] 专家组报告,美国——版权法第 110(5)节案,WT/DS160/R,2000 年 7 月 27 日通过,DSR2000:VIII,3769,第 6.97 段。

明确性来说可能是有意义的。"[258]

在加拿大——航空器信贷和担保案中,巴西提到了加拿大在早先的诉讼程序中所作的声明。但专家组认为,考虑到向专家组提交的事实性诉讼记录,加拿大的声明对于解决围绕这些声明所产生的分歧来说并非是必要的。[259]

七、提交证据的最后期限

为专家组设定工作程序的 DSU 本身及其附录3,都没有规定向专家组提交证据的期限。在通常情况下,此问题是通过专家组为具体案件制定的工作程序来解决的。[260] 在阿根廷——纺织品和服装案中,阿根廷反对美国在第二次会议即将召开前才提交记录性证据。[261] 但专家组强调指出:"专家组程序规则并不禁止争端方在第一次听证会议之后提交补充性证据的做法。"[262] 所以,专家组接受了该证据。但是,出于正当程序的考虑,专家组特地额外给予阿根廷两周的时间对这些证据发表评论。[263]

126 在上诉程序中,上诉机构判定专家组接受那时才提交的证据,并不意味着滥用自由裁量权,但同时强调说,专家组"本来能够以另外一种方式来更好地行使其自由裁量权"。[264] 在做出其裁决之前,上诉机构认为附录3中的工作程序预先区分了在专家组程序中两个截然不同的阶段:第一个是有关第一次提交书面陈述,以及专家组与争端各方举行第一次会议的阶段,第二个是有关辩驳的阶段。上诉机构指出:"在第一阶段中,起诉方应当陈述其主要的起诉依据(case),包括借助于提交支持性的证据来充分地描述有关事实。第二个阶段通常是设计来允许每一争端对其他争端方提出的辩驳意见和证据进行'反驳'的。"[265]

在澳大利亚——鲑鱼案中,澳大利亚要求把由起诉方加拿大提交的两份文件排除在接受范围之外,理由是它们是在专家组设定的最后期限之后才被提交。[266] 而最后的结果是,专家组拒绝接受其中一份文件,但接受了另一份文件,因为澳大利亚已经请求并被给予了额外一周的时间来对此文件做出答复。不过,专家组指出,该文件对于其最终裁定来说并非是至关重要的,"我

---

[258] 同上,第6.112段及第6.157段。

[259] 参见前注70,第7.195段。

[260] 专家组设定的工作程序的范例规定在附录中。

[261] 参见前注186,第6.54段。

[262] 同上。

[263] 同上。

[264] 参见前注187,第81段。

[265] 同上,第79段。

[266] 参见前注225,第8.4段。

们在进一步的审查中不会考虑它"。[267] 上诉机构拒绝接受澳大利亚的上诉,而是裁定没有证据表明专家组违背了其声明而考虑了有关文件。在这些情形中,上诉机构"未能意识到澳大利亚可能已经在一定程度上提起了正当程序问题"。[268] 在强调"除了规定在附录3中的那些程序外,专家组允许创建自己的工作程序"之后,上诉机构接着告诫道:"专家组在遵守正当程序时也必须多加小心,这必然要求给予争端各方以充分的机会来对所提交的证据做出反应。"[269]

专家组在澳大利亚——鲑鱼案中也接受了由第三方新西兰在提交新证据的最后期限过后所做出的风险分析报告。向专家组提供咨询意见的专家在答复专家组提出的问题过程中,提到了新西兰的风险分析报告,并且,加拿大还在提交其对专家的答复所作的评论中附上了该分析报告的副本。在这种背景下,专家组声称它有必要考虑新西兰的风险分析报告。[270]

在韩国——酒精饮料案中,韩国在专家组与争端各方举行第一次会议后提交了一份市场分析报告来答复专家组提出的问题。[271] 而欧盟则在专家组举行的第二次会议上才提交自己的市场分析报告来做出反应[272],专家组特地多给了韩国一周的时间来回应欧共体提交的报告,并拒绝接受韩国提出的关于此种程序侵犯了其权利的主张。专家组特别提到:韩国并没有在做出第一次书面陈述时、或在第一次会议上提交其分析报告,而欧共体则抓住接下来的机会对此做出了反应。[273]

在加拿大——航空器案中,专家组拒绝发布指令:起诉方在专家组与争端各方举行的第一次实质性会议结束之后不得提交新的证据。专家组指出,"如果一项规则绝对地把起诉方在第一次实质性会议后提交的证据排除在外,那么,该规则将会是有失公允的","因为实际情形可能是起诉方被要求提供新的证据来回击被诉方做出的驳斥。"[274] 在那之后不久,专家组在加拿大——奶制品案中发布了工作程序,工作程序除其他外(*inter alia*)还规定:

127

[267] 同上。
[268] 上诉机构报告,澳大利亚——影响鲑鱼进口措施案,WT/DS18/AB/R,1998 年 11 月 6 日通过,DSR 1998:VIII,3327,第 271 段。
[269] 同上,第 272 段。
[270] 参见前注 225,第 8.5 段。
[271] 参见前注 11,第 10.24 段。
[272] 同上。
[273] 同上,第 10.25 段。
[274] 参见前注 166,第 9.73 段。专家组也注意到可能存在一些要求起诉方提供新的证据来答复专家组提出的问题的情形。

　　除了提供有关为反驳陈述或回答问题所必要的证据外,争端各方不得迟于第一次实质性会议举行期间来提交所有事实性证据。如果表明存在正当理由,此程序会考虑进行例外处理。在此类"例外"性的案件中,应给予对方一段合理的时间来对此发表评论。[275]

现在,在绝大多数专家组工作程序中都写入了相似的条款。

　　在美国——补偿法案(伯德修正案)中,加拿大试图寻求专家组允许其提交曾经为美国当局所归档的一封信件,该信件是在第一次专家组会议之后几周才为加拿大所获得的,而第一次专家组会议正好是专家组工作程序为除反驳性证据之外的所有证据设定的最后提交期限。[276] 专家组接受了该信件,认为加拿大表明了"正当理由"的存在,因为该信件是在最后期限过后几周才为加拿大所获得的,而且它与请求专家组加以考虑的问题有相关性。[277]

128　　在智利——价格标签体系案中,专家组拒绝根据在中期复审(interim review)之时才迟迟提交的证据对其中期报告做出任何修改,上诉机构支持专家组的裁定。[278]

八、在做出国内裁定中未利用的证据

　　在欧共体——荷尔蒙案中,争论的问题是欧共体是否在施加被质疑的措施之前已经进行了"风险评估"。专家组拒绝接受实际上不为欧共体所利用的"新证据"。[279] 专家组指出:"依照赋予我们——一个争端解决专家组——的职权范围,我们既没有权力根据这类'新证据'来重新审查欧共体所提及的风险评估,也没有权力自己主动去进行风险评估。"[280]

　　这类问题也出现在贸易救济争端中。在美国——热轧钢案中,专家组认为,它不能考虑由试图证明有关国家的国内反倾销裁定中存在错误的争端方所提供的事实和证据,"除非按照调查国国内相关程序的规定,它们可以为该国主管机关在调查期间所利用"。[281] 日本强调指出,是调查机关自己制定了有关它

---

[275]　专家组报告,加拿大——影响牛奶进口和奶制品出口措施案,WT/DS103/R,WT/DS113/R,1999 年 10 月 27 日通过,为上诉机构报告所修改,WT/DS103/AB/R,WT/DS113/AB/R,DSR 1999:VI,2097,第 7.17 段。

[276]　参见前注 157,第 7.2 段。

[277]　同上。

[278]　参见前注 179,第 6.3 段。

[279]　参见前注 147,第 8.114 段 n(美国)和第 8.117 段(加拿大)。

[280]　同上,第 8.115 段(美国)和第 8.118 段(加拿大)。

[281]　专家组报告,美国——对从日本进口的某类热轧钢的反倾销措施案,WT/DS184/R,2001 年 8 月 23 日通过,为上诉机构报告所修改,WT/DS184/AB/R,第 7.6 段。

们接受和审查信息的规则,因而它们有可能不当地拒绝接受由争端方所提供的信息。专家组评论道:"这种可能性提出了一个有趣的问题,事实上此前我们还从来没有碰到过。"[282] 不过,它补充道,在审查根据 GATT 第 10 条就贸易规则的管理提起的指控过程中,"我们应当行使我们的自由裁量权以便允许提交有关被诉方成员国内反倾销法的施行的证据,根据国内相关程序的规定,有关证据……可能不在主管机关在做出单独的反倾销调查过程中可以利用的特定事实范围之内。"[283]

然而,在美国——棉纱案中,专家组裁定它"应当审查所有证据,不管有关证据在调查期间是否被利用或者被考虑到,目的是评估以美国主管机关的裁定为依据展开的调查,是否彻底和充分"。[284] 专家组对此做出的解释是:"即使国内当局在做出调查结论时忽略了一项至关重要或决定性的事实,其中的原因是在进行调查时有关事实没有被提交给它,如果专家组仍然不能够推翻该当局的调查结论,那么,专家组的做法就不可能是正确的。"[285] 上诉机构不同意这种看法。它指出,专家组"不得不把自己置于有关成员在做出其裁定时所处的地位。因而,专家组必定无法考虑在那一特定时刻还根本不存在的证据。成员当然不能因为没有考虑到在做出其裁定时还不可能知道的证据而受到指责。如果专家组意图审查此类证据,专家组事实上会是在进行重新(de novo)审查。并且,如果它果真这样做的话,在利害关系方看来,那将不符合它们的利益"。[286] 尽管此争端涉及的是《纺织品与服装协定》下的过渡性保障措施问题,但上诉机构的推理(reasoning)在做适当的改变后(mutatis mutandis)似乎可以适用于反倾销和反补贴税争端,以及在《保障措施协定》项下的争端。

九、国内法的证据意义

一位前上诉机构的成员写道,"经验表明,确定 WTO 成员国内法的意义是一项十分棘手的工作。"[287] 在 WTO 争端中,许多,即使不是绝大多数引发争议

---

[282] 同上,第 7.8 段。

[283] 同上,第 7.10 段。

[284] 专家组报告,美国——对来自巴基斯坦的波纹(combed)棉纱的过渡性保障措施案,WT/DS192/AB/R,2001 年 11 月 5 日通过,为上诉机构报告所修改,第 7.33 段。

[285] 同上,第 7.35 段。

[286] 上诉机构报告,美国——对来自巴基斯坦的波纹(combed)棉纱的过渡性保障措施案,WT/DS192/R,2001 年 11 月 5 日通过,第 78 段(斜体为强调所加)。

[287] Claus-Dieter Ehlermann, Six Years on the Bench of the "World Trade Court"-Some Personal Experiences as a Member of the Appellate Body of the World Trade Organization, 36 *Journal of World Trade* 605 (No. 4, August 2002).

的"措施"都涉及到成员的法律和法规,因而,可能由此交给 WTO 法庭一项十分棘手的工作。

在 WTO 中,正如在一般国际法中一样,国内法被看作一个事实问题。[288] 不过,当国际法庭在确定国内法"是"何种"事实"时,它们几乎必然会"解释"该法律。因而,常设国际法院指出:

130

> 法庭当然不被请求解释波兰国内法本身;但没有什么可以阻止法院就这样一个问题做出判决:在适用该法律的过程中,波兰的行为是否与其在《日内瓦公约》下对德国承担的义务相符。[289]

这样的话语为上诉机构在印度——专利(美国)案中所引用,以反驳有关专家组没有把印度法当作一种必须由美国去证明的事实,而是当作一种应当由专家组加以解释的法律的辩驳意见。[290] 上诉机构指出:"显而易见的是,审查印度国内法中的相关内容……对于裁定印度是否遵守了其义务来说是不必可少的。"[291] 上诉机构还补充道:

> 很显然,对于专家组来说,如果不对印度国内法进行审查,就无法做出该裁定。但是,正如上文援引提交国际常设法院裁判的案件一样,在本案中,专家组不是在解释印度法"本身";相反,专家组对印度法进行审查,仅仅是为了裁定印度是否履行了其 TRIPS 协定下承担的义务。如果认为专家组本来不应当这样做,那就无异于是说只有印度才能够评估印度法是否与印度在 WTO 协定下承担的义务相符。本案显然不可能是这样一种情形。[292]

专家组在美国——301 贸易法案中援引了上诉机构在印度——专利(美国)案中所作的报告,以强调其职责"仅仅是为了裁定美国是否履行了其 WTO 义务……才审查美国国内法的相关规定"。[293] 专家组认为它的任务不在于解

---

[288] 专家组报告,美国——热轧钢案,参见前注 281,第 7.143 段。对于上诉机构审查专家组就国内法的"事实"所作裁定的管辖权,请见本书第二章第八节第二目。

[289] 德国在波兰上西里西亚的某些利益案,[1926],国际常设法院报告,系列 A,第 7 部分,第 19 页。

[290] 参见前注 34,第 64—65 段。

[291] 同上,第 66 段。

[292] 同上。上诉机构援引 GATT 在美国——1930 年关税法第 337 节案中的专家组报告(BISD 36S/345,1989 年 11 月 7 号通过),指出:"在该案中,专家组对美国的相关立法与实践进行了详尽的审查,包括在第 337 节下可以获得的救济以及在专门适用于专利的第 337 节程序同联邦区域法院程序之间存在的差异,目的是为了断定第 337 节是否与 GATT1947 的第 3.4 条不相符。"

[293] 参见前注 251,第 7.17—7.18 段。

释美国法"本身",而是在于"确定作为事实要素的第 301—310 节本身的意义,并查实这些事实要素是否构成美国做出的与其 WTO 义务相违背的行为"。[294] 专家组特别强调,要确定作为事实的国内法的意义,可能要审查国内法院的相关判例。[295]

在美国——1916 年法案(欧共体)中,争端双方都搬出了美国法院就解释引发争议的法律而做出的并不总是前后一致的大量判决,来支持各自的主张。[296] 在引用国际法院在 ELSI 案中的判决并引述常设国际法院在巴西贷款案中的判决之后,专家组指出:"DSU 的文本和上诉机构的实践中,都没有任何内容禁止我们'分析比较(美国)国内法院的判例',如果有关判例是'含糊的和前后不一致的'。"[297] 在表明它在审查有关 1916 年法案的美国判例法时所使用的方法、并反思"国内法作为事实"的学说之后,专家组指出:

> 在使用上述方法之后,如果我们仍旧无法确定最恰当的法庭解释,比如双方提供的证据在证明力上仍然不分高下,考虑到原告(claimant)没能令人信服地证明其诉讼请求的合理性,我们就应当遵循做出有利于被指控一方的解释原则。[298]

在美国——反补贴措施案中,专家组也引用了巴西——贷款案的判决,并引述了 ELSI 判决,称其为一个"普遍承认(well-established)的国际判例实践"。[299] 在美国——虾案中,引发争议的法律已经为低级法院加以解释,但有关解释被提起上诉,且有可能为上诉法院理解为要求采取与 WTO 义务不相符的行动。但专家组拒绝预先考虑到这样一种结果,同时强调上诉法院的判决本身可能被上诉至最高法院。[300] 相反,专家组根据目前所面对的情势做出了其裁定。[301]

131

---

[294]　同上,第 7.18 段。

[295]　同上,注释 635,提及国际法院在 Elettonica Sicula S. p. A(ELSI)案中的判决,国际法院报告,第 47 页,第 62 段,援引国际常设法院在巴西贷款案中的判决,系列 A,第 20 及 21 部分,第 124 页:"当国内法问题的决断对于法院对案件的判决来说是至关重要的时候,法院就会考虑国内法院的判例,如果有关判例没有给出确定的答案或是前后不一致的,就由法院选择它认为与有关法院最相符的解释。"

[296]　参见前注 150,第 6.52 段。

[297]　同上,第 6.53 段。对国际法院和国际常设法院判决的援引参见前注 295。

[298]　同上,第 6.58 段。

[299]　专家组报告,美国——对来自欧共体进口的某些产品的反补贴税案,WT/DS212/R,2003 年 1 月 8 日通过,为上诉机构报告所修改,WT/DS212/AB/R,第 7.124 段。

[300]　参见前注 168,第 5.109 段。

[301]　同上。

司法机关当然被看作是成员国政府的组成部分，因而成员要为国内司法机关所采取的可能与其 WTO 义务不相符的行为负责。[302] 不过，司法判决并不是专家组在解释国内法过程中惟一可以利用的材料。在美国——反补贴措施案中，专家组裁定在确定有关立法的意义的过程中，"有必要注意到其他如立法史之类的国内解释工具，因为（这些材料）在一定程度上构成有关立法有效运作的组成部分。"[303]

专家组非常看重成员提供有关其自身的法律的解释。[304] 因而，在加拿大药品专利案中，专家组裁定：起诉方没有提出充分的证据来驳倒加拿大的正式声明（declaration）——引发争议的法律中所包含的一项例外不限于药品，因而不构成事实上（*de jure*）的歧视。[305] "在做出这样一个裁定的过程中，专家组注意到其就此问题做出的相符性法律判定是建立在对加拿大法律的意义的认定基础上的，而加拿大法律的意义反过来又是建立在加拿大对该法的意义的声明基础上的。"[306] 同样，在韩国——采购案中，专家组接受了韩国所作的解释：在韩国《政府组织法》中提到的具体职位，如副部长、代理官员和办公室主任（Office Director）在其国家体制中指的是"直辖下级组织"，因为所提到的职位的责任范围是与该职位应对之负责的下级组织的责任相一致的。[307]

在美国——301 贸易法案中，其中的问题在于有关立法本身的合法性上。专家组指出："从原则上讲，与该部立法的制定具有法律相关性的内部因素应当是具有决定性的。"[308] 所以，专家组裁定：在执行乌拉圭回合谈判之际，在国会上就在国内采取的行政措施发表的官方声明，对于认定美国打算执行与其国际义务相符的措施的事实来说是决定性的，尽管"我们拒绝接受这样一种观点——有关法定用语……本身禁止做出不相符的裁定"。[309] 专家组进一步指出，尽管"不应当轻易地赋予美国做出的单方声明以国际法律意义"，尽管"在当今高度互动和相互依存的世界中，主权国家通常不应发现自己在国际层面上，

---

[302] 上诉机构报告，美国——虾案，参见前注 171，第 173 段。

[303] 参见前注 299，第 7.139 段。

[304] 大体上可以参见，Michael Lennard, Navigating by the Stars: Interpreting the WTO Agreement, 参见前注 4，第 72—75 页。也可参见本章第九节第六目。

[305] 专家组报告，加拿大——药品专利保护案，WT/DS114/R，2000 年 4 月 7 日通过，DSR 2000：V，2295，第 7.99 段。

[306] 同上。

[307] 专家组报告，韩国——影响政府采购的措施案，WT/DS163/R，2000 年 6 月 19 日通过，DSR 2000：VIII，3541，第 7.34 段。

[308] 参见前注 251，第 7.174 段。

[309] 同上，第 7.117 段。

由于代表其发言的众多代表之一的随意声明而受法律上的影响,"[310]专家组仍裁定在其面前做出的该项声明构成试图表达"美国理解其被纳入美国国内法中的国际义务"的官方政策的反映。[311]

在印度——汽车案中,专家组接受了印度的声明:印度与国内汽车生产厂家之间达成的谅解备忘录,对于生产厂家来说不再具有约束力。[312]

十、证据的充分性与形式

WTO专家组,像其他国际法庭一样,"通常自主地决定和评估各类证据,并赋予它以它们认为适当的证明力。"[313]正如专家组已经指出的,"在有关证据的可接受性问题和赋予证据的证明力问题之间存在着重要与实质性的差异。"[314]因为争端中涉及的绝大多数"措施"是法律或法规,而围绕其他事实所产生的证据问题,在许多案件中都不会涉及到。不过,这些问题的确偶尔会出现。

在印度尼西亚——汽车案中,专家组注意到有关采用某些型号的计划的证据"太简要,并且,除了由通用汽车(GM)、福特(Ford)和克莱斯勒(Chrysler)为本争端的解决准备的新闻报道和信件外,证明性文件是不存在的"。[315]专家组继续解释到,它"无意指出在WTO争端解决中,在有关新闻报道的可接受性、或通过同时期的原始信息来证明事实性主张的必要性方面,存在任何严格证据规则"。[316]不过,专家组注意到,"受到影响的公司当然可以自主支配支持起诉方诉讼请求的大量证据"。[317]专家组指出,有关证据可能会包括现行的商业计划、公司记录和有关争论中的计划的批准与随后放弃的内部决定备忘录。同时期的公司文件没有被提交,以及起诉方反过来依靠有关其自身产业活动的新闻报道的事实,导致专家组做出的裁定是:起诉方没有"借助确凿证据"来证实引发争议的补贴的影响。[318]

重要的是应注意到,在印度尼西亚——汽车案中,专家组面对的情形是:起诉方使用新闻评论来证明所称的对自己产业产生的负面影响。这种情形与其

134

---

[310]　同上,第7.118段。

[311]　同上,第7.121段。

[312]　专家组报告,印度——影响汽车部门的措施案,WT/DS146/R,WT/DS175/R和更正1,2002年4月5日在上诉被撤回之后获得通过,第7.235段。

[313]　专家组报告,欧共体——亚麻床单案,参见前注93,第6.34段。

[314]　同上,第7.117段。

[315]　参见前注74,第14.233段。

[316]　同上,第14.234段。

[317]　同上。

[318]　同上,第14.236段。

中一争端方借助新闻报道来证明另一争端方或其产业的活动的情形大不一样,因为新闻报道可能是该争端方惟一可以利用的证据。

在阿根廷——纺织品和服装案中,专家组承认了除起诉方美国之外的国家的进口商品发票,因为"专家组所要解决的争议是,阿根廷的措施是否导致征收了高于其 35% 的约束性增值(ad valorem)税率,而不管其来源地"。[319] 专家组也接受了在磋商启动之后发生的有关交易的发票,因为它们有助于专家组理解"阿根廷税收体制的运作方式"。[320]

在上诉程序中,阿根廷质疑专家组关于美国已经举出了充分的证据来证明其表面证据确凿案件的裁定。[321] 其中的问题是,由阿根廷征收的特定税率是否超过了为第 2 条所约束的增值税率。美国已经提交的统计证据显示:对于 118 个关税目录来说,征收的特定税率超过了约束税率。阿根廷主张,该证据并不支持一个涉及所有 940 个相关目录的裁定。不过,专家组做出的裁定是,美国已经提交了充分的证据来确立其表面证据确凿案件,阿根廷没有提出任何相反的证据来驳倒它。该裁决结果为上诉机构所维持。[322]

在欧共体——计算机设备案中,一起涉及关税分类的争端,起诉方美国提交了包括由爱尔兰发布的约束关税信息公报、来自英国海关和税务局(the UK Customs and Excise)的信件以及来自美国 4 个主要出口商的信件在内的证据。[323] 专家组裁定有关证据足以导致做出美国的诉讼请求是正确的推定。[324]

专家组的其他证据性裁决包括:接受对具有代表性的消费者(representative sample of consumers)的饮食习惯的市场研究报告[325];把数据资料看作是"相关证据"而不是《反倾销协定》第 5 条意义上的"简单断言"[326]。在美国——钢铁反补贴税案中,专家组指出,在复审程序中,调查机关被请求考虑它们已经拥有的来自最初的反倾销税令调查中的事实性证据。它们"不能总是处于一种非常消极的状态中,并指望出口商正式提交为开展最初调查的调查机关所控制的信息"。[327] 当间接证据(circumstantial evidence)被使用时,"它必须清楚地和令人信服地导致做出所寻求的裁定,同时必须排除存在导致做出其他合理裁定的一

---

[319]　参见前注 186,第 6.60 段。

[320]　同上,第 6.63 段。

[321]　参见前注 187,第 61 段。

[322]　同上。

[323]　参见前注 98,第 8.36 段。

[324]　同上,第 8.38 段。

[325]　专家组报告,智利——酒精饮料案,参见前注 253,第 7.34 段。

[326]　专家组报告,泰国——H 型钢案,参见前注 191,第 7.77 段。

[327]　参见前注 75,第 8.118 段。

切可能性。"[328]

尽管分析和评估证据不再在上诉审查的范围之内[329]，但有关证据的法律问题仍然在上诉机构的职权范围之内。在这一点上，上诉机构已经做出裁决："来自其他市场的证据，可能与争议中的市场审查有关，特别是在市场需求为对贸易或竞争施加的规范性壁垒所影响之时。"[330]

第十节　机密信息

一、概述

保密性问题是 WTO 争端解决程序中一个固有的组成部分。DSU 中至少有不下 6 个条款对保密性问题做了规定，同时其附录中也有两段专门涉及保密性问题。[331] 尽管任何处理具有固有机密性信息的争端解决机制，正如 WTO 体制一样，都必须预先注意到这样一个事实，即适用于争端解决的机密性，在很大程度上反映了 WTO 在 GATT 中的外交根基、以及成员把此种做法看作优越于更公开透明的诉讼程序的偏好。

DSU 第 4.6 条规定了磋商的保密性，而第 5.2 条规定，斡旋、调解和调停同样应当保密。[332] 第 13.1 条规定，提供给专家组的机密信息在没有提供信息的个人或政府的授权下，不得披露。根据第 14.1 条的规定，专家组程序本身应保密，而第 17.10 条对上诉程序也做了同样的规定。第 18.2 条要求专家组和上诉机构把书面陈述视为保密性的，尽管成员可以披露其自己的陈述。规定在 DSU 附录 3 中的《工作程序》第 3 段明确规定："专家组的审议和提交专家组的文件应保密。"而涉及专家审议小组的附录 4 第 5 段规定了提交给这些小组的信息的保密问题。所有这些规定书面文件的保密性条款，都要求提供非机密摘要。随着有关实践的发展，在专家组程序和上诉程序临近结束之际，争议各方的论据和专家组的推论在有关法庭的报告中都会公开。只有被提供者指定为机密

136

---

[328]　专家组报告，阿根廷——影响牛皮出口和皮革进口措施案，WT/DS155/R 和更正 1，2001 年 2 月 16 日通过，第 11.50 段。

[329]　上诉机构报告，印度——关于进口农产品、纺织品及工业产品数量限制案，WT/DS90/AB/R，1999 年 9 月 22 日通过，DSR 1999:IV，1763，第 144 段。

[330]　上诉机构报告，韩国——关于酒精饮料的税收案，WT/DS75/AB/R，WT/DS84/AB/R，1999 年 2 月 17 日通过，为上诉机构报告所修改，DSR 1999:I,3，第 137 段。

[331]　关于实施 1994 年关税与贸易总协定第 6 条的协定（反倾销协定），关于实施 1994 年关税与贸易总协定第 7 条的协定（海关估价），以及《技术性贸易壁垒协定》包含有关机密信息的特别规定。参见本书第五章第七节及第八节。

[332]　磋商的保密性在本章第三节第五目中已经做了探讨。

的信息才免于披露。

二、围绕私人顾问与律师问题产生的争论

WTO 协定的法律复杂性以及由此引起的争端解决的复杂性,已经增强了对律师服务的需要,此现象在 20 世纪 80 年代晚期和 90 年代早期的 GATT 下就开始出现了。绝大多数成员,特别是发展中国家成员都没有维持一个常驻法律专家团的财力。而绝大多数发达国家成员则在日内瓦或者其首都备有法律专家,且它们还越来越多地为这些专家配备它们聘请或利害关系人(stakeholders)聘请的私人律师。事实上,成员常常从捍卫私人利益的律师中获得支持,而诉讼结果对于这些利害关系人有着重大的影响。

在 GATT 下,私人律师并不直接向专家组陈述案情(present case),此任务只能由政府官员来完成。私人律师仅仅提供咨询、提出建议和起草文书。不过,WTO 程序日益法制化,很快就出现了让私人律师协助着向专家组做案情陈述(presentation of case)的尝试。最初,这种做法为发达国家所抵制。在欧共体——香蕉案 III 中,部分地是出于保密的原因,专家组拒绝让律师参与专家组程序。[333] 当案件到达上诉机构手中时,争议又再次出现了,但却具有不同的结局:上诉机构认为应当由有关成员决定谁代表它参与诉讼程序,因而这可能把私人律师包括在内。[334] 不过,保密性问题没有为上诉机构所讨论。

在韩国——酒精饮料案中,专家组应允了韩国提出的需要私人律师所协助的请求,同时强调"韩国为其代表团的所有成员,包括非政府雇员,对专家组程序的保密性承担全部的责任"。[335] 专家组继续强调的是,含有机密信息的陈述也可以提供给不是代表团成员的非政府顾问。它指出:"保密性的义务延伸至作为争端的当事方的所有政府及其顾问,不管他们是否被任命为代表团的成员和是否出席专家组的会议。"[336]

在加拿大——航空器案中,上诉机构第一次提到了保密性问题。在该案中,加拿大表达了现有的 DSU 条款没有为有关程序的保密性提供足够保护的看法,并要求为此制定特别的程序。[337] 上诉机构拒绝接受加拿大的请求,并同时

---

[333] 参见前注 33,第 7.1 段(d)。

[334] 上诉机构报告,欧共体——香蕉进口、销售和分销体制案,WT/DS27/AB/R,1997 年 9 月 25 日通过,DSR 1997:II,591,第 10 段。上诉机构并没有推翻专家组的裁定,因为有关事项没有被上诉;当第三方试图让私人律师代表它向上诉机构提出其主张时,有关问题又一次出现了。参见本书第六章第四节第十六目。

[335] 参见前注 11,第 10.31 段。

[336] 同上,第 10.32 段。

[337] 参见前注 190,第 127—129 段。

指出:"成员承担的维持这些程序的保密性的义务,也延伸到成员所选拔的作为其代表、律师和顾问而采取行动的个人身上。"[338]

138

对保密性义务构成明显违反的情形发生在泰国——H 型钢案中。在该案中,泰国指控由一产业集团提交的法庭之友的书状中,含有的对泰国机密性陈述的引证,而从该引证可以看出对泰国的陈述十分熟悉。[339] 同一家律师事务所既为作为起诉方的波兰,又为提交该书状的产业集团提供咨询。[340] 波兰告知上诉机构它没有向该产业集团提供任何帮助,并且它已经接受了该律师事务所提出的在上诉程序中不再担任其法律顾问的请求。[341] 上诉机构再一次强调指出:参与争端解决的 WTO 成员"在 DSU 和其他适用协定下对于其官员及其代表、律师和顾问的任何行为都负有全部的责任"。[342]

在巴西——航空器案(加拿大援引第 21.5 条)中,当一位加拿大官员向在会议室外非作为加拿大代表团成员的个人提供了巴西提交给专家组的保密性陈述的书面版的复印件时,巴西立即提出了抗议。[343] 通过援引上诉机构在加拿大——航空器案中的表述以及本专家组的《工作程序》,后者预见了向代表团的成员及"任何其他顾问"的披露,专家组裁定加拿大并没有违反保密性的义务。[344] 专家组认为:重要的是,"加拿大已经声明该律师事务所中已获得巴西的书面陈述的成员……同加拿大政府一样受制于保密性协定,他们不得向任何人,包括……其委托人披露任何此类信息。"[345]

三、保护机密性的特别程序

尽管在加拿大——航空器案中,上诉机构认为 DSU 规则足以确保在本案上诉过程中的机密性,但几个专家组仍行使了其自由裁量权,目的是为机密性信息提供特别的保障。尤其是在有关反倾销、补贴和涉及所谓的"商业机密信息"或"BCI"的保障措施的"贸易救济"案件中,专家组常常会制定保护机密信息的特别程序。

在印度尼西亚——汽车案中,一起涉及包括补贴在内的一系列问题的案件,起诉方美国告知专家组它拥有更进一步相关的信息,但考虑到缺乏"适当的

139

---

[338]　同上,第 141 段。

[339]　参见前注 88,第 64 段。

[340]　同上,第 71 段。

[341]　同上。

[342]　同上,第 68 段。

[343]　参见前注 252,第 3.1 段。

[344]　同上,第 3.7 段。

[345]　同上,第 3.13 段。

程序"保护该信息,它"不情愿"提供给专家组和争端各方。[346] 专家组强调,DSU 第 18.2 条允许争端各方指定信息为机密信息,并指出如果美国认为第 18.2 条所提供的保护不充分,它可以提议制定它认为足以提供充分保护的程序。[347] 不过美国并没有接受这样的建议(invitation),结果导致专家组郑重指出:"尽管通常不能要求起诉方向 WTO 争端解决专家组提供商业机密信息,但它们也不能援引机密性以作为它们拒绝提供所请求的确凿证据的理由。"[348]

加拿大——航空器案是一起涉及补贴的案件。在该案中,作为被诉方的加拿大请求专家组为保护 BCI 制定特别的程序,而作为起诉方的巴西也表示同意。[349] 专家组指出,尽管第 18.2 条对机密信息的保护做出了规定,不过,第 12.1 条允许专家组在规定于 DSU 中的那些程序之外制定工作程序。"考虑到在本案中可能提交给专家组的 BCI 的敏感性,以及争端各方就赋予此类商业机密信息以额外保护的必要性所达成的一致意见,专家组决定制定管理商业机密信息的特别程序,以超越为 DSU 第 18.2 条所提供的保护。"[350]

澳大利亚——车用皮革案 II 又是一起涉及补贴的案件。在该案中,专家组也制定了管理 BCI 的特别程序。该程序规定:只有向专家组主席提交了不得披露声明的个人才可以获得 BCI。根据该特别程序的规定,专家组承担在其中期报告和最终报告中都不得披露 BCI 的义务,但是可以就从该信息中得出的结论发表声明。[351]

涉及 BCI 的一起重要争端发生在香蕉案 III(援引第 22.6 条——2000)中根据第 22.6 条进行的仲裁中。[352] 仲裁人要求美国解释在计算其提议的中止减让上所使用的方法。[353] 在做出答复之前,美国要求仲裁人确立两类 BCI 的区分:"普通的"与"特别的"。普通的 BCI 由"非公开的和敏感的,但可以从为政府和公司的竞争对手所得到的公开的和非公开的信息中推断出的特定公司信息"所构成。[354] 特别的 BCI 包括"不可能由此推断出的特定公司的非公开的、敏感的

140

---

[346]　参见前注 74,第 14.5 段。
[347]　同上,第 14.7 段。
[348]　同上,第 14.235 段;也可参见,专家组报告,加拿大——飞机案,参见前注 166,第 9.56—9.69 段。
[349]　参见前注 166,第 9.54—9.55 段。
[350]　同上,第 9.56 段。这些程序规定在专家组报告附件 1 中。正如在上文第十节第二目中所注意到的,当案件被提起上诉时,上诉机构裁决:为 DSU 所设定的保密性义务是足够的,因而不需要制定特别的 BCI 程序。
[351]　参见前注 39,第 4.1 段。
[352]　参见前注 111。
[353]　同上,第 2.1 段。
[354]　同上,第 2.3 段。

信息"。[355]

欧共体表示反对,认为有关保密性的工作程序不应当针对个案(case by case)来加以制定,而应当由作为整体的 WTO 来加以制定。欧共体指出,特别程序是不必要的,因为其官员为规定于欧共体条约中的保密性义务所约束。而且,在欧共体看来,如果有关信息无法在布鲁塞尔总部获得的话,所提议的特别程序还会引起一些实际性的问题。[356]

在仲裁人决定制定 BCI 程序,但不特殊对待"特别的"BCI 之后,欧共体声称它不能够接受该程序,并且仲裁人在这些情形下接受 BCI 信息将构成单方面(*ex parte*)联系,而这是为 DSU 第 18.1 条所禁止的。[357] 仲裁人不同意欧共体下面的结论:欧共体拒绝根据为仲裁人所确立的程序接受有关信息,将(使仲裁人在此种情形下接受 BCI 信息——译注)构成单方面(*ex parte*)联系。它们指出:"接受欧共体的观点意味着,如果争端方拒绝参与某一诉讼程序,将在事实上阻止该程序继续进行。"[358] 由于仲裁人认为没有必要利用美国提供的信息,有关问题最终不了了之。[359]

在加拿大——奶制品案(新西兰和美国援引第 21.5 条)中,专家组明确指出:"请求制定 BCI 程序的争端方,应当清楚地向专家组解释什么种类的信息,除非采取了 BCI 程序,是其不能获得并披露的,以便使专家组能够评估制定此类 BCI 程序的必要性。"[360]

在泰国——H 型钢案这起涉及反倾销的争端中,泰国在其提交的第一次书面陈述中只试图向专家组提交机密信息,声称它不打算把该信息提交给作为起诉方的波兰和第三方。[361] 泰国援引了《反倾销协定》第 17.7 条,该条款除其他外(*inter alia*)还规定:"未经提供此类信息的个人、机构或主管机关正式授权,向专家组提供的机密信息不得披露。"在与争端各方举行磋商后,专家组建立了有关机密信息的补充程序,而泰国也同意把此类信息提供给波兰和第三方。[362] 不过,有关机密信息最终没有为专家组所利用,因为专家组拒绝将其审查建立

141

---

[355] 同上。

[356] 同上,第 2.4 段。

[357] 同上,第 2.6 段。

[358] 同上。

[359] 同上,第 2.7 段。

[360] 上诉机构报告,加拿大——影响牛奶进口和奶制品出口措施案——新西兰和美国援引 DSU 第 21.5 条,WT/DS103/RW,WT/DS113/RW,2001 年 12 月 18 日通过,为上诉机构报告(基于其他理由)所推翻,WT/DS103/AB/RW,WT/DS113/AB/RW,第 2.19 段。

[361] 参见前注 191,第 5.1 段。

[362] 同上,第 5.2 段。有关增补程序作为附件 5 附于该报告上。

在波兰公司及其律师在有关反倾销程序中做出最终裁定时还不能获得的机密信息上。[363]

在欧共体——亚麻床单案中,印度提交了一份根据调查而获得的倾销估算,该调查是与成为争议对象的调查不相同的。[364] 欧共体表示反对,辩称提交在亚麻床单案中的证据记录,将构成对在其他案件中的保密性义务的违反。[365] 不过,最终的结局是,拥有该信息的争端方提交了一份弃权声明并同意专家组利用该信息,该弃权声明因而为专家组所接受。[366]

在美国——条形管案中,一起涉及《保障措施协定》的争端,专家组请求从美国国际贸易委员会的机密报告中获得信息,美国提供了索引资料。专家组裁定美国提供的资料是充分的。[367] 在阿根廷——纺织品和服装案中,阿根廷质疑作为证据加以提供的发票的合法性,因为发票上进口商的名称和所有相关资料,可能有助于发现被删除的进口商或出口商的名称。[368] 然而,专家组接受了这些作为证据的发票,并强调指出:"正如本案所表明的,在争端解决中争端方常常会采取一定的措施来保护诸如所涉及到的私人实体的名称和其他信息之类的商业机密信息。"[369]不过,争端方甚至可以进行充分的技术性加工,以便使有关涉密性(resulting)文件对专家组来说没有用处。[370]

142　　　在美国——版权法第 110(5)节案中,一起在 TRIPS 协定下发生的争端,争端方之间秘密达成的一项协议也与争端具有相关性。[371] 美国无法提供一份该协议的复印件,因为协议中含有一不得披露条款,并且其中一当事方声称该协议中含有机密(proprietary)信息,拒绝允许当事方进行披露。[372] 因而,在审查该协议的过程中,专家组指出:"我们不得不依靠争端各方提供给我们的其他间接信息。"[373]

正如在前面本章第九节第四目中所注意到的,在美国——麦麸案保障措施争端中,专家组和上诉机构都强调在《保障措施协定》第 3.2 条中的保密性义务

[363]　同上,第 7.247 段。

[364]　参见前注 93,第 6.36 段。

[365]　同上。

[366]　同上,第 6.40 段。

[367]　专家组报告,美国——对源自韩国的圆形焊接碳质条形管最终保障措施案,WT/DS202/R,2002 年 3 月 8 日通过,为上诉机构报告所修改,WT/DS202/AB/R,第 7.9—7.11 段。

[368]　参见前注 186,第 6.53 段。

[369]　同上,第 6.59 段。

[370]　参见,专家组报告,加拿大——飞机案,第 9.313 段及第 9.345 段。

[371]　参见前注 257。

[372]　同上,第 6.203 段。

[373]　同上。

与在 DSU 第 11 条中专家组承担的对有关事实进行客观评估的义务之间存在一个严重的体系冲突问题。该问题仍未得以解决。

四、政府信息

在澳大利亚——鲑鱼案(加拿大援引第 21.5 条)中,专家组接受了澳大利亚有关制定特别的程序以便使已经要求澳大利亚提交的"政府机密信息"得到保护的请求。[374] 该信息被描述为仅仅向澳大利亚政府公开的报告。其中丝毫不涉及直接性的商业利益。"该文件是一个主要涉及政府与政府之间关系的文件"。[375] 通过提及上诉机构在加拿大——航空器案中拒绝制定特殊的保护程序,并通过强调第 18.2 条、它自己本身的工作程序和 DSU 中规定行为规则的第7.1条,专家组最终裁定:只需要对其工作程序做出两处增补即可保护有关信息。[376] 其中的增补条款规定:有关信息在专家组报告中不得披露,并且,在专家组报告散发后,它应当重新交由其提供者控制(returned)。[377] 在加拿大——航空器案中,专家组拒绝接受"内阁特权"构成拒绝提供信息的正当理由。[378]专家组指出,在涉及国家安全的情形中,"一个成员可以认为自己有正当理由拒绝向专家组提供所请求的某些信息。不过,在此类情形中,我们希望该成员清楚地解释有必要保护该信息的原因。"[379] 而在交由专家组裁决的本案中,有关成员根本没有对此做出任何解释。[380]

143

第十一节 举证责任

一、概述[381]

举证责任被称作"法律对不知情的反应"(the law's response to igno-

---

〔374〕 参见前注 230,第 7.7 段。

〔375〕 同上。

〔376〕 同上。

〔377〕 同上。

〔378〕 参见前注 166,第 9.345 段。

〔379〕 同上,第 9.347 段脚注 633。

〔380〕 同上。

〔381〕 大体上可以参见,Joost Pauwelyn, Evidence, Proof and Persuasion in WTO Dispute Settlemnet, 1 *Journal of International Economic Law* 227 (1998);Rutsel Silvestre J. Martha, Presumptions and Burden of Proof in World Trade Law, 14 *Journal of International Arbitration* 67 (No. 1, March 1997); Mojtaba Kazazi, *Burden of Proof and Related Issues: A Study on Evidence Before International Tribunals* (Kluer, 1996).

rance）。[382]　它"能够抵消（compensates）诉讼程序中存在的大量不确定性，从而使司法机关在缺乏相关信息的情况下能够做出确定的裁决"。[383]　随着争端解决程序变得越来越复杂和司法化，首先是在 GATT 中，现在是在 WTO 中，举证责任问题成为了专家组报告中一个日益重要的组成部分。这种趋势可能还会继续发展。

在 WTO 中，正如在任何成熟的法律体制中一样，主张某一事实（asserting fact）的争端方，不论是起诉方还是被诉方，都有责任就该事实提供证据。[384]　只要是发生举证责任问题，上诉机构在美国——羊毛衬衫和上衣案中的有关阐述就会在随后的报告中被反复地引用：

> 在大陆法系、英美法系，以及事实上在绝大多数国家中，一个普遍接受的证据原则是，举证责任由积极主张某一特定诉讼请求或辩护意见的当事方承担，不论是原告还是被告。如果该当事方举出了充分的证据以便可以推定它所提出主张是合理的，那么举证责任就转移到对方的身上，如果对方未能提供足够的证据来驳倒有关推定，它就会败诉。[385]

144　　　在发生无法确定的案件中，当所有的证据和论据在证明力上仍然分不出高低的时候，疑点的利益（the benefit of the doubt）应当赋予不负有举证责任的争端方。[386]

尽管争端方已经履行针对某一特定的诉讼请求的举证责任、或争端方已经驳倒表面证据确凿案件，专家组在以上任何情形下都没有被要求做出具体的裁决。[387]

二、表面证据确凿案件的证明责任

WTO 判例引发了一些问题：严格地讲，为了确立（establish）表面证据，争端方究竟要承担什么样的义务。起诉方似乎并非一定有义务确立表面证据确凿案件。表面证据确凿案件是指"在缺乏被诉方提出的有效反驳的情况下，要求专家组将其作为一个法律问题做出支持起诉方的裁决"。[388]　不过，不能够确立

---

〔382〕　Richard H. Gaskin，*Burden of Proof in Modern Discourse* 4（Yale，1992）.

〔383〕　同上。

〔384〕　上诉机构报告，美国——关于影响自印度进口的羊毛衬衫和上衣措施案，WT/DS33/AB/R 和更正 1，1997 年 5 月 23 日通过，DSR 1997：I，323，第 4 节（§ IV）第 16 目。

〔385〕　同上。第 14 节。

〔386〕　专家组报告，美国——贸易法第 301 节案，参见前注 251，第 7.14 段；和解：专家组报告，欧共体——石棉案，参见前注 239，第 8.79 段。

〔387〕　上诉机构报告，泰国——H 型钢案，参见前注 88，第 134 段。

〔388〕　上诉机构报告，欧共体——荷尔蒙案，参见前注 149，第 104 段。

表面证据确凿案件的起诉方将面临败诉的风险。相反,认为起诉方没有提出表面证据,并因而决定不进行辩护的被诉方也将面临败诉的风险。

接受过普通法专门训练的律师对此可能特别感到困惑不解。他们的困惑来自于这样一个事实:与在绝大多数普通法诉讼程序中所流行的做法截然相反的是,WTO 专家组不受由争端方提交的事实性(factual)记录所约束。正如前文已充分论述的是,DSU 第 13 条授权专家组从"其认为适当的任何个人或机构"那里寻求信息。[389] 该信息可以对争端方所提供的信息起到补充性的作用。在这方面,WTO 专家组仿效的是大陆法系中的法院的做法,正如绝大多数国际法庭所作的一样。[390] 比如,在印度尼西亚——汽车案中,专家组审查的是引发争议的补贴是否为《补贴与反补贴措施协定》第 1 条和第 2 条意义的"专向性"补贴,尽管起诉方和被诉方都认为它们是专向性补贴。在绝大多数普通法国家中,争议到此就算解决了。但对于专家组来说这还不一定足以解决争端:"考虑到争端各方的意见,再加上在有关记录中没有任何内容非得要求做出一个不同的裁定,我们判定引发争议的措施是《补贴与反补贴措施协定》第 1 条和第 2 条意义上的专向性补贴。"[391]同样,在讨论专家组在 DSU 第 11 条下所承担的义务时,上诉机构指出:"专家组有义务审查和考虑向其提交的所有证据,而不仅仅是其中一方或另一方所提交的证据,并评估所有证据的相关性及由此具有的证明力。"[392]不过,专家组审查和考虑所有证据的义务,并不意味着专家组可以为其中一争端方发现它自身无法找到的诉讼理由。不得越权裁判学说将会涵盖这种行为。[393]

上述做法与普通法国家的通常实践截然不同。在普通法国家中,在原告提出起诉之后,被告通常会提议以原告提交的所有证据无论从那个角度看都无法表明违反了法律为由做出判决。在 WTO 的实践中没有与此类提议相对应的东西。因而,尽管因其最初提交的陈述无法充分证明被诉方违法,起诉方显然将因此面临着风险,但被诉方在该问题上没有寻求裁决的法律权利,因为仍然存

---

[389]　DSU 第 13.1 条。特别参见本章第九节第二目到第四目。

[390]　即使一当事方没有出庭,与绝大多数普通法系法院不同的是,国际法院也不能轻易地针对该当事方做出缺席判决。《国际法院规约》第 53 条规定:法院必须彻底弄明白某一针对没有出庭的当事方提起的诉讼具有充分的法律依据。参见 Stanimir A. Alexandrov, Non-Appearance before the International Court of Justice, 33 *Columbia Journal of Transnational Law* 41 (1995).

[391]　参见前注 74,第 14.155 段(强调为原文所加)。应当注意的是,SCM 协定第 6.8 条规定,除非在某些有限的情形下,"严重损害的存在应依据提交专家组或专家组获得的信息确定"。不过,由于 DSU 第 13 条授权专家组从任何来源寻求信息,很显然,它们在所有案件中的裁定可以建立在,至少是部分地建立在它们所获得的信息上。(强调为原文所加)。

[392]　上诉机构报告,韩国——奶制品案,参见前注 84,第 137 段。

[393]　参见本书第二章第二节第四目。

145

在这样一种可能性:支持原告的其他证据,将会或者已经可以为专家组所获得和利用。[394]

在加拿大——航空器案中,专家组强调,尽管"在每一个案件中对于专家组来说的一个关键性的裁定是起诉方是否确立了表面证据确凿案件,被诉方是否已经驳倒了此类表面证据确凿案件。在实践中,这些裁定是根据由争端各方提出的所有证据,包括书面的和口头的陈述来做出的。因而,此类裁定必然是在专家组程序的后期阶段才做出的。"[395]专家组继续指出,被诉方可以"通过主观假定巴西已经或者将会针对其所有诉讼请求确立表面证据案件",来为自己进行充分的辩护。[396]

由于加拿大拒绝提供为航空器案中的专家组所请求的信息,专家组指出,它"对加拿大的拒绝深表遗憾",但仍继续进行其程序,裁定巴西没有证明其诉讼请求的合理性。[397] 巴西就专家组未能因加拿大拒绝遵守其请求而做出不利推断提起上诉。[398] 尽管维持了专家组的裁定,但上诉机构同时指出:"专家组应当愿意明确提醒争端各方——在争端解决程序的进行过程中——拒绝提供为专家组所请求的信息可能导致对被隐瞒的信息的可责难性(inculpatory)做出推断。"[399]不过,上诉机构认为专家组拒绝做出反向推断并非是滥用自由裁量权,由此"使专家组的裁定继续保持无法确证(not proven)的状态"。[400]

也许可以认为,如果专家组针对加拿大未能回应做出了反向推断,这些推断加上起诉方的证据本来可以足以确立表面证据确凿案件,尽管巴西自己提供的证据是不充分的。这样一种结果不仅为上诉机构在加拿大——航空器案中做出的评论意见所暗示,而且也是上诉机构在印度——专利案(美国)中所作评论的应有涵义。上诉机构的评论是:在举行磋商之后,如果其中某一争端方认

---

[394] 这种体制对于美国律师来说完全是不熟悉的,尽管他们接受过普通法训练。在美国商务部和美国国际贸易委员会两机构所进行的反倾销和反补贴税调查在某种形式上与在 WTO 中所遵循的普通法程序非常相似。在两机构面前的程序是"调查性的",而不是对抗性的,因而,尽管当事方有责任证明其诉求,并面临着它们不会被接受的风险,机构的证据并不一定限于由各当事方提供的信息。两机构本身调查并独立地发掘用以支持其结论的证据。

[395] 参见前注 166,第 9.87 段。

[396] 同上,第 9.88 段。

[397] 同上,第 9.178—9.180 段。

[398] 反向推断在本章前文第九节第四目中已经做了探讨。

[399] 加拿大——飞机案,参见前注 190,第 204 段。

[400] 同上,第 205 段(强调为原文所加)。当在苏格兰法中使用"Not proven"(无法确证)一词时,指的是有罪或无罪都无法得到证明。参见 David M. Walker, *The Scottish Legal System* 490 (1981)。

为所有相关事实并没有完全提交给专家组,该争端方可以请求做出另行的调查。[401] 在这一点上,上诉机构在韩国——奶制品案中指出,DSU 中没有任何条款"要求在专家组可以开始审查被诉方的辩护意见和证据之前,专家组应就起诉方是否已经确立表面证据确凿的违反之诉案件做出明确的裁决"。[402] 事实上,专家组进行独立调查的权力本身就表明所获得的信息将会为专家组所利用,只要与其裁定有关。

不过,专家组在欧共体——石棉案中指出,它不能够利用专家所提供的信息"以便证明其中一争端方诉讼请求的有效性,如果该争端方还没有确立表面证据确凿案件的话"。[403] 同样,在印度——汽车案中,专家组指出,它的"调查权限不应当被利用来企图证明还没有为相关争端方所确立的表面证据确凿案件"。[404] 与这种做法相一致的是,专家组在阿根廷——瓷砖案中指出:"我们的职责不是为其中某一争端方寻找诉讼理由,相反,我们可以向争端方提出问题'以便澄清和筛选有关法律理由'。"[405] 应当强调的是,这些案件中没有一个被提起上诉。

在早先被上诉的案件中,上诉机构裁决专家组犯了错误,因为它利用来自专家的信息和建议来确立表面证据确凿案件。不过,在日本——农产品案 II 中,起诉方美国甚至没有就专家发现的"吸着程度"(sorption levels)提起诉讼请求,而"吸着程度"可能支持做出一个与 SPS 协定不相符的裁定。[406]

在阿根廷——皮革案中,专家组发表的评论是:在涉及到声称存在事实性(de facto)限制的案件中,"对事实进行分析的重要性变得突出起来"。[407] 因而,专家组向争端各方提出了一系列广泛的问题。专家组指出:"我们认为,存在一些不为我们所知但同时可能具有重要意义的事实,所以,我们并不完全满足于我们对有关情形的某些方面有了真正全面的了解。最后还得强调的是,在任何争端中的举证责任由起诉方承担以支持其所提出的主张。"[408] 专家组还进一步

147

---

[401]　参见前注 34。

[402]　参见前注 84。

[403]　参见前注 174,第 8.81 段。

[404]　专家组报告,印度——影响汽车部门的措施案,WT/DS146/R,WT/DS175/R 和更正 1,2002 年 4 月 5 日在上诉被撤回之后获得通过,第 7.294 段。

[405]　专家组报告,阿根廷——对来自意大利的进口地板瓷砖的最终反倾销措施案,WT/DS189/R,2002 年 11 月 5 日通过,第 6.6 段,援引自在泰国——H 型钢案中的上诉机构报告,参见前注 88,第 136 段。

[406]　上诉机构报告,日本——关于影响农产品的措施案,WT/DS76/AB/R,1999 年 3 月 19 日通过,DSR 1999:I,277,第 130 段。

[407]　参见前注 328,第 11.14 段。

[408]　同上。

指出："我们不能仅仅因为获得证据是困难的就忽视争端方为其主张提出充分证据的必要性。"[409]

在更严格的特定事实层面上，专家组在美国——贸易法 301 条款案中指出，主张某一特定事实的争端方"不得不确立表面证据确凿案件以表明该事实的存在……该表面证据确凿案件将会持续有效，除非为对方所充分驳倒"。[410]

148
三、例外

援引一项例外来证明其行为的正当性的争端方有责任证明它已经满足了为援引相关例外所必要的条件，如果不援引相关例外，该行为就会与其 WTO 义务不相符。[411] 诸如规定在 GATT 第 11.2 条和第 20 条中的例外，"本身并不是确立义务的肯定性（positive）规则。它们具有肯定性辩护的性质。惟一合理的是确立此类辩护的责任应当由对其提出主张的争端方来承担。"[412] 援引第 20 条的争端方不被要求证明对方提出的驳斥性论据不成立，除非是对方已经用充分的证据证明这些反驳性论据的正确性。[413]

一项措施被认为是遵守了 DSB 的建议和裁决的事实并不改变举证责任的分配。[414] 因而，尽管存在善意地履行了条约义务的推断，在根据第 21.5 条进行的复审中，实施一项措施来遵守 DSB 在所通过的报告中做出的建议和裁决的争端方有责任证明其遵守性措施在第 20 条例外下是正当的。[415]

四、在具体协定和 GATT 条款中的举证责任

判例法和几个 WTO 协定的规定都表明，在这些协定中，存在着特殊的举证责任问题。

《农业协定》：《农业协定》规定了针对为《补贴与反补贴措施协定》第 3 条所设定的出口补贴禁止的部分例外。成员被允许按照在乌拉圭回合中达成的

---

[409] 同上，第 11.51 段。

[410] 参见前注 251，第 7.15 段。

[411] 专家组报告，美国——内衣案，参见前注 33，第 7.16 段。和解：专家组报告，加拿大——药品专利案，参见前注 305，第 7.60 段。

[412] 上诉机构报告，美国——羊毛衬衫和上衣案，参见前注 384，本章第 4 节（§Ⅳ）。和解：专家组报告，美国——虾米案，参见前注 168，第 7.29 段："在做肯定性辩护时，比如援引第 20 条，举证责任应当由提出主张的当事方承担。"

[413] 专家组报告，欧共体——石棉案，参见前注 174，第 8.178 段。

[414] 专家组报告，巴西——飞机出口融资项目案——加拿大援引 DSU 第 21.5 条，WT/DS46/RW，2000 年 8 月 4 日通过，为上诉机构报告所修改，WT/DS46/AB/RW，DSR 2000:IX,4093，第 66 段。

[415] 专家组报告，美国——虾案（马来西亚援引第 21.5 条），参见前注 172，第 5.19 段。

"减让承诺"对农产品提供出口补贴,但成员同时保证不以不符合其承诺的方式提供出口补贴。[416] 如果受制于减让承诺的产品出口超过了有关承诺的水平,以及如果出口成员声称超过的数量没有被补贴,《农业协定》第 10.3 条对出口成员施加了证明没有对那些超过的数量提供补贴的责任。

不过,在加拿大——奶制品案(新西兰和美国第二次援引第 21.5 条)中,专家组解释第 10.3 条对起诉方施加了双重的举证责任。它不仅要求起诉方证明有关出口超过了减让承诺,而且也认为"对第 10.3 条的实践性(operational)解释要求起诉方提出表面证据,来证明存在着所指控的出口补贴的要素"。[417] 专家组并没有提到早期报告,在该报告中,专家组和争端各方似乎一致认为:为了转移举证责任,起诉方必须证明的是,出口已经超过了减让承诺。[418]

在加拿大——奶制品案(新西兰和美国第二次援引第 21.5 条)中,上诉机构不同意专家组的看法,并推翻了专家组在此问题上做出的裁定:

> 第 10.3 条的意义是,只要成员出口的农产品在数量上超过了其数量承诺水平时,该成员将因其超过的数量被看作似乎已经提供了与 WTO 不相符的补贴,除非该成员提出充分的证据来"证明"情形刚好相反。对有关通常规则做这样的颠倒适用迫使被诉方承担对出口补贴证据的任何怀疑的后果。[419]

《实施卫生和植物卫生措施协定》:第 4.1 条和第 6.3 条把显示"等效性"和无病虫害或疫区的责任——施加给了出口成员。[420] 起诉成员有责任证明没有支持 SPS 措施的任何相关科学研究或报告存在。该举证责任可以通过根据第 5.8 条对维持该项措施的成员提出的请求来完成。该成员未能提出科学研究或报告将构成"一个不存在此类研究或报告的明显标示"。[421]

《补贴与反补贴措施协定》:针对第 3 条规定,第 27 条为发展中国家设定了

---

[416] 《农业协定》第 8 条。

[417] 专家组报告,加拿大——影响牛奶进口和奶制品出口措施案——新西兰和美国第二次援引 DSU 第 21.5 条,WT/DS103/RW2,WT/DS113/RW2,2003 年 1 月 17 日通过,为上诉机构报告所修改,WT/DS103/AB/RW2,WT/DS113/AB/RW2,第 5.18 段。

[418] 专家组报告,美国——"外国销售公司"税待遇案,WT/DS108/R,2000 年 3 月 20 日通过,为上诉机构报告所修改,WT/DS108/AB/R, DSR 2000:IV,1677,第 7.161 段。

[419] 上诉机构报告,加拿大——影响牛奶进口和奶制品出口措施案——新西兰和美国第二次援引 DSU 第 21.5 条, WT/DS103/AB/RW2,WT/DS113/AB/RW2,2003 年 1 月 17 日通过,第 74 段。

[420] 专家组报告,欧共体——荷尔蒙(美国)——荷尔蒙(加拿大),参见前注 147,分别见脚注 250 和 355。

[421] 上诉机构报告,日本——关农产品案 II,参见前注 406,第 137 段。

特殊与差别待遇,即本协定对出口补贴的禁止不是一项积极抗辩。因而,指控发展中国家成员给予或维持禁止性出口补贴的成员得承担证明该发展中国家成员没有遵守第 27 条规定的义务的责任。[422]

GATT1994 第 23.1(b)条:这是一种例外性的救济办法,因为起诉方承担提供详尽的理由来支持其指控的举证责任。[423]

GATT1994 第 24 条:根据第 24 条主张并非不相符的措施(otherwise inconsistent measure)的正当性的成员首先"必须证明引发争议的措施是在关税同盟创建时就被设定的,并充分满足了第 24 条第 8(a)和第 5(a)分段的要求。其次,该争端方还必须证明如果不允许设定引发争议的措施,关税同盟的创建就会被阻止。"[424]专家组在美国——条形管案中裁定:美国已经提出了表面证据证明:基于美国向审查 NAFTA 与第 24 条的相符性的工作组所作的陈述,以及基于美国向正在审查 NAFTA 与相关 WTO 规则相符性的区域贸易协定委员会所作的陈述,北美自由贸易协定(NAFTA)是与 WTO 相符的。委员会仍旧没有发布最终裁定的事实并不能够驳倒此表面证据确凿的结论。[425]

五、"一般原则的例外"分析

在 WTO 判例中有关举证责任的一个重要的发展涉及的是上诉机构显然(apparent)拒绝使用所谓的"一般原则的例外"分析,尽管它在许多 GATT 专家组报告中得到了使用。[426] 根据此分析方法,援引 GATT 一般原则——如最惠国待遇或国民待遇原则——之例外的争端方事实上比援引体现一般原则之条款的争端方承担更繁重的举证责任。对有关例外的解释通常比其他条款更富限制性或更严格。

不过,上诉机构一开始就显示出对有关原则的正文的强调。[427] 它后来才

151

---

[422] 上诉机构报告,巴西——飞机案,参见前注 20,第 141 段。

[423] 专家组报告,日本——胶卷案,参见前注 71,第 10.30 段,援引 DSU 第 26.1 条(强调为原文所加)。

[424] 上诉机构报告,土耳其——对纺织品和服装产品的进口限制案,WT/DS34/AB/R,1999 年 11 月 19 日通过,DSR 1999:Ⅵ,2345,第 58 段。

[425] 专家组报告,参见前注 367,第 7.144 段。

[426] 如参见挪威——特隆赫姆城公路收费设备采购案:"由于第 5 条第 16 款第 5 项是一项例外条款,其范围必须进行严格的解释,因而应当由挪威——援引该条款的当事方来证明其行为与该条款的相符性";美国——影响酒类饮料的措施案:"专家组也注意到缔约方全体严格解释第 20 条的这些例外,并给予援引该条款的当事方施加证明其利用的正当性的举证责任的做法。"

[427] 上诉机构报告,美国——精炼与常规汽油案,WT/DS2/AB/R,1996 年 5 月 20 日通过,DSR 1996:Ⅰ,3,第 3 部分 B 第 18 页,注意到在 GATT 判例中发展起来"用以"解释第 20 条(g)中"有关"一词的所谓"主要针对"测试,"本身不是条约用语"。

评论道,GATT 第 20 条和第 11.(2)(c)(i)条由于具有肯定辩护的性质,因而构成其他义务的有限例外,援引它们的争端方有责任证明其可适用性。[428]　在做出上述评论的过程中,上诉机构所依靠的是有关条款本身的表述,而不是更为宽泛的原则。在欧共体——有关肉和肉制品的措施(荷尔蒙)案中,这一点表现得尤为明显。在强调有关证明与某一条款不相符的举证责任不能通过把该条款描述为一项例外而得以免除之后,上诉机构指出:

> 仅仅把一条约条款定性为一项"例外"本身并不能够证明"更严格"或"更限制性"地解释该条款的正当性,这本来可以通过审查条约的实际用语的正常意义,参照上下文和条约的宗旨与目的,或者换句话说,通过适用条约解释的通常规则来得到保障。[429]

上诉机构的裁决似乎为规定在《维也纳条约法公约》第 31 和 32 条中的解释国际公法的习惯性规则所支持。这些条文并不使条约正文的一部分优先于另一部分,同时更宽泛地解释前者和更限制性地解释后者的做法有根有据。限制性地解释 GATT 中某些条款的更恰当的理由在于它们的用语是限制性的事实,而不是采取支持一个条款而不支持另一个条款(one article over another)的人为做法(assumed policy)。

152

六、第 22.6 条项下的仲裁

根据 DSU 第 22.6 条,如果有关成员反对起诉方所提议的中止程度或其他义务,该事项得提交仲裁。与起诉方一样,有关成员得承担举证责任。不过,仲裁人给申诉方成员施加了解释其计算方法的举证责任。这将在第八章第五节第六目中加以探讨。

第十二节　评　审　标　准[430]

《争端解决谅解》没有规定明确的评审标准。然而,上诉机构一直认为:"未能适用适当评审标准的问题……本身可以细分为专家组是否……'对其审议的事项做出客观的评估,包括对有关事实做出客观的评估'的问题。"[431]此处所援

---

〔428〕　上诉机构报告,美国——羊毛衬衫和上衣案,参见前注 384,第 14 页。

〔429〕　上诉机构报告,欧共体——荷尔蒙,参见前注 149,第 104 段。

〔430〕　《反倾销协定》第 17.6 条中含有一个单独的评审标准。请见本书第五章第七节第四目到第六目。一般可以参见 Maurits Lugard, Scope of Appellate Review: Objective Assessment of the Facts and Issue of Law, 1 *Journal of International Economic Law* 323 (1998).

〔431〕　上诉机构报告,欧共体——荷尔蒙案,参见前注 149,第 119 段(原文强调被省略)。

引的表述是 DSU 第 11 条中的表述。尽管专家组由此必须适用第 11 条,但它们目前还没有做出过有关其法定内容的判例。该任务就落在了上诉机构的身上,因为它得裁决有关专家组未能对其审议的事项按照第 11 条的要求做出"客观评估"的上诉。

以声称未能对有关事实做出客观评估为由对专家组裁定提出的第一起上诉并没有被充分接受。上诉机构指出:"有关专家组忽视或者曲解了提交给它的证据的上诉,事实上是主张专家组在或大或小的程度上拒绝赋予提交证据的争端方以基本公正,或者是在许多国家中众所周知的正当法律程序或自然公平。"[432] 上诉机构在此后一系列的案件中重申了这样一种态度。"声称专家组没有按照第 11 条的要求'对其审议的事项'进行'客观的评估'是一个非常严重的指控。此类指控深入到了 WTO 争端解决程序本身的公正性的真正核心。"[433] 如果专家组并没有"有意忽略"、"拒绝考虑"、"故意曲解"或"误解"有关证据,并且如果它并没有犯"足以对其善意性产生怀疑的重大错误",它就并非在以与第 11 条不符的方式采取行动。[434] 起诉方的"主张……并不表明专家组已经曲解、误解或者忽视了证据,或者是在本案中适用了有关证据的'双重标准'"。[435] 因而,第 11 条中的"评审标准"在最初似乎根本没有对"审查"做详尽的规定。

随后,上诉机构的态度(tone)开始发生变化。在美国——麦麸案中,专家组的裁定被上诉机构依据第 11 条的规定推翻了,但在有关裁决中没有一句充分体现了上诉机构早期裁决严格特征的话语。在声称专家组对有关事实的评估是否客观的问题本身是一个法律问题之后,上诉机构指出,事实上在许多国内上诉审查中构成样板性表述(boilerplate)的是:"我们不能够仅仅基于我们可能会做出一个与专家组所做出的不同的事实性裁定的结论,就做出与第 11 条不相符的裁决"。"相反,"上诉机构补充道,"我们必须弄清楚的是作为事实的评判者的专家组在对证据的评估上是否已经超越了其自由裁量权的界限。"[436] 上诉机构然后继续强调:"我们不能随意干扰专家组行使其自由裁量权。"[437]

"麦麸"案的专家组已经接受了补充性的信息来证明受质疑的裁定的正当性,所谓补充性的信息是指没有被纳入有关裁定本身的信息。通过做出支持在

---

[432] 同上,第 133 段。

[433] 上诉机构报告,欧共体——影响几种家禽产品进口措施案,WT/DS96/AB/R,1998 年 7 月 23 日通过,DSR 1998:V,2031,第 133 段。

[434] 上诉机构报告,澳大利亚——鲑鱼案,参见前注 268,第 266 段。

[435] 上诉机构报告,韩国——酒精饮料案,参见前注 330,第 164 段。

[436] 上诉机构报告,美国——麦麸案,参见前注 212,第 1.51 段。

[437] 同上。

这些情形下受到质疑的国内裁定的结论后,上诉机构指出:"专家组在适用评审标准时没有遵照 DSU 第 11 条的要求。"[438] 然后,它继续为依据第 11 条的规定质疑专家组报告提供了某些指导性建议:

> 在请求我们进行此类审查之时,上诉方必须清楚地显示专家组以不当的方式行使了其自由裁量权。在考虑整个全部(ensemble)事实之后,上诉方至少应当:指明专家组本来应当加以援引的记录在案的事实;指出专家组本来应当从这些事实中得出的事实性或法律推论;最后,解释专家组未能通过得出这些推论行使其自由裁量权意味着犯了 DSU 第 11 条下的法律错误的原因。[439]

154

专家组经常被请求对国内主管机关的裁定进行审查,正如专家组在麦麸案——一起涉及保障措施的案例——中所作的一样。这就引起了专家组将如何审查这些裁定的问题。在欧共体——荷尔蒙案中,上诉机构有点同义反复地指出:就专家组对有关事实进行客观评估来说,"所适用的标准既不是所谓的重新(de novo)审查,也不是'完全的遵从',而是'对有关事实的客观评估'。"[440] 随后,它提供了进一步的解释:

> 根据第 11 条……,专家组必须审查有关主管机关是否已经评估了所有相关因素;它们必须评估该主管机关是否已经评估所有相关事实;并评估就这些事实怎样支持有关裁定是否已经做出了合理的解释;它们也必须考虑主管机关的解释是否充分注意到了有关事实(data)的性质和复杂性,并回应了对该事实的其他看似合理的解释。不过,专家组一定不能对有关证据进行重新的审查或用它们自己的裁定来取代主管机关的裁定。[441]

所有这一切在 WTO 实践中有什么意义呢?专家组审议的"事项"的纯粹法律部分由专家组来重新(de novo)做出裁定,因为专家组程序是 WTO 机构根据 WTO 法律标准对一项措施进行审查的最初阶段。[442] 不过,至于纯粹的事实性问题,有大量的且不断增长的案例法清楚地表明专家组不能进行重新(de novo)

---

[438] 同上,第 162 段。

[439] 同上,第 175 段。

[440] 上诉机构报告,参见前注 149,第 117 段。

[441] 上诉机构报告,美国——棉纱案,参见前注 286,第 74 段。

[442] 即使国内措施是一字不改地(Verbatim)表述 WTO 条款的规定,这仍然是适用的。国内当局考虑的仍旧是一项国内措施,它们的解释不能约束 WTO 专家组对 WTO 条款的解释。

审查。[443] 这就引起了这样一个问题:准确地说,专家组在没有重新审查有关事实的情况下将如何做出"客观的评估"。表面上(apparent)的答案可能会提到类似于为美国律师所熟悉的"实质性证据测试"的做法。如果所有的证人都说是A,而国内主管机关却判定为B,那么专家组就很有可能判定有关事实并不支持主管机关的裁定。但是如果一些证人说是A,另一些证人说是B,专家组就可能判定有关事实确实为主管机关的裁定提供了依据,而不管它们判定为A还是B。上诉机构就有可能裁决专家组以这种方式对有关事实进行的评估是第11条意义上的"客观的"评估。

在此可以欧共体——荷尔蒙案为例。该案中的一项争议是,荷尔蒙禁令是否建立在对有关风险的评估基础上的。在评估了欧共体提交的证据之后,专家组做出的裁定是:没有任何一项证据解决了(addressed)荷尔蒙的安全性问题,其中也没有任何证据表明对于人类健康来说存在着可证实的风险。相反,由欧共体提交的所有研究得出的结论是:荷尔蒙是安全的。为专家组提供咨询的科学专家证实了这些结论。[444] 专家组明显地把这种情形看作是有关证据表明是A,而主管机关却判定为B的情形。上诉机构认为专家组并没有"武断地忽略或明显地曲解向其提交的证据"[445],并维持了专家组的裁定。[446]

欧共体——石棉案提供了一个稍微有些不同的例子。在该案中,加拿大质疑法国有关禁止使用各种类型的石棉的做法的合理性。[447] 专家组支持该项禁令,而上诉机构维持了有关裁定结果,并立即(in short order)处理了加拿大根据第11条提出的质疑。通过把加拿大的辩驳意见定性为一种只不过是质疑专家组行使其评估和权衡有关证据的自由裁量权,上诉机构拒绝事后批判专家组的做法,并同时评论指出:"专家组对有关证据的评估仍然完全在其作为事实裁判者的自由裁量权范围之内。"[448]

上诉机构还强调:第11条要求专家组不仅要对有关"事实"进行客观评估,而且也要对其审议的"事项"进行客观评估。[449] 如果专家组对没有提交它审议

---

[443] 上诉机构报告,欧共体——荷尔蒙案,参见前注149,第117段;上诉机构报告,美国——对源于新西兰和澳大利亚的新鲜、冷藏或冰冻羊肉保障措施案,WT/DS177/AB/R,WT/DS178/AB/R,2001年5月16日通过,第106段;上诉机构报告,美国——棉纱案,参见前注286,第69ff段。

[444] 专家组报告,欧共体——荷尔蒙案(美国),参见前注147,第8.124段。

[445] 上诉机构报告,欧共体——荷尔蒙案,参见前注149,第145段。

[446] 同上,第235段。

[447] 专家组报告,欧共体——石棉案,参见前注174,第3.8段。

[448] 上诉机构报告,欧共体——石棉案,参见前注239,第177段。

[449] 上诉机构报告,智利——价格标签体系案,参见前注78,第172段。

的措施的具体规定进行评估,它就没有对其审议的事项进行客观评估,从而构成越权裁判(*ultra petita*)。[450] 所以,专家组就无权对没有引发争议的问题做出裁定。[451]

第十三节　向专家组做出的书面陈述

156

一、概述

在专家组成员被任命后不久,通常在一周之内,专家组就会召开一次组织(organizational)会议。在该会议上,它将与争端各方进行磋商并制定工作程序。[452] 有关程序包括提交书面陈述的时间表和争端各方与专家组举行会议的安排计划。[453] 在通常情况下,起诉方会比被诉方提早 2 至 3 周提交书面陈述,除非在与争端各方磋商后专家组决定它们应当同时提交其最初的书面陈述。[454] 这一般会在专家组设立后的 3—6 周内才会发生。

二、第一次书面陈述

争端各方第一次书面陈述应当说明案件的事实及它们从这些事实中推断出的论据。[455] 工作程序通常会规定:除反驳性证据之外,所有事实性信息最迟应在专家组与争端各方举行的第一次实质性会议结束之前加以提供。在第一次会议之后首次提交广泛的事实性资料可能引起混乱,并由此削弱其效用。过迟提交广泛的事实性资料也可能导致专家组给予另一方以更多的时间来做出反应。

在韩国——酒精饮料案中,韩国在专家组与争端各方举行了第一次会议之后提交了由独立公司完成的市场分析,以作为其对专家组向争端各方提出的问题的答复的组成部分。[456] 欧共体在第二次会议上提交自己的市场分析来做出回应。专家组又额外给予了韩国一周的时间来回应欧共体的新证据,而韩国认为这是不足够的。专家组拒绝了韩国的抱怨,并强调指出:"如果韩国决定在第一次实质性会议上提交其调查(survey),而欧共体没有在接下来的会议上进行

---

[450]　同上,第 173 段。

[451]　同上,第 174 段。

[452]　DSU 第 12.3 条。请见有关专家组工作程序范例的附录。

[453]　DSU 第 12.5 条。

[454]　DSU 第 12.4 条;附录 3,第 12.(a)(2)条。

[455]　DSU 附录 3.4 条。

[456]　参见前注 11,第 10.24 段。

回应(在本案中,它本应当以反驳性陈述的形式做出),很显然,韩国的主张就将会有更多的合理性,因为此后它就可以认为欧共体在有意拖延提交其证据。"[457]

157 起诉方第一次书面陈述通常会包括有关被控的"措施"的文本正文或其他信息之类的东西,附上任何必要(relevant)的翻译,再加上就该项措施为什么与WTO特定条款不相符所作的法律推理上的阐明。正如韩国——酒精饮料案所表明的,起诉方的第一次书面陈述,也应当包括任何试图支持其诉讼请求的调查、研究或其他证据性资料。被诉方随后提交的第一次书面陈述固然会具有某种反驳的性质,但是它也应当指明可以加以主张的任何肯定性辩护意见。但得记住的是:提出肯定辩护的争端方有责任对之加以证明。[458] 它也应当列明被诉方对引发争议的措施的具体看法(factual view)。

尽管出于策略上的考虑而做出某些省略(omission)可能是不明智的,但是起诉方把其所有诉讼请求逐一罗列在向专家组提交的第一次书面陈述中,并非总是必要的。在欧共体——香蕉案 III 中,墨西哥、危地马拉和洪都拉斯在其向专家组提交的第一次书面陈述中,完全没有提到在有关设立专家组的请求中已经提出的某些诉讼请求,而设立专家组的请求是与其他争端方联合提出的。[459] 专家组拒绝考虑这些诉讼请求,其理由是如果进行的考虑的话,对于被诉方来说将是不公平的,因为它几乎没有任何时间来做出回应。

然而,上诉机构显然不同于专家组的说法,并裁决:专家组看作是一项诉讼请求的东西实际上是一项支持诉讼请求的论据,"在 DSU 或在 GATT 的实践中,并不要求与提请 DSB 审议的事项有关的所有诉讼请求的论据,都应当列明在起诉方向专家组提交的第一次书面陈述中。"[460] 上诉机构补充道:"包含在第一次书面陈述中的论据的任何省略,在争端各方与专家组召开的第一次会议期间与其他起诉方的联合出席(joint presentations)上,以及它们在专家组的第二次会议期间联合提交的书面辩驳陈述和其联合出席上,得到了补救。"[461]

在韩国——奶制品案中,上诉机构精确地阐明了诉讼请求与论据之间的区分:

158 争端解决程序的争端方在反驳期间或者之后可以不提出一项新的诉

---

[457] 同上,第 10.25 段。

[458] 参见本章第十三节。

[459] 参见前注 33,第 7.57 段。

[460] 上诉机构报告,欧共体——香蕉案 III,参见前注 33,第 145 段。DSU 附录 3 第 4 条规定:在专家组的第一次会议之前,争端各方应提交书面陈述,"说明案件的事实和论据"。

[461] 同上,第 146 段。

讼请求。事实上,任何在设立专家组请求中没有加以主张的诉讼请求也许不能在提交和接受该请求之后的任何时候提出。使用"诉讼请求"一词,我们指的是被诉方已经侵犯、或剥夺、或损害来自于特定协定中被指明的条款的利益。正如我们已经加以强调的,此类"违反之诉"必须和起诉方提出来证明被诉方的措施的确在事实上违反了所指明的条约条款的论据区别开来。支持一项诉讼请求的论据在第一次书面陈述中和辩驳陈述中应加以列明,并在专家组与争端各方举行的第一次和第二次会议上逐步加以澄清。"诉讼请求"和"论据"都不同于起诉方和被诉方提出来支持其有关事实和论据的主张的"证据"。[462]

在欧共体——管道装置案(巴西)中,在争端各方举行的第一次实质性会议上,欧共体请求专家组拒绝考虑巴西的某些诉讼请求,其理由是它们在巴西的第一次书面陈述中"含糊不清"。[463] 专家组拒绝接受欧共体的请求,裁定所有在巴西第一次书面陈述中被控为"模糊性的"诉讼请求都在职权范围之内。[464]专家组指出,争端解决程序的本质就是:"由其中某一争端方提出的诉讼请求随着整个程序的进行可能逐渐得以澄清和明确化。"[465]

三、第二次书面陈述

争端各方应同时向专家组提交其第二次书面陈述。[466] 这些都是正式的反驳性陈述,它们不仅包括对另一方的第一次陈述的反驳,也包括对另一方在第一次会议上做出的口头声明的反驳。一般说来,专家组希望反驳性证据附在第二次书面陈述中。如果直到专家组第二次会议上都还没有提供反驳性证据,专家组可能给予对方以额外的时间来做出回应。[467]

在通常情况下,争端各方会有以对专家组提出的问题做出书面答复的形式来向专家组提出书面陈述的进一步的机会。问题一般是在每一次会议后才向争端双方提出的,争端各方通常也被允许答复对方提出的问题。只要时间允许,专家组可以允许争端方对另一方提供的答复发表评论。

159

---

[462]　参见前注 84,第 139 段。

[463]　专家组报告,欧共体——对巴西柔性铸铁管或导管配件征收反倾销税案,WT/DS219/R,2003年3月7日的报告,第 7.10(1)段。

[464]　同上,第 7.10(5)段。

[465]　同上,第 7.10(6)段。

[466]　DSU 第 12.6 条。

[467]　专家组报告,阿根廷——纺织品和服装案,参见前注 186,第 6.55 段。

四、陈述的简明概要

在阿根廷——罐装桃保障措施案中,为专家组制定的工作程序要求争端各方就其针对专家组报告中的描述性部分提出的辩驳意见提供简明概要(Executive summaries)。[468] 阿根廷表示反对,认为这项要求施加了额外的程序性负担,因为它限制了争端各方可以用来准备其书面陈述的时间。[469] 专家组拒绝接受阿根廷的观点,强调其他专家组现在都普遍要求提供执行概要,并认为工作程序是在与争端各方磋商之后才制定的。[470]

第十四节 专家组与争端各方举行的会议

一、概述

除了由专家组发布的工作程序外,还有必要对规范专家组程序的一些正式的规则做简单的介绍。专家组的会议不公开,争端各方,包括具有利害关系的第三方只有在得到专家组的邀请时方可出席会议。[471] 专家组的审议和提交专家组的文件应保密,尽管正如前文所指出的,争端各方可以公开自己的书面陈述,并被请求就其保密性的书面陈述提供一份可对外公开的非机密摘要。[472]争端各方被请求向专家组提供其口头陈述的书面版本。[473] 争端各方可以获得所有书面陈述。[474]

二、专家组与争端各方举行的第一次会议

在第一次会议上,首先由起诉方陈述其案情,接着由被诉方陈述其意见。[475] 专家组在任何时候都可以向争端各方提出问题。不同专家组在与争端各方举行的会议期间所采取的行动很不一样。只要一出现问题,一些专家组就会打断陈述并开始提问;不过,另外一些专家组只是在争端双方已经完成其陈

---

〔468〕 专家组报告,在阿根廷——关于罐装桃进口最终保障措施案,WT/DS238/R,2003 年 4 月 15
　　　 日通过,第 4.2 段。关于专家组报告的描述性部分,请见本章第十八节第二目。
〔469〕 同上,第 4.3 段。
〔470〕 同上,第 4.4 段。
〔471〕 DSU 附录 3.3 条。(实为第 2.2 条——译注)
〔472〕 同上。
〔473〕 DSU 附录 3.9 条。
〔474〕 DSU 附录 3.10 条。
〔475〕 DSU 附录 3.5 条。

述后才开始提问;个别专家组根本不进行口头提问,而是完全依赖于书面提问。协助专家组的秘书处成员通常不直接向争端各方进行提问,但可能就书面提问的内容私下地向专家组提出建议。第三方通常会与专家组,以及参与专家组程序的争端各方在第一次实质性会议期间举行一场单独的会议。[476]

专家组第一次会议对于争端各方来说都是一次非常关键的会议。在召开此会议之后,专家组成员通常会和秘书处成员会面并起草其裁定的概要。由于许多专家组成员不居住在日内瓦,此次会议提供了一次使他们聚集在一起讨论案件的是非曲直的难得机会。尽管反驳性陈述、对问题的书面答复和第二次会议也很重要,但可以确切地讲,在第一次会议之后,将更难以改变专家组成员的想法,并说服他们修改在第一次会议后决定采取的行动方案。

三、专家组与争端各方召开的第二次会议

专家组的第二次会议审查争端各方的反驳性论据和专家组希望审查的其他问题。第三方通常既不参与或者出席第二次专家组会议,也无法得到争端各方的第二次书面陈述。不过,在其中一起争端中,第三方请求允许它们出席专家组和争端各方之间举行的所有会议。[477] 专家组同意允许第三方作为观察员出席其与争端各方举行的第二次会议,但拒绝提供进一步的参与机会。[478]

正因为第二次书面陈述是重要的,所以专家组的第二次会议也是重要的。到此时为止,专家组将有机会在第一次会议上听取争端各方的陈述,可能收到它们对所提出的问题的答复,以及对有关争议(issues)进行了初步的思考。第二次会议通常是专家组向争端各方请求提供信息和听取它们对可能困扰专家组的问题的答复的最后机会。除了对有关问题做书面答复之外,它通常也是争端各方向专家组陈述其诉讼理由(case)的最后机会。

在第二次专家组会议上提交新的证据可能导致争端双方做第三次书面陈述。在澳大利亚——鲑鱼案中,出现了与韩国——酒精饮料案存在某些相似之处的情形。澳大利亚在专家组的第二次会议上声称,加拿大的口头声明在法律性质上发生了一些根本性的变化,有关变化具有非常重要意义以致于澳大利亚应当被允许提交正式的书面陈述来对它们进行反驳。[479] 专家组应允了澳大利亚的请求,并给予其一次类似加拿大所获得的机会,但同时明确指出"两个第三次陈述都一定得限于加拿大所引入的'基本变化'上,因为它们是澳大利亚在第

161

---

[476]　DSU 附录 3.6 条。

[477]　专家组报告,欧共体——香蕉案 III,参见前注 33,第 7.4—7.9 段。

[478]　同上。

[479]　参见前注 225,第 7.8 段。

二次实质性会议上所做出的口头声明中所确认的。"[480] 尽管澳大利亚认为被给予的额外时间是不足够的,但上诉机构维持了专家组的裁定。[481]

第十五节　时间的计算

及时地解决所出现的争端是参与乌拉圭回合的谈判者的一个重要目标,因而,DSU 对专家组程序的不同阶段设定了不同的期限。不过,DSU 并没有为其中的许多期限规定灵活性,特别是如果它们在周末或者节假日到期的话。所以,DSB 随后就下列做法达成了一致意见:

> 在 DSU(及其特别或附加规则和程序)之下,某一成员为行使或维护其权利而提交信件或采取行动的期限在 WTO 秘书处的非工作日结束时,如果任何此类信件或行动是在此类期限正常终止之后的 WTO 秘书处的第一个工作日提交或采取的,那将被看作是在该 WTO 非工作日之前已经被提交或采取了。[482]

事实是此类延伸某些期限一天或两天的做法,并不能够起到延伸随后的期限的作用[483],结果,这些随后的期限实际上可能被缩减了。

162　　　DSU 要求专家组一般应在自专家组组建之日起的 6 个月内发布其最终报告。[484] "自专家组设立至报告散发各成员的期限无论如何不应超过 9 个月。"[485] 尽管此禁令相对说来规定得清清楚楚,但专家组已经好几次超过 9 个月的最后期限。[486] 事实上,鉴于许多争端的复杂性,对于许多专家组来说,符合规定在 DSU 中的 9 个月的最后期限并不具有现实可行性。专家组已经把"应当"一词解释为是劝告性的而非强制性的,而争端解决机构和争端各方也一直

---

[480]　同上。

[481]　参见前注 268,第 278 段。

[482]　在 DSU 中时限的到期——主席的提议,WT/DSB/W/10 和 WT/DSB/W/10/Add.1,1995 年 7 月 20 日。该建议在 1995 年 9 月 27 日举行的会议上为 DSB 所同意接受,WT/DSB/M/7,1995 年 10 月 27 日,第 10 项议程。

[483]　同上。

[484]　DSU 第 12.8 条。

[485]　DSU 第 12.9 条。

[486]　比如,在香蕉案中专家组是在 1996 年 6 月 7 日组建起来的,但其最终报告直到 1997 年 5 月 22 日才散发,已经是在 11 个多月之后。专家组报告,欧共体——香蕉案 III(美国),参见前注 33。同样,在荷尔蒙案中专家组是在 1996 年 7 月 2 日组建起来的,但其报告直到 1997 年 8 月 18 日才散发,已经是在 13 个多月之后。专家组报告,欧共体——荷尔蒙案(美国),参见前注 147。

表示同意。事实上,专家组和争端各方之间常常为争端商议确定一个具体的期限,该期限可能不同于规定在 DSU 中的期限,但是会在保护争端各方的正当程序利益的同时达到迅速解决争端的效果。正如一专家组曾经指出的:"在 DSU 中的绝大多数期限要么是没有封顶的最低期限,要么是只不过具有指示性的最大期限。"[487]

第十六节 "违反"、"非违反"和"其他情况"起诉

一、概述

绝大多数 WTO 争端都涉及在 GATT 第 23.1(a)条中有关成员没有履行其在适用协定下的义务的诉讼请求,即成员违反了其义务。不过,第 23.1 条也规定了起诉的其他两项依据:

(b)另一缔约方实施任何措施,无论该措施是否与本协定的规定产生抵触;或

(c)存在任何其他情况。

因而,起诉方可以指控其根据某一适用协定所获得的利益由于下列原因正在丧失或减损:(1)另一成员的违反;(2)另一成员采取的并没有违反适用协定的行为;以及(3)任何其他情况。

二、违反诉讼

绝大多数争端涉及的是违反诉讼。DSU 对第 23.1(a)条进行了扩充并把它适用于 WTO 各适用协定。DSU 第 3.8 条规定,对在任何适用协定下承担的义务的违反"都被视为初步构成利益丧失或减损案件"。这样一种针对被指控的成员的推定迫使其承担了进行反驳的责任——一种迄今还没有被切实履行过的责任。

在危地马拉——水泥案 II 中,危地马拉试图履行此责任。危地马拉声称它没有在发起调查之前就通知墨西哥已经收到了反倾销请求——正如《反倾销协定》第 5.5 条所要求的——并不导致墨西哥的权益的丧失或减损,因为直到墨西哥获得通知之前它都没有采取任何实际措施来开始进行调查,并且它还给予

---

[487] Panel Report, *United States—Import Measures on Certain Products from the European Communities*, WT/DS165/R and Add.1, adopted 10 January 2001, as modified by the Appellate Body Report, WT/DS165/AB/R, 第 6.135 段.

了墨西哥的出口商额外两个月的时间来对调查问卷进行答复。[488] 专家组拒绝接受其主张,并裁定,"没有任何办法可以确定如果墨西哥收到了及时的通知,它本来可能采取什么样的行动",而且,给予墨西哥的出口商额外两个月的时间与没有及时通知墨西哥之间没有任何关系。[489]

三、非违反诉讼

非违反诉讼是指成员可能在没有违反某一协定的情况下使其对另一成员承担的义务变得无效或受到减损。作为一个比较独特的概念,非违反诉讼是建立在这样一个事实基础之上的:政府希望从贸易协定中获得的利益,可能为另一政府毫不相关的并可容许的行为所抵消,而有关行为是在制定协定时不可能合理预见到的。[490] DSU 第 26 条规定了处理这类诉讼以及"其他情况"诉讼的特别程序。

当成员提起违反规定在第 23.1(b)条规定的"非违反诉讼"时,它必须遵守适用于其他起诉的所有要求。此外,起诉方必须提供详细的正当理由来支持其起诉。[491] 不过,第 26 条并没有指明起诉方必须遵守前述要求的地点和时间:在磋商请求中?在设立专家组的请求中?还是在向专家组提交的书面陈述中?也许可以认为,在磋商请求中不必提供详细的正当理由,只要有关请求说明了"提出请求的理由,包括确认所争论的措施,并提出起诉的法律依据"。[492] 不过,为了谨慎起见,起诉方应当尽可能在其磋商请求和专家组请求中提供详细的正当理由,至少在专家组或上诉机构明确表示它没有必要这样做之前应当如此。笼统地提及第 23 条以作为设立专家组请求的法律依据,并不足以把针对违反第 23.1(b)条规定提起的诉讼请求包括在专家组的职权范围之内。所以,明确提及第 23.1(b)条是必要的。[493]

如果专家组支持起诉方的主张,被诉方仍旧没有义务撤销引发争议的措施。[494] 不过,在此类案件中,专家组或上诉机构应当建议有关被诉方做出使双

---

[488] 参见前注 125,第 8.107 段。

[489] 同上,第 8.109 段。

[490] GATT 专家组在所指控的 14 个案件中发现 4 个构成"非违反"丧失或损害:澳大利亚——对硫化铵补贴案,BISD II/188,1950 年 4 月 3 日通过;德国——沙丁鱼进口案,BISD IS/53,1952 年 10 月 31 日通过;德国——有关淀粉和马铃薯粉的进口税案,BISD 3S/77,1955 年 2 月 16 日通过;欧共体——对油籽及相关的动物饲料蛋白质的加工商和生产商的付款和补贴案,BISD 37S/86,1990 年 1 月 25 日通过。

[491] DSU 第 26.1(a)条。

[492] DSU 第 4.5 条。

[493] 专家组报告,澳大利亚——鲑鱼案,参见前注 225,第 8.28 段。

[494] DSU 第 26.1(b)条。

方满意的调整。[495]

四、其他情况诉讼

基于"任何其他情况"指控利益遭受丧失或减损的争端方也应当提供详细理由以支持其主张。[496] 与非违反丧失和减损的指控一样,为了谨慎起见,此项正当理由也应当被包括在磋商请求和设立专家组请求中。

在涉及既要对其中的"其他情况"诉讼做出裁决,又要对其中的违反或非违反诉讼做出裁决的案件中,专家组应当为其他争端与"其他情况"争端准备和发布单独的报告。[497]

DSU 只是在本报告已经散发给各成员时方可适用于"其他情况"争端。[498] "其他情况"报告的建议、裁决的审查通过和监督执行,为 1989 年 4 月 12 号的决定,即所谓的"蒙特利尔规则"所规范。[499] 此规则最重要的后果是,"蒙特利尔规则"含有 GATT 就通过一个报告或根据通过的报告采取行动所设定的积极(positive)一致同意的要求。[500] 这是早先的争端解决体制的一致同意实践在现在的争端解决体制中的惟一残留物,并且有可能意味着几乎没有"其他情况"争端,因为败诉方总是能够阻止一致同意的达成。

《服务贸易总协定》第 23.3 条包含了有关涉及服务的非违反诉讼的特殊规定。这些规定将在第五章第十一节第三目中加以讨论。

第十七节 私人律师的出席

WTO 协定的法律复杂性——英文版本长达 558 页——增强了对律师服务的需求,这一现象早在上个世纪 80 年代末期和 90 年代初期就开始出现了。许多成员,特别是发展中国家成员并没有财力维持一个常设性的法律专家团,因而发现自己需要法律援助,特别是在与配备了高素质法律专家的发达国家发生的争端中。不过,在传统上,私人律师并不直接向专家组陈述案情(present cases)。这项任务是由政府官员来完成的。私人律师做出建议,提供咨询和起草书面陈述,并在专家组会议上还可以回答有关问题。

---

[495] 同上,请见第八章有关执行的论述。

[496] DSU 第 26.2(a)条。

[497] DSU 第 26.2(b)条。

[498] DSU 第 26.2 条。

[499] 同上,"蒙特利尔规则"公布在 BISD 36 册 61 页上。也请参见本书第七章第九节及第八章第九节。

[500] 蒙特利尔规则第 7.3 段。

在香蕉案 III 中，一些第三方在其代表团中加入了私人律师。在起诉方表示反对之后，专家组马上把私人律师排除在出席专家组会议的人选之外。[501] 当本案被上诉至上诉机构那里时，同样的问题又再次发生了，但是结局却不一样：上诉机构认为应由有关成员自己决定谁代表它参与争端解决程序，因而私人律师可以被包括在内。[502] 不过，上诉机构并没有推翻专家组的裁定，因为没有就此项争议提出上诉。当第三方试图让私人律师代表它们向上诉机构提出其辩驳意见时，又再次发生了同样的问题。[503]

尽管香蕉案 III 的上诉审查（appeal）在表面上并没有推翻专家组就此项争议做出的裁定，但是，把私人律师排除在争端解决程序之外的理由，几乎再也站不住脚了。因而，当同样的争议在印度尼西亚——汽车案中再次发生时，专家组裁定允许私人律师代表政府进行诉讼，并强调指出：

> 我们认为在 WTO 协定或 DSU，包括其中的标准程序规范中没有规定禁止 WTO 成员自主决定其参与 WTO 专家组会议的代表团的人员构成。[504]

第十八节　专家组报告

一、概述

在发布最终报告之前，DSU 第 15 条要求专家组给予争端各方对该报告中的描述性部分和中期报告发表书面评论的机会。这些规定试图确保事实的准确性，并提供一个解决争端的额外机会。但它们并无意给予争端各方就案件的是非曲直提供进一步的辩驳意见的机会。

二、报告中的描述性部分

GATT 专家组在实践中形成了一种惯例：在发布最终报告之前给予争端各方对其报告中的描述性部分——争端各方的论据的摘要——发表评论的机会。其目的是确保专家组的摘要和对每一争端方的立场的解释的准确性。绝大多数 WTO 专家组和所有早期的专家组都遵循此惯例。不过，随着书面陈述变得

---

〔501〕　参见前注 33，第 7.10—7.12 段。

〔502〕　请见本书第六章第四节第十六目。

〔503〕　第三方不能主动地对事项进行上诉，而仅限于就争端方自身提起上诉的事项发表意见。参见本书第六章第三节。

〔504〕　专家组报告，印度尼西亚——汽车案，参见前注 74，第 14.1 段。

越来越长,一些专家组试图完全通过融入争端各方最新版的书面陈述的全文,并由此消除做摘要的必要性和对报告的描述部分进行审查的必要性来减轻秘书处的负担(秘书处准备概要)。

但是,这种做法反过来又增加了语言服务和文件分部(division)的负担,因为它被要求在送交报告给争端各方之前,把整个报告及其附件从其原始语言翻译为其他两种 WTO 官方语言。为了减轻这种负担,一些专家组要求争端各方自己就其辩驳意见准备执行摘要以融入最终的报告中。[505] 因而,在融入争端各方的辩驳意见上,专家组现在遵循的是不同的程序。结果,在审查专家组报告的描述部分上,专家组也遵循不同的程序。专家组使用的方法通常在它发布工作程序时就确定下来了。

三、中期报告

在考虑争端各方对专家组报告的描述部分的评论意见之后,专家组随后就发布不仅包括其描述性部分,而且包括其裁定和建议的中期报告。[506] 这一般会在争端各方提交就描述部分发表的评论意见之后的 2—4 周内发布。[507]

只要仍然在专家组设定的时限内,通常是一周,争端各方可以提出书面请求,请专家组审查中期报告中的具体方面,包括请求与专家组举行进一步的会议,以审查在书面请求中所确认的问题。[508] 该审查,包括可能与争端各方召开的会议,通常会在两周之内发生。[509] 在绝大多数情形中,争端各方并不要求与专家组举行会议,而是仅仅就报告提交书面评论意见。如果没有通过提交书面评论意见或举行会议,或者同时包括两者来请求进行审查,中期报告就可以被看作是最终报告。[510] DSU 要求专家组的最终报告的调查结论中应包括对中期审议阶段提出的论据的讨论情况。[511] 不过,它并不限制专家组只能修改中期报告中那些为争端各方发表书面评论的段落。[512]

要求确认将要被审议的具体问题,主要目的是提供给另一方有关该问题适当的通知以便它可以准备反驳。[513] 因而,仅仅列举中期报告的调查结果(find-

168

---

[505]　请见本书第四章第十三节第四目。

[506]　DSU 第 15.1 条。

[507]　DSU 第 15.2 条;附录 3 第 3.12(g)条。

[508]　DSU 第 15.2 条;附录 3 第 3.12(h)条。

[509]　DSU 第 15.2 条;附录 3 第 3.12(j)条。

[510]　DSU 第 15.2 条。

[511]　DSU 第 15.3 条。

[512]　专家组报告,欧共体——荷尔蒙案,参见前注 147,第 7.6 段。

[513]　同上,第 7.4 段。

ing)部分中那些被请求进行审议的段落,同时不指出那些被请求进行审议的段落中的具体内容,通常无法满足 DSU 第 15.2 条的要求。[514] 不过,如果有关审议调查结果部分的书面请求,仅仅与诸如正确反映请求者的辩驳意见,以及科学专家的姓名与委托权限之类的事实方面有关,被诉方一般不会因此而受到损害。[515] 有时候,争端各方通过把其所有的评论意见置于其中期审议的请求中,由此把它们的请求当作其中期审议文件归档,就可以完全避免出现有关问题。

"中期审议阶段不是引入新证据的场合",因而专家组不考虑在此阶段提交

169

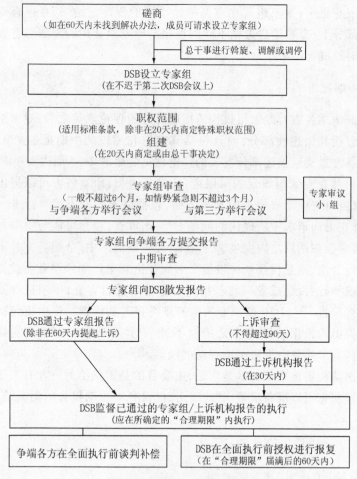

WTO 争端解决机制流程图

---

[514] 同上。

[515] 同上。

的证据的做法是正确的。[516]

四、最终报告

规定在 DSU 附录 3 中的工作程序要求大约在完成中期审议两周后发布最终报告。DSU 第 12.7 条要求专家组在其报告中列出"其所作调查结果和建议所包含的基本理由"。在墨西哥——玉米糖浆案中,上诉机构对第 12.7 条做了解释:

> 专家组在 DSU 第 12.7 条下承担的提供"基本理由"的义务,反映并遵从了构成 DSU 相关规定的基础并渗透于其中的基本公平和正当程序原则。特别是,在成员已经被发现违背其在适用协定下的义务而采取行动的案件中,该成员作为正当程序问题有权知道此类调查结果的理由。除此之外,在专家组报告中列明"基本理由"的义务有助于成员理解该义务的性质并对下列事项做出有可靠根据的决定:(1)为了执行由 DSB 做出的最终裁决和建议必须做出的行为;(2)是否提起上诉及对什么提起上诉。第 12.7 条也促进了表述在 DSU 第 3.2 条中的促进多边贸易体制的安全性和可预见性以及澄清适用协定的有关现有规定的目标,因为提供"基本"理由的义务也有助于其他 WTO 成员理解在适用协定中的权利和义务的性质和范围。[517]

170

不过,上诉机构继续解释道,第 12.7 条并不要求专家组详尽地阐明其所作调查结果和建议的理由。在某些案件中,这些理由可能列举在其他文件中,比如先前的专家组或上诉机构报告中。在这些案件中,简单地援引或甚至通过全文引用而并入可能就够了。[518]

---

[516] 上诉机构报告,欧共体——沙丁鱼商标说明案,WT/DS231/AB/R,2002 年 10 月 23 日通过,第 301 段。

[517] 参见前注 12,第 107 段。

[518] 同上,第 109 段。

第五章 特殊规则和程序

第一节 概　　述

　　《关于争端解决规则与程序的谅解》附录 2 罗列了包含在具体适用协定中的大量特殊或附加的规则和程序。如果因这些协定中的具体规定而引发争议，有关特殊或附加程序就会适用。在 DSU 的规定与任何特殊规则存在差异时，应以有关特殊规则为准。[1] 如果 DSU 的规定与适用协定中的特殊或附加规则和程序之间不存在差异，那么两者都得同时适用。[2] 由于只有在 DSU 与相关特殊规则或附加程序发生冲突时，后者才可以优先适用，所以，法律解释者有责任确定两者之间是否确实存在差异或不一致。[3]

　　许多适用协定中都规定有磋商和争端解决条款，但这些条款并不打算作为一个完整、统一的争端解决体系来取代 DSU 的规则和程序。[4] DSU 也规定有几个专门适用于涉及发展中国家的争端的条款，这些条款同样优先于 DSU 的一般规则而适用。最后，DSU 中也含有适用于 GATT 第 23.1(b) 和 (c) 条所规定的"非违反"和"其他情况"之类的起诉的特殊规则，同时也为仲裁程序设定了特殊规则。

第二节　GATT 和 WTO 中有关发展中国家的规则

　　长期以来，发展中国家问题一直为关贸总协定和现在的世界贸易组织所关 注。[5] 关税与贸易总协定(1947)第 18 条就政府对经济发展的援助做出了规定，而当时这一主题尤其与发展中国家有关。关税与贸易协定第四部分是应发

---

〔1〕　DSU 第 1.2 条。
〔2〕　上诉机构报告，危地马拉——对从墨西哥进口的硅酸盐水泥反倾销调查案，WT/DS60/AB/R，1998 年 11 月 25 日通过。DSR1998：XI，3767，第 65 段。
〔3〕　同上。
〔4〕　同上，第 67 段。
〔5〕　主要参见，Robert E. Hudec，*GATT And The Developing Countries*（Trade Policy Research Center，1988）.

展中国家的要求在 20 世纪 60 年代增加进去的,其全部条款涉及的都是贸易与发展问题。在 1966 年,关贸总协定通过了有关争端解决程序对发展中国家适用的决定。[6] DSU 第 3.12 条规定,适用于发展中国家的 1966 年决定中的某些条款可以随意替代 DSU 中相应条款而适用。此外,DSU 中也规定有一些专门适用于发展中国家的条款。最后,《补贴和反补贴措施协定》第 27 条和《关于实施 1994 年关税与贸易总协定第 6 条的协定》(《反倾销协定》)第 15 条都为发展中国家设定了特殊和差别待遇。[7]

第三节　1966 年决定与发展中国家

1966 年决定为依据任何 WTO 协定对发达国家成员提起诉讼的发展中国家设定了替代 DSU 中的 4 个条款而适用的相应条款。这些 DSU 条款分别是:第 4 条(磋商)、第 5 条款(斡旋、调解和调停)、第 6 条(专家组的设立)和第 12 条(专家组程序)。[8]

一、磋商

尽管事实是 DSU 容许 1966 年决定替代 DSU 第 4 条有关磋商的规定而得以适用,但是,决定和第 4 条之间确实看不出存在任何明显的差异。1966 年决定只是规定,"如一欠发达国家缔约方与一发达国家缔约方就属第 23.1 条范围内的任何事项的磋商,未能达成满意的解决办法",就必须采取某些措施。[9]除了第 4 段中提到"两个月"的时限外,有关决定对磋商的过程和进行没有做出任何规定。而所设定的"两个月"时限又和 DSU 第 4 条所规定的 60 天期限有着惊人的一致。所以,发展中国家似乎不大可能经常援引决定来代替第 4 条而适用。

二、斡旋、调解和调停

173

包含在决定中的斡旋、调解和调停条款("斡旋")比在 DSU 中的相应规定要更为详尽。在特定的案件中,这些条款可能会为发展中国家起诉方提供一种更有吸引力的替代性选择。

也许最重要的差异是,根据 DSU 的规定,斡旋只有在争端双方同意下才可

---

[6]　第 23 条下的程序,BISD 14 册 18 页。
[7]　见第五章第七节第八目和第五章第九节第九目。
[8]　DSU 第 3.12 条。
[9]　决定,第 1 段。

以进行。[10]　相比之下，如果磋商没有取得成功，决定则允许发展中国家起诉方将争议事项提交总干事，而总干事就可以行使其斡旋权，以期促进争端的解决。[11]　依据此条的规定，即使发达国家被诉方坚决反对，总干事依然可以介入有关争端的解决。

该决定同时规定：应总干事的请求，争端各方得提供所有相关信息。[12]　此项规定可以为发展中国家起诉方提供一种有用的工具，因为发展中国家在磋商过程中总是难以获得涉及发达国家的方案的相关信息。

三、专家组的设立

1966 年决定规定，在磋商开始两个月后，应争端双方中一方的请求，总干事应提请 DSB 注意该争议事项，同时应向 DSB 提交一份报告。[13]　专家组应当"立即"被任命组建[14]，而不是按照 DSU 规定的正常程序组建，即只有在（设立专家组的）请求首次作为一项议题被列入 DSB 议程的会议之后的 DSB 会议上才可以设立（专家组）。[15]

四、专家组程序

根据决定设立的专家组应当在争议事项被提交之日起 60 天内提交其调查结果和建议。[16]　这一短暂的时限与通常赋予专家组的 6—9 个月期限形成了鲜明的对比。[17]　因此，通过允许专家组在其认为时间不够的情况下对 60 天的时限予以延长，DSU 就放宽了决定中的时限要求。[18]

第四节　DSU 中关涉发展中国家的规定

一、磋商

DSU 第 4.10 条规定，在磋商过程中，各成员方"应特别注意发展中国家成

---

[10]　DSU 第 5.1 条。

[11]　决定，第 1 段。

[12]　决定，第 2 段。

[13]　决定，第 4 段，这一段的原文实际上提到了缔约方全体或 GATT 理事会。而它们的争端解决职责现在已经为 DSB 所接替。

[14]　决定，第 5 段。

[15]　DSU 第 6.1 条。

[16]　决定，第 7 段。

[17]　DSU 第 12.9 条。

[18]　DSU 第 3.12 条。

员的特殊问题和利益"。在发展中国家所采取的措施成为磋商的对象时,DSU
第 12.10 条为第 4.10 条的概括性规定赋予了某种确定性的内容。争端各方可
以商议延长磋商的期限,如果它们不能就此问题达成协议。在与各争端方举行
磋商后,争端解决机构的主席就可以自行决定延长磋商的期限。

二、专家组程序

DSU 第 12.10 条还进一步要求承认发展中国家在应对复杂的 WTO 程序时
所面临的困难。在审查针对发展中国家成员的起诉时,专家组应给予该发展中
国家成员充分的时间以准备和提交论据。不过,所提供的任何额外时间不能超
过为专家组发布报告或执行专家组建议和裁决所设定的标准期限。不论发展
中国家是起诉方还是被诉方,专家组都应在其报告中明确说明:对于发展中国
家成员在争端解决程序过程中提出的特定适用协定中有关发展中国家成员的
差别和更优惠待遇规定,专家组是如何进行考虑的。[19]

在任何涉及发展中国家的争端中,如卷入争端的发展中国家成员提出请
求,专家组应至少有 1 名成员来自发展中国家成员。[20] 最后,应发展中国家成
员的请求,秘书处得向其提供法律建议和协助。[21]

第五节　《实施卫生与植物卫生措施协定》

《实施卫生与植物卫生措施协定》("SPS 协定")适用于为保护人类、动物
或植物的生命或健康免受虫害和疾病的影响而设定的措施。[22] 这些措施绝大
部分都具有很强的技术性。因此,SPS 协定第 11.2 条明确规定,专家组在涉及
科学或技术问题的争端中应寻求专家的意见,而有关科学或技术问题事实上构
成了争端的主要内容。[23] 专家组可以主动或应争端任何一方的请求而设立一
技术专家咨询小组,或咨询有关国际组织。[24]

为了促进 WTO 邀请科学专家,WTO 与国际兽疫组织(OIE)达成了一项协
定。该协定规定:"为了实施 SPS 协定中有关争端解决的条款——主要体现在

---

[19]　DSU 第 12.11 条。
[20]　DSU 第 8.10 条。
[21]　DSU 第 27.2 条。
[22]　参见 SPS 协定的附件 A 中的定义。
[23]　SPS 协定第 11.2 条。
[24]　见第四章第九节第五目。

第 11 条第 2 段中",两组织同意"就科学和技术专家选派达成的行政性安排"。[25]

第六节 《技术性贸易壁垒协定》

一、概述

《技术性贸易壁垒协定》("TBT 协定")适用于针对所有产品,包括农产品和工业产品设定的标准和技术法规,但并不适用于《实施卫生与植物卫生措施协定》所涉及的措施。[26] 协定第 14 条规定,磋商和争端的解决应在争端解决机构的主持下进行。[27] 此外,协定授权专家组自行或应一争端方请求而设立技术专家小组,就那些需要由专家详细研究的技术性问题提供协助。[28]

二、TBT 协定所涉及的措施

技术法规是指"规定强制执行的产品特性或其相关工艺和生产方法,包括适用的管理规定在内的文件"。[29] 在欧共体——石棉案,一起涉及上诉机构首次对 TBT 协定进行审查的案件中,上诉机构全面地探讨技术法规一词的界定,包括对这个关键术语的词典解释做了深入地探究。[30]

标准是指"由公认的为产品或有关的工艺和生产方法规定规则、指南或特性的机构所核准、供共同和反复使用的、不强制要求与其一致的文件"。[31]

三、专家

TBT 协定附件 2 规定了设立技术专家小组的一般程序:其职权范围应由专家组决定,并应向专家组报告;参加技术专家小组的人员仅限于在所涉领域具有公认名望和经验的个人;未经争端双方一致同意,争端各方的公民不得在小

---

〔25〕 《世界贸易组织和国际兽疫组织协定》,WT/L/272, 1998 年 7 月 8 日,第 10 段。(国际兽疫组织总部在巴黎,有 164 个成员国。它的职能是:通知成员国政府有关动物疾病的发生和传播;协调致力于监测和控制动物疾病方面的研究;协调其成员国之间就动物及动物产品贸易制定的规范。)

〔26〕 TBT 协定第 1.3 条和 1.5 条。

〔27〕 TBT 协定第 14.1 条。

〔28〕 TBT 协定第 14.2 条。

〔29〕 TBT 附件 1 的定义 1。

〔30〕 上诉机构报告,欧共体——影响石棉及含石棉产品措施案,WT/DS135/AB/R,2001 年 4 月 5 日通过,第 66—67 段。

〔31〕 TBT 附件 1 的定义 2。

组中任职,除非在例外情况下非其参加不能满足在特定知识方面的需要;争端各方的政府官员不得在技术专家小组中任职,以及政府或组织不得向以个人身份任职的专家发出指示。[32]

相反,技术专家小组可向其认为适当的任何来源进行咨询及寻求信息和技术建议。[33] 争端各方应可获得提供给技术专家小组的所有相关信息,除非信息属机密性质。有关机密信息未经提供该信息的政府、组织或个人的正式授权不得发布。[34] 如果是未获准发布的机密信息,则提供该信息的政府、组织或个人将提供该信息的非机密摘要。[35] 技术专家小组应向有关成员提供报告草案,以期征求它们的意见,有关意见应在最终报告中加以考虑,而最终报告既要散发给有关成员,又要散发给专家组。[36]

由于 TBT 协定中没有与在 SPS 协定中相类似的规定,从而引起的一个问题是:根据 TBT 协定设立的专家组是否能够以个人的身份而不是以小组的方式使用专家,正如专家组在欧共体——荷尔蒙案中所做的一样。[37] 不过,在欧共体——石棉案中,专家组决定根据 DSU 第 13.1 条和 13.2 条中首句的规定向专家个人进行咨询,从而回避了有关问题。[38]

欧共体——石棉案中的专家组也同样强调,TBT 协定第 14.2 条规定专家组"可以"设立技术专家小组。"然而",专家组指出,"该条款并没有排他性地规定非得成立技术专家小组。而且,在我们看来,即使有可能规定非得成立技术专家小组,也并非与 DSU 第 13 条有关与技术专家个人磋商的一般性授权不一致。可以认为,TBT 协定第 14.2 条与 DSU 第 13 条之间是相互补充的。[39]

如一成员认为另一成员未能根据协定中涉及地方政府机构和非政府机构以及中央政府机构的条款取得令人满意的结果,并使其贸易利益受到严重影响,此时就可以援引 TBT 协定中有关专家的规定。在这样的情形下,争端解决

---

[32]　TBT 附件 2 第 1—3 段。

[33]　TBT 附件 2 第 4 段。

[34]　TBT 附件 2 第 5 段。

[35]　同上。

[36]　TBT 附件 2 第 6 段。

[37]　专家组报告,欧共体——关于肉类及肉类制品的措施案(荷尔蒙)——源自加拿大的起诉,WT/DS48/R/CAN,DSR 1998:II, 235,以及欧共体——关于肉类及肉类制品的措施案(荷尔蒙)——源自美国的起诉,WT/DS26/R/USA,DSR 1998:III, 699,两报告于 1998 年 2 月 13 日通过,为上诉机构报告所修改,WT/DS26/AB/R,WT/DS48/AB/R,DSR 1998:I, 135,第 8.12 段。参见第四章第九节第五目和第五章第五目。

[38]　专家组报告,欧共体——影响石棉及含石棉产品措施案,WT/DS135/R 和增补 1(Add. 1),2001 年 4 月 5 日通过,为上诉机构报告所修改,WT/DS135/AB/R,第 5.6 段。

[39]　同上,第 5.18 段。见第四章第九节第五目。

程序的结果应等同于所涉机构为一成员时达成的结果。[40] TBT 协定中的好几个条款都要求成员方采取其所能采取的合理措施,以便确保地方政府机构和非政府组织遵守本协定的规定。[41]

第七节 《关于实施 1994 年关税与贸易总协定第 6 条的协定》(《反倾销协定》)

一、概述

《关于实施 1994 年关税与贸易总协定第 6 条的协定》(《反倾销协定》)第 17 条规定了涉及反倾销问题的磋商和争端解决。[42] 第 17 条第 4 到第 7 段是作为特殊或附加规则和程序被列明在 DSU 的附件 2 中的,所以,只要与 DSU 中的相关规定发生冲突,它们就会被优先适用。然而,第 17 条并不作为统一而完整的反倾销争端解决体系来取代 DSU。[43] 对第 17 条进行解释一直是几起重要的专家组和上诉机构报告的主题性内容(subject)。

在美国——DRAMS 案,一起涉及对反倾销措施的行政复审提出质疑的案件中,专家组认为,在 WTO 下对反倾销措施进行复审的范围,仅限于在 WTO 成立之前采取的措施中那些被纳入复审范围之内的部分,而有关复审是在《反倾销协定》生效后才进行的。[44]

二、专家组的设立

《反倾销协定》第 17.4 条,与 DSU 第 6.2 条一样,涉及的是未能通过磋商解决争端时提出的设立专家组的请求。它们是相互补充,所以应作为一个整体来看待。[45] 对于在设立专家组的请求中提出的质疑反倾销裁定的诉讼请求,应具体到何种程度,17.4 条并没有设定任何附加的要求。因此,如果一项请求满

---

[40] TBT 协定 14.4 条。

[41] TBT 协定第 3,4,7,8 和 9 条。

[42] 有关《反倾销协定》的全面探讨,参见 David Palmeter, A Commentary on the WTO Anti-Dumping Code, 30 *Journal of World Trade* 43(1996 年 8 月第 4 期)。

[43] 专家组报告,美国——1916 年反倾销法案——源自欧共体的起诉,WT/DS136/R 和更正 1,2000 年 9 月 26 日通过,为上诉机构报告所支持,Wt/DS136/AB/R,WT/DS162/AB/R, DSR 2000:X,4593,第 67 段。

[44] 专家组报告,美国——对从韩国进口的一兆及一兆以上半导体动态随机存储器(DRAMS)征收反倾销税案,WT/DS99/R,1999 年 3 月 19 日通过,DSR 1999:II,521,第 6.14 段。

[45] 专家组报告,墨西哥——对从美国进口的高糖玉米糖浆(HFCS)的反倾销调查案,WT/DS132/R 和更正 1,2000 年 2 月 24 日通过,DSR 2000:III,1345,第 7.11 段。

足了 DSU 第 6.2 条的要求,也就同时满足了第 17.4 条的要求。[46]

不过,第 17.5 条规定,请求应表明起诉方可获得的利益是如何丧失或减损的,或者本协定目标的实现如何受到阻碍。尽管这并不要求起诉方使用"丧失"或"减损"之类的术语,然而,请求中必须清楚地显示此项指控是如何提出的;而且,请求必须清楚地表明利益是如何减损或丧失的。[47]

三、提交反倾销专家组审议的"事项"

《反倾销协定》第 17.4 条中"事项"一词与 DSU 第 6.2 条中"事项"一词具有同样的意义。[48] 不过,在危地马拉——水泥案中,上诉机构认为,可能成为提交专家组审议的反倾销事项的对象的"措施",被第 17.4 条限定为以下三类:最终反倾销税、临时性措施和价格承诺。[49] 然而,在美国——1916 年法案中,上诉机构认为,第 17.4 条并不排除对反倾销立法本身中除了最终反倾销税、临时性措施和价格承诺外的其他方面进行审查。[50]

四、第 17.6 条——评审标准[51]

也许第 17 条中最重要的部分是第 6 段,该段为专家组审查反倾销措施规定了评审标准。[52] 其他协定,包括 DSU,都不包含任何明确的评审标准条款。据说是在美国的一再坚持——成为了最后关头"达成协议的阻碍因素"(deal breaker)——之下,第 17.6 条才被写进《反倾销协定》中。[53] 它规定了一套尊重国内主管机关做出的征收反倾销税裁定的详尽标准。

第 17.6(i)条要求专家组确定国内主管机关对事实的确认是否恰当,以及它们对事实的评估是否客观和不偏不倚。如果是恰当的和客观的,即使专家组

---

[46] 同上,第 7.14 段。

[47] 同上,第 7.26 段。

[48] 上诉机构报告,危地马拉——水泥案 I,参见前注 2,第 72 段。

[49] 同上,第 79 段。

[50] 上诉机构报告,美国——1916 年反倾销法案,WT/DS136/AB/R,WT/DS162/AB/R,2000 年 9 月 26 日,DSR 2000:X,4793,第 72 段。

[51] 主要参见第四章第十二节。

[52] 在乌拉圭回合期间,谈判者达成了关于审议《有关实施 1994 年关税与贸易协定第 6 条的协定》第 17 条第 6 款的决定。在此决定中,谈判者达成一致意见:在三年内审查有关反倾销的评审标准,"以期考虑该标准是否可以普遍适用的问题"。现在已经错过了三年的最后期限。

[53] Ernst-Ulrich Petersmann, The Dispute Settlement System of the World Trade Organization and the Evolution of the Evolution of the GATT Dispute Settlement System Since 1948, 31 *Common MKT. , L. REV.* , 1157、1204、1224 (1994);还可参见,John Croome, *Reshaping the World Trading System* 374 (WTO,1995)。

可能基于同样的事实得出不同的结论,专家组也不得推翻国内主管机关对事实做出的评估。第 17.6(i)条可被视为适用于专家组审查国内主管机关事实性结论的评审标准,这一标准与 DSU 第 11 条中规定的上诉机构用于审查专家组的事实性裁定的标准相呼应(echoes)。上诉机构区别了专家组在第 17.6(i)条下所承担的义务与国内主管机关在《反倾销协定》第 3.1(i)条下所承担的义务,《反倾销协定》第 3.1(i)条要求有关主管机关在"确凿证据"(positive evidence)的基础上做出损害裁定。[54]

第 17.6(ii)条首先要求专家组按照解释国际公法的习惯规则来解释《协定》的有关规定。这一要求是与 DSU 第 3.2 条的规定相符的。其次,第 17.6(ii)条规定,"在专家组认为本协定的有关规定可以做出一种以上允许的解释时,如主管机关的措施符合其中一种允许的解释,则专家组应认定该措施符合本协定。"

设定在第(i)和(ii)段中的要求相互之间是累积性的(cumulative)关系。[55]

五、第 17.6(i)条——对事实裁定的评审

"对事实的确认是否恰当"与对事实的评估是否"无偏见和客观"两者之间不是同一回事。例如,事实确认是否适当与所有相关事实是否都被考虑到这一问题毫无关系,而后者则在事实评估范围之内。[56]

就第 17.6(i)条所规定的审查目的而言,做出裁定所依据的事实包括机密的和非机密的国内调查记录。[57] 然而,专家组没有被要求独立地审查所有的记录。就自己对事实的确认和评估制作供专家组审查的记录是国内主管机关的责任。[58] 上诉机构在墨西哥——玉米糖浆案(美国援引第 21.5 条)中明确地指出,专家组没有被授权"从事新的、独立的事实调查活动"。[59] 用专家组的话来说:

> 我们被禁止在我们自己对记录性证据进行重新审查(de novo),以及对每一因素、损害的存在与总体上的因果关系作出自己的判断结论的基础

---

[54] 上诉机构报告,泰国——对波兰进口铁或角钢和 H 型钢征收反倾销税案,WT/DS122/AB/R,2001 年 4 月 5 日通过,第 137 段。

[55] 上诉机构报告,墨西哥——对从美国进口的高糖玉米糖浆(HFCS)的反倾销调查案——美国援引 DSU 第 21.5 条提起的诉讼,WT/DS132/AB/RW,2001 年 11 月 21 日通过,第 130 段。

[56] 专家组报告,美国——对从日本进口的某类热轧钢的反倾销措施案,WT/DS184/R,2001 年 8 月 23 日通过,为上诉机构报告所修改,WT/DS184/AB/R,第 7.26 段。

[57] 专家组报告,泰国——对波兰进口铁或角钢和 H 型钢征收反倾销税案,WT/DS122 /R,2001 年 4 月 5 日通过,为上诉机构报告所修改,WT/DS122/AB/R,第 7.52 段。

[58] 专家组报告,墨西哥——玉米糖浆,参见前注 45,第 7.192 段。

[59] 参见前注 55,第 84 段。

上,做出我们的裁定。其实,我们要考虑的是,在有关调查中所得出的结论,能否为一个客观且无偏私的调查主管机关,在做出裁定时依据其对记录性证据所做的分析而得出。[60]

在危地马拉——水泥案 I 中,在分析主管机关所获得的证据是否足以证明发起调查的正当性时,专家组赞同并大量地援引美国——影响来自加拿大的软木材进口的措施案中的 GATT 专家组报告。[61] 专家组说,其职责并不在于重新评估主管机关所获得的证据和信息,而在于审查"一个无偏私且客观的调查主管机关,基于对有关证据的评估,是否会恰当地裁定,存在着有关倾销、损害和因果关系的充分证据,从而为调查的发起提供正当性。"[62]专家组在美国——热轧钢案中也秉承了这样一种理解,并认为,没有首先提交给调查主管机关的证据此后不能提交给专家组。[63]

专家组在好几起案件中都曾分析国内主管机关在第 17.6(i)条下所负有的义务。专家组在美国——热轧钢材案中指出,主管机关必须搜集"相关且可靠的信息",包括"可能有悖于(detract from)调查主管机关事实上已经做出的裁定"的证据。[64] 在墨西哥——玉米糖浆案中,专家组裁定,国内主管机关必须审查在《反倾销协定》第 3.4 条中列出的与损害裁定有关的所有因素。[65]

六、第 17.6(ii)条——对法律裁定的评审

182

第 17.6(ii)条规定了适用于法律问题的评审标准。其首先要求专家组按照解释国际公法的习惯规则解释《反倾销协定》的有关规定。其次,在专家组认为本协定的有关规定可以做出一种以上允许的解释时,如主管机关采取的措施符合其中一种所允许的解释,则专家组应该裁定该措施符合本协定。

有助于实现第 17 条以及 DSU 第 3.2 条所规定的宗旨的解释国际公法的习惯规则,被列明在《维也纳条约法公约》第 31 和 32 条中。[66] 斯蒂芬·P·克罗

---

〔60〕 专家组报告,埃及——对来自土耳其的钢筋的最终反倾销措施案,WT/DS211/R,2002 年 10 月 1 日通过,第 7.126 段。

〔61〕 BISD 40 册 358 页,1993 年 10 月 17 日通过。

〔62〕 专家组报告,危地马拉——对从墨西哥进口的硅酸盐水泥反倾销调查案,WT/DS60/R,1998 年 11 月 25 日通过,为上诉机构报告所修改,WT/DS60/AB/R,DSR1998:IX,3797,第 7.57 段。

〔63〕 参见前注 56,第 7.6—7.7 段。

〔64〕 同上,第 7.26 段。

〔65〕 参见前注 45,第 7.128 段。

〔66〕 上诉机构报告,美国——对从日本进口的某类热轧钢的反倾销措施案,WT/DS184/AB/R,2001 年 8 月 23 日通过,第 57 段。

利(Steven P. Croley)教授和约翰·H·杰克逊(John H. Jackson)教授强调,《维也纳条约法公约》第 31 和 32 条意在解决文本规定的模糊性。因此,他们认为:"一旦专家组援引《维也纳公约》第 31 和 32 条,则可以推断认为,其已经决意做出不模糊、不荒唐(nonabsurd)的解释。"[67] 换句话说,如果专家组完全遵守第 17.6(ⅱ)条的文本规定并适用解释国际公法的习惯规则,则其将做出针对有关条约规定的惟一正确的解释。专家组不会认为"《协定》的相关规定可以做出一种以上允许的解释",并因此不可能"认定如果主管机关的措施是建立在上述其中一种所允许的解释基础上的,它将会与《协定》的规定相符"。

　　在美国——热轧钢案中,上诉机构非常强烈地暗示,结果很可能会是如此。"第 17.6(ⅱ)条第二句话,"它说道,"假定适用《维也纳条约法公约》第 31 和 32 条中的条约解释规则可能会导致对《反倾销协定》中某些规定,至少做出两种解释。"[68] 上诉机构继续指出:"允许的解释是指,在适用《维也纳条约法公约》相关规则之后仍被认为是合理的解释。"[69] 接着,上诉机构继续说道,《反倾销协定》中的"哪些规定可以有一种以上'允许的解释'只能够在具体争端中来加以确定。"[70]

　　在欧盟——亚麻床单案中,专家组明确地指出,专家组将依据条约解释的习惯规则来裁定欧盟的解释是否是可允许的。[71] 然而,无论如何(In no instance),专家组都只能做出一种解释。在上诉程序中,上诉机构维持了专家组的裁定,并强调:"专家组并未面临从多种'允许的'的解释中做出选择,并从而应当根据第 17.6(ⅱ)条尊重欧共体所依靠的解释的情形。相反,专家组面临的情形是,欧共体所依靠的解释是⋯⋯'不被允许的'。"[72]

七、机密信息

　　反倾销调查中的许多相关信息是机密的。对此,与 DSU 的规定相一致的是,第 17.7 条明确规定,透露给专家组的机密信息在没有提供者正式授权的情

---

〔67〕 Steven P. Croley&John H. Jackson, WTO Dispute Procedures, Standards of Review, and Deference to National Governments, 90 American Journal of International Law 193,201(1996 年 4 月)。

〔68〕 上诉机构报告,参见前注 66,第 59 段(强调为原文所加)。

〔69〕 同上,第 60 段(强调为原文所加)。

〔70〕 同上,第 61 段。

〔71〕 专家组报告,欧共体——对自印度进口的棉质亚麻床单征收反倾销税案,WT/DS141/R,2001 年 3 月 12 日通过,为上诉机构报告所修改,WT/DS141/AB/R,第 6.46 段。

〔72〕 上诉机构报告,欧共体——对自印度进口的棉质亚麻床单征收反倾销税案,WT/DS141/AB/R,2001 年 3 月 12 日,第 65 段。

况下不得披露。但是,即使机密信息不得公开,也应公布非机密的摘要。[73]

第17条的另一个条款间接地涉及机密性问题。第17.5(ii)条规定,专家组应当在"进口国的主管机关根据适当的国内程序可获得的事实"的基础上对争议做出审查。在泰国——H型钢案中,上诉机构认为,第17.5条以及第17.6(i)条"要求专家组对进口国调查主管机关可获得的事实进行审查。这些规定并不妨碍专家组审查那些在做出最终裁定时没有向利害关系方披露的或者利害关系方无法识别的事实。"[74]

在美国——条形管案中,一起涉及《保障措施协定》的争端,专家组请求提供美国国际贸易委员会向总统提交的机密报告中的信息。美国没有提供该信息,不过却提供了资料索引。专家组认为该资料足以使其"对有关问题进行客观的评估"。[75]

八、发展中国家

《反倾销协定》的第15条呼吁WTO成员方,在考虑实施反倾销措施时应承认发展中国家成员的特殊情况。并且,在反倾销税将会影响发展中国家成员方的特殊利益的情况下,成员方在适用反倾销税前应探讨本协定规定的"建设性补救措施"(constructive remedies)的可能性。不过,这一规定"并没有给成员方施加必须采取任何特定行动的任何具体的或一般性的义务"。[76] 此外,某一公司在发展中国家经营的事实,"并不意味着其在某种程度上具有发展中国家成员方的'特殊情况'"。[77]

九、与反补贴措施的交叉

反倾销程序与反补贴程序之间存在着相当大程度的交叉(overlap),尤其是就损害问题而言。为了增进这些领域之间的一致性,在乌拉圭回合期间部长们发表了一项宣言,称"认识到有必要协调由反倾销和由反补贴措施引起的争端

---

[73]　参见本书第四章第十四节。

[74]　上诉机构报告,参见前注54,第118段。

[75]　专家组报告,美国——对来自韩国的圆形焊接碳质条形管采取的最终保障措施案,WT/DS202/R,2002年3月8日通过,为上诉机构报告所修改,WT/DS202/AB/R,第7.9—7.11段。

[76]　专家组报告,美国——对来自印度的钢板采取反倾销和反补贴措施案,WT/DS206/R和更正1,2002年7月29日通过,第7.110段。

[77]　同上,第7.111段。

解决程序"。[78] 这在实践中很可能意味着，争端各方、专家组和上诉机构将会把涉及《反倾销协定》项下损害的早先（prior）报告，视为涉及《补贴与反补贴措施协定》项下的同等报告（the equivalent of a report），反之亦然。[79]

185　　　　第八节　《关于执行 GATT1994 第 7 条的协定》
（《海关估价协定》）

　　海关估价技术委员会是根据《关于执行 GATT1994 第 7 条的协定》（《海关估价协定》）第 18.2 条设立的，除其他作用外（inter alia），它还起到协助专家组和估价争端的各当事方的制度化的专家小组的作用。

　　海关估价技术委员会与其他专家小组的一个重要区别在于，海关估价技术委员会应当根据进行磋商的成员方的请求向其提供建议和协助。[80] 这项职责通常是专家小组所不承担的。此外，应专家组的请求，海关估价技术委员会有义务对任何需要技术考虑的问题进行审查。[81]

　　技术委员会的职权范围由专家组确定，反过来，专家组在进行审议时应当考虑委员会的报告。[82] 如果委员会不能对提交其处理的问题达成一致意见，专家组将给予争端各方提出自己对于该问题的看法的机会。[83]

　　《海关估价协定》第 19 条明确规定，除非另有规定，否则 DSU 适用于《协定》项下发生的所有争端。[84] 并同时规定，提供给专家组的机密信息在没得到提供者授权的情况下不得披露。不过，尽管此类信息不得公开，但应提供非机密性的摘要。[85]

第九节　《补贴与反补贴措施协定》

　　补贴与反补贴措施的整个主题——通常称之为"反补贴税"——是存在争议的。就其复杂性来说，《补贴与反补贴措施协定》（"《SCM 协定》"）反映了此

〔78〕　关于根据《有关实施 1994 年关税与贸易总协定第 6 条的协定》或《补贴与反补贴措施协定》
　　　　第五部分解决争端的宣言。
〔79〕　参见本书第三章第三节。
〔80〕　《海关估价协定》，第 19.3 条。
〔81〕　同上，第 19.4 条。
〔82〕　同上。
〔83〕　同上。
〔84〕　同上，第 19.1 条。
〔85〕　同上，第 19.5 条，也可参见本书第四章第十节第一目。

政策的争议性。《SCM 协定》首先涉及两种类型的补贴:(1) 禁止性补贴和(2)可诉补贴,以及用以抵消或"对抗"禁止性补贴和可诉补贴的国内措施。[86] 其还设立了常设专家小组,除其他外(*inter alia*),其职能还包括在因禁止性补贴引起的争端方面协助专家组。[87]

一、禁止性补贴的程序

根据出口实绩(performance)或以使用国产货物而非进口货物为条件而给予补贴,是为《SCM 协定》所禁止的。[88] 为了反映 WTO 成员方对此类补贴的关注,《SCM 协定》规定了处理涉及这类补贴的快车道程序。

只要一成员有理由认为另一成员正在给予或维持一禁止性补贴,则该成员即可请求与另一成员进行磋商。被请求磋商的成员必须"尽快"进行磋商。[89] 如在提出磋商请求后 30 天内未能达成双方同意的解决办法,则可将该事项提交争端解决机构,以便立即设立专家组。[90] 这与通常的 DSU 程序有着明显的不同。通常的 DSU 程序规定,如果在收到磋商请求之日起的 60 天内未能通过磋商解决争端,起诉方可请求设立专家组,并且在成立专家组的请求首次列入 DSB 议程的会议之后的下一次会议上设立专家组。[91] 在禁止性补贴争端中,除了《SCM 协定》中有具体规定的期限外,在 DSU 中针对争端解决专家组的行为所设定期限都被缩减了一半。[92]

《SCM 协定》没有对涉及禁止性补贴的争端的专家组中期报告做出的规定。相反,专家组仅仅被要求在专家组被组建和专家组职权范围确定之日起 90 天内向争端各方提交最终报告,并将最终报告散发全体成员。[93] 在实践中,迄

186

---

[86]　先前的第三类补贴,即"不可诉"补贴,现在不再有效。参见本书第五章第九节第七目。

[87]　《SCM 协定》,第 24.3 条。正如在本书前文第五章第七节第九目中所指出的那样,反补贴税与反倾销程序有很大程度的交叉,尤其在损害问题。为了增进这些领域的一致性,在乌拉圭回合期间部长们发布了一项宣言:"认识到需要对反倾销和反补贴税措施引起的争端采取一致的解决办法。"

[88]　《SCM 协定》,第 3.1 条。

[89]　同上,第 4.3 条。

[90]　同上,第 4.4 条。

[91]　DSU,第 4.7 和 6.1 条。

[92]　《SCM 协定》,第 4.12 条。

[93]　同上,第 4.6 条。

今还没有一个专家组能够在其组建之日起 90 日内发布其最终报告。[94] 甚至有两个专家组要求将有关期限延长到 300 多天。[95]

如果引发争议的措施被裁定为禁止性补贴,则专家组应建议立即撤销该项补贴。在这方面,专家组应在其建议中明确规定必须"立即"撤销措施的时间。[96] 快车道条款(expedited provisions)也适用于对有关禁止性补贴的专家组报告的上诉以及这些报告的通过和执行。[97]

二、磋商请求——《SCM 协定》第 4.2 条

《SCM 协定》第 4.2 条明确规定,在禁止性补贴争端中提出的磋商请求"应包括一份说明,列出有关所涉补贴存在和性质的可获得的证据"。[98] 在美国——FSC 案中,美国向专家组争辩说,仅仅提到有争议的立法的磋商请求并不包含《SCM 协定》所要求的证据陈述。[99] 而专家组认为对有关措施的确认是充分的。[100] 专家组继续指出,即使该请求不包含对可获得的证据的陈述,"请求设立专家组的惟一前提条件是,磋商已经进行或被请求进行,并且具体规定的相关期限已经届满。"[101] 专家组还接着指出,DSU 和《SCM 协定》第 4 条中都没有条款规定因磋商请求中未能包含对可获得的证据的陈述而驳回有关诉讼请求。[102]

尽管上诉机构维持了专家组的裁定结果,但其推理方式却很不一样。[103] 最为重要的是(As an initial matter),上诉机构指出,《SCM 协定》第 4.2 条和

---

[94] 在 WTO 成立的最初 8 年中,从专家组的组建到报告发布的最短的时间是 180 天。参见专家组报告,巴西——飞机出口融资项目案,WT/DS46/R,1999 年 8 月 20 日通过,为上诉机构报告所修改,WT/DS46/AB/R,DSR 1999:III,1221;和专家组报告,加拿大——影响民用飞机出口措施案,WT/DS70/R,1999 年 8 月 20 日通过,为上诉机构报告所维持,WT/DS70/AB/R,DSR 1999:IV,1443。

[95] 参见专家组报告,美国——"外国销售公司"税收待遇案,WT/DS108/R,2000 年 3 月 20 日通过,为上诉机构报告所修改,WT/DS108/AB/R,DSR 2000:IV,1677;和专家组报告,加拿大——影响汽车工业的某些措施案,WT/DS139/R,WT/DS124/R,2000 年 6 月 19 日通过,为上诉机构报告所修改,WT/DS139/AB/R,WT/DS124/AB/R,DSR 2000:VII,3043。

[96] 同上,第 4.8 条。

[97] 参见本书第八章第七节。

[98] 《SCM 协定》,第 7.2 条中含有关于可诉补贴的类似规定。参见本书第五章第九节第四目。

[99] 参见前注 95,第 7.1 段。

[100] 同上,第 7.5 段。

[101] 同上,第 7.7 段。

[102] 同上。

[103] 上诉机构报告,美国——"外国销售公司"税收待遇案,WT/DS108/AB/R,2000 年 3 月 20 日,DSR 2000:III,1619。

DSU 第 4.4 条应当结合起来加以解读和适用。[104]《SCM 协定》第 4.2 条中的要求与 DSU 第 4.4 条中的不同,遵守了 DSU 第 4.4 条规定的要求并不意味着能够满足《SCM 协定》第 4.2 条所规定的要求。[105] 因此,第 4.2 条所要求的是补贴性质的证据,而不仅仅是有关措施存在的证据。上诉机构指出:"我们本来指望专家组稍微严格地对待这一重要区别。"[106] 虽然上诉机构强烈地暗示,根据《SCM 协定》第 4.2 条提出的磋商请求如果没有包含可获得的证据陈述,则其可能具有严重的缺陷,但就美国——FSC 案的具体案情来看,专家组事实上裁定——虽然没有使用这样的表述——美国已经放弃了其本来可以享有的提出异议的一切权利,或者禁止美国在主张有关磋商请求存在缺陷的问题上翻供。

上诉机构特别提到,争端各方在将近 5 个月的期间内进行了三轮独立的磋商,并且在此期间内美国一直没有对磋商请求提出过异议。[107] 上诉机构指出,"美国的行为似乎表明其同意就所涉争端设立专家组,以及同意在专家组设立之前进行磋商。"[108] 上诉机构接着援引了 DSU 第 3.10 条,该条要求成员方应"善意地"参与争端解决程序,并指出善意原则"要求被诉方及时并迅速地提请起诉方、DSB 或专家组注意其所主张的程序性缺陷,如果有必要的话,以便纠正有关缺陷并由此解决争端"。[109]

专家组在美国——FSC 案中强调指出,在实践中,起诉方向专家组提交的所有证据在提出磋商请求时都是可以为起诉方所获得的。[110] 专家组在澳大利亚——车用皮革案 II 中声称:"第 4.2 条并不要求起诉方成员在其磋商请求中披露其论据。"[111] "对可获得的证据的陈述,"专家组指出,"因而通知了争端解决程序的开始——该陈述并不把接下来可能发生的整个争端解决程序中的证据和论据的范围,限定为仅仅在磋商请求中已经提出的那些证据和论据。"[112]

三、常设专家小组的程序

为审查禁止性补贴而设立的专家组,可以请求针对引发争议的措施是否是

---

[104]　同上,第 159 段。

[105]　同上,第 161 段。

[106]　同上。

[107]　同上,第 162 段。

[108]　同上,第 165 段。

[109]　同上,第 166 段。

[110]　专家组报告,参见前注 95,第 7.6 段。

[111]　专家组报告,澳大利亚——对车用皮革生产商和出口商提供补贴案,WT/DS126/R,1999 年 6 月 16 日,DSR 1999:Ⅲ,951,第 9.26 段。

[112]　同上,第 9.29 段。

188

禁止性补贴而设立的常设专家小组("PGE")予以协助。[113] PGE 对该问题做出的结论"应由专家组全盘接受"。[114]

《SCM 协定》也规定,PGE"应向实施或维持有关措施的成员方提供证明引发争议的措施不属于禁止性补贴的机会"。[115]

189　　前述用语并没有清楚地表明,被指控方是否有责任证明该项措施并不是禁止性的,以及起诉方是否有责任证明该项措施是禁止性的。[116] 1996 年,PGE 发布了《程序规则草案》(Draft Rules of Procedure),不过还没有发布正式规则(Final Rules)。

规则草案的第三部分规定的是对专家组的协助。[117] 这些规则导致禁止性补贴争端解决程序的进度被明显加快。争端各方和任何有利害关系的第三方,可以在提出设立专家组请求的 7 日内向 PGE 提交书面陈述以便获得协助。[118] 有关陈述应当解决专家组所认定的措施是否构成禁止性补贴这一问题,并且应当包含有关该措施的相关信息,包括涉及该措施确立和运作的立法、法规和其他的文件。[119] 争端各方可以在提出协助请求的 14 天内提交书面反驳意见,但第三方则无此项权利。[120]

PGE 可以应争端方请求或自己主动召开听证会(hearing),该听证会通常会在提出协助请求之日起 21 日内进行。[121] 争端各方的听证会请求应当包含在其最初的书面请求中。[122] 与争端各方一样,第三方也可以出席听证会,但仅限于在争端各方进行口头陈述期间出席。[123]

在异常的情势下,如严格遵守有关期限将导致"明显的不公正",PGE 可以根据争端方的请求对提交文件和举行听证会的期限进行修改。[124] 争端方和第三方提交的文件必须以最迅速的方式提供给每一其他争端方和第三方。[125] 这

---

〔113〕　《SCM 协定》,第 4.5 条。

〔114〕　同上。

〔115〕　同上。

〔116〕　参见本书关于举证责任的第四章第十三节。

〔117〕　《常设专家小组草拟程序草案》,G/SCM/W/356/Rev.1,1996 年 6 月 26 日(下文简称"《PGE 规则》")

〔118〕　《PGE 规则》,第 9(1)条。

〔119〕　《PGE 规则》,第 9(2)条。

〔120〕　《PGE 规则》,第 9(3)条。

〔121〕　《PGE 规则》,第 10(1)条。

〔122〕　《PGE 规则》,第 10(2)条。

〔123〕　《PGE 规则》,第 10(3)和(4)条。

〔124〕　《PGE 规则》,第 13(2)条。

〔125〕　《PGE 规则》,第 15(2)和(3)条。

样的送交要求在 WTO 的实践中并不多见。PGE 规则并没有明确规定送交清单应该如何编写才能使得争端各方可以遵守这一要求。

任何一方都可以向 PGE 进行咨询,PGE 可以给出保密的咨询意见。这些咨询意见在任何涉及可诉补贴的争端解决程序中都不得援引。[126]

在 WTO 成立的最初 9 年中,没有任何成员方向 PEG 提出过协助请求。

四、可诉补贴的程序

190

可诉补贴是指,虽然不被禁止,但造成"对其他成员的利益的不利影响"的那些补贴。[127] 不利影响是指,损害另一成员的国内产业,或使其他成员获得的利益丧失或减损,或严重侵害另一成员的利益。[128] 只有那些认为自己由于补贴的结果而遭受了严重的侵害的成员方可援引《SCM 协定》第 7 条有关可诉补贴的规定。[129]

与禁止性补贴相同的是,有关可诉补贴的磋商请求必须包含有关补贴性质和存在的可获得的证据。[130] 此外,该请求必须包含有关不利影响的可获得的证据的陈述,例如损害(injury)、丧失与减损(nullification and impairment)以及严重侵害(serious prejudice)。[131] 如果所声称的是严重侵害,可获得的证据可以限定为以下具体因素:补贴的幅度;补贴是否用以弥补一产业承受的经营亏损,或在某些情形下一企业承受的经营亏损;或补贴是否构成债务的免除。[132]《SCM 协定》附件 5 规定了搜集有关严重侵害的信息的程序。[133]

此外,又与禁止性补贴相同的是,收到磋商请求的成员应当"尽快"举行磋商。[134] 如果磋商未能在 60 天内达成双方同意的解决办法,则可请求设立专家组,除非 DSB 经协商一致决定不设立专家组。[135] 专家组的组建及其职权范围应在专家组设立之日起 15 天内确定。[136] 其最终报告应在专家组被组建之日起

---

[126]　《SCM 协定》,第 24.4 条。

[127]　《SCM 协定》,第 5 条。

[128]　同上。

[129]　专家组报告,印度尼西亚——影响汽车工业的某些措施案,WT/DS54/R,WT/DS55/R,WT/DS59/R,WT/DS64/R,和更正 1—4,1998 年 7 月 23 日,DSR 1998:IV,2201,第 14.203 段。

[130]　《SCM 协定》,第 7.2 条。参见本书第五章第九节第二目。

[131]　《SCM 协定》,第 7.2 条。

[132]　《SCM 协定》,第 7 条的注释 19。这些因素被详尽列举在第 6.1 条中。

[133]　参见本书第五章第九节第五目。

[134]　《SCM 协定》,第 7.3 条。

[135]　《SCM 协定》,第 7.4 条。

[136]　同上。

120 天内散发给全体成员。[137] 快车道条款同样适用于对有关禁止性补贴的专家组报告的上诉以及这些报告的通过和执行。[138]

191 **五、附件 5:搜集关于严重侵害的信息的程序**

为了证明某一安排与《SCM 协定》中有关可诉补贴的规定不一致,起诉成员方必须证实存在不利损害,即对其国内产业的损害、利益的丧失或减损、或严重侵害。关于国内产业损害的信息以及有关使得起诉成员方利益丧失或减损的信息,是只有起诉成员方才能够获得的信息。然而,有关严重侵害的信息,却可能仅由被诉成员方或第三方所掌握。[139]《SCM 协定》附件 5 规定了搜集涉及严重侵害的信息的程序。

在搜集供专家组审查可诉补贴的指控的证据时,每个成员都应进行合作。[140] 对此,争端各方和任何有利害关系的第三方即应通知 DSB 其领土内负责实施此规定的组织和用于应答提供信息请求的程序。[141] 应请求,DSB 应开始必要的程序以从给予补贴的成员方政府处获得相关信息。[142] 该程序可包括向给予补贴成员的政府和起诉成员的政府提出问题。[143]

关于对第三国市场的影响,一争端方可通过向第三国成员政府提问来搜集第三国信息。[144] 所应提供的信息是指,该成员现有的或可容易获得的信息;第三国成员不需要专门为了回答这些问题而进行市场或价格分析。[145] 但是,如果一争端方自费进行详细的市场分析,第三国成员的主管机关应以提供政府通常情况下不予保密的全部非保密性信息的方式进行合作。[146]

192 附件 5 明确规定 DSB 应指定一名代表来负责促进信息的及时搜集过程的完成。[147] 该代表的职责之一是,就任何提供信息请求的合理性以及各方以合

---

[137] 《SCM 协定》,第 7.5 条。

[138] 参见本书第五章第九节第四目和第八章第七节。

[139] 严重侵害在《SCM 协定》第 6 条中有界定,包括但不限于(include *inter alia*)从价补贴程度,不论其是用以弥补某一产业承受的经营亏损,还是用以债务免除,也不论补贴的效果是在第三国市场中取代或阻碍另一成员的出口,还是大幅度削减产品的价格。

[140] 《SCM 协定》附件 5,第 1 段。

[141] 同上。

[142] 《SCM 协定》附件 5,第 2 段。

[143] 同上。

[144] 《SCM 协定》附件 5,第 3 段。

[145] 同上。

[146] 同上。

[147] 《SCM 协定》附件 5,第 4 段。

作和及时的态度应答这些请求所作的努力向专家组提出建议。[148]

如果给予补贴的成员或第三国成员未能在信息搜集过程中进行合作,则起诉成员方可依据其可获得的信息提起申诉。[149] 专家组可依靠从其他方面获得的最佳信息做出裁定。[150] 在做出该裁定的过程中,"专家组应从卷入信息搜集过程的任何一方不予合作的情形做出反向推断"。[151] 专家组保留自己主动寻求额外信息的基本权力。[152]

附件5第5段规定,通过协助方(facilitator)进行的信息搜集程序"应在依据第7条第4段将此事项提交 DSB 后60天内完成"。如果磋商未能达成双方同意的解决办法,第7条第4段就允许起诉方"将该事项提交 DSB 以设立专家组"。前述规定似乎表明,为信息搜集程序设定的60天期限应当从提出设立专家组请求之日开始起算,也就是说,甚至在 DSB 同意成立专家组以前开始起算。不过,在印度尼西亚——汽车案中,第一起涉及请求适用附件5程序的争端,DSB 和争端各方的做法却不相同。[153] 三个起诉方都要求适用附件5程序,并且都要求60天期限从其各自提出设立专家组请求之日开始计算。[154] 争端各方后来同意,在最后一个附件5程序结束4周后,起诉方才应当提交第一次书面陈述。[155]

然而,在美国——高地棉案中,巴西在其成立专家组请求中就要求适用附件5程序,可该程序进展得并不顺利。[156] DSB 在设立专家组时既没有指定任何协助方,也没有提议适用附件5程序。[157] 美国提出了异议,包括对 DSB 主席所提议的协助方的名称表示异议。美国的异议最终使得各方未能达成一致意见。主席似乎一直持这样一种看法:并不因为被诉方表示异议就不能指定协助方。他声称,他一直希望在设立专家组的会议上指定协助方,但由于就协助方的身份举行的磋商还没有结束,所以他就不能够这样做。[158] 主席的前述解释,一旦在以后的案件中被遵循,则将会产生这样一种实际效果:通过赋予被诉方阻止

193

---

[148] 《SCM 协定》附件5,第8段。

[149] 《SCM 协定》附件5,第6段。

[150] 同上。

[151] 《SCM 协定》附件5,第7段。

[152] 《SCM 协定》附件5,第9段。

[153] 专家组报告,参见前注129,第1.17段。

[154] 同上,第1.18段。

[155] 同上,第1.19段。

[156] 美国——高地棉补贴案——巴西提出设立专家组的请求,WT/DS267/7,2003年2月7日。

[157] 争端解决机构,2003年3月18日,《会议记录》,WT/DSB/M/145,2003年5月7日,第35段。

[158] 同上,第37段。也可参见 U. S. Raises Latest Obstacle to Brazil WTO Subsidy Challenge,*Inside US Trade*,2003年4月18日。

适用附件 5 程序的机会,因而使该程序受制于积极协商一致规则。[159]

六、多项补贴程序

成员方可能希望主张,一项补贴既是禁止性的又是可诉的,或者其是与 GATT 第 16 条的规定不相符的。但是,为上述程序设定的时间表却很不相同。根据《SCM 协定》第 4 条和第 7 条的规定,对禁止性补贴的指控和对可诉补贴的指控须遵守不同的时间表;而根据 DSU 的规定,GATT 第 16 条程序须遵守的时间表与上两个程序的时间表又不一样。

当加拿大请求设立专家组以裁定巴西对民用飞机提供的出口融资是否构成禁止性补贴以及是否违反 GATT 第 23 条时,这一问题便出现了。[160] 在巴西向 DSB 提出程序方面的质疑后,加拿大撤回了其请求,而随后又重新提交了请求,但其在重新提交的请求中放弃了有关第 16 条和第 23 条的指控。[161] 几个月后,巴西反过来试图与加拿大就后者影响民用飞机出口的项目进行磋商。在这种情况下,巴西提交了两份独立的磋商请求,第一份主张这些项目构成禁止性补贴,第二份则主张这些项目是可诉的。[162]

正如第五章第九节第一目所提到的,专家组没有遵从有关禁止性补贴程序的"快车道"最后期限;相反,专家组和争端各方在延长最后期限的工作程序达成了一致。可以认为,此种做法通过利用可以适用于任何诉讼请求的最长期限,使得一个专家组得以审查多项补贴起诉。

七、不可诉补贴

WTO 成立的最初 5 年里,如果用以支持某些研究活动或支持国内落后地区的援助以及促进现有设施适应新的环境要求的援助的补贴是不可诉的,但前提是得满足《SCM 协定》中规定的标准。[163] 随着《SCM 协定》第 31 条的生效,这一豁免仅限于 5 年,除非该期限得以延展;然而,该期限实际上并未得以延展。

---

[159] 美国还辩称,鉴于《农业协定》第 13 条所谓的"和平条款"(peace clause),在协助方开始工作之前,专家组有必要裁定专家组是否可以继续审议该案件。该条款在 9 年内禁止对符合某一成员方国内支持承诺的措施采取可诉补贴程序。争端解决机构,2003 年 3 月 31 日,《会议记录》,WT/DSB/M/146。

[160] 巴西——飞机出口融资项目案,加拿大提出设立专家组的请求,WT/DS46/2,1996 年 9 月 17 日。

[161] 巴西——飞机出口融资项目案,加拿大提出设立专家组的请求,WT/DS46/4,1996 年 10 月 4 日。该请求也在打算举行会议对其进行审查之前被撤回。世界贸易组织,*WTO Focus*,NO.21,第 2 页(1997 年 8 月)。

[162] 加拿大——影响民用飞机出口措施案,WT/DS70 和 WT/DS71,1997 年 3 月 10 日。

[163] 《SCM 协定》,第 8.1 和 8.2 条。

八、反补贴措施

反补贴措施可以通过关税的形式来抵销给国内产业带来损害的补贴。因实施反补贴措施而引起的争端通常为 DSU 所规范。

《SCM 协定》的脚注 35 明确指出，反补贴措施既可以用来抵销禁止性补贴，又可以用来抵销可诉补贴。然而，如果已经依照争端解决程序采取了报复措施，则不应再实施这些反补贴措施。成员方不可针对不可诉补贴采取反补贴措施。不过，正如上文第五章第九节第七目所提到的，不可诉补贴现在已经不再存在了。

九、发展中国家

《SCM 协定》第 27 条规定了针对发展中国家的特殊和差别待遇。在争端解决方面，该条款规定，如果某些实质性标准得以满足，禁止性补贴条款自《WTO 协定》生效之日起 8 年内（即 2003 年 12 月 31 日之前）不得适用。[164] 在这段期间内，对于本来构成禁止性补贴的那些补贴，将适用第七条中的可诉补贴条款，但得按照这些条款的要求表明存在着不利影响。[165]

在巴西——飞机案的上诉机构报告中，上诉机构认为，发展中国家被诉方没有义务证明它满足第 27 条的标准。相反，上诉机构指出，起诉方有责任证明发展中国家被诉方没有遵守第 27.4 条的规定。[166]

十、补救

第 4 条和第 7 条明确规定了当一项措施被认定为禁止性或可诉补贴时，成员必须采取的行动，并规定了如果有关成员没有恰当地执行一项报告时可以采取的报复措施。这些将在下文第七章和第八章中加以讨论。

第十节　《纺织品和服装协定》(ATC)

一、概论

纺织品和服装（以下简称"纺织品"）的国际贸易，历来受到《多纤维协定》

---

〔164〕　有关实质性标准列明在第 27 条第 2 至 5 段中。

〔165〕　《SCM 协定》，第 27.7 条。

〔166〕　上诉机构报告，巴西——飞机出口融资项目案，WT/DS46/AB/R，1999 年 8 月 20 日，DSR 1999：III，1161，第 141 段。

（通常被称为"MFA"）这一严格的规章体制的调整。至少就目前而言，情况仍然如此。然而，MFA 并不是《WTO 协定》的固有组成部分，它也与《WTO 协定》的"缔结毫无关联"。[167]

196　　　《纺织品与服装协定》（ATC）通过分阶段削减（phase out）《国际纺织品贸易协议》设定的进口配额，在十年内逐步将纺织品贸易纳入到 GATT/WTO 体系。[168] 在此过渡期内，数量限制仍然适用，但得符合 ATC 的规则。而数量限制的制度由纺织品监督机构（TMB）所监控。[169] TMB 的职责包括解决由进口限制的变化之类的问题引起的分歧，必要时，还需向争端各方提出调查结果和建议。另外，根据 ATC，TMB 制定了自己的工作程序规则。[170] 最后，如果在 TMB 提出建议之后问题仍然未得到解决，可以将该事项提交争端解决机构，由专家组根据《争端解决谅解》进行审议。[171] DSU 所规定的事先磋商就不再是必经的步骤。[172]

　　正如下文更为详尽论述的，TMB 的角色和职责在很大程度上不同于 DSU 专家组的角色和职责。例如，与专家组不一样的是，TMB 并不受任何特定的职权范围的限制。[173] TMB 的职责是全面地监督 ATC 的实施；而专家组则没有这样广泛的职责。[174] TMB 成员是由各种类型的代表构成的，而相比较之下，DSU 专家组成员的选任并不是以选区（constituencies）为基础的。[175] 在审查过程中，与专家组不同的是，TMB 的审查范围不局限于进口成员所提交的最初信息，因为争端各方均可以提交附加信息以及其他信息以支持它们的主张，只要有关信息是与后续事件相关的。[176]

二、ATC 程序

　　ATC 规定，WTO 成员在做法、规则、程序以及纺织品和服装产品分类方面

---

[167] 专家组报告，美国——对源自巴基斯坦的精梳棉纱采取的过渡性保障措施案，WT/DS192/R，2001 年 11 月 5 日通过，为上诉机构报告所修改，WT/DS192/AB/R，第 7.73 段。

[168] ATC 第 8 条。原文有误，实为第 2 条。——译注。

[169] ATC 第 8.1 条。

[170] ATC 第 8.2 条。见第五章第十节第三目。

[171] ATC 第 8.10 条。

[172] 同上。

[173] 专家组报告，美国——影响自印度进口的机织羊毛衬衫和上衣的措施案，WT/DS33/R，1997 年 5 月 23 日通过，为上诉机构报告所维持，WT/DS33/AB/R，DSR1997：I，343，第 7.19 段。

[174] 同上。

[175] 同上。

[176] 同上，第 7.20 段。不过，上诉机构将此段说明称之为"法官的意见"（dicta）。上诉机构报告，美国——影响自印度进口的机织羊毛衬衫和上衣的措施案，WT/DS33/AB/R，和更正 1，1997 年 5 月 23 日通过，§ V，第 19 页，DSR1997：I，323，338。

的改变,或在进口标准方面实施的特定措施,不得打破本协定项下有关成员之间权利和义务的平衡,不得对一成员可获得的准入造成不利影响,不得干扰贸易。[177] 在对进口管理制度做出任何改变时,采取改变措施的成员,只要可能,应在实施此类改变之前通知受影响的成员,并与其进行磋商。[178] 如在实施前进行磋商不可行,进行此类改变的成员应在 60 天内进行磋商,以期就适当和公正的调整达成双方满意的解决办法。[179] 如未能达成双方满意的解决办法,则所涉及的任何成员可按第 8 条的规定将此事项提交 TMB 审查,请其提出建议。[180]

197

在 ATC 项下出现的其他各类问题同样可以提交 TMB 以寻求建议。ATC 由于转运、改道、谎报原产地或伪造公文而可能受到规避,或者在处理规避行为时采取的措施不适当,磋商应立即进行,如可能,应在 30 天内进行。[181] 任何用来制止规避等行为的措施必须通知 TMB。如未能达成双方满意的解决办法,则任何有关成员可将此事项提交 TMB 处理,供其审议并提出建议。[182] 如任何成员认为有关成员未采取措施来处理那些谎报商品的纤维成分、数量、描述或归类的规避行为,或者采取的措施不适当,从而阻碍 ATC 目标的实现,可以迅速地与有关成员进行磋商。如未能达成解决办法,则所涉及的成员可以将此事项提交 TMB,请其提出建议。[183]

在某些情况下,成员可以根据"过渡性保障措施机制"施加进口限制。[184] 美国——内衣案的专家组认为,依据 GATT 以往的做法,该条款应限制性地加以解释。[185] 在上诉程序中,没有对此细节问题进行审查。不过,上诉机构在其后的裁决中对该"限制性解释"的结论深表怀疑。[186]

过渡性保障措施是在成员对成员的基础上适用的,而不是在最惠国待遇的基础之上适用的。[187] 提议采取保障措施的成员必须与可能会受该措施影响的

---

[177] ATC 第 4.2 条和 4.3 条。

[178] ATC 第 4.4 条。

[179] 同上。

[180] 同上。

[181] ATC 第 5.2 条。

[182] ATC 第 5.4 条。

[183] ATC 第 5.6 条。

[184] ATC 第 6 条。

[185] 专家组报告,美国——棉织和人造纤维内衣进口限制案,WT/DS24/R,1997 年 2 月 25 日通过,为上诉机构报告所修改,WT/DS24/AB/R,DSR 1997:I,31,第 7.21 段。

[186] 见第四章第十一节第五目。

[187] ATC 第 6.4 条。

成员进行磋商。[188] 该磋商请求应附有涉及进口对国内相关产业的影响与进口
来源的具体的和有关的信息。[189] 援引保障措施的成员还应表明提议限制的水
平,并将磋商请求和有关数据一并通知 TMB 主席。[190] 磋商应"立即"进行,且
通常应在收到磋商请求之日起 60 天内完成磋商。[191]

如果各所涉成员之间就某一限制措施达成了协议,该限制措施的细节应在
达成协议之日起 60 天内告知 TMB。[192] TMB 应确定该协议是否符合 ATC 中有
关实施保障措施的要求,并应向有关成员提出其认为适当的建议。[193] 如果在
收到磋商请求之日起 60 天内,有关成员仍未就某一具体的限制措施达成协议,
提议采取保障措施的成员可依据 ATC 的规定,在 60 天的磋商期结束后的 30 天
内实施有关限制措施。[194] 与此同时,实施该限制措施的成员需将此事项提交
TMB。[195] 在 60 天的磋商期届满之前,两成员中的任何一成员均可将此事项提
交 TMB。[196] TMB 应在 30 天内向有关成员提出建议。[197]

在"延迟会造成难以弥补的损害的极不寻常和紧急的情况下",可临时采取
保障措施。[198] 在此情形下,采取保障措施的成员应在有关措施被采取后的 5 个
工作日内提出磋商请求并通知 TMB。[199] 如磋商并未达成协议,则应在磋商结
束时通知 TMB,但无论如何不能迟于采取措施之日起 60 天。[200] TMB 应审查此
问题,并在 30 日内向有关成员提出建议。[201] 如果磋商达成协议,则有关成员应
在磋商结束时通知 TMB,但无论如何不能迟于采取措施之日起 90 天。[202] TMB
可向有关成员提出其认为适当的建议。[203]

各成员应努力全面接受 TMB 的建议。[204] 如果一成员不能遵守 TMB 的建

---

[188] ATC 第 6.7 条。
[189] 同上。
[190] 同上。
[191] 同上。
[192] ATC 第 6.9 条。
[193] 同上。
[194] ATC 第 6.10 条。
[195] 同上。
[196] 同上。
[197] 同上。
[198] ATC 第 6.11 条。
[199] 同上。
[200] 同上。
[201] 同上。
[202] 同上。
[203] 同上。
[204] ATC 第 8.9 条。

议,应在收到此类建议后不迟于 1 个月向 TMB 提供理由,以解释不能遵守的原因。[205] 在此之后,TMB 应提出其认为适当的进一步建议,如果问题仍然未解决,则两成员中任何一成员均可将此事项提交争端解决机构,并援引 GATT1994 第 23.2 条及《争端解决谅解》的有关规定。[206]

三、纺织品监督机构的工作程序

TMB 由 1 名主席和 10 名成员组成。[207] ATC 规定,其成员资格应保持平衡,并广泛代表各成员,并规定其成员每隔"适当时间"应进行轮换。[208] TMB 成员应由货物贸易理事会指定的成员任命,并以个人身份履行职责。[209]

TMB 工作程序中涉及争端解决的内容很简略。争端当事方的代表应该被邀请到 TMB 以充分陈述他们的观点,并且回答由 TMB 成员提出的问题。[210] 如果 TMB 的一成员是一争端当事方的代表,则该成员不得代表有关当事方陈述案情。[211] 各争端当事方可以指定一名代表,该代表可以在 TMB 对争端进行审议的讨论阶段到场。如果一争端当事方的国民是 TMB 的成员,其所指定的代表在建议、调查结果或者意见的草拟期间不得到场。然而,如一争端当事方并无国民是 TMB 的成员,该争端当事方指定的代表可以出席有关讨论,但不得参与建议、调查结果或意见的草拟。[212] 在 TMB 审查争端前,争端当事方必须将它们的代表团的组成以书面形式通知 TMB 的主席。[213]

除非是 TMB 做出相反的决定,否则 TMB 都应对证明材料、工作文件或者秘书处准备的资料保密,并且不得对这些资料表达官方立场。[214] 如果 WTO 成员以保密的方式向 TMB 提供了信息,TMB 也必须对这些信息保密。[215] TMB 工作程序并不要求提供非保密的概要。[216]

---

[205] ATC 第 8.10 条。
[206] 同上。
[207] ATC 第 8.1 条。
[208] 同上。
[209] 同上。
[210] 《纺织品监督机构工作程序》,纺织品监督机构第一次会议报告附件,G/TMB/R/1,第 6.1 段。
[211] 同上。
[212] 同上,第 6.2 段。
[213] 同上,第 6.3 段。
[214] 同上,第 4.3 段。
[215] 同上,第 4.4 段。在其第一次会议上,TMB 决定继续就通过下一句话展开讨论:"除其他之外 (*inter alia*),如果 TMB 还依据争端一方所提供的机密信息做出建议、调查结果和评论,TMB 应当确保与此有直接关系的另一争端方可以获得此类信息。
[216] 见第四章第十节。

四、TMB 的管辖权和专家组的管辖权

在土耳其——纺织品案中,专家组认为,规定 TMB 的管辖权的 ATC 和规定专家组解释适用协定的管辖权的 DSU 应一并加以适用。[217] 因此,专家组有权在为裁定成员是否根据 ATC 条款提出了有效的诉讼请求所必要的程度上解释 ATC。[218] 在美国——棉纱案中,上诉机构认为,在根据 ATC 规定进行的过渡性保障措施程序中,专家组无权审查那些在国内主管机关进行调查时还不存在的证据。[219]

第十一节 《服务贸易总协定》(GATS)

一、概述

《争端解决谅解》中的磋商和争端解决条款适用于《服务贸易总协定》(GATS)项下争端的磋商。[220] 此外,在一成员请求下,服务贸易理事会和争端解决机构(DSB)可就其通过正常磋商程序未能找到满意解决办法的任何事项,与任何一个或多个成员进行磋商。[221]

二、避免双重征税条约

201

一成员不得根据 GATS 第 17 条中的国民待遇条款,对属于它与另一成员间达成的有关避免双重征税的国际协定范围的措施提请磋商(或者争端解决)。[222] 如果各成员就一措施是否属于它们之间的此类协定的范围不能达成一致,并且争论中的协定是在《WTO 协定》生效之后缔结的,该两成员中的任何一方都可以将该事项提交服务贸易理事会,而理事会应将该事项提交仲裁,并做出对各成员有拘束力的裁决。[223] 如果协定在《WTO 协定》生效之日就已经存在,那么有关争议只有在经该协定的缔结双方同意后方可提交服务贸易理

---

[217] 专家组报告,土耳其——对纺织品和服装产品的进口限制案,WT/DS34/R,1999 年 11 月 19 日通过,为上诉机构报告所修改,WT/DS34/AB/R,DSR 1999:VI,2363,第 9.82 段。

[218] 同上。

[219] 上诉机构报告,美国——对源自巴基斯坦的精梳棉纱采取的过渡性保障措施案,WT/DS192/AB/R,2001 年 11 月 5 日通过,第 78 段。

[220] GATS 度 22.1 条和 23.1 条。

[221] GATS 第 22.2 条。

[222] GATS 第 22.3 条。

[223] 同上。

事会。[224]

三、非违反丧失和减损[225]

如果一成员认为其根据另一成员在 GATS 第三部分下的具体承诺可合理预期获得的任何利益，由于实施与 GATS 规定并无抵触的任何措施而丧失和减损，则其可诉诸 DSU。[226] 如果裁定存在利益的丧失和减损，则受影响的成员有权依据第 21.2 条（减让表的修改）要求另一成员做出双方满意的调整。如果双方不能根据第 21.2 条达成协议，则适用 DSU 第 22 条中的补偿和中止减让规定。[227]

四、减让表的修改

根据 GATS 第 21 条，在其具体承诺减让表中做出的任何一项服务承诺生效三年后，一成员可以修改和撤销该承诺。不过，只有应受影响成员的请求，才能在该减让表中做出补偿性调整。[228]

应受影响成员的请求，拟议修改和撤销承诺的成员应针对补偿性调整进行谈判，并且"应努力维持互利承诺的总体水平，使其不低于此类谈判之前具体承诺减让表中规定的对贸易的有利水平"。[229] 如果未在规定的谈判期限结束之前达成协议，则受影响的成员可将该事项提交仲裁。任何希望行使其可能享有的补偿权的受影响成员必须参加仲裁。[230] 在依照仲裁结果做出补偿性调整之前，不可实施所拟议的修改或撤销。[231]

五、空运服务

GATS 并不适用于无论以何种形式给予的空运业务权，或与业务权的行使直接有关的服务，但是却适用于影响航空器的修理和保养服务、空运服务的销售和营销以及计算机预订系统服务的相关措施。[232] 只有在有关成员已承担义务或具体承诺、且双边或其他多边协定或安排中的争端解决程序已用尽的情况

202

---

[224]　同上，注释 1。

[225]　见第四章第二十三节。

[226]　GATS 第 23.3 条。

[227]　同上，参见第八章。

[228]　GATS 第 21.2 条。

[229]　同上。

[230]　GATS 第 21.3（a）条。

[231]　GATS 第 21.4（a）条。

[232]　关于空运服务的附件，第 2—3 段。

下,DSU 方可被援引以适用于空运服务。[233]

六、专家组成员

与《WTO 协定》一起通过的部长决定和宣言中,其中就有关于《服务贸易总协定》部分争端解决程序的决定。这份有着五段文字的决定涉及的是 GATS 争端中专家组成员问题,它规定的是一份有资格担任专家的个人名册,这些人在与 GATS 有关的问题上具有丰富的经验。它还专门规定,"关于具体服务部门问题的争端专家组应具有与争端所涉具体服务部门有关的必要的专门知识。"[234]这样一种要求——"专家组"得具备专门知识——似乎意味着至少得有一名专家组成员,尽管并非一定是所有专家组成员,应拥有必要的专门知识。

203

第十二节 《与贸易有关的知识产权协定》(TRIPS)

在《WTO 协定》生效之日起 5 年内,GATT1994 第 23.1(b)和(c)条的非违反丧失和减损规定以及"其他情况"的规定不得适用于《与贸易有关的知识产权协定》("TRIPS")项下的争端。[235] 在这 5 年期间,TRIPS 理事会应负责审查属于非违反和"其他情况"起诉的范围和模式。[236] 此种审查并没有导致产生任何与此主题相关的协定。[237]

第十三节 《政府采购协定》

一、背景

《政府采购协定》(GPA)是一项诸边协定,它仅适用于签署了该协定的少数WTO 成员。尽管该协定规定了特殊的争端解决条款,但它并没有被列在 DSU 的附录 2 中,而附录 2 列举的是在发生冲突时其特殊争端解决条款可以优先于DSU 适用的协定。不过,此协定被作为 DSU 的适用协定之一被列举在附录 1中。而附录 1 的有关条款规定,DSU 的适用应受制于 GPA 的参加方所做出决定,而该决定列出了适用 DSU 以及 GPA 的特殊条款的条件。

---

[233] 同上,第 4 段。

[234] 《服务贸易总协定》部分争端解决程序的决定,第 4 段。

[235] 《与贸易有关的知识产权协定》(TRIPS)第 64.2 条。

[236] TRIPS 第 64.3 条。

[237] 见,如,TRIPS 理事会年报(2002),IP/C/27,2002 年 12 月 6 日,第 30—31 段。

1996 年 7 月 8 日,政府采购委员会正式将 GPA 第 22.2 至第 22.7 条中的特殊或附加规则和程序通知了争端解决机构,这些规则和程序将适用于涉及 GPA 的争端。[238] GPA 第 22.1 条规定,DSU 适用于 GPA 项下的争端,但得受制于该条其他段落的规定。

二、建议和 DSU 通知

如 GPA 的任何参加方认为其在本协定项下直接或间接获得的利益由于另一参加方实施的措施而丧失或减损,则无论这些措施是否违背本协定的规定,该参加方都可通过向另一参加方提出书面交涉或建议的方式来寻求解决争端。[239] 书面交涉和建议应同时通知 DSB。[240]

GPA 并没有明确规定应当提出磋商请求。不过可以认为,由于 DSU 将适用,有关专家组程序将会从根据 DSU 第 4 条的规定提出磋商请求而开始。磋商请求可能会纳入或附上第 22.2 条所规定的书面交涉和建议。根据 DSU 第 4.4 条的规定,此磋商请求必须同时通知政府采购委员会。

三、DSB 的职权

尽管第 22 条将解决争端的权力完全授予了争端解决机构,但是只有属 WTO 成员的 GPA 参加方才可参加 DSB 就本协定项下的争端所做出的决议或采取的行动。[241] 不过,如果争端同时涉及 GPA 和另一适用协定,则所有 DSB 成员都应参加 DSB 活动中不涉及 GPA 的方面。[242]

四、职权范围

除非争端各方在专家组设立后 20 天内另有议定,则下列职权范围标准条款将适用于 GPA 争端的解决:

> "按照本协定的有关规定和(争端各方引用的任何其他适用协定名称)的有关规定,审查(争端方名称)在……文件中提交 DSB 的事项,并提出调查结果以协助 DSB 提出建议或做出该协定所规定的裁决。"[243]

---

[238] 政府采购委员会,《政府采购协定》中特殊和附加的争端解决规则和程序(1994),GPA/5,1996 年 7 月 19 日。

[239] GPA 第 22.2 条。有关于非违反丧失和减损,参见第四章第二十三节。原文似乎有错误,应为第十六节。——译注

[240] 同上。

[241] GPA 第 22.3 条。

[242] GPA 第 22.4 条。

[243] 同上。

205   **五、期限**

第 22 条为 GPA 项下的争端解决设定了比一般适用于 DSU 中的更严格的期限。当争端同时涉及到具有不同时间安排的其他适用协定时,此条的规定就会引起与《补贴与反补贴措施协定》所遇到的相类似的困难。[244]

专家组应当"尝试"在专家组组建和职权范围议定后不迟于 4 个月向争端各方提交最后报告,如有迟延,则不迟于 7 个月提交最后报告。[245] 这与 DSU 所规定的 6 个月和 9 个月的期限明显不同。[246] 而且,还"应尽一切努力"将 DSU 所规定的期限——自设立专家组之日起至报告提交审议通过之日止的 9 到 12 个月,以及自设立专家组之日起至确定执行已通过报告的合理期限止的 15 到 18 个月——缩短 2 个月。[247]

在 GPA 项下的第一个案件中,专家组在其设立 6 个月后稍迟一点的时候向争端各方提交了中期报告。[248] 在专家组设立的 8 个月后散发了最终报告。[249]

如果对于是否为遵守已通过的报告的建议和裁决而采取了措施,或者此类措施是否与适用协定相符存在分歧,专家组解决此争端的期限被设定为 60 天,而在 DSU 中却规定了 90 天的期限。[250]

六、不可实施交叉报复

尽管有《争端解决谅解》第 22.2 条的规定,但是在任何其他适用协定项下产生的任何争端,均不得造成 GPA 项下减让的中止,且 GPA 项下产生的任何争端不得造成任何其他适用协定项下减让的中止。[251]

206   <center>第十四节　民用航空器贸易协定</center>

如《政府采购协定》一样,《民用航空器贸易协定》(TCA)也是一项诸边协定,并作为一项适用协定列在 DSU 附录 1 中,但没有作为其争端解决条款自动

---

[244]　见第五章第九节第五目。

[245]　GPA 第 22.6 条。

[246]　DSU 第 12.8 至 12.9 条。

[247]　GPA 第 22.6 条,提到了 DSU 第 20.1 条和 21.4 条。

[248]　专家组报告,韩国——影响政府采购措施案,WT/DS163/R,2000 年 6 月 19 日通过,DSR 2000:VIII,3541,第 1.5 至 1.6 段。

[249]　同上。

[250]　同上,提到了 DSU 第 21.5 条。

[251]　GPA 第 22.7 条,见第八章第五节。

优先于 DSU 适用的一项适用协定而列在附录 2 中。然而，与 GPA 不同的是，民用航空器贸易委员会从未通知过 DSB 有关设定 DSU 适用于 TCA 的条件的决定。正如民用航空器贸易委员会所承认的，这会引起相当程度的法律不确定性。[252]

这种不确定性还为另一事实所加大，即 TCA 的特殊争端解决程序融入了 GATT 的 1979《关于通知、磋商、争端解决和监督的谅解》中的规则，而这些规则在某种程度上讲已经过时。[253]

第十五节　仲　裁[254]

一、概述

如果争端各方愿意，完全可以避开 WTO 争端解决，而诉诸仲裁以解决它们之间的纷争。[255] 除"谅解"规定允许成员单方面寻求对特定争议加以仲裁的情形外，诉诸仲裁需经争端各方同意。[256] 就诉诸仲裁达成的一致意见须在仲裁程序实际开始之前尽早通知 WTO 各成员。[257]

然而，只有经过已同意诉诸仲裁的各方同意，其他成员才可以成为仲裁程序的一方。[258] 因此，与由 DSB 设立专家组来解决争端的普通程序不同的是，第三方在仲裁程序中本身并不享有权利。不过，如果它们受到争议中的措施的影响，可以主动地诉诸争端解决程序。仲裁当事方应当：（1）将仲裁裁决通知 DSB 和任何有关 WTO 适用协定的理事会或委员会；和（2）遵守仲裁裁决。[259] 仲裁裁决必须符合 WTO 各适用协定，不得使任何成员根据这些协定直接或间接获得的利益丧失或减损，也不得妨碍这些适用协定的任何目标的实现。[260]

第一起提交第 25 条项下的仲裁的 WTO 争端是关于美国——第 110（5）节版权法案。在该案中，欧共体和美国都要求仲裁，以确定由于美国版权法第 110

---

[252]　民用航空器贸易委员会，民用航空器贸易委员会报告（1997），WT/L/247（1997 年 11 月 26 日）："在 1997 年 6 月 16 日举行的会议上，主席忆及由于迄今仍旧未能将《民用航空器贸易协定》纳入 WTO 体制，在该协定与其他 WTO 协定的关系上产生了严重的法律不确定性。"

[253]　TCA 第 8.8 条，决定被列明在 BISD 26 册 210 页。

[254]　围绕专家组报告执行产生的问题的仲裁，参见第八章。

[255]　DSU 第 25.1 条。

[256]　DSU 第 25.2 条，在接下去的部分中将提到这些情形。

[257]　DSU 第 25.2 条。

[258]　DSU 第 25.3 条。

[259]　同上。

[260]　DSU 第 3.5 条。

（5）节的实施而导致欧共体应获得的利益丧失或减损的水平。[261] 在此之前，该措施被裁定为与美国所承担的 WTO 义务不相符。

争端双方都请求由原专家组成员出任仲裁员，但其中的两人无法出任。因此，总干事又指定了两名顶替者，而剩下的那位原专家组成员则任主席。[262] 仲裁员和争端双方在顶替者被任命的当天就举行了组织会议。在此之后，仲裁员根据争端双方在其仲裁请求中达成的一致意见制定了工作程序和日程表。[263]

组织会议在 2001 年 8 月 13 日举行。[264] 欧共体在 8 月 14 日提交了一篇有关计算方法的文件（a methodology paper）。争端双方在 8 月 21 日同时提交了书面陈述，又同时在 8 月 28 日提交了辩驳陈述。它们在 9 月 5 日一起与仲裁员会面，并在 9 月 11 日提交了对仲裁员提出的问题的答复，同时还在 9 月 14 日相互就对方的答复发表了评论意见。[265] 在 10 月 12 日，仲裁裁决被散发给争端双方，并于 11 月 9 日将该裁决通知 DSB 和 TRIPS 理事会。[266] 因此，从争端双方通知其就诉诸仲裁达成一致意见，到 11 月 9 日把仲裁裁决通知 DSB 和 TRIPS 理事会，整个过程总共耗时不到 4 个月。[267]

仲裁员认为，除其他外（inter alia），还与任何国际法庭相同的是，他们有权自主审议自己的管辖权问题。[268]

208

二、不可诉补贴

对于反补贴措施委员会有关某一计划是否为不可诉补贴的裁定，或其未能做出此种裁定的情形，任何成员都可以请求对其加以仲裁。[269] 某一成员也可将个案中被控违反了已通知计划中所列不可诉条件的情形提交仲裁。[270]

仲裁机构应在此事项提交之日起 120 内将其结论提供给各成员。在所有其他方面，DSU 适用于不可诉补贴的仲裁。[271]

---

[261] 仲裁员裁决，美国——美国版权法第 110（5）节案——根据 DSU 第 25 条诉诸仲裁，WT/DS160/ARB25/，2001 年 11 月 9 日。

[262] 专家组报告，美国——美国版权法第 110（5）节案，WT/DS160/R，2000 年 7 月 27 日通过，DSR 2000：VIII，3769。

[263] 仲裁员裁决，同前注 261，第 1.3 至 1.4 段。

[264] 同上，第 1.5 段。

[265] 同上。

[266] 同上，第 1.7 段。

[267] 同上，第 1.8 段。

[268] 参加第二章第六节第二目。

[269] 《SCM 协定》第 8.5 条。

[270] 同上。

[271] 同上。

《补贴与反补贴措施协定》还规定,可以就针对可诉的和禁止性补贴采取的反措施是否适当进行仲裁。[272]

补贴与反补贴措施委员会针对有关第 8.5 条的争议制定了仲裁规则,该仲裁规则要求将仲裁请求通知委员会主席,并附上请求的依据、仲裁机构要解决的具体问题以及请求所依据的信息的概要。

委员会程序规则第 8 条规定,只有那些已经通知引发争议的补贴的成员、请求仲裁的成员和已经成为当事方的其他成员才是仲裁程序的当事方。第三方可以参加仲裁,但是它们并不被看作是仲裁程序的“当事方”。希望成为当事方的成员须在最初请求散发之日起 15 日内通知委员会主席,并且在通知里附上仲裁请求所需要的信息,只有这样才有可能成为当事方。仅希望成为第三方的成员,须在仲裁请求散发的 20 日内以书面形式通知委员会主席。第三方只有在有关当事方提出的特定问题上才可介入仲裁程序。

三、服务

在特定的情形下,成员可以根据《服务贸易协定》的规定修改或者撤销其在承诺减让表中所做出的承诺。然而,采取此种措施时需要做出补偿性调整。[273] 如有关成员不能就补偿性调整达成协议,则受影响成员可将该事项提交仲裁。[274] 任何希望行使其可能享有的补偿权的受影响成员必须参加仲裁。[275]

---

[272]　SCM 协定第 4.11 条和 7.10 条,参见第八章第七节第二目。

[273]　GATS 第 21 条。

[274]　GATS 第 21.3(a)条。

[275]　同上。

第六章 上诉程序

第一节 概　述

WTO 上诉机构由 7 名成员组成,任何一个案件应由其中 3 人任职。[1] 其管辖权限于专家组报告涉及的法律问题和专家组所作的法律解释。[2] 上诉机构可维持、修改或撤销专家组的法律调查结果和结论。[3] 然而,即使上诉机构修改或撤销裁定,上诉机构也不能将有关案件发回专家组以进行重新审理。[4] 上诉机构的程序应当保密。[5] 与专家组程序相同的是,不得就上诉机构审议的事项与上诉机构进行单方面的联系。[6]

第二节　上诉机构的职责

在美国——某些欧共体产品案的上诉机构报告中,上诉机构阐述了其所承担的职责:

> "我们注意到,修改 DSU 或做出《WTO 协定》第 9.2 条意义上的解释,肯定不是专家组或上诉机构的任务。只有 WTO 成员才有权力修改 DSU 或做出该等解释。依据 DSU 第 3.2 条,专家组和上诉机构在 WTO 争端解决机制中的任务是'保护各成员在适用协定项下的权利和义务,及依照解释国际公法的惯例澄清这些协定的现有规定'。决定 DSU 的规则和程序应当什么样,既不是我们的职责,也不是专家组的职责;很明显,它仅是 WTO 各成员的职责。"[7]

----

〔1〕　DSU 第 17.1 条。

〔2〕　DSU 第 17.6 条。

〔3〕　DSU 第 17.13 条。

〔4〕　第六章第六节。

〔5〕　DSU 第 17.10 条。

〔6〕　DSU 第 18.1 条。

〔7〕　上诉机构报告,美国——对来自欧共体的某类产品进口措施案,WT/DS165/AB/R,2001 年 1 月 10 日通过,第 92 段(强调为原文所加)。

在欧共体——荷尔蒙案中,上诉机构指出:

"依据 DSU 第 17.6 条,上诉审查的范围仅限于就专家组报告中涉及的法律问题和专家组所作的法律解释提起的上诉。

……确定某一特定证据的可信性以及应适当赋予的证明力(也就是对证据进行评估)是调查程序的组成部分,因而在原则上由作为事实评判者的专家组自由裁定。"[8]

在韩国——酒精饮料案中,上诉机构驳回了一项就专家组赋予的证据的证明力而提出的诉讼请求,并拒绝对"专家组关于此类研究的证据方面的价值、以及相关研究中被控的可能的缺陷所导致的后果所进行的审查,进行事后评判(second-guess)"[9]。

一般说来,"事实与法律"的区分在国际法当中并不非常重要,因为国际法庭通常是初审法庭,既裁决事实问题也裁决法律问题。WTO 上诉机构是国际公法中惟一例外——独一无二的上诉法庭,同时也是惟一一个其管辖权仅限于法律问题的法庭。不过,"事实"与"法律"之间的区分并不总是非常明确,正如一位学者曾经指出的:"当今一些最引人关注的和最有影响的国际问题所牵涉的不只是事实问题,也不只是法律问题,而是'事实和法律问题的混合物'——例如,一些特定行为是否是'合理的'、'歧视性的'、'必要的',或'相称的'。"[10]

第三节 上 诉 权

212

只有争端各方,而非第三方,可对专家组报告进行上诉。[11] 然而,在争端当事方提起上诉的情形下,上诉机构的《工作程序》允许第三方参与上诉程序。参见本章第四节第二目。

---

[8] 上诉机构报告,欧共体——关于肉类及肉类制品的措施案(荷尔蒙),WT/DS26/AB/R,WT/DS48/R,1998 年 2 月 13 日通过,DSR 1998:I,135,第 132 段。

[9] 上诉机构报告,韩国——酒精饮料税案,WT/DS75/AB/R,WT/DS84/AB/R,1999 年 2 月 17 日通过,第 160 段。然而,上诉机构可以依据 DSU 第 11 条审查专家组对证据的评估。参见第四章第 12 节。

[10] Richard B. Bilder, The fact/Law Distinction in International Adjudication, in Richard B. Lillich (ed) *Fact-Finding Before International Tribunal* 95, 98 (Transnational, 1991).

[11] DSU 第 17.4 条。

第四节 上诉机构规则

一、概述

DSU 要求上诉机构经与 DSB 主席和总干事磋商后制定工作程序。[12] 这些工作程序首次发布于上诉机构成员任命后不久的 1996 年初,此后不断修订完善。这些《上诉审查工作程序》(Working Procedures for Appellate Review)构成上诉程序应当遵循的规则。[13] 《规则》的第一部分涉及的是组织内部事务,第二部分规定的是程序问题。

上诉机构所使用的绝大多数术语都是无需多加解释的。不过,有几个术语是比较专业性的:上诉机构使用"参与方"(participant)一词以指参与某一上诉程序的各方。上诉方和被上诉方是当然的"参与方"(participants),而专家组程序中的第三方为上诉程序中的"第三参与方"(third participants)。"争端方"(party to the dispute)和"第三方"(third party)则指专家组程序的参与方。《工作程序》起首部分载有定义列表。

二、禁止性补贴案件

《补贴与反补贴措施协定》第二部分为处理被控为禁止性补贴的纠纷规定了一种特殊的"快车道"(fast-track)程序。[14] 该协定将禁止性补贴案件的上诉期限从正常的 60—90 天缩减为 30—60 天。[15] 根据《工作程序》第 31 条的规定,上诉机构为禁止性补贴案件的上诉程序设定了单独的、同时也更短的时间表。这些规定基本上将原本已被缩短的上诉期限又缩短了一半。

三、上诉机构分庭

DSU 规定每一案件都应当由上诉机构 7 名成员中的 3 名审理。[16] 在其《工作程序》中,上诉机构使用"分庭"(Division)一词以指由三名成员组成的有关小组。[17] 组成分庭的成员应在非公开(non-disclosed)轮换基础上选任,以确

---

[12] DSU 第 17.9 条。

[13] WT/AB/WP/7,2003 年 5 月 1 日。更早的版本可见之于 WT/AB/WP/4,2002 年 1 月 24 日;WT/AB/WP/3,1997 年 2 月 28 日,和 WT/AB/WP/1,1996 年 2 月 15 日。

[14] 《补贴与反补贴措施协定》第 4 条,第五章第一节第一目。

[15] 同上,第 4.9 条。

[16] DSU 第 17.1 条。

[17] 《上诉机构规则》第 6.1 条。

保随机选择、不可预测性及所有成员均有机会任职而不考虑其国别来源。[18]
分庭成员应选举一名首席成员,首席成员的职责应包括:协调上诉程序的总体
进行;主持口头听证和会议;协调上诉报告的起草。[19]

不再担任上诉机构成员的人员,经上诉机构同意并在通知 DSB 后,可完成
其被分配的有关上诉工作。[20] 在美国——铅与铋 II 案中,分庭中的两名成员
任期在上诉程序中到期,但在该案中直到报告散发之前,该两名成员仍被视为
上诉机构的成员。[21]

四、决策与合议裁决

有关某一上诉案件的裁决,应仅由审理该上诉的分庭做出。[22] 如果分庭
不能就此达成一致,则裁决应经由多数票做出。[23] DSU 明确规定上诉机构的
意见应当是匿名的[24],但它并没有讨论出现反对意见(a dissenting opinion)的
可能性。在欧共体——石棉案中,审理上诉的分庭的某一成员做出了一项"一
致性声明"(concurring statement)。[25] 该成员仍然是匿名的。

为促进合议裁决(collegiality),上诉机构所有成员,包括那些不在裁判案件
的分庭中工作的成员,应收到所有上诉程序中提交的一切文件。在分庭完成上
诉报告并散发给 WTO 成员之前,上诉机构所有成员应当对每一起上诉相互交
换意见。[26] 不过,分庭仍然对分配其审理和裁决上诉案件保有"全部权力和自
由"。[27]

由于即便面临上诉机构其他成员的异议,分庭仍然有权审理并裁决向其提
交的案件,合议裁决的方法是至关重要的。它同样可能会使得分庭不大情愿推
翻它们的同事早先做出的裁决,即使它们认为这些裁决是错误的。每一报告都
是以上诉机构本身的名义做出的,而不是以某一特定的分庭名义做出。的确,
由于所有的意见,甚至包括潜在的反对意见,都是匿名的,如果某一分庭的成员

214

---

[18] 《上诉机构规则》第 6.2 条。

[19] 《上诉机构规则》第 7 条。

[20] 《上诉机构规则》第 15 条。

[21] 美国——对原产于英国的热轧铅和铋碳钢产品征收反补贴税——来自上诉机构的通讯;
WT/DS/138/7,2000 年 4 月 4 日。

[22] 《上诉机构规则》第 3.1 条。

[23] 《上诉机构规则》第 3.2 条。

[24] DSU 第 17.11 条。

[25] 上诉机构报告,欧共体——影响石棉及含石棉产品措施案,WT/DS/135/AB/R,2001 年 4 月 5
日通过,第 149 段。

[26] 《上诉机构规则》第 4.2—3 条。

[27] 《上诉机构规则》第 4.4 条。

并没有充分尊重其同事早先做出的裁决,那么结果将会出现一种解释的"秋千化"(a "see-saw" of interpretation)。由于某一分庭的三名成员推翻一早先案件的裁决,在随后的案件中自己的裁决也会被另外三名成员所推翻。然而,不管这样的情形看起来发生可能性是多么小,很显然,如果真发生的话,对上诉机构和 WTO 本身而言都会是一场灾难。这可能会影响上诉机构判例的长期稳定性,甚至可能导致上诉机构成员自身也私下里质疑有关判例。[28]

五、文件

除非有关文件为上诉机构秘书处在上诉规则所列明的提交期限内收到,否则该文件不得视为已提交上诉机构。[29] 除非程序规则中明确做出相反的规定,否则所提交的每份文件都应向所有其他争端方,包括参加专家组争端解决程序的第三方和上诉程序中的参与方,包括第三参与方进行送交。[30] 文件应以可利用的最快方式送达,包括将文件投递至参与方的送达地址,以及通过传真、快递服务或快件服务进行送达。[31] 每一份提交的文件应当包括一份送达证明。[32] 实践中,文件应当面送交(hand delivered)或通过电子形式发送。

分庭可以授权参与方,包括第三方,更正其陈述中的笔误。这种更正应在陈述原件提交 3 日内做出。修改版本的副本应提交上诉机构秘书处,并送达其他参与方。[33]

六、上诉通知书

上诉应在依照 DSU 第 16.4 条向 DSB 做出书面通知并同时向上诉机构秘书处提交上诉通知书后开始。[34] 上诉通知书应包括:

(1) 提请上诉的专家组报告名称;

(2) 提交上诉通知书的争端方名称;

(3) 争端方的送达地址、电话和传真号码;以及

(4) 上诉性质的简要陈述,包括专家组报告所涉及的法律问题和专家组做出的法律解释中存在错误的主张。[35]

---

[28] 有关对上诉机构裁决作为法律渊源的讨论,参见第三章第三节第五目。

[29] 《上诉机构规则》第 18.1 条。

[30] 《上诉机构规则》第 18.2 条。

[31] 《上诉机构规则》第 18.4 条。

[32] 《上诉机构规则》第 18.3 条。

[33] 《上诉机构规则》第 18.5 条。

[34] 《上诉机构规则》第 20.1 条。

[35] 《上诉机构规则》第 20.2 条。

在依照规则第 22 条提交被上诉方书面陈述之前,并不要求被上诉方将他们参与的意图通知秘书处、上诉方或其他争端各方。[36]

上诉通知书并不要求写明上诉方认为专家组裁定和解释存在错误的原因。[37] 它也不会被设计成为上诉方将要提交的论据的摘要或概要。[38] 然而,如果专家组的某一特定裁定没有在上诉通知书所列明的有关错误的诉讼请求中提及的话,将导致该项裁决被排除在上诉审查的范围之外。[39]

上诉机构已经强调:"必须在成员方有意义并有效地行使上诉的权利与被上诉方通过上诉通知书获悉被上诉的裁定的权利之间维持重要的平衡,以便它们可以有效地行使其享有的辩护权。"[40] 基于这些原因,如果上诉通知书仅仅提及专家组报告的"裁决与建议"部分中的段落数,或对它们进行全部援引,便不符合上诉机构《工作程序》第 20.(2)(d)条的要求。[41]

在美国——补偿法(伯德修正案)案中,上诉机构对这一点做了详尽阐述:

> "空泛性的陈述⋯⋯不能使被上诉方获得充分的通知,即它们将被要求针对超越专家组职权范围的诉讼请求进行辩护。对于程序性错误来说尤其如此;如果泛泛地提及专家组裁定或专家组报告的摘要,上诉机构很难从中分辨出专家组存在某一程序性错误的诉讼请求,原因在于:直到上诉阶段,有关专家组存在程序性错误的指控,都可能不一定被提起。[42]"

依据 DSU 第 11 条提起的有关错误的诉讼请求,也即关于专家组未能对事实做出客观评估的主张,仅可能发生在上诉过程中。当然,在设立专家组的请求中不会提到第 11 条,专家组自己通常也不会提到第 11 条。因此,上诉通知书在提及第 11 条下的诉讼请求时,"必须以一种能够让被上诉方认识到并且知晓其必须面对的诉讼请求的方式"提及。[43]

---

[36] 第六章第三节第九目。

[37] 上诉机构报告,美国——某些虾类和虾类制品的禁止进口案,WT/DS58/AB/R,1998 年 11 月 6 日通过,DSR 1998:VII, 2755,第 95 段。

[38] 同上。

[39] 上诉机构报告,欧共体——香蕉进口、销售和分销体制案,WT/DS27/AB/R,1997 年 9 月 25 日通过,DSR 1997:II,591,第 152 段。

[40] 上诉机构报告,美国——关于来自欧共体的某些产品的反补贴措施案,WT/DS212/AB/R,2003 年 1 月 8 日通过,第 62 段。

[41] 同上,第 70 段。

[42] 上诉机构报告,美国——2000 年持续倾销与补贴补偿法案,WT/DS217/AB/R,WT/DS234/AB/R,2003 年 1 月 27 日通过,第 200 段。

[43] 上诉机构报告,美国——关于来自欧共体的某些产品的反补贴措施案,见前注第 40,第 74 段。

七、工作日程

一俟上诉审查开始,分庭应就该上诉准备工作日程。工作日程应当包括提交文件的日期、分庭工作的时间表,如有可能,还应包括口头听证的日期。上诉机构秘书处应将工作日程送达上诉方、争端各方和任何第三方。[44] 这可能包括送达名单的最后确定(finalization),因为只有上诉方被要求在上诉通知书中提供送达地址,但是所有参与方均被要求将所有的文件送达至所有其他参与方。

由于 DSU 要求上诉机构作为"一般规则"应在 60 天内做出裁决,并且无论如何自上诉程序发起之日起不得超过 90 天,工作日程反映了这些严格的时间限制。[45] 下文讨论上诉程序的部分将会处处(passim)提到时间限制及其影响,它们几乎没有给上诉机构留下任何灵活机动的余地,这将在本章第五节做更加详尽的论述。

八、上诉方陈述

上诉方应在提交上诉通知书之日后 10 天内提交书面陈述,并送达其他争端各方和第三方。上诉方必须在书面陈述上注明日期并署名,书面陈述应包括下列内容:

(1)支持上诉方立场的法律论据,包括上诉理由的准确说明,专家组报告所涵盖的法律问题及专家组做出的法律解释中所存在错误的具体主张;

(2)关于所依据的适用协定的条款及其他法律渊源的准确说明;以及

(3)所寻求的裁定或裁决的性质。[46]

除了其在口头听证程序中的声明的书面版本以及可能针对上诉机构成员质问做出的书面答复外,上诉方的书面陈述是上诉方在上诉程序中陈述案情的惟一书面机会。由于文件必须在发布上诉通知书之日起 10 天内提交并送达,并且由于该通知可能需要在专家组报告散发后 20 天内提交[47],上诉方常常在向争端各方散发包含有专家组拟议的裁决和建议的中期报告的全文时,就得开始准备上诉。[48]

应当指出的是,在专家组程序中胜诉的争端方仍然有可能对争端解决结果

---

[44]　《上诉机构规则》第 26 条。

[45]　DSU 第 17.5 条。

[46]　《上诉机构规则》第 21 条。

[47]　参见第六章第四节第一目。

[48]　参见第四章第十八节第三目。

提起上诉,但这并不经常发生,因为胜诉的争端方通常并不愿意对有关结果提出质疑,但这种情形的确发生过。例如,在加拿大——奶制品案(新西兰和美国第二次援引第21.5条)中,加拿大就专家组对《农业协定》第10.3条做出的解释提出上诉,专家组的解释涉及被控的农产品出口补贴的案件中的举证责任问题。[49] 尽管专家组的解释对加拿大有利,但加拿大仍成功地证明专家组的解释存在着"明显的错误"。[50]

　　另外,胜诉的争端方常常会依据《工作程序》第23条提起交叉上诉以作为"其他上诉"。[51] 在美国——外国销售公司(欧共体援引第21.5条)案中,欧共体提出了四项附条件的上诉,请求上诉机构审议专家组运用司法经济(judicial economy)原则裁判的若干诉讼请求。欧共体指出,它对专家组运用司法经济原则并没有异议,但是,如果上诉机构要推翻那些导致了司法经济原则被运用的专家组裁定,它就打算请求上诉机构对有关诉讼请求做出裁决。[52] 既然上诉机构维持了专家组的裁定,因而它裁决:"欧共体上诉所取决的条件均未出现,我们因而没有必要对附条件的上诉进行任何审查。"[53]

九、被上诉方陈述

　　希望就上诉方陈述中提出的主张做出答复的任何争端方,可向秘书处提交书面陈述,并向上诉方、其他争端方和第三方送达陈述的副本。[54] 被上诉方的陈述必须在上诉通知书提交之日起不迟于25天内做出,这意味着通常情形下在被上诉方陈述到期前,潜在的被上诉方只有15天的时间去研究上诉方的论据,因为上诉方的陈述一般在上诉通知书提交之日起10天后提交。[55]

　　被上诉方陈述必须注明日期并署名,并应包含下列内容:

　　(1)就上诉方陈述以及上诉方支持其主张的法律论据中提出的,专家组报告所涵盖的法律问题及专家组做出的法律解释中存在错误的具体主张,予以反对的理由的准确说明;

〔49〕　上诉机构报告,加拿大——影响牛奶进口及奶制品出口的措施案——新西兰和美国第二次援引 DSU 第21.5条,WT/DS103/AB/R,WT/DS113/AB/RW2,2003年1月17日通过。第15段。

〔50〕　同上,第159段。

〔51〕　参见第六章第四节第十目。

〔52〕　上诉机构报告,美国——外国销售公司税收待遇案——欧共体援引 DSU 第21.5条,WT/DS108/AB/RW,2002年1月29日通过,第253段。

〔53〕　同上,第255段。

〔54〕　《上诉机构规则》第22.1条。

〔55〕　同上,同样可参见第六章第三节第八目。

（2）对上诉方陈述中列明的每一条理由是接受还是反对；

（3）关于所依据的适用协定的条款及其他法律渊源的准确说明；以及

（4）所寻求的裁定或裁决的性质。[56]

十、多重或"交叉"上诉

在提交上诉通知书后 15 天内，参加专家组程序的争端方，而不是原上诉方，可以加入到正在进行的上诉程序中，或者根据专家组报告所涵盖的法律问题和专家组做出的法律解释中存在着其他错误的主张自行提起上诉。[57] 对此，只要依据"规则"第 21.2 条针对上诉方陈述设定的要求提交并送达的一份书面陈述即可实现。[58] 这些是典型的"交叉上诉"，胜诉方可以借此来寻求保护裁定结果，尤其是鉴于上诉机构缺乏发回重申的权力这一事实。[59]

希望对后一上诉做出回应的原上诉方、任何被上诉方和任何其他争端方可在提交上诉通知书之日起 25 天内提交书面陈述，且任何此种陈述应符合"规则"第 21.2 条对被上诉方陈述所设定的要求。[60]

十一、第三参与方

在 2003 年 5 月，上诉机构修正了其《工作程序》第 24 条，从而扩大了专家组程序中的第三方参与上诉的权利。[61]

《工作程序》一开始就规定，专家组程序中的任何第三方可提交书面陈述，以表明其作为第三参与方参与上诉的意图，并说明支持其立场的理由和法律论据。该陈述必须在上诉通知书提交后 25 天内提交。[62] 已经提交了书面陈述的第三参与方可出席上诉机构的口头听证，并提出口头论据或说明。[63]

依据《工作程序》中的前述规定，在 2003 年 5 月 1 日修正前，在阿根廷——鞋类案中，已作为专家组程序第三方的巴拉圭并没有向上诉机构提交书面陈述。然而，巴拉圭主张它有权利出庭并"消极参与"上诉机构对本案的口头听

〔56〕《上诉机构规则》第 22.2 条。

〔57〕《上诉机构规则》第 23.1 条。

〔58〕《上诉机构规则》第 23.2 条。

〔59〕参见第六章第六节和上诉机构报告，加拿大——奶制品案（新西兰和美国第二次援引 DSU 第 21.5 条），见前注 49。

〔60〕《上诉机构规则》第 23.3 条。

〔61〕WT/AB/WP/7，2003 年 5 月 1 日。

〔62〕《上诉机构规则》第 24 条。

〔63〕《上诉机构规则》第 27.3 条。

证。既然参与方或第三参与方没有反对其消极参与,巴拉圭被准许出庭。[64] 同样,在智利——价格标签体系案中,作为专家组程序第三方的日本和尼加拉瓜虽然没有提交书面陈述,但也被准许作为消极观察员出席上诉机构的口头听证。[65]

2003 年 5 月对《工作程序》第 24 条的修正为第三方参与上诉机构的口头听证确立了三种途径。首先,同先前一样的是,在上诉通知书提交之日起 25 天内提交书面陈述的第三方将继续有权利出席并做口头说明。[66] 其次,在同样的 25 天期限内通知上诉机构其出庭意图的第三方将有权利做口头说明,即便其并没有提交书面陈述。[67] 最后,在 25 天的期限届满之后通知上诉机构其出庭意图的第三方可以出席口头听证,但是其做出口头说明的权利将受制于审理上诉案的上诉机构分庭的自由裁量权。[68] 这种自由裁量权应依据正当程序理由加以行使。

十二、上诉记录

在上诉过程中,争端各方并不负责准备或提交专家组程序记录。这是总干事的直接职责和秘书处的间接职责。[69] 有关记录包括,但不仅限于:

221

(1) 书面陈述、辩驳陈述以及附于争端各方和第三方在专家组程序上所做陈述中的证明证据;

(2) 在争端各方和第三方参加的专家组会议上提交的书面论据,此类专家组会议的录音,以及对在此类专家组会议上所提问题的书面答复;

(3) 与专家组或 WTO 秘书处和争端各方或第三方之间的争议有关的信函;以及

(4) 提交专家组的任何其他文件。

十三、口头听证

《上诉机构规则》要求在每一起上诉案件中都应举行口头听证,有关口头听

---

〔64〕　上诉机构报告,阿根廷——对鞋类产品进口的保障措施案,WT/DS121/AB/R,2000 年 1 月 12 日通过,DSR 2000:I,515,第 7 段。

〔65〕　上诉机构报告,智利——有关某些农产品价格标签体系及保障措施案,WT/DS207/AB/R,2002 年 10 月 23 日通过,第 6 段。

〔66〕　《上诉机构规则》第 24.1 条。

〔67〕　《上诉机构规则》第 24.2 条。

〔68〕　《上诉机构规则》第 24.4 条。

〔69〕　《上诉机构规则》第 25.1 条。

证通常应在提交上诉通知书之日后 30 天内举行。[70] 秘书处应尽快通知所有利害关系方和参与方举行口头听证的日期。[71] 主持听证会的上诉机构首席成员可设定口头辩论与说明的时限(time-limits)。[72] 第三参与方可按照规则第 24 条出席并参与听证会。[73] 当然,口头听证上做出的说明会构成上诉记录的组成部分,并可为上诉机构所利用。[74]

十四、对问题的书面答复

在上诉过程中的任何时间,特别是在口头听证过程中,分庭成员可向参与方或第三参与方提出问题,并指明做出书面答复的期限。他们也可以要求提供备忘录,通常是针对某一法律问题的,并再次设定做出答复的期限。[75] 任何此类问题、答复或备忘录,应当可以为该上诉中的其他参与方和第三参与方所获得,并应给予它们做出答复的机会。[76]

十五、未能出庭及撤回上诉

如一参与方未能在规定的时间内提交陈述或未能出席口头听证,则分庭应在听取各参与方的看法后,发布其认为适当的命令,包括驳回该上诉。[77]

222　在上诉程序中的任何时间,上诉方可通过通知上诉机构而撤回其上诉。[78] 在印度——汽车案中,在口头听证前一天,印度通知上诉机构其依据《工作程序规则》第30.(1)条的规定撤回上诉。[79]

在欧共体——沙丁鱼案中,欧共体在提交仅 3 天后就撤回最初的上诉通知书,但保留其提交新的上诉通知书的权利,而且在同一天欧共体也的确提交了新的上诉通知书。[80] 秘鲁对欧共体附条件地撤回上诉通知书并提交第二份上

---

〔70〕 《上诉机构规则》第 27.1 条。

〔71〕 《上诉机构规则》第 27.2 条。

〔72〕 《上诉机构规则》第 27.4 条。

〔73〕 《上诉机构规则》第 27.3 条,同样可参见第六章第四节第十一目。

〔74〕 例如,参见上诉机构报告,美国——FSC(欧共体援引第 21.5 条),见前注 52,第 117 段。

〔75〕 《上诉机构规则》第 28.1 条。

〔76〕 《上诉机构规则》第 28.2 条。

〔77〕 《上诉机构规则》第 29 条。

〔78〕 《上诉机构规则》第 30.1 条。

〔79〕 上诉机构报告,印度——影响汽车业措施案,WT/DS146/AB/R,WT/DS175/AB/R,2002 年 4 月 5 日通过,第 15 段。

〔80〕 上诉机构报告,欧共体——关于沙丁鱼商品说明案,WT/DS175/AB/R,2002 年 10 月 23 日,第 11—13 段。

诉通知书的权利提出了质疑。[81] 上诉机构允许提交第二份上诉通知书,并强调指出:第 30.(1)条并没有禁止上诉方行使附条件地撤回上诉的权利,除非附加该项条件的成员在参与争端解决程序的过程中并非尽到善意努力来解决本争端。[82] 上诉机构在该案中指出,并不存在对正当程序的拒绝,而且,撤回上诉和重新提起上诉均发生在为最初上诉设定的期限内。不过上诉机构同时告诫性地指出:"在有些情况下,以重新提起新的上诉通知书为条件撤回上诉,而随后又的确提起新的上诉通知书,这样的做法可能是滥用性质和破坏性质的。"[83] 上诉机构继续指出,"在此类情形下,我们应当有权利拒绝接受所附加的条件,同时也应有权利拒绝接受所提起任何新的上诉通知书。"[84]

在美国——外国销售公司案中,根据争端各方之间达成的协议,最初的上诉通知书由于日程安排方面的原因(scheduling reasons)被撤回,随后提交了第二份上诉通知书。[85] 同样,在美国——条形管案中,最初的上诉通知书再次因为预先确定的原因被撤回,并且提交了第二份上诉通知书。[86]

如根据 DSU 第 3.6 条已经就构成上诉对象的争端达成了一项共同议定的解决办法并通知了 DSB,则该解决办法也应通知上诉机构。[87]

十六、私人律师的出庭

上诉机构已经在有关案件中指出:应由 WTO 成员自己决定谁将作为其代表团成员出席上诉机构的口头听证程序,私人律师由此可能被包括在有关人选之内。[88]

十七、法庭之友的书状

上诉机构曾经在其裁决中指出,"依据 DSU,我们在上诉期间有法律权力(legal authority)接受并考虑法庭之友的书状,只要我们认为这样做是恰当并且

223

---

[81] 同上,第 15 段。

[82] 同上,第 141 段。

[83] 同上,第 146 段。

[84] 同上。

[85] 上诉机构报告,美国——"外国销售公司"税收待遇案,WT/DS108/AB/R,2000 年 3 月 20 日,DSR 2000:Ⅲ,1619,第 4 段。

[86] 上诉机构报告,美国——对来自韩国的圆形焊接碳质条形管采取的最终保障措施案,WT/DS202/AB/R,2002 年 3 月 8 日通过,第 13 段。

[87] 《上诉机构规则》第 30(2)条。

[88] 上诉机构报告,欧共体——香蕉进口、销售和分销体制案,WT/DS27/AB/R,1997 年 9 月 25 日,DSR 1997:Ⅱ,591,第 10 段至 12 段。

有用的。"[89]这包括有权接受作为非争端当事方的 WTO 成员提交的法庭之友的书状。[90]

在欧共体——石棉案中,审理该上诉案的分庭在有关裁决中指出,"为公平和有序起见",应制定特别的程序以处理许多在预料中的法庭之友的书状。[91]这种特别的程序要求争端当事方或第三方之外的希望提交书状的任何人就获得提交许可提出申请。这样的程序在 WTO 发展中国家成员间引起了强烈的反对意见。应代表发展中国家非正式团体的埃及的请求,DSB 为此专门召开了一次特别会议。在此次会议上,许多国家都发表了反对性的意见。[92] 上诉机构一共收到了根据特别程序提起的 11 份及时的申请,但每一次都拒绝给予提交许可。[93]

在欧共体——沙丁鱼案中,作为 WTO 成员之一的摩洛哥,尽管没有在专家组程序中作为第三方出庭,但它也提交了一份法庭之友的书状。[94] 上诉机构重申了关于其有权接受法庭之友的书状的看法[95],并进一步认为:WTO 成员明显享有作为第三方参与有关程序的权利,并不会剥夺它们在没有作为第三方出席的诉讼程序中提交法庭之友的书状的权利。[96] 对任何该等书状的接受仍在其自由裁量权范围之内。[97]

第五节 时 间 因 素

由于 DSU 对上诉程序规定了严格的时间限制,"上诉机构规则"也相应地对参与方设定了严格的时间限制。这些限制可能具有某种策略性的意义。

---

[89] 上诉机构报告,美国——对原产于英国的热轧铅和铋碳钢产品征收反补贴税案,WT/DS138/AB/R,2000 年 6 月 7 日,第 42 段。

[90] 上诉机构报告,欧共体——沙丁鱼案,见前注 80,第 163 段。

[91] 欧共体——影响石棉及含石棉产品措施案——上诉机构通讯,WT/DS135/9,2000 年 11 月 8 日。

[92] 总理事会 2000 年 11 月 22 日在 William rappard 中心举行的会议的会议记录,WT/GC/M/60,2001 年 1 月 23 日。

[93] 上诉机构报告,欧盟——石棉案,见前注 25,第 56 段。参见 Geert A. Zonnekeyn, The Appellate Body's Communication on Amicus Curiae Briefs in the Asbestos Case, 35 *Journal of World Trade* 553(2001 年 6 月,第 3 期);Robert Howse & Reinhand Quick, Trade, Environment and the Role of NGOs, 4 *Journal of World International Property* 277,281(2001 年 3 月)。

[94] 见前注 80,第 153 段。

[95] 同上,第 157 段。

[96] 同上,第 163 段。

[97] 同上,第 167 段。

一、DSU 设定的限制

DSU 第 16.4 条规定在专家组报告散发各成员之日起 60 天内,该报告应在 DSB 会议上通过,除非一争端方正式通知 DSB 其上诉决定,或 DSB 经协商一致决定不通过该报告。然而,在报告散发各成员之日 20 天后,DSB 方可审议通过此报告。[98] 如在报告散发后的第 20 天至第 60 天期间并未安排 DSB 会议,应召开一次特别会议来审议该报告。[99]

这些条款合在一起,共同产生的实际效果(impact)就是,希望对某一专家组报告提起上诉的争端方,必须在报告散发后第 20 天至 60 天期间安排的任何会议之前,或任何为审议该报告而召开的特别会议之前,通知 DSB 其上诉意图并提交上诉通知书。

正如在前面所强调的,上诉机构通常应在一争端方正式通知其上诉决定后 60 天内发布其裁决。当上诉机构认为不能在 60 天内提交报告时,就应把这一事实书面通知 DSB。依据 DSU,"上诉程序无论如何都不能超过 90 天。"[100] 然而,就像一些专家组一样,有时上诉机构发现它不可能在 DSU 规定的时限内完成任务。在欧共体——荷尔蒙案中,上诉机构通知 DSB,"经与争端各方磋商之后",它不能在第 90 天内散发上诉机构报告,并具体确定了计划散发其报告的日期。[101] 在美国——铅铋 II 案中,口头听证结束后,分庭其中一名成员去世,上诉机构选任了一名替代者,重新组建的分庭举行了第二次口头听证。[102] 由于出现了这样一些极为罕见的情势,参与方和第三参与方同意把 90 天的期限延长两个星期。[103] 在欧共体——石棉案中,"上诉机构承担的工作量异常繁重"和争端各方的同意都被用作延长有关期限长达近 6 个星期的理由。[104] 在美国——关于某些欧共体产品的反补贴措施案中,上诉机构报告的英文版本在 90 天内就发布了,但由于秘书处"合法的怠工"(work-to-the-rule)行为,其并没有翻译成 WTO 其他官方语言,即以法文和西班牙文发布。[105]

225

---

[98]　DSU 第 16.1 条。
[99]　DSU 第 16.4 条,脚注 7。
[100]　DSU 第 17.5 条。
[101]　欧共体关于肉类及肉类制品的措施案(荷尔蒙)——美国提起的诉讼——上诉机构通讯,WT/DS26/11,以及加拿大提起的诉讼——上诉机构通讯,WT/DS48/9,1997 年 12 月 10 日。
[102]　见前注 89,第 8 段。
[103]　同上。
[104]　见前注 25,第 8 段。
[105]　美国——关于来自欧共体的某些产品的反补贴措施案——上诉机构通讯,WT/DS212/10,2002 年 12 月 12 日。

二、上诉机构所设定的限制

DSU 为上诉机构规定较短的期限反过来导致上诉机构又对上诉程序中的参与方设定了较短时限。然而,《工作程序》规定,对于任何规则中设定的有关提交文件或进行口头听证的时限来说,在特殊情况下,"如严格遵循本《工作程序规则》所列明的时限将造成明显的不公正,任何争端当事方、参与方、第三方或第三参与方均可请求"上诉机构修改工作日程表中所规定的时限。[106] 很明显,上诉机构在授权延期上的灵活性是受到限制的。

在具体实践中,争端各方常常会在提交上诉通知书前与上诉机构秘书处进行非正式磋商。这种程序使它们和上诉机构在安排时间方面享有某种程度的灵活性,尽管仍得遵守可适用的时限。例如,争端各方可就提交上诉通知书的日期以及它们各自陈述的截至日期自行商议确定。剩下的程序可能得照常遵守这些期限进行,或者其本身可在与上诉机构合作下进行修改。

上诉机构已经采用了 DSB 关于上诉程序中"DSU 所规定的期限届满的决定"。[107] 在遵守"DSU 所规定的期限届满的决定"的前提下,在计算 DSU、适用协定的特殊或附加规则或本规则中规定的任何期限时,期限开始之日应不计入在内,期限的最后一日应计入在内。[108]

三、时机选择——策略上的考虑

《工作程序》将上诉通知书提交之日规定为零日(Day zero),要求在第十日提交上诉方陈述。决定从零日开始计算天数——而不允许自前一事件起的一些固定的天数起算,同时,允许上诉方从零日起 10 日内提交其陈述的决定,都将产生实际的后果。

自零日起开始测算每一行动的天数的决定,可能会极大地缩短允许采取某些行动的时限。例如,如果在星期三提交一份上诉通知书,第十日将是星期六;上诉方陈述的期限将在下一个星期一到期,也就是第 12 日到期。[109] 上诉方由此多获得了两天的时间,而被上诉方多获得了一天的时间,因为,既然星期三是零日,第 25 日就是星期日,被上诉方陈述将在星期一,第 26 日到期。对于交叉上诉程序来说更重要的是,被上诉方的交叉上诉仍旧在第 15 日,即星期四到

---

〔106〕 《上诉机构规则》第 16.2 条。

〔107〕 《上诉机构规则》第 17.2 条,WT/DSB/M/7。参见第四章第十五节。

〔108〕 《上诉机构规则》第 17.1 条。

〔109〕 参见争端解决机构,DSU 中的期限届满决定,由 DSB 主席提议。WT/DSB/W/10(1995 年 7 月 20 日)。如果星期一是节假日,时间计算可能会出现更大的偏差。参见第四章第十五节。

期。因此,被上诉方审查上诉方陈述之后,考虑并准备交叉上诉的时间从 5 天被缩短为 3 天,也就是说从星期一被缩短至星期四。即便是有整整 15 天的时间提交一份交叉上诉性陈述,有关期限也会是非常短暂的,尤其是其中的 5 天与《工作程序》为被上诉方对上诉方陈述做出答复预先规定的 15 天相重合时更是如此。

227

　　在实践中,这常常意味着胜诉方总是推定报告将被上诉,并在报告被散发之后就开始进行审查并准备提起交叉上诉,而非只是在败诉方上诉时才开始准备应对。

第六节　缺乏发回重审的权力

一、问题

　　随着上诉机构的创建,世界贸易组织法律体制才具有了所有成熟法律体制的所显示出来的重要特征:让司法权力从其他管理机构(在此处指世界贸易组织)中独立出来。专家组过去——现在都没有正式独立于世界贸易组织。

　　上诉庭仅仅审理针对法律问题提起的上诉的重要性不应被低估。目前似乎还没有能与上诉庭相提并论的国际法庭。即便是国际法院,也只是一个拥有初级管辖权的法庭,既对事实问题,又对法律问题做出裁决,而且,当事方不能对有关裁决提起上诉。然而,该重要机构缺乏通常意义的上诉机关所拥有的其中一种最为重要的权力:将案件发回下级法庭——也就是其裁定被提起上诉的专家组进行重审的权力。[110]

　　因为专家组常常仅在非常狭窄的范围内对争议做出裁决,采取所谓的“司法经济”的做法,问题就由此发生了。在其早期的一起裁决,即美国——羊毛衬衫和上衣案的裁决中,上诉机构支持这一做法,并认为,“专家组仅需要解决那些为裁判在本争端中发生争议的事项而必须处理的诉讼请求。”[111]

　　包括专家组和上诉机构在内的裁判法庭实行司法经济原则有着充分的理由:它不仅可以节约司法资源,而且还可以避免对那些对于裁定提交专家组的争端来说不必进行裁决的问题做出裁决,从而减少对有关程序的过分介入。司法经济是一种不太具有扩张性的做法,在有关机构看来,其似乎特别适合于审

---

[110]　见 David Palmeter, The WTO Appellate Body Needs Remand Authority, 32 *Journal of World Trade* No. 1 (February 1998).

[111]　上诉机构报告,美国——影响自印度进口的机织羊毛衬衫和上衣的措施案,WT/DS33/AB/R 和更正 1,1997 年 5 月 23 日,DSR 1997:323,第 6 节,第 22 页。

228 查主权国家的规划与行为。尽管上诉机构赞同专家组采取这样的做法,然而,过去的经验已经表明:在缺乏发回重审权力的情形下,"司法经济"的做法可能会制造一些难题(difficulties)。事实上,在对这种做法表示支持后不久,上诉机构就采取了另外一种全新的姿态(tack):

> 不得不适用司法经济原则时必须要牢记争端解决机制的目标。其目标就是要解决争议中的事项,并"找到解决争端的积极办法"。仅仅对争议中的事项部分地加以解决是牵强的(false)司法经济。专家组必须对需要就此做出裁决的诉讼请求进行处理,以使 DSB 能够做出充分准确的建议和裁决,最终使成员方立即遵守那些"旨在确保争端得到有效解决以符合所有成员方利益的"建议和裁决。[112]

司法经济可能会在以下两种情形下出现问题——专家组没有对法律问题做出裁定和专家组没有发现相关事实。

二、专家组没有裁决的法律问题

第一起被提起上诉的案件,即美国——汽油案,使上诉机构面临的情形是:推翻专家组法律裁定的依据会产生一些后果。[113] 有关问题是,争议中的措施是否与 GATT 第 3 条中的国民待遇规定相符合。美国首先主张,有关措施是与 GATT 的相关规定相一致的;其次,即便不一致,也是为第 20.(g)条所允许的。第 20.(g)条允许采取"与可用尽的自然资源有关"的措施,如它们是"与限制国内生产或消费一同实施",并且,按照第 20 条序言的措辞,如果它们没有以一种构成"任意或不合理歧视"的手段或一种对"国际贸易的变相限制"的方式加以适用的话。

229 专家组认为争议中的措施不符合第 3 条的规定,并且不构成一项"与可用尽的自然资源有关"的措施。因此,专家组裁定它并不需要审查有关措施是否"与限制国内生产或消费一同实施",或是否构成"任意或不合理歧视",或是否构成对"国际贸易的变相限制"。美国对"与……有关"的裁定提起上诉,上诉机构推翻了专家组的裁定。

上诉机构在推翻专家组关于"与……相关"的裁定时,其所面临的选择是很有限的。它不能将案件发回专家组以审查有关第 20.(g)条的其余争议。上诉

---

[112] 上诉机构报告,澳大利亚——影响鲑鱼进口措施案,WT/DS18/AB/R,1998 年 11 月 6 日通过,DSR 1998:VIII,3327,第 223 段。

[113] 上诉机构报告,美国——精炼及常规汽油标准案,WT/DS2/AB/R,1996 年 5 月 20 日,DSR 1996:I,3。

机构或者让被上诉方重新启动有关程序,或者自己重新对有关第 20.(g)条中的争议本身做出裁决,尽管其在专家组程序中肯定没有被裁定。上诉机构选择了后者,维持了专家组关于第 20.(g)条中的其他要求并不能使美国的措施正当化的裁定。上诉机构几乎不可能做出其他选择。仅仅因为合理地适用了司法经济原则的专家组没有对第 20.(g)条的所有要素做出裁定,在起诉方启动专家组程序一年后又将起诉方送回到起点,这对于绝大多数 WTO 成员来说都会是一种无法接受的结果,尤其是在通过新的争端解决程序来解决的第一起争端中。

在加拿大——期刊案中,这一问题又再次出现了。[114] 该案中,加拿大成功地对专家组关于 GATT 第 3.1 条第一句话的裁定提起了上诉。根据其有关第一句话的裁定,专家组已经判定它不需要审查 GATT 第 3 条第二句话,专家组裁定中的这一方面内容并没有被提起上诉。加拿大声称,上诉机构甚至连审查没有被提起上诉的第二句话的管辖权都缺乏。上诉机构表示无法接受加拿大的观点:

> 由于第一句和第二句话中的法律义务对于确定一项国内税收措施是否符合第 3.2 条的国民待遇义务来说是两个紧密联系在一起的步骤,如果不完成对第 3.2 条的分析,上诉机构将是疏于职守的。在本案中,专家组对第 3.2 条第一句话做出了法律裁定和结论,并且,由于我们推翻了其中的一项裁定,我们需要在专家组报告的基础上进行分析,以对 GATT1994 第 3.2 条的第二句话做出法律裁定。[115]

尽管上诉机构维持了美国——汽油案和加拿大——期刊案中的裁定结果,而对这些案件来说无疑是正确的做法,但这些裁定本身缺乏上诉审查程序通常提供的"再审议"(second look)的益处。这种实践相当于在不存在专家组分析或不存在争端各方就该分析的是非曲直展开辩论的益处下,重新做出法律裁定。这些裁定事实上是未经审查和无法审查的。[116] 有证据表明上诉机构知晓这样一种困难,并在一些情形下避免分析专家组没有裁决的法律问题。

对于这种困难,早期的例子可见于欧共体——家禽案。该案中,起诉方巴

230

---

[114] 上诉机构报告,加拿大——关于期刊的某些措施案,WT/DS31/AB/R,1997 年 7 月 30 日,DSR 1997:Ⅰ,449,469。

[115] 同上,§Ⅵ.A,第 25 页,DSR 1997:Ⅰ,499,469。

[116] 这是因为上诉机构报告是由争端解决机构所通过并由争端各方无条件接受的,除非协商一致不通过。参见 DSU 第 17.14 条,第 1.04 条。

西向专家组提出的两个问题并非是专家组法律裁定或结论的对象。[117] 巴西在上诉通知书和上诉方陈述中都融入了这两个问题。然而,上诉机构并没有对这些问题做出裁定。相反,上诉机构提到了 DSU 第 17.6 条,该条将上诉限制于"专家组报告中涉及的法律问题以及专家组做出的法律解释",以及第 17.13 条,该条明确规定上诉机构仅仅可"维持、修正或推翻专家组的法律裁定和结论"。既然专家组没有处理这些问题,上诉机构推断认为:"不存在由专家组做出的任何裁定或'任何法律解释'可以作为上诉的对象,以便由上诉机构进行审理。"[118]

在欧共体——石棉案中,上诉机构提到了其在加拿大——期刊案中的裁决,并指出:"在此着手分析专家组没有进行审议的一个条款,我们强调'第 3.2 条的第一句话和第二句话是紧密联系在一起的',并且这两句话是具有'逻辑连续性的统一体的组成部分'。"[119] 在欧共体——石棉案中引发争议的问题是依照 GATT1994 做出裁定的专家组没有审议的《技术性贸易壁垒协定》下的四项诉讼请求。上诉机构强调指出,争议中的条款不仅没为石棉案的专家组所审议,而且也没有任何专家组或上诉机构解释过。此外,其早先出现在东京回合上达成的《技术贸易性壁垒协定》中的同类术语也从未为 GATT 专家组解释过。

231

上诉机构指出:"鉴于它们的崭新性,我们认为加拿大在 TBT 协定下的诉讼请求在上诉机构中从未进行过深入探讨。由于专家组没有处理这些诉讼请求,就绝不存在需要由争端各方分析、并由我们依据 DSU 第 17.6 条进行审查的与它们有关的'法律问题'或'法律解释'。"[120]

然而,欧共体——石棉案与美国——汽油案或加拿大——期刊案都很不一样,因为在该案中,有关措施早已被裁定与 GATT1994 不相符;未经裁定的 TBT 问题并不会改变裁定结果,只是会产生累积性的(cumulative)的效果。另一方面,在美国——汽油案和加拿大——期刊案中,上诉机构未能完成有关分析将导致案件完全得不到裁决。

很早的时候,专家组就注意到上诉机构缺乏发回重审的权力问题,一些专家组在对有关争议做出裁定时显然已经注意到了这一问题。因此,专家组在印度——专利案中指出,"我们认为有必要澄清我们对透明度问题做出的裁决,以

---

〔117〕 上诉机构报告,欧共体——影响某些家禽制品进口的措施案,WT/DS69/AB/R,1998 年 7 月 23 日通过,DSR 1998:V,2031,第 107 段。

〔118〕 同上。

〔119〕 上诉机构报告,欧共体——石棉案,见前注 25,第 79 段。(强调为原文所加)。

〔120〕 同上,第 82 段。

避免在上诉程序中上诉机构推翻我们对第 70.8 条的裁定,从而留下法律真空。"[121]美国——羊肉案专家组报告明确提到了上诉机构在美国——羊毛衬衫和上衣案中对司法经济原则的认可以及随后在澳大利亚——鲑鱼案中的告诫,[122]并"遵照上诉机构在澳大利亚——鲑鱼案中的声明的精神",决定"有选择性地继续分析其他诉讼请求"。[123]

在美国——麦麸案中,专家组对司法经济原则的适用本身被提起上诉。[124]然而,上诉机构支持专家组的做法,并指出对未决问题的裁定"在我们看来,并不会导致 DSB 对本争端做出充分准确的建议和裁决的能力得到任何加强。"[125]这种推理有些令人困惑不解,其原因在于,仅仅由于上诉机构通过维持某些裁决和完成对另外一些裁决的分析,已经肯定了专家组做出的整体裁定——即有关措施与美国所负有的义务不相符,没有必要对未决问题做出裁决。[126]然而,如果上诉机构推翻专家组做出的这些裁决,就可能非常有必要审议这些未决问题。上诉机构也当然可以运用司法经济原则,但正如它澳大利亚——鲑鱼案中所强调的,它缺乏发回重审的权力,从而使专家组对司法经济原则的运用变得很危险。

三、专家组没有裁决的事实问题

若上诉机构"完成"对某一专家组裁定的"分析",那么它是在专家组程序过程中所产生的事实记录的基础上来完成分析的。如果专家组出于任何原因,包括运用司法经济原则,不能做出所要求的事实裁定,上诉机构就不能完成分析,并且,既然上诉机构不能将有关争议发回重审,起诉方最终就无法获得裁决。

例如,在加拿大——奶制品(新西兰和美国援引第 21.5 条)案中,上诉机构裁决专家组在裁定一项"支付"是否是在《农业协定》第 9.1(c)条的意义之内时

---

[121]　专家组报告,印度——对药品和农业化学产品的专利保护案——美国提起的诉讼,WT/DS50/AB/R,DSR 1998:I,41,第 7.44 段。

[122]　见前注 111 和 112。

[123]　专家组报告,美国——对源于新西兰和澳大利亚的新鲜、冷藏或冰冻羊肉保障措施案,WT/DS177/R,WT/DS178/R,2001 年 5 月 16 日通过,为上诉机构报告所修改,WT/DS177/AB/R,WT/DS178/AB/R,第 7.199 段。

[124]　上诉机构报告,美国——对自欧共体进口的麦麸采取最终保障措施案,WT/DS166/AB/R,2001 年 1 月 19 日通过,第 29—30 段。

[125]　同上,第 183 段。

[126]　同上,第 187 段。

适用了错误的基准(benchmark)。[127] 不过,专家组没有做出为上诉机构依据其认为正确的基准来完成分析所必要的事实裁定。上诉机构指出:"我们完全无法对这一问题做出裁定。"[128] 这就使得起诉方新西兰和美国只好通过请求成立第二个第 21.5 条下的专家组来重新启动有关程序。[129]

在韩国——奶制品案中,由于必要的事实裁定或专家组记录中无争议的事实的缺乏,使得上诉机构评论指出:"在 DSU 第 17 条所列明的我们的职权范围内,我们不能完成分析并做出裁决。"[130] 同样,在加拿大——汽车案中,上诉机构裁定其缺乏完成有关分析的事实基础,"因此,我们将不做出任何裁定并保留我们的判断。"[131] 在所有这些案件当中,起诉方都没有发起进一步的程序。

---

〔127〕 上诉机构报告,加拿大——影响牛奶进口和奶制品出口的措施案——新西兰和美国援引DSU 第 21.5 条,WT/DS103/RW,WT/DS113/RW,2001 年 12 月 18 日,第 82 段。

〔128〕 同上,第 103 段。

〔129〕 专家组报告,加拿大——影响牛奶进口和奶制品出口的措施案——新西兰和美国第二次援引 DSU 第 21.5 条,WT/DS103/RW2,WT/DS113/RW2,2003 年 1 月 17 日,为上诉机构报告所修改,WT/DS103/AB/RW2,WT/DS113/AB/RW2,第 1.10 段。

〔130〕 上诉机构报告,韩国——针对某些奶制品的进口采取的最终保障措施案,WT/DS98/AB/R,2000 年 1 月 12 日,DSR 2000:I,3,第 92 段。

〔131〕 上诉机构报告,加拿大——影响汽车工业某些措施案,WT/DS139/AB/R,WT/DS142/AB/R,2000 年 6 月 19 日,DSR 2000:VI,2995,第 134 段。

第七章　报告的通过与执行

第一节　概　　述

如果说《关于争端解决规则与程序的谅解》（下称为 DSU，或"谅解"）是乌拉圭回合所取得的最大成就的话，其有关报告通过与执行的规定可能是 DSU 中最重要的组成部分。在 GATT 体制下，报告的通过需要协商一致同意。在实践中，这意味着：对争端解决结果不满意的一方可阻止协商一致的达成，进而阻止报告的通过。DSU 推翻了这一要求，除非 DSB 经协商一致决定不通过该报告，否则 WTO 报告应通过。[1] 这种"反向协商一致"的要求，使得 WTO 争端解决机制从各个方面看都成为了整个国际公法领域中最有效的裁判性争端解决机制。

第二节　报告的审议与通过

自最终报告散发之日起至少 20 天后，DSB 方可审议通过此报告。[2] 对专家组报告持有反对意见的成员应至少在审议该报告的 DSB 会议召开前 10 天，以书面的形式提交其反对的理由。[3] 当然，争端各方有权全面参与 DSB 对专家组报告的审议。[4]

在专家组报告散发各成员之日起 60 天内，该报告应在 DSB 会议上通过，除非一争端方正式通知 DSB 其上诉意图，或 DSB 经协商一致决定不通过该报告。当然，最后一句话规定的就是"反向的协商一致"，它使得 WTO 争端解决机制明显有别于 GATT 的争端解决机制。如果在专家组报告散发后第 20 天至第 60 天未安排 DSB 会议，应召开 DSB 特别会议来审议报告的通过。[5] 上诉机构报告应由 DSB 通过，争端各方应无条件接受，除非在报告散发各成员后 30 天内，DSB 经协商一致决定不通过该报告。[6] 如在该期间没有安排 DSB 会议，应召

235

---

〔1〕　DSU，第 16.4 条。
〔2〕　同上，第 16.1 条。
〔3〕　同上，第 16.2 条。
〔4〕　同上，第 16.3 条。
〔5〕　同上，脚注 7。
〔6〕　同上，第 17.14 条。

开一次特别会议来审议上诉机构报告。[7]

DSB 利用了 WTO 总理事会的程序规则来审议专家组报告。[8] 这些规则明确指出应至少在会议召开之前 10 日书面通知会议的召集,并且该通知应附有一份拟议的议程安排。[9] 成员方可在议程安排上添加项目,直至通知发出之日(但并不包括通知发出之日)。寻求将报告的通过列在议程安排上的成员方,通常会在总理事会规则明确规定的期限内通知秘书处。

DSU《与争端解决程序有关的工作实践》(The DSU Working Practices Concerning Dispute Settlement Procedures)规定,报告的"散发之日"应为拟散发文件上的打印日期,"秘书处应保证文件上载明的日期就是该文件最终以三种工作语言置于代表团文件架上的日期。"[10]

第三节　执行意向的通知

如专家组或上诉机构认定一项措施与某一适用协定不一致,则应建议"有关成员"使该措施符合该协定。[11] 报告被通过后,其建议和裁决就变成 DSB 本身的建议和裁决。报告经专家组或上诉机构通过后,在自此 30 天内召开的 DSB 会议上,有关成员应通知 DSB 关于其执行 DSB 建议和裁决的意向。[12] 如在报告通过后 30 天内未安排 DSB 会议,则应为此召开特别会议来审议有关成员的执行意图。[13]

236

第四节　合　理　期　限

一、法律框架

如果立即遵守 DSB 的建议和裁决不可行,有关成员应有一段合理的执行期限。合理期限应为:

---

〔7〕　同上,脚注 8。

〔8〕　《争端解决机构会议议事规则》,WT/DSB/9,总理事会规则是指《部长会议和总理事会会议议事规则》,WT/L/161。

〔9〕　《总理事会规则》第 2 条和第 3 条。

〔10〕　WT/DSB/6。

〔11〕　DSU,第 19.1 条。然而,在涉及禁止性或可诉补贴的案件中,使用的是不同的术语。见第八章第六节。在涉及"非违反"起诉的情形下,成员并不被要求撤销有关措施。DSU 第 26.1 (a)条。

〔12〕　DSU,第 21.3 条。

〔13〕　DSU,脚注 11。

（a）有关成员提议的期限，只要该期限获 DSB 批准；或，如未获批准则为：

（b）争端各方在通过建议和裁决之日起 45 天内双方同意的期限；或，如未同意则为：

（c）在通过报告之日起 90 天内通过有约束力的仲裁裁决所确定的期限。[14]

胜诉方对前两项替代性选择明显有控制力，但是对于第二项替代性选择和第三项替代性选择之间的切换（interplay）并不能完全进行控制。本章第四节第六目将对此进行讨论。

对于第一项选择，如果有关成员提议的期限为争端中胜诉成员方所接受，那么就可能被 DSB 批准。然而，如果其不为胜诉方所接受，该成员将阻止批准该期限所需的协商一致的达成。[15] 同样，对于第二项选择，从其定义来看，胜诉方必须同意争端各方在 45 天内达成的一致意见。

二、仲裁人

如在将此事项提交仲裁后 10 天内，各方不能就仲裁人达成一致，则仲裁人应由总干事在 10 天内任命。[16] 在通常情况下，争端各方总是不能达成一致，仲裁人一般由总干事任命。尽管第 21.3（c）条的脚注 13 规定"'仲裁人'一词应理解为一个人或一小组"，在绝大多数情形下任命的是单一仲裁人，通常是上诉机构的成员。在欧共体——荷尔蒙案中，总干事任命了两名仲裁人，一位是上诉机构成员，一位是前任争端解决机构的总理事会主席。然而，后一位被任命者不能接受总干事的提名，所以，仲裁程序最终由一个仲裁人负责进行。[17]

三、仲裁人的管辖权

在欧共体——荷尔蒙案中，仲裁人注意到争端各方对于"什么构成 DSB 第 21.3 条下的'DSB 建议和裁决的执行'"存有分歧。[18] 不过，在强调仲裁人的职责是确定合理期限之后，仲裁人指出："向欧共体建议执行已经通过的报告的'途径或方式'并不属于我在 DSU 第 21.3（c）条下的职权范围。"[19] 仲裁人又补

---

[14]　DSU，第 21.3 条。关于仲裁的全面探讨，可参见第五章第十五节。

[15]　"积极协商一致"要求规定在《建立世界贸易组织的马拉喀什协定》第 9.1 条中。

[16]　DSU，第 21.3 条，脚注 12。

[17]　仲裁人裁决，欧共体——关于肉类及肉类制品的措施案（荷尔蒙）——根据 DSU 第 21.3（c）条提起的仲裁，WT/DS26/15，WT/DS48/13，1998 年 5 月 29 日通过，DSR 1998：V，1833。

[18]　同上，第 32 段。

[19]　同上，第 38 段。

充道,成员方有选择执行方式的自由裁量权。[20]

在澳大利亚——鲑鱼案中,仲裁人援引了欧共体——荷尔蒙案的裁决,并指出:"我始终留心我在本仲裁中的职权范围的限制。我尤其意识到建议执行的途径或方式不属于我的职权范围,并且我的职责仅限于确定'合理期限'。选择执行的方式是并且应当是执行方的特权。"[21]韩国——酒精饮料案的仲裁人同时援引了欧共体——荷尔蒙案和澳大利亚——鲑鱼案,并指出:"选择执行的方式是并且应当是执行方的特权,只要所选择的方式符合 DSB 的建议和裁决以及有关适用协定的规定。"[22]

问题就出现了——谁来决定"所选择的方式是否符合 DSB 的建议和裁决以及有关适用协定的规定"呢? 在紧接下来的仲裁裁决中,加拿大——药品专利案的仲裁人表示赞同韩国——酒精饮料案的裁决,并指出成员方选择的方式是否"符合成员方在 WTO 有关适用协定项下的义务并不属于仲裁人在第 21.3 (c)条下的管辖权的范围"。[23] 仲裁人继续指出,"不管从哪一方面讲,裁定所提议的执行措施与 DSB 建议和裁决之间的相符性"均不属于其职责范围,并且,"在第 21.3(c)条下,仲裁人应当考虑的是什么时候,而不是什么方式。"[24]

在智利——酒精饮料案中,仲裁人指出,"在确保被修订的法律得以通过的基础上,有关成员拥有主权权力和责任自行决定采取最适当、并可能是最有效的方式来执行 DSB 的建议和裁决。制定一部新法的详细操作步骤及其时间安排应当留给有关成员方自主决定。"[25]在智利——价格标签体系案中,仲裁人重申了这一看法,指出:"我没有被要求决定或甚至建议一成员方应执行其国际义务的方式。"[26]与此一脉相承的是,仲裁人在美国——热轧钢案中声称:"我不认为根据 DSU 第 21.3(c)条的规定而行动的仲裁人,对于决定执行性立法的

---

[20] 同上。

[21] 仲裁人裁决,澳大利亚——影响鲑鱼进口措施案——根据 DSU 第 21.3(c)条提起的仲裁,WT/DS18/9,1999 年 2 月 23 日,DSR 1999:I,267,第 35 段。

[22] 仲裁人裁决,韩国——酒精饮料案——根据 DSU 第 21.3(c)条提起的仲裁,WT/DS75/16,WT/DS84/14,1999 年 6 月 4 日,DSR 1999:II,937,第 45 段。

[23] 仲裁人裁决,加拿大——药品专利保护案——根据 DSU 第 21.3(c)条提起的仲裁,WT/DS114/13,2000 年 8 月 18 日,第 40 段。

[24] 同上,第 41 段(强调为原文所加)。

[25] 仲裁人裁决,智利——酒精饮料税案——根据 DSU 第 21.3(c)条提起的仲裁,WT/DS87/15,WT/DS110/14,2000 年 5 月 23 日通过,DSR 2000:V,2589,第 42 段。

[26] 仲裁人裁决,智利——有关某些农产品价格标签体系及保障措施案——根据 DSU 第 21.3(c)条提起的仲裁,WT/DS207/13,2003 年 3 月 17 日,第 32 段。

适当范围和内容有管辖权。"[27]

尽管仲裁人应当"避免确定一成员方为适当执行报告必须做出的行为",仲裁人对有关执行措施的细节信息了解得越多,其选择的期限就更有可能充分平衡执行成员方的需要和起诉成员方的需要。[28]

在美国——补偿法(伯德修正案)案中,专家组建议美国只有废止有关措施才能使其与适用协定的规定相符。[29] 然而,在就合理期限进行仲裁时候,仲裁人裁定,尽管专家组的建议"对于执行方的决策程序来说可能会起到积极的促进作用",但它并不影响执行成员方选择执行方式的权力,因此不能确定合理期限。[30]

四、确定合理期限的协议

在不少案件中,争端各方能够依据 DSU 第 21.3(b)条对合理期限达成协议,而无需仲裁。在加拿大——奶制品案中,争端各方就四个阶段的执行程序达成了协议,外加为每一阶段安排磋商。[31] 在印度——数量限制案中,争端各方也就分阶段执行达成了协议,一些措施与其他措施之间在时间上前后间隔长达整整一年之久。[32] 在韩国——奶制品案中,一起涉及《保障措施协定》项下的争端,专家组报告于 2000 年 1 月 12 日通过,争端各方商议确定合理执行的期限应在不到 5 个月后的一天,即 2000 年 5 月 20 日前到期。[33] 在另外一起保障措施案中,即美国——麦麸案中,争端各方商定 4 个月零 14 天的合理执行期限。[34] 在涉及反倾销的墨西哥——玉米糖浆案中,商议确定的

239

---

〔27〕 仲裁人裁决,美国——对来自日本的某些热轧钢产品反倾销措施案——根据 DSU 第 21.3
(c)条提起的仲裁,WT/DS184/13,2002 年 2 月 19 日,第 30 段。

〔28〕 智利——价格标签体系案,参见前注 26,第 13 页。

〔29〕 专家组报告,美国——2000 年持续倾销与补贴补偿法案,WT/DS217/R,WT/DS234/R,2003
年 1 月 27 日通过,为上诉机构报告所修改,WT/DS217/AB/R,WT/DS234/AB/R,第 8.6 段。

〔30〕 仲裁人裁决,美国——2000 年持续倾销与补贴补偿法案,WT/DS217/14,WT/DS234/22,2003
年 6 月 13 日,第 52 段。

〔31〕 根据 DSU 第 21.3(b)条达成协议,加拿大——影响牛奶进口及奶制品出口的措施案,WT/
DS103/10 和更正 1,2000 年 1 月 7 日。

〔32〕 根据 DSU 第 21.3(b)条达成协议,印度——对农产品、纺织品及工业品进口的数量限制案,
WT/DS90/15,2000 年 1 月 17 日。

〔33〕 根据 DSU 第 21.3(b)条达成协议,韩国——针对某些奶制品的进口采取的最终保障措施案,
WT/DS98/11, 2000 年 3 月 24 日。

〔34〕 根据 DSU 第 21.3(b)条达成协议,美国——对自欧共体进口的麦麸采取最终保障措施案,
WT/DS166/12,2001 年 4 月 12 日。

执行期限为 6 个月零 29 天。[35]

在美国——条形管案中,正当第 21.3(c)条下的仲裁正在进行中,并且在已经向仲裁人提交书面陈述之后,争端各方请求延期做出裁决,以容许有额外的时间举行双边磋商。争端各方最终达成了协议,仲裁人也因此认为没有必要做出裁决。[36]

240

五、请求仲裁的期限

第 21.3(c)条规定仲裁人应在报告通过后 90 天内确定合理期限。不过,该条也给予争端各方 45 天的时间在诉诸仲裁之前来尝试就此问题达成协议。如果有 45 天的时间完全耗费在不成功的磋商中,就只剩下 45 天的时间进行仲裁,其中包括提名仲裁人。

在第一起涉及第 21.3(c)条下的仲裁案,即日本——酒精饮料案中,报告在 1996 年 11 月 1 日通过,然而直至 12 月 24 日才请求仲裁,也就是报告通过后的 54 日。争端各方同意将仲裁原本 90 天的期限延长两个星期。[37] 很多其他涉及第 21.3 条下的仲裁案也准许了类似的延期。[38] 的确,也有一些案件在争端各方请求仲裁之前,90 天的时间已经完全届满。[39]

第 21.3 条下的合理期限仲裁很好地体现了 WTO 成员方通过合意来自己设定规则的灵活性。

六、允许的执行期限

确定合理期限的仲裁裁决并不总是十分清晰的。DSU 并没有把一段特定

---

[35] 根据 DSU 第 21.3(b)条达成协议,墨西哥——对来自美国的高果糖玉米糖浆的反倾销调查案(HFCS),WT/DS132/5,2000 年 4 月 26 日。

[36] 仲裁人裁决,美国——对来自韩国的圆形焊接碳质条形管最终保障措施案——根据 DSU 第 21.3(c)条提起的仲裁,WT/DS202/17,2002 年 7 月 26 日。

[37] 仲裁人裁决,日本——酒精饮料税案——根据 DSU 第 21.3(c)条提起的仲裁,WT/DS8/15,WT/DS10/15, WT/DS11/13, 1997 年 2 月 14 日,DSR 1997:I, 3, 第 1 段。

[38] 参见,例如,仲裁人在澳大利亚——鲑鱼案中的裁决,参见前注 21,第 3 段(延长了 19 日);韩国——酒精饮料案,参见前注 22,第 4 段(延长了 20 日);智利——酒精饮料税案——根据 DSU 第 21.3(c)条提起的仲裁,WT/DS87/15,WT/DS110/14,2000 年 5 月 23 日,DSR 2000:V,2589,第 3 段(延长了 51 日);加拿大——影响汽车工业的某些措施案——根据 DSU 第 21.3(c)条提起的仲裁,WT/DS139/12, WT/DS142/12, 2000 年 10 月 4 日,DSR 2000:X, 5079,第 3 段(延长了 18 日);美国——条形管案,参见前注 36,第 3 段(延长了 36 日)。

[39] 参见,例如,仲裁人裁决,美国——美国版权法第 110(5)节案——根据 DSU 第 21.3(c)条提起的仲裁,WT/DS160/12,2001 年 1 月 15 日(报告 2000 年 7 月 27 日通过;争端各方 2000 年 11 月 22 日请求仲裁);美国——热轧钢案,参见前注 27,(2001 年 8 月 23 日通过;2001 年 12 月 6 日争端各方请求仲裁)。

期限设定为合理期限。DSU 仅仅提供"一项仲裁人指导期限",即合理期限通常自报告通过之日起不应超过 15 个月。[40]

　　在日本——酒精饮料税案中,申诉方主张少于 15 个月的执行期限;而日本则主张更长的期限。仲裁人认为任何一方都没有提出应当偏离 15 个月指导期限的正当理由,而仲裁人裁定 15 个月就应当是合理期限。[41] 在欧共体——香蕉(Ⅲ)案中,仲裁人做出了相似的解释,仅稍微做了一些调整。[42] 仲裁人指出,申诉方"没有能够使我相信在本案中存在'特殊情形',从而证明比规定在 DSU 第 21.3(c)条中的指导期限更短的期间是正当的"。[43] 仲裁人指出:"执行程序的复杂性表明在遵守指导期限的同时应稍微做一些调整,因而,执行的'合理'期限将于 1999 年 1 月 1 日到期。"[44]这将 15 个月的期限延长到了 15 个月零 1 星期。[45]

　　欧共体——荷尔蒙案的仲裁人同样裁决了 15 个月的期限,但在此过程中详细阐述了确定合理期限应当使用的标准。仲裁人指出:"15 个月的期限在通常情形下是外部界限或最大数值。比如,若能够通过行政手段去执行,合理期限应当大大短于 15 个月。"[46]仲裁人又补充道,第 21.3(c)条要求合理期限"应是成员方法律体制内可能存在的执行 DSB 建议和裁决最短期限。"[47]然而,"试图证明存在'特殊情况'从而应当适用更短或更长期限的成员方,负有第 21.3(c)条下的举证责任。"[48]

　　在第 21.3(c)条下的最早三起仲裁案中,仲裁人事实上均将 15 个月当作标准的(default)合理期限,除非成员方证明更长或更短的期限是恰当的。但是,这种情形并没有被延续下去。在随后的 10 个仲裁案件中,裁决的期限均少于 15 个月,从加拿大——药品专利[49]案中的 6 个月到智利——酒精饮料[50]案的 14 个月零 9 天不等。直到第 14 个仲裁案,即美国——热轧钢案,仲裁人才再次

241

---

〔40〕　DSU 第 21.3(c)条。参见 Pieere Monnier, The Time to Comply with an Adverse WTO Ruling, 35 *Journal of World Trade* 825(2001 年 10 月第 5 期)。

〔41〕　参见前注 37,第 27 段。

〔42〕　仲裁人裁决,欧共体——香蕉进口、销售和分销体制——根据 DSU 第 21.3(c)条提起的仲裁,WT/DS27/15,1998 年 1 月 7 日,DSR 1998:Ⅰ,3。

〔43〕　同上,第 19 段。

〔44〕　同上。

〔45〕　同上,第 20 段。

〔46〕　参见前注 17,第 25 段。

〔47〕　同上,第 26 段。

〔48〕　同上,第 27 段。

〔49〕　参见前注 23,第 64 段。

〔50〕　参见前注 25,第 46 段。

242　　裁决了 15 个月的合理期限。[51] 前 14 个仲裁案件中平均的合理期限大约为 11.7 个月。

　　在加拿大——药品专利案中,仲裁人明显背离了仲裁人在早先判决中的解释。标准期限(default position)不是 15 个月,而是"立即"。仲裁人指出,"在我看来,第 21.3 条措词暗含这样一个推定,在通常情况下,成员方将'立即'遵守 DSB 的建议和裁决。"[52] 所以,"第 21.3 条提到的'合理期限'并非是正常情形下的期限,而是"立即遵守……不可行"情形下的期限。"[53] 仲裁人继续指出:"既然立即遵守是第 21.3 条下的首选,应当由执行方承担举证责任,以表明——'如果立即遵守是不可行的'——所提议的执行(包括其应当采取的一系列措施)期限的任何延期,构成'合理期限'。提议的执行期越长,承担的举证责任就越繁重。"[54]

　　然而,仲裁人在美国——补偿法(伯德修正案)案中以不同的用语阐述了这一标准,并由此看上去赋予了 15 个月的指导期限以更重要的地位。"如执行方不能证明其请求的期限确实是其法律体制内可能最短的期限,仲裁人必须决定执行的'最可能短的期限',这一期限,基于争端各方陈述中提供的证据并考虑第 21.3(c)条规定的 15 个月的指导期限,将短于执行方提议的期限。"[55]

第五节　影响执行期限的因素

一、概述

　　虽然第 21.3(c)条为仲裁人提供了一项"指导期限",规定合理期限自报告通过之日起不得超过 15 个月,如本章第四节所讨论的,这一条规定的应有内涵是,"期限可能长些可能短些,具体取决于特定的情势。"第 21.3(c)条下的仲裁
243　案中最经常提起的"特定情势"包括:复杂性;是否需要立法,或是否能够通过更为简单的行政行为使措施相符;任何国内反对的程度;以及依据第 21.2 条,如何以及是否应当特别注意影响发展中国家成员方利益的事项。这些因素通常是相互关联的。

---

〔51〕　参见前注 27,第 40 段。
〔52〕　参见前注 23,第 45 段。
〔53〕　同上,(强调为原文所加)。
〔54〕　同上,第 47 段。
〔55〕　参见前注 30,第 51 段。

二、复杂性

若干位仲裁人考虑到了所提议的执行的复杂性因素。在加拿大——药品专利案中,仲裁人表达了这样的观点:如果提议的执行需要制定大量新法规,并由此影响到许多职能部门,与提议的执行仅需要废止"一项或两项判决"的情形相比,就将需要更多的时间起草和与争端各方协商。[56] 与复杂性评估相关的是在执行程序中采取为法律所要求的——而不是任意性的——措施的必要性问题。[57] 在印度尼西亚——汽车案中,仲裁人接受了印度尼西亚的要求,即应考虑国内有法律拘束力的立法义务。[58] 在欧共体——香蕉 III 案中,仲裁人也作为一项相关因素提到了复杂性问题。[59]

在美国——1916 法案中,仲裁人拒绝认为下列因素对于合理期限的确定来说是相关的,如提交到美国国会的立法数量或只有一小部分议案变成法律,或绝大多数立法在会议临近结束之际才获得通过。[60] 仲裁人指出,"在本案中对于我的判定来说具有相关意义的是,依据适用协定成员方明确承担的条约义务。"[61]因此,"既然本案中美国需要进行一些立法活动,以遵守其在适用协定下承担的条约义务,可以合理期望美国国会将利用在其正常的立法程序中一切可能的灵活性,以尽可能快地制定所要求的立法。"[62]

三、需要采取立法措施

244

通常,复杂性是否构成影响执行期限的一项因素,关键在于是否需要采取立法或行政措施。通过行政途径执行的期限通常短于通过立法途径执行的期限。在欧共体——荷尔蒙案中,仲裁人指出,"当可通过行政途径来完成执行时,合理期限应当大大短于 15 个月。"[63]

尽管合理期限应当是有关成员法律体系内尽可能最短的期限,但仲裁人在韩国——酒精饮料案中认为这并不要求成员方"在每一案件中,利用特别的、而

---

[56]　参见前注 23,第 50 段。

[57]　同上,第 51 段。

[58]　仲裁人裁决,印度尼西亚——影响汽车工业的某些措施案——根据 DSU 第 21.3(c)条提起的仲裁,WT/DS55/14,WT/DS59/13,WT/DS64/12,1998 年 12 月 7 日,DSR 1998:IX,4029,第 22 段。

[59]　参见前注 42,第 19 段。

[60]　仲裁人裁决,美国——1916 年反倾销法案——根据 DSU 第 21.3(c)条提起的仲裁,WT/DS162/14,2001 年 2 月 28 日,第 38 段。

[61]　同上。

[62]　同上,第 39 段。

[63]　参见前注 17,第 25 段。

不是正常的立法程序"。[64] 因此,仲裁人认为"允许韩国遵循其正常的立法程序审议并通过带有预算意义的税收法案是合理的,也即是说,将提议的修正案提交到国民大会的下一次例行会议上表决。"[65] 在加拿大——汽车案中,申诉方主张,在另一案件中加拿大能够在 90 天内采取措施撤回禁止性补贴以与《补贴与反补贴措施协定》第 4.7 条相符的事实,对于其需要多少时间执行 DSB 的建议和裁决来说是相关的。[66] 仲裁人拒绝接受这种看法:

> 加拿大能够依照《补贴与反补贴措施协定》第 4.7 条的规定和 DSB 的建议,采取"非常措施"以"毫不迟延地"撤回出口补贴,与确定为执行与 GATT1994 第 1.1 条和第 3.4 条及 GATS 第 17 条相关的 DSB 建议的,DSU 第 21.3(c)条项下的"合理期限"无关。[67]

然而,仲裁人指出,一成员方法律体制内与评估最可能短的期限无关的因素,是与依据第 21.3 条确定"合理期限"不相关的。因此,仲裁人并不给予额外的时间,以使 DSB 的建议能够依据与加拿大海关体制改革计划相同的时间表加以执行,即便这么做对加拿大来说可能更为方便。[68]

245

四、国内反对

无论是一项措施的"争议性",还是围绕该措施发生的"异议",均与确定执行的合理期限相关。[69] 在加拿大——专利期限案中,美国争辩道,按照加拿大的议会体制,"加拿大政府实质上可以在其愿意的任何时间内通过其希望的任何立法"。[70] 然而,仲裁人"非常不情愿在确定'合理期限'时将这些因素考虑进去。这些因素因国家的不同而不同,因社会体制的不同而不同"。仲裁人指出:"即便是在同一个国家内,它们也会随着时间的改变而改变。另外,它们常常难以进行评估,并且非常不确定。"[71] 尽管持有这样一种观点,不过仲裁人在加拿大——专利期限案中也指出:"最终,'合理期限'在加拿大看来似乎是修正其专利法的头等大事,从而使专利法与其承担的义务相一致。"[72]

---

[64] 参见前注 22,第 42 段(强调为原文所加)。

[65] 同上(强调为原文所加)。

[66] 参见前注 38,第 26 段。

[67] 同上,第 53 段。

[68] 同上,第 55 段。

[69] 美国——版权法第 110(5)节案,参见前注 39,第 42 段。

[70] 仲裁人裁决,加拿大——专利保护期限案——根据 DSU 第 21.3(c)条提起的仲裁,WT/DS170/10,2001 年 2 月 28 日,第 59 段。

[71] 同上,第 60 段。

[72] 同上,第 64 段。

尽管一项提议的执行措施的"明显争议性"(simple contentiousness)通常并不会构成确定合理期限的考虑因素,不过,仲裁人在智利——限价制度案中指出,措施的"长期性"及其"与智利中心农业政策的根本性的一体化",再加上其他因素,包括其"独特的作用和对智利社会的影响,对于我确定合理期限而言都属于相关因素"。[73]

在美国——第110(5)节著作权法案中,仲裁人提出了某种类似于立即执行建议和裁决的"善意"努力的观点:

> 执行成员必须利用专家组和(或)上诉机构报告通过后的时间开始执行 DSB 的建议和裁决。仲裁人必须非常仔细地审查在专家组和(或)上诉机构报告通过后到任何仲裁程序开始前的一段时间内执行成员在执行方面所采取的行动。如果仲裁人认为执行成员并没有在报告通过后为了达到"立即相符"而适当地开始执行,仲裁人应在确定"合理期限"的时候将这种情况考虑进去。[74]

五、经济损害

246

在执行期间,出口商可能遭受特定经济损失的事实本身与确定合理期限无关。[75] 消除任何可能由不相符的措施引起的经济损害的必要性反映在第21.1条规定的立即相符原则中,并因而构成要求执行期限应当尽可能短的原因。[76]

六、发展中国家

第21.2条规定:"对于需进行争端解决的措施,应特别注意影响发展中国家成员方利益的事项。"这一要求在仲裁过程中一直被强调,并且在其中一个案件中,还由此裁决了一段更长的合理期限。

在印度尼西亚——汽车案中,仲裁人在援引了第21.2条后指出:"印度尼西亚不仅是一个发展中国家,而且是一个当前经济和财政形势都非常严峻的发展中国家。"[77]因此,仲裁人做出的裁决是:"除了为完成印度尼西亚国内立法程序所要求的6个月期限之外,再给予其六个月的额外时间。"[78]在智利——

---

[73] 参见前注 26,第 47—48 段。

[74] 参见前注 39,第 46 段。

[75] 美国——补偿法案(伯德修正案),参见前注 30,第 79 段。

[76] 同上,第 80 段。

[77] 参见前注 58,第 24 段。

[78] 同上。

酒精饮料案[79]和阿根廷——牛皮和皮革案[80]中,有关发展中国家成员方均提到了第21.2条。不过,仲裁人强调指出,没有一个国家"非常明确地指出其作为一个发展中国家成员方的利益在何种程度上确实是与采取适当行动所需要的'合理期限'的持续有关。"[81]在这些情形下,仲裁人做出结论认为:"无论第21.2条是否有别的意义,除其他之外(inter alia),其通常告诫根据第21.3(c)条进行仲裁的仲裁人:一般应当注意到,在某一特定案件中,一个发展中国家成员方一旦开始执行 DSB 建议和裁决,就可能面临的一些巨大困难。"[82]

247

阿根廷作为申诉方的智利——价格标签体系案,是起诉方和被诉方均为发展中国家的第一个仲裁案件。[83] 智利不能指出其作为发展中国家所面临的任何特殊的(additional)具体障碍。[84] 同时,仲裁人指出:"作为一个已经成功地证明某一异议措施与 WTO 不相符的发展中国家申诉方,阿根廷的责任的繁重性被目前阿根廷令人畏惧的金融灾难所加重了。"[85]因此,在这种非同寻常的案情下,由于每一方均为发展中国家成员方的事实,仲裁人"没有偏向"于更长的或更短的期限。[86]

第六节 DSB 的监督

所有已通过的建议和裁决的执行应处于 DSB 的监督之下,直到有关程序已经完成,且任何成员方可随时向 DSB 提出有关执行的问题。[87] 除非(经协商一致)另有协议,确定执行合理期限之日起6个月后,执行问题应列入 DSB 会议的议程,并应保留在 DSB 的议程上,直到该问题得到解决。[88]

在 DSB 每一次会议召开前至少10天,有义务执行建议和裁决的成员应当向 DSB 提交一份关于其在执行 DSB 建议和裁决上的进展的书面情况报告。[89]如一成员不在合理期限内执行,DSB 将继续监督,即便已经提供补偿或 DSB 已

---

[79] 参见前注25。

[80] 仲裁人裁决,阿根廷——影响牛皮出口及皮革制成品进口的措施案——根据 DSU 第21.3(c)条提起的仲裁,WT/DS155/10,2001年8月31日,

[81] 智利——酒精饮料案,参见前注25,第44段;阿根廷——皮革案,参见前注80,第51段。

[82] 智利和阿根廷,同上,分别为第45段和第51段。

[83] 参见前注26,第55段。

[84] 同上,第56段。

[85] 同上。

[86] 同上。

[87] DSU 第21.6条。

[88] 同上。

[89] 同上。

经授权以中止减让的方式"制裁"或"报复"。[90] 补偿和报复均被视为临时措施,并且都不如完全执行可取。[91] 这一程序通常会刺激成员方执行已通过的裁决和建议。

第七节 有关执行的争议

一、概述

有关"执行一专家组或上诉机构报告的方式"的最初决定,并因此就如何遵守 DSB 的裁决和建议的决定,都应由采取这些措施的成员做出。[92] 然而,在胜诉的申诉方看来,有关成员选择的补救方式可能在事实上并不能使相关措施与适用协定相符。如果对于是否为遵守建议和裁决而采取了措施、或此类措施是否与适用协定相符,存在分歧,则此争端也应通过援用这些争端解决程序加以决定。[93]

DSU 第 21.5 条规定,只要可能,上述争端应提交原专家组解决,专家组应当在此事项向其提交后 90 天内散发其报告。如专家组认为在此时限内不能提交其报告,则应书面通知 DSB 迟延的原因和提交报告的估计期限。DSU 没有规定最长的期限。[94] 在《政府采购协定》下的有关程序中,90 天的期限被缩短至 60 天。[95]

由于可用来完成第 21.5 条下的审议的期限很短,导致在欧共体——香蕉 III(第 21.5 条——厄瓜多尔)案中的专家组,第一个审查相符性的专家组,没有将中期审议包括在其时间表中。[96] 在此之后,专家组常常——尽管并不总

[90] 参见第八章第五节。

[91] DSU 第 22.1 条。补偿和报复将在第 8 章中探讨。

[92] 专家组报告,危地马拉——对从墨西哥进口的硅酸盐水泥反倾销调查案,WT/DS60/R,1998年 11 月 25 日通过,为上诉机构所修改,WT/DS/60/AB/R,DSR 1998:IX,3797,第 8.3 段。

[93] DSU,第 21.5 条。

[94] 同上。

[95] 《政府采购协定》第 22.6 条。参见第五章第十三节第五目。

[96] 专家组报告,欧共体——香蕉进口、销售和分销体制——厄瓜多尔援引 DSU 第 21.5 条,WT/DS27/RW/ECU,1999 年 4 月 12 日,DSR 1999:II,8.03,第 6.2 段。

248

是——遵循这种做法。[97]

特别是由于 DSU 相关条款,即第 21.5 条和第 22.6 条,在时限要求的设定上存在着明显的缺陷,遵守 DSB 建议和裁决的问题是与补救问题联系在一起的。下文第八章中将对此展开讨论。

二、第 21.5 条下"相符性"审议的范围

依据 DSU 第 21.5 条成立的"相符性专家组"的审议范围问题最先出现在欧共体——香蕉 III(第 21.5 条——厄瓜多尔)案中,并在以后的若干审议中都成为富有争议性的问题。在香蕉 III 案中,欧共体声称,依据第 21.5 条,专家组的职权范围仅限于 DSB 基于原专家组和上诉机构报告针对其通过建议或裁决的"事项"。[98] 专家组驳回了这一主张。首先,专家组强调指出,依据其职权范围,其被要求审议厄瓜多尔提交到 DSB 的事项,"而该措施包括厄瓜多尔(在其设立专家组的请求中)指明的措施和诉讼请求。"[99] 其次,专家组指出,第 21.5 条要求审议相符性的专家组审查"为遵守 DSB 建议和裁决所采取的措施或此类措施是否与适用协定相一致的问题"。[100] 因此,专家组认为,其职权范围包括厄瓜多尔提出的所有诉讼请求。[101]

同样,在澳大利亚——鲑鱼(加拿大援引第 21.5 条)案中,审议相符性的专家组驳回了这样的论据:原专家组没有处理某一项诉讼请求的事实,将限制专家组的管辖权。相反,专家组裁定,其审查范围受第 21.5 条和审查相符性的专家组的具体职权范围所支配,包括受设立专家组的请求中提及的适用协定的相关规定所支配。[102]

在加拿大——飞机案中,上诉机构利用审查相符性专家组的报告的机会,

---

[97] 对于已经做出中期报告的专家组,例如,专家组报告,巴西——飞机出口融资项目案——加拿大援引 DSU 第 21.5 条,WT/DS46/RW/,2000 年 8 月 4 日,为上诉机构报告所修改,WT/DS46/AB/RW,DSR 2000:IX,4093;专家组报告,加拿大——影响民用飞机出口的措施案——巴西援引 DSU 第 21.5 条,WT/DS70/RW/,为上诉机构报告所修改,WT/DS70/AB/RW,DSR 2000:IX,4315;专家组报告,巴西——飞机出口融资项目案——加拿大第二次援引 DSU 第 21.5 条,WT/DS46/RW/2,2001 年 8 月 23 日;专家组报告,美国——"外国销售公司"税收待遇案——欧共体援引 DSU 第 21.5 条,WT/DS108/RW,2002 年 1 月 29 日通过,为上诉机构所修改,WT/DS108/AB/RW。

[98] 参见前注 96,第 6.3 段。

[99] 同上,第 6.7 段。

[100] 同上,第 6.8 段。

[101] 同上,第 6.12 段。

[102] 专家组报告,澳大利亚——影响鲑鱼进口的措施案——加拿大援引 DSU 第 21.5 条,WT/DS18/RW,2000 年 3 月 20 日通过,DSR 2000:IV,2035,第 7.10(9)和(14)段。

对这种分析表示了支持。其评述值得全文援引：

> 第21.5条下的程序并不涉及有关 WTO 成员的任何措施，相反，第
> 21.5条下的程序仅限于"采取来遵守 DSB 建议和裁定的措施"。在我们看
> 来，"为遵守而采取的措施"一词，是指一成员已经或应当制定的措施，目的
> 是为了使 DSB 的建议和裁决得到遵守。在原则上，已经"为遵守 DSB 建议
> 和裁决而采取"的措施，与作为原争议对象的措施，并非同一项措施。从
> 而，在原则上，应当存在两项相互独立和有差异的措施：引起DSB 建议和裁
> 决的原措施，以及"为遵守而采取的措施"，这些措施是——或应当是为执
> 行建议和裁决而制定的。[103]

上诉机构继续详加阐述道：

> 在依据 DSU 第21.5条进行审议时，专家组并不局限于从与作为原程
> 序对象的措施相关的诉讼请求、论据和事实情形的角度，审查"为遵守而采
> 取的措施"。尽管这些可能与 DSU 第21.5条下的程序具有某种关联性，但
> 是，第21.5条下的程序在原则上并不涉及原来的措施，而是一项原专家组
> 没有审议过的新的且不同的措施。另外，与"为遵守而采取的措施"有联系
> 的相关事实也可能不同于与原程序中发生争议的措施相关的事实。因此，
> 很自然的是，与"为遵守而采取的措施"相关的诉讼请求、论据和事实情形
> 也并不必然与原争议相关的诉讼请求、论据和事实情形相同。事实上，如
> 果专家组仅限于从与原措施相关的诉讼请求、论据和事实情形的角度审查
> 新的措施，DSU 第21.5条所预先设定的审议的功用就会遭到严重削弱，因
> 为一个在第21.5条下的专家组将不能彻底审查"为遵守而采取的措施与
> 适用协定的相符性"，而这正是 DSU 第21.5条所要求的。[104]

上诉机构还指出，当问题涉及为遵守 DSB 建议和裁决而采取一项新措施
时，第21.5条下的专家组的任务就是"对该新措施做全面的审议"。[105] 然而，
"当 DSB 已经将某一事项提交到专家组进行第21.5条下的程序时，除了针对一
项就新措施与适用协定的相符性已经提出的特定诉讼请求之外，其他诉讼请求
并不在专家组的审议范围之内。"[106]

在澳大利亚——鲑鱼(加拿大援引第21.5条)案中，澳大利亚也争辩道，即

---

[103] 参见前注97，第36段(强调为原文所加，脚注省略)。

[104] 同上，第41段。

[105] 上诉机构报告，美国——禁止某类虾和虾制品进口案——马来西亚援引 DSU 第21.5条，
WT/DS58/AB/RW，2001年11月21日通过，第87段。

[106] 同上，第88段。

便通过设立专家组的请求,一项措施被包括在专家组的职权范围之内,也不适合由审查相符性的专家组审议,因为这一措施并非是"为遵守 DSB 建议和裁决而采取的措施"。[107] 在澳大利亚——车用皮革 II(美国援引第 21.5 条)案中,澳大利亚以简洁的话语向专家组提出了同样的主张。[108] 两个专家组均驳回了上述辩驳意见。

在鲑鱼案中,专家组推断结论是:"第 21.5 条下的专家组不能将一项措施是否属于'为遵守而采取'的措施,完全交给执行成员行使自由裁量权来决定。"[109] 皮革案专家组对此表示赞同,并强调指出:"一般说来,在 WTO 争端解决中应由申诉方确定专家组审议的措施的范围。"[110] 专家组继续分析指出,与此相反的看法"将允许澳大利亚通过选择它将通知或不通知 DSB 哪些措施与其执行 DSB 裁定相关来确定我们的职权范围。"[111] 在特定案件中,专家组强调引发争议的措施,即贷款,"在本争议中,从其时间选择和性质来看,都不可避免地会与澳大利亚为回应 DSB 裁决而采取的措施紧密联系在一起。"[112]

专家组在欧共体——亚麻床单(印度援引第 21.5 条)案中得出了同样的结论。在引用澳大利亚——鲑鱼案和澳大利亚——汽车皮革 II 案审议相符性的专家组报告之后,亚麻床单案的专家组指出:

> 很明显,是专家组而不是欧共体决定印度在设立专家组的请求中提出的措施是否应当被视为"为遵守而采取的措施",并因此属于本争端的范围之内。然而,这说明,决定欧共体采取的哪些措施是为遵守而采取的措施,同样不是印度的权利。更恰当地说,这是一个必须由第 21.5 条下的专家组进行审议的问题。[113]

尽管加拿大——飞机案后早期的第 21.5 条下的案件,倾向于将原专家组没有审议的措施,如为遵守而采取的措施,包括在内,后来涉及第 21.5 条程序下的案件已经区分了该案与另外一些案件——这些案件牵扯到一些申诉方没有寻求、但随后被 DSB 在通过原专家组报告或上诉机构报告时通过的裁定。这

---

[107] 参见前注 102,第 7.10(20)段。

[108] 专家组报告,澳大利亚——向汽车用皮革生产商及出口商提供补贴案——美国援引 DSU 第 21.5 条,WT/DS126/RW/和更正 1,2000 年 2 月 11 日,DSR 2000:III,1189,第 6.1 段。

[109] 参见前注 102,第 7.10(22)段。

[110] 参见前注 108,第 6.4 段。

[111] 同上。

[112] 同上,第 6.5 段。

[113] 专家组报告,欧共体——对自印度进口的棉质床单征收反倾销税案——印度援引 DSU 第 21.5 条,WT/DS141/RW,2003 年 4 月 24 日通过,为上诉机构报告所修改,WT/DS141/AB/RW,第 6.15 节。

些被认为不应由相符性专家组来进行审议。

因此,在美国——虾(马来西亚援引第 21.5 条)案中,专家组强调指出,在 **252** 原上诉中,上诉机构已经裁定美国法律中的一条规定,即"第 609 节",在第 20 (g)条下具有"暂时的合理性",并且,"只要我们审议的执行措施等同于上诉机 构审查的与第 g 款相关的措施,我们就不能得出与上诉机构不同的结论。"[114] 因而,在相符性审查中,专家组没有再次审查第 609 节。上诉机构肯定了这种 方法,并提及了 DSU 第 17.4 条,该款规定上诉机构报告"应当"由 DSB 通过,并 且被通过的上诉机构报告应当被争端各方无条件地接受。[115]

在欧共体——亚麻床单(印度援引第 21.5 条)案中,专家组提及并表示赞 同美国——虾(马来西亚援引第 21.5 条)案,因为其拒绝对没有适当提起的诉 讼请求做出裁决。在最初调查中,除其他之外(inter alia),印度声称欧共体没有 适当地审查进口之外的、可能引起《反倾销协定》意义上的损害的"其他因素"。 原专家组认为,印度在此问题上没有能够提出一起表面证据确凿案件,而且印 度也没有对该裁定提起上诉。[116]

审议相符性的专家组拒绝接受印度的辩称,即该诉讼请求在第 21.5 条下 的程序中将作为一项"为遵守 DSB 建议和裁决而采取的措施"被再次审查。专 家组指出,该情形与加拿大——飞机(巴西援引第 21.5 条)案的情形非常不同。 在该案中,加拿大制定了一项新的不同的措施来执行 DSB 建议和裁决。在原来 的程序中,巴西本不会提起涉及该新措施的诉讼请求。[117] 相反,亚麻床单案涉 及的诉讼请求是:(1)曾向原专家组提起,但是被否决;(2)在上诉中没有再次 提起;并且(3)是 DSB 通过的报告中调查结果(finding)的主题。[118] 专家组得 出结论认为:"因此,在我们看来,原专家组报告中没有被上诉的部分,以及解决 被上诉的问题的上诉机构报告,必须被视为对争议的最终解决办法。并且,在 本程序中,争端各方和我们都必须这么看待。"[119]

通过发表一具有深远意义的意见,上诉机构对此表示赞同。其分析起始于 **253** 这样一种评论,即"如果一项诉讼请求对一项并不构成'为遵守而采取的措施'

---

[114] 专家组报告,美国——禁止进口某类虾及虾制品案——马来西亚援引 DSU 第 21.5 条,WT/ DS58/RW,2001 年 11 月 21 日通过,为上诉机构报告所维持,WT/DS58/AB/R,第 5.39 段。
[115] 上诉机构报告,美国——虾(马来西亚援引第 21.5 条)案,参见前注 105,第 97 段。
[116] 参见前注 113,第 6.41 节。
[117] 同上,第 6.48 节。
[118] 同上。
[119] 同上,第 6.51 节。参见既判力和禁止反供原则,第二章第六节第三和第四目。

的措施提出异议,该诉讼请求在第 21.5 条的程序中不能被适当地提起。"[120] 上诉机构赞同专家组关于亚麻床单案与加拿大——飞机案存在重大不同的观点,并指出,在亚麻床单案中,"印度并没有向第 21.5 条下的专家组提出一项新的诉讼请求;相反,印度在第 21.5 条下的程序中重申了与它以前向原专家组针对执行措施的组成部分提出过的相同的诉讼请求,而该诉讼请求是与原措施完全相同。该相同的诉讼请求被原专家组驳回,并且印度也没有再对该裁定提起上诉。"[121]

上诉机构指出,由于原专家组的裁定没有被提起上诉,涉及通过上诉机构报告的第 17.4 条,并不会对案件有决定性的影响。不过,"在我们看来,包括在DSB 通过的专家组报告中的未被提起上诉的裁定部分,必须被视为对争端各方间就特定诉讼请求和作为该诉讼请求主题的措施的具体组成部分发生的纠纷的最终解决办法。"[122]

三、被申诉方启动第 21.5 条下的程序的资格

在欧共体——香蕉 III(欧共体援引第 21.5 条)案中,作为该案的被申诉方的欧共体自己采取了非同寻常的步骤:请求审查其为执行 DSB 建议和裁定而采取的措施。[123] 在这一程序极为复杂的案件中,欧共体第一次提出了这样的问题,即对于未能使措施符合 DSB 建议和裁决的情形,第 21.5 条下的相符性审查应当如何与第 22 条下的潜在救济相互作用。第 21.5 条与第 22 条之间的相关问题,将在第八章中进行讨论。

欧共体请求设立审议相符性的专家组"来裁定欧共体采取的执行措施必须被推定为符合 WTO 规则,除非已经依照 WTO 的适当程序对这些措施的相符性适当地提出了异议。"[124]欧共体辩称,"自合理期限一开始,原申诉方在新闻媒体和 DSB 上就从未停止过散布其信念,即在该案中,最初所设想、随后被提议、接着为理事会所制定、最后被委员会所通过的措施,并不符合 DSB 的建议和裁定。[125]

专家组强调其赞同欧共体的观点,即通常不存在一成员措施与 DSB 的建议

---

[120] 上诉机构报告,欧共体——对自印度进口的棉质床单征收反倾销税案——印度援引 DSU 第21.5 条,WT/DS141/AB/RW,2003 年 4 月 24 日通过,第 78 段。

[121] 同上,第 80 段。

[122] 同上,第 93 段。

[123] 专家组报告,欧共体——香蕉进口、销售和分销体制——欧共体援引 DSU 第 21.5 条,WT/DS27/RW/EEC,和更正 1,1999 年 4 月 12 日,DSR 1999:II,783.

[124] 同上,第 1.4 段。

[125] 同上,第 2.1 段。

和裁定不相符的推定。然而,专家组又补充道,在特定的时间内,一成员未能对一项措施提出异议,并不会导致推定没有提出异议的成员承认有关措施符合WTO 义务。[126] 专家组进一步强调指出,它没有权力强迫原申诉方作为当事方参与第 21.5 条下的程序。[127]

最后,专家组将欧共体在第 21.5 条下的诉讼请求,视为已经由厄瓜多尔提出的诉讼请求,并指出:"既然我们已经在厄瓜多尔发起的程序中裁定欧共体的执行措施不符合其承担的 WTO 义务,很显然,有关措施在本程序中不能被推定为与其承担的 WTO 义务相符。"[128] 作为一个形式问题,专家组显然没有审查被申诉方是否被授权启动第 21.5 条下的程序。它注意到了由第三方提出的一些实际的问题,例如主张某一事实的当事方负有加以证明的责任。在由被申诉方发起的程序中缺少申诉方,对于专家组履行其职责的能力来说将产生严重的影响。[129] 虽然如此,专家组仍指出:"我们将不会排除以此种方式利用第 21.5 条的可能性,尤其当发起第 21.5 条下的程序的目的明显是为了审查执行措施与WTO 的相符性时。"[130] 然而,专家组仅仅通过不做出欧共体所请求的判决来对争议做出裁定。[131]

四、执行措施的"存在"

255

第 21.5 条涉及到为遵守而采取的措施的"存在"和"相符性"。在澳大利亚——鲑鱼案中,专家组指出当新"体制列明有关产品能够进入执行成员市场的所有要求和标准时",才存在一项措施。[132] 一个列明基本但并非全部新要求的"框架性"的立法,并不足以使新体制得以"存在"。[133]

在具体案件中,为遵守而采取的措施的生效日期发生在"合理期限"届满之后。因此,专家组认为,"在第 21.5 条的意义上讲,为遵守而采取的措施还不存

---

[126]　同上,第 4.13 段。

[127]　同上,第 4.12 段。

[128]　同上,第 4.15 段。

[129]　同上,第 4.18 段。

[130]　同上,休德克教授已经指出:"第 21.5 条的用语似乎允许采取此类行动,因为其原文并没有指明启动程序的一方。忆及由美国所带头的支持司法判决的政府,为确立争端一方享有使其权利得以通过司法来裁断的稳固权利而奋斗了二十年,GATT 争端解决机制的传统当然会支持这样一种结局。"Robert E. Hudec, Broadening the Scope of Remedies in WTO Dispute Settlement, in Fredl Weiss (Ed) *Improving WTO Dispute Settlement Procedures: Issues & Lessons From the Practice of Other International Court & Tribunal* 369, 398 (Cameron May, 2000).

[131]　同上,第 5.1 段。

[132]　参见前注 102,第 7.28 段。

[133]　同上。

在,或将不存在。"[134]

五、磋商的要求

第 21.5 条下的审查通常不经磋商就开始进行。在墨西哥——玉米糖浆(美国援引第 21.5 条)案中,欧共体作为第三方,对这种做法提出了异议。[135] 欧共体辩称,第 21.5 条规定审议措施相符性的专家组将依据"这些争端解决程序"进行审议,并且"这些程序"包括 DSU 规定的磋商要求。[136] 欧共体诉称,争端各方不能豁免第 4 条的磋商要求。欧共体还强调指出,DSU 第 6.2 条要求请求设立专家组的成员在其请求中说明是否已经进行磋商。

上诉机构很明显没有判定,DSU 关于磋商的一般义务适用于第 21.5 条下的执行措施相符性的复审。[137] 但它的确裁定:"缺乏早先的磋商,就其本身性质而言,并不构成一种足以导致剥夺专家组处理并解决某一事项的权力的缺陷。"[138] 上诉机构还认为,第 6.2 条"是否已经进行磋商"的规定,并不要求必须进行磋商。相反,第 6.2 条"预先考虑到了这样一种可能性,即在此前没有进行磋商的情形下,也可以有效地设立专家组。"[139] 因此:

> 如果被申诉方没有明确并及时地对申诉方未能请求或进行磋商提出异议,那么,就可以认为被申诉方同意不进行磋商,并因而已经同意放弃了他本来享有的一切磋商的权利。[140]

在做出上述裁定的过程中,上诉机构无疑知晓第 21.5 条下相符性审查的磋商请求,将加剧该条款与 DSU 第 22 条的程序性冲突。参见第八章。

六、举证责任

如同其他专家组程序一样,在第 21.5 条下的复审过程中,主张事实的一方承担证明该事实的责任,而主张肯定抗辩的一方承担证明肯定抗辩的责任。在巴西——飞机(加拿大援引第 21.5 条)案中,巴西主张对争议中的项目做出修改以便使它能够获得对《补贴与反补贴措施协定》中有关出口补贴一般禁止条

---

[134] 同上,第 7.30 段。

[135] 上诉机构报告,墨西哥——对来自美国的高果糖玉米糖浆(HFCS)反倾销调查案——美国援引 DSU 第 21.5 条,WT/DS132/AB/RW,2001 年 11 月 21 日通过。

[136] 欧共体的论据列举在与上一注释相同的报告中,第 30—33 段。

[137] 同上,第 65 段。

[138] 同上,第 64 段。

[139] 同上,第 62 段。

[140] 同上,第 63 段。

款的豁免。巴西进一步主张,既然新措施旨在遵守 WTO 的要求,它就应当被推定为相符,因而,如果异议方提出相反的意见,它就应当对此加以证明。[141]

上诉机构不同意这种观点。上诉机构认为,为遵守 DSB 的建议和裁决而采取一项措施的事实,并不改变举证责任的分配。与通常的专家组程序一样的是,主张肯定抗辩的恰当性的一方有责任在第 21.5 条下的审查程序中证明其恰当性。[142]

七、第三方权利

在若干相符性审查专家组程序中,欧共体已经提出了第三方接收争端各方向专家组提交的所有陈述的权利问题。这一问题的焦点集中在 DSU 第 10.3 条的正文上。该条规定:"第三方应收到争端各方提交专家组首次会议的陈述。" 257
在一个正常的专家组程序中,这意味着第三方将不会收到争端各方第二次辩驳性陈述,这些陈述通常是在专家组第二次会议上才提交的。但是,由于 DSU 为相符性审查程序设定的期限比较短,第 21.5 条下的专家组通常只与争端各方举行一次会议,而在此之前每一争端方提交一份初始陈述和一份辩驳性陈述。

在澳大利亚——车用皮革Ⅱ(美国援引第 21.5 条)案中,专家组工作程序允许与争端各方举行一次会议,并同样规定第三方仅接收争端各方第一次陈述而并非辩驳性陈述。[143] 专家组驳回了欧共体的异议,并推理道(reason):如果专家组决定与争端各方举行两次会议,第三方就将有权获得第一次会议陈述。专家组认为它在相符性审查程序的实践方面符合上述通常做法。[144] 几乎是在同时,同美国——外国销售公司(欧共体援引第 21.5 条)案的专家组一样[145],澳大利亚——鲑鱼(加拿大援引第 21.5 条)案的专家组也得出了相同的结论。[146] 然而,第 10.3 条并没有明确规定第三方获得争端各方陈述的范围,美国——外国销售公司(欧共体援引第 21.5 条)案的专家组指出,该条"必须被理解为将第三方在这些程序中的权利限制为仅可以获得第一次陈述"。[147]

然而,在加拿大——奶制品(新西兰和美国援引第 21.5 条)案中,专家组得

---

〔141〕 上诉机构报告,巴西—飞机出口融资项目—加拿大援引 DSU 第 21.5 条,WT/DS46/AB/RW,2000 年 8 月 4 日通过,DSR2000:Ⅷ,4067,第 66 段。

〔142〕 同上。

〔143〕 参见前注 108,第 3.7 段。

〔144〕 同上,第 3.9 段。

〔145〕 参见前注 102,第 7.5 段。

〔146〕 参见前注 97。

〔147〕 同上,第 6.3 段。

出了完全相反的结论。[148] 尽管专家组工作程序最初允许第三方仅接收第一次陈述,但专家组接受了欧共体的请求并修改了其程序。[149] 专家组评论指出,第10.3 条的条文明确规定第三方应收到"争端各方提交专家组首次会议的陈述"。[150] 专家组指出,不仅条文要求第三方接收当事方提交首次会议的"陈述",而且该条的目的和宗旨也要求采取这样的行动。"在专家组看来,DSU 第10.3 条的目的和宗旨是允许第三方在获得充分的信息的情况下,以一种富有意义的方式参与争端各方为此目的而特意举行的会议。而只有当第三方在该会议举行之前已经收到了争端各方之间交换的所有信息,才能达到这种目的。"[151] 专家组在这一问题上的结论没有被提起上诉。

八、执行建议

尽管 DSU 第 19.1 条授权专家组——包括第 21.5 条下的审查相符性的专家组,建议有关成员可以采取以使措施相符的方式,但绝大多数专家组不愿意这么做,而是宁肯让成员自己去选择执行的方式。不过,在欧共体——香蕉 III(厄瓜多尔援引第 21.5 条)案中,专家组认为,若某一执行努力被证明至少是部分不成功,此时由第 21.5 条下的专家组来做出建议就是恰当的了。[152] 除了相符性专家组和上诉机构的执行建议外,专家组的执行建议将在本章第八节中展开讨论。

第八节 禁止性补贴和可诉补贴

《补贴与反补贴措施协定》中有关通过和执行禁止性与可诉补贴报告的规定,反映了对协定规定的一般程序的加快。

如果专家组裁定某一措施构成一项禁止性补贴,《补贴与反补贴措施协定》第4.7 条规定专家组应当建议"立刻"撤销该措施。然而,第4.7 条同样规定专家组"应在其建议中列明必须撤销该措施的时限"。

专家组在巴西——飞机案和加拿大——飞机案中首次遇到这一问题。专家组指出,这样的表述要求它们在指明何种时限意味着"立刻"撤销时,要考虑

---

〔148〕 专家组报告,加拿大——影响牛奶进口及奶制品出口的措施案——新西兰和美国援引 DSU 第21.5 条,WT/DS103/RW, WT/DS113/RW,2001 年 12 月 18 日通过,为上诉机构报告(根据其他理由)所推翻,WT/DS103/AB/RW, WT/DS113/AB/RW。

〔149〕 同上,第 2.32 段。

〔150〕 同上,第 2.33 段。

〔151〕 同上,第 2.34 段。

〔152〕 参见前注 96,第 6.154 段。

到有关程序的性质以及在执行建议时可能遇到的困难。[153] 两个专家组都准许有关成员 90 天的期限撤销补贴。[154] 在澳大利亚——车用皮革 II 案中,专家组也对"立刻"撤销补贴规定了 90 天的期限。[155] 然而,在美国——外国销售公司案中,专家组在提到需要采取立法行为后,在报告中要求在 2000 年 10 月 1 日之前撤销有关补贴,而该报告按计划将于 1999 年 9 月向成员散发,比执行期限足足提早了一年多。[156] 在加拿大——飞机信贷和担保案中,专家组又回到了先前专家组报告的标准,即 90 天的期限。[157]

259

《补贴与反补贴措施协定》第 7.9 条要求成员采取"适当的措施",以"消除"一项可诉补贴的"不利影响",或在"DSB 通过专家组报告或上诉机构报告之日起六个月内",撤销该补贴。

DSB 应在报告散发后 30 天内通过禁止性或可诉补贴专家组报告,除非该报告被提起上诉或 DSB 经协商一致决定不通过。[158] 如果涉及禁止性补贴或可诉补贴的专家组报告被提起上诉,上诉报告应由 DSB 通过,并且争端各方应无条件件接受,除非 DSB 在将报告散发各成员后 20 天内经协商一致决定不通过上诉机构报告。[159]

如果在 30 天内没有安排 DSB 会议审议涉及禁止性或可诉补贴的专家组报告,或在 20 天内没有安排审议涉及禁止性或可诉补贴的上诉机构报告,应为通过报告的目的召开一次特别会议。[160]

澳大利亚——汽车皮革 II(美国援引第 21.5 条)案专家组是第一个审议《补贴与反补贴措施协定》第 4.7 条"撤销补贴"一词含义的专家组。专家组审议的问题是"撤销补贴"是否意味着"偿还补贴"。澳大利亚、美国和作为第三方的欧共体均主张,把第 4.7 条解释为允许追溯性救济将导致与 DSU 第 19 条

---

[153] 专家组报告,巴西——飞机出口融资项目案,WT/DS46/R,1999 年 8 月 20 日通过,为上诉机构报告修改,WT/DS46/AB/R, DSR 1999:III,1221,第 8.5 段;专家组报告,加拿大——影响民用飞机出口的措施案,WT/DS70/R,1999 年 8 月 20 日,为上诉机构报告所维持,WT/DS70/AB/R, DSR 1999:IV,1443,第 10.4 段。

[154] 同上。

[155] 专家组报告,澳大利亚——向汽车用皮革的生产商和出口商提供补贴案,WT/DS126/R,1999 年 6 月 16 日通过,DSR 1999:III,951。

[156] 专家组报告,美国——"外国销售公司"税收待遇案,WT/DS108/R,2000 年 3 月 20 日通过,为上诉机构报告所修改,WT/DS108/AB/R,DSR 2000:IV,1677,第 8.8 段。

[157] 专家组报告,加拿大——对区域航空产业提供的出口信贷和贷款担保案,WT/DS222/R 及更正 1,2002 年 2 月 19 日,第 8.4 段。

[158] 《补贴与反补贴协定》,第 4.8 条、第 7.6 条。

[159] 《补贴与反补贴协定》,第 4.9 条、第 7.7 条。

[160] 《补贴与反补贴协定》,脚注 3、8 和 9。

不相符。[161]　专家组不同意这种看法，并认为："将《补贴与反补贴措施协定》第 4.7 条解释为排他性地容许'预期的'行为，将导致无法区分第 4.7 条下'撤销补贴'的建议以及 DSU 第 19.1 条下的'使措施符合'的建议，从而导致第 4.7 条成为多余的了。"[162] 专家组继续指出：

> 补贴可采取授予某种利益的一次性财政资助的形式，也可以采取某一规划或惯常做法的形式，并对此反复地提供授予某种利益的财政资助。要使"撤销补贴"成为一项有意义的补救办法，也即是说，要使它达到禁止授予或维持某些种类的补贴的效果，就必须不管禁止性补贴被认定以何种形式存在，"撤销补贴"都必须是有效的。[163]

在巴西——飞机（加拿大援引第 21.5 条）案中，加拿大认为，"继续"发行与先前做出的承诺有关的债券是与巴西"撤销补贴"的义务不相符的。[164]　专家组指出："因此，为本争端的目的，我们不需要对'撤销'一项禁止性补贴的义务的范围做出广泛的理解。"[165] 巴西——飞机案的专家组在其报告的脚注中提到了澳大利亚——汽车皮革 II 案的专家组报告，指出它将仅处理向其提交的事项，并且还补充道："我们对没有提交我们审议的事项保持沉默，不应被理解为对于'撤销'一项禁止性补贴的建议是否包含偿还该补贴表达了我们的看法，不管是明示的还是默示的。"[166]

在美国——外国销售公司（欧共体援引第 21.5 条）案中，专家组采用的做法与巴西——飞机案中的专家组的做法非常相似，均采取了"司法经济"的原则，没有对有关事项做出裁定。[167]

加拿大——奶制品（新西兰和美国援引第 21.5 条）案涉及到《农业协定》和《补贴与反补贴措施协定》下的请求，并提出了这两个协定中的执行条款的关系问题。尽管《补贴与反补贴措施协定》要求成员"撤销"禁止性补贴，而《农业协定》则允许对农业产品提供一些出口补贴。在具体案件中，专家组不会对《补贴与反补贴措施协定》下的请求做出裁定，所以这一问题没有实际意义。不过，在附带意见（dicta）中，专家组指出即便它已对《补贴与反补贴措施协定》做出裁定，根据《农业协定》的规定，它也不可能建议加拿大应撤销"仅针对农业产品采

---

[161]　参见前注 108，第 6.29 段。

[162]　同上，第 6.31 段。

[163]　同上，第 6.36 段（脚注省略）。

[164]　参见前注 97，第 6.8 段。

[165]　同上。

[166]　同上，脚注 17。

[167]　参见前注 97，第 8.171 段。

取的、构成出口补贴的措施".[168]

第九节　"其他情况"起诉

DSU 规定,当 GATT1994 第 23.1(c)条中涉及"其他情况"的规定适用于一适用协定时,DSU 本身仅适用至有关程序中专家组报告散发各成员为止。报告的通过、裁决的监督和执行均受《蒙特利尔规则》之规制。[169] 这些规则保留了 GATT 关于通过报告需经过积极协商一致的要求。因此,依据这一条提起的争议可能不会太多。[170]

---

[168] 专家组报告,加拿大——影响牛奶进口和奶制品出口的措施案——新西兰和美国援引 DSU 第 21.5 条,WT/DS103/RW,WT/DS113/RW,2001 年 12 月 18 日,为上诉机构报告(以其他理由)所推翻,WT/DS103/AB/R, WT/DS113/AB/R,第 6.99 条。

[169] DSU 第 26.2 条。《1989 年 4 月 12 日决定》,BISD 36 册 61 页。参见第四章第二十三节。

[170] 《蒙特利尔规则》,第 G.3 段。

第八章 补 救

第一节 概 述

很早以来,国际公法就承认一国政府有义务对其所造成的损害进行赔偿和补救。常设国际法院在乔佐工厂(Chorzow Factory)案中所阐述的一项原则就是:赔偿应该"尽可能消除不法行为的一切后果,并将情势恢复到如果没有发生不法行为本来完全可能会存在的状态"。[1] 常设国际法院在其审理的第一个案件,即科孚海峡案(Corfu Channel case)中,判决付给英国赔偿金以作为对其遭受的损害的赔偿。[2] 国际法委员会《关于国家责任条款草案》规定:"责任国有义务对其国际不法行为所造成的损害做出充分补偿。"[3] GATT 有关补救的实践在很大程度上是非常不统一的。因而,迄今为止,WTO 的实践也很不统一。不过,有关实践似乎在不断演化,其最终的形态还有待定型。

第二节 GATT 的实践

GATT 在补救方面的实践并不一致。专家组通常建议违反方(offender)使其措施与《总协定》有关规定或相关《东京回合守则》相一致。这种补救通常仅是针对将来可能发生的损失,不会对过去所遭受的损失提供救济。

然而,在很多起案件中,当涉及反倾销税时,GATT 专家组确实曾建议,以退还根据不合法的反倾销措施而支付的反倾销税的形式对过去的损害进行补救。比如,专家组在来自芬兰的电力变压器(Electrical Transformers from Finland)案中指出:

〔1〕 国际常设法院判决,(系列 A),第 17 部分,第 47—48 页。

〔2〕 国际常设法院,第 4 页,作为被告的阿尔巴尼亚政府拒绝支付赔偿金。直到 1992 年阿尔巴尼亚发生社会制度变革并与英国恢复外交关系后,赔偿金才被全部支付。参见 Shabtai Rosenne, *The World Court* 44 (5th ed., Martinus Nijhoff, 1995)。

〔3〕 国际法委员会报告 132,第 31 条(联合国,2000)。主要可以参见,Malcolm Evans (ED) *Remedies in International Law: The Institutional Dilemma* (Hart, 1998); Christine Gray, *Judicial Remedies in International Law* (Oxford, 1990)。

专家组向理事会提议:理事会应建议新西兰撤销反倾销裁定和退还已支付的反倾销税。[4]

然而,美国一直反对退还反补贴税。因而,正是出于此原因,在来自瑞典的不锈钢管产品(Stainless Steel Hollow Products from Sweden)一案中,美国拒绝通过有关专家组报告。[5] 在该报告中,专家组建议美国"撤销其所设定的反倾销税令",并"退还瑞典已支付的反倾销税"。[6] 在来自墨西哥的水泥一案中,专家组报告也未被通过。在该报告,专家组甚至更为明确地指出:

专家组建议,委员会应请求美国撤销对来自墨西哥的灰色硅酸盐水泥(grey portland cement)和水泥熟料(cement clinker)反倾销税令,并退还任何根据该税令而支付或预付(deposit)的反倾销税。[7]

欧共体在此问题上似乎同意美国的看法。作为专家组按照东京回合《反补贴守则》审理的一起反补贴税案的起诉方,欧共体最先要求退还反补贴税,但是中途又改变了立场。[8]

一个有关补救的特别难以解决的问题出现在特隆赫姆案中,其涉及到东京回合《政府采购协定》。[9] 在该案中,专家组裁定,在授予特隆赫姆市主要由非人工操作的电子收费器系统合同一事上,挪威政府没有履行其在《政府采购协定》中的义务。然而,在专家组做出裁定之时,该合同已经履行完毕。面对这样一种既成事实(fait accompli),专家组强调指出,"挪威能够使特隆赫姆市采购与

264

---

〔4〕 GATT 专家组报告,新西兰——来自芬兰的电力变压器进口案,BISD 32 册第 55 页,1985 年 7 月 18 日通过,第 4.11 段。Ernst-Urich Petersmann 在 GATT Dispute Settlement Proceeding in the Field of Antidumping Law 一文中对该报告和其他建议退还的报告做了讨论,28 *Common Market Review* 69 (1991)。

〔5〕 GATT 专家组报告,美国——对来自瑞典的无缝不锈钢管征收的反倾销税案,ADP/47,1990 年 8 月 20 日散发,未被通过。美国认为,改正有关错误可望就足够了,参见 Robert E. Hudec, *Enforcing International Trade Law: The Evolution of the Modern GATT Legal System*,第 253—254 页 (Butterrworth, 1993)。

〔6〕 同上,第 5.24 段。

〔7〕 GATT 专家组报告,美国——对来自墨西哥的灰色硅酸盐水泥和水泥熟料采取的反倾销税案,ADP/82,1992 年 7 月 9 号散发,未被通过,第 6.2 段。

〔8〕 GATT 专家组报告,巴西——对来自欧共体的奶粉和奶征收临时和最终反补贴税案,BISD 415/467,1994 年 4 月 28 号通过,第 200 段:"欧洲经济共同体最先请求专家组建议巴西退还对这些进口产品征收的临时和最终反补贴税。接着,欧洲经济共同体指出,它不再寻求这样的建议。因为,一般而言,应当由被裁定其行为不符合有关协定项下的义务的缔约方自己确定使其措施符合其义务的方式。"

〔9〕 GATT 专家组报告,挪威——特隆赫姆市公路收费设备采购案,BISD 40 册第 319 页,1992 年 5 月 13 日通过。

其《政府采购协定》中的义务相符的惟一办法是取消该合同并重新发起采购程序。但我们认为,做出这样的建议并非是恰当的。"[10]

起诉方美国明确地表示,其并没有要求专家组建议就对过去的损失的补偿问题进行协商。[11] 专家组建议,政府采购协定委员会应要求挪威采取必要措施,以确保以后的政府采购按照专家组的实体性裁定进行。[12]

处理某些补贴问题的 WTO 专家组,也遇到了与 GATT 专家组在特隆赫姆案中所遇到的类似既成事实(*fait accompli*)问题。这些问题将在本章下文第七节中加以讨论。

如果一 GATT 缔约方未使得其措施符合相关协定,则补救的方式是,违反方向受损害方以削减针对其他产品的壁垒的方式进行"补偿",或受损害方以增加针对来自违反方进口的产品的壁垒的形式进行"报复"。("报复"一词更正式的表述是"中止减让或其他义务"。)也许与该制度最近似的国内法是合同的部分撤销,即在不使整个合同无效的情况下,一方的不履行免去了另一方同等程度的履行义务。

265

第三节 WTO 补救制度综述

与 GATT 相同的是,若一成员方没有在合理的期限内使违反性措施与争端解决机构的建议和裁决相符,"补偿"和"中止减让或其他义务"是 DSU 所允许采取的补救措施。补偿通常采取的形式是,有关成员方在最惠国待遇的基础上削减关税或其他约束性(bound)关税壁垒,以代替使有关措施与适用协定相符。补偿必须以最惠国待遇为基础,因为,要不然,施予补偿的成员方将给予接受补偿成员方以相对于其他成员方的优势(advantage)。[13]

中止减让或其他义务通常采取的形式是,胜诉的起诉方在非最惠国待遇基础上对违反协定的成员方设置关税或其他贸易壁垒。中止"对有关成员方"的减让或其他义务,仅是对违反协定的成员方的歧视,而非是对其他成员方的歧视,其他成员方有权继续享有 WTO 协定带来的利益。

DSU 第 22.1 条明确规定,补偿和中止减让或其他义务均被视为临时措施,

---

[10] 同上,第 4.17 段。

[11] 同上,第 4.20 段。

[12] 同上,第 5.2 段。对此案中的补救问题的详尽分析,可参见 Petros C. Mavroidis, Government Procurement Agreement: The Trondheim Case, 49 *Aussenwirtschaft* 77 (1993)。

[13] DSU,第 22.1 条规定,补偿"应与适用协定相一致。"这可能包括 GATT1994 第 1 条的最惠国待遇义务。

二者均不如完全执行有关建议可取。该制度规定了对补偿的谈判以及对中止减让或其他义务程度的仲裁。

第四节　谈判和补偿

如有关成员未能在允许的合理期限内遵守已通过报告中的建议和裁决，[14]则该成员方如果收到请求，就应在不迟于合理期限期满前，与援引争端解决程序的任何一方进行谈判，以期就补偿问题达成协议。[15]

由于 WTO 体制崇尚的是贸易自由化而非贸易限制，因此，从经济学角度看，补偿优于中止减让或其他义务。然而，无论对于起诉方还是被诉方，实施补偿通常都有严重的缺陷，正因为如此，补偿相对说来很少被采用。从起诉方的角度来看，通过降低其他领域的壁垒实施的补偿，对于消除构成争议对象的领域中的违反性措施来说不会起到任何作用。尤其是从起诉方境内相关产业的角度来看，补偿丝毫不起作用。由此看来，其措施被裁定为与适用协定不相符的成员方，如果显然是出于保护从违反行为中受益的另一部门的原因，要"主动选出"其国民经济的一个部门使其面临国外日趋激烈的竞争，恐怕会遇到相当的困难。

266

第五节　中止减让或其他义务

一、授权中止减让的请求

如在合理期限期满之日起 20 天内未能就补偿问题达成协议，则 DSU 第22.2 条规定，起诉方（援引争端解决程序的任何一方）就可以请求 DSB 授权中止对有关成员方实施适用协定下的减让或其他义务。

在欧共体——荷尔蒙案（欧共体援引第 22.6 条）中，仲裁人列举了根据第22.2 条提出的授权请求的最低要求：

（1）根据第 22.4 条，该请求必须列出中止的具体程度，即等于由与WTO 不一致的措施所造成的利益丧失或减损的程度；和（2）根据第 22.3

---

[14]　参见本书第七章第四节。

[15]　DSU 第 22.2 条。

条,该请求必须指明将要中止减让或其他义务所在的协定和部门。[16]

正如本章第五节第六目所探讨的,由于牵涉到举证责任,仲裁人通常要求寻求授权的成员方提交计算方法,但该材料或没有提交给 DSB 的任何其他材料都不构成仲裁人职权范围的组成部分。仲裁人在欧共体——香蕉案 III(厄瓜多尔)(欧共体援引第 22.6 条)中指出,"过迟提交的补充性请求和有关被控的利益丧失或减损的额外数量的论据","都是与针对此类请求设定的最低限度的明确性要求不相符的,因为,它们不被列入在厄瓜多尔根据第 22.2 条向 DSB 提出的中止减让请求中。"[17]

欧共体——香蕉案 III(美国)(欧共体援引第 22.6 条),是根据第 22.2 条提起的第一起中止减让请求的案件[18],美国在向 DSB 提交的请求中附上了一份产品清单,在它看来,该清单是与对利益的丧失或减损的评估相一致的。[19]在欧共体——荷尔蒙案中,美国和加拿大在其授权请求中加入了产品清单,该清单所涉及的贸易量远远高于实际建议的中止减让的数量。[20]它们声称,目前还没有就清单上的哪些产品将会受制于中止减让做出决定。[21]

欧共体对此表示反对,其要求是:在仲裁人就利益丧失或减损的程度做出裁定以后,美国和加拿大应被请求提交所拟议的等于该程度的中止清单。[22]仲裁人拒绝了欧共体的请求,同时强调 DSU 并没有施加这样的要求。[23]不过,仲裁人却将任何可能实施的中止减让限定在有关清单所列商品的范围内,并将这些商品视为与 DSB 的授权"有关联"。"如果关税减让将被中止,"仲裁人指出,"只有出现在中止请求所附产品清单上的产品,其减让才能被中止。"[24]

---

[16] 仲裁人的裁决,欧共体——关于肉类及肉类制品的措施案(荷尔蒙)——源自美国的起诉,——欧共体根据 DSU 第 22.6 条诉诸仲裁,WT/DS36/ARB,1999 年 7 月 12 日,DSR 1999:III,1105,第 16 段;仲裁人的裁决——关于肉类及肉类制品的措施案(荷尔蒙)——源自加拿大的起诉——欧共体根据第 22.6 条的诉诸仲裁,WT/DS48/ARB,1999 年 7 月 12 日,DSR 1999:III,1135,第 16 段。因为在所有与本节相关的方面,两个荷尔蒙案的报告是相同的,为了简便起见,在本章下文中引用时仅指美国报告,DS26,即该两个报告中较早的一个。

[17] 仲裁人的裁决,欧共体——香蕉进口、销售和分销体制案——欧共体根据第 22.6 条诉诸仲裁,WT/DS27/ARB/ECU,2000 年 3 月 24 日,DSR 2000:V,2243,第 24 段。

[18] 仲裁人的裁决,欧共体——香蕉进口、销售和分销体制案——欧共体根据第 22.6 条诉诸仲裁,WT/DS27/ARB,1999 年 4 月 9 日,DSR 1999:II,725。

[19] 这在香蕉案 III 的裁决中并不明显,不过却为仲裁人在欧共体——荷尔蒙案中加以讨论,参见前注 16,脚注 13。

[20] 同上,第 13 段。

[21] 同上。

[22] 同上,第 14 段。

[23] 同上,第 15 段。

[24] 同上,第 16 段。

尽管强调 DSU 中并没有明确要求寻求 DSB 授权中止减让或其他义务的成员方应在其请求中附上有关潜在目标产品的清单,但欧共体——香蕉案 III 中的仲裁人事实上从 DSU 中解读出了这样一项要求,并且后来的授权请求似乎都附上了产品清单。[25] 根据仲裁人在欧共体——荷尔蒙案中的看法,作为寻求中止减让的当事方,"如果这些产品得交纳所提议的附加关税,即 100% 的关税(假定该关税是被禁止征收的)",则美国"必须,且事实上的确对可能受制于减让的商品目录做出了确认,其方式使我们能够将年度贸易值分摊到(attribute)其中的每一种商品上"。[26] 仲裁人继续指出:"不过,一旦美国这样做,美国就可以随意从该清单中(而非在清单之外)任意挑选产品类别,并使其贸易总额不超过我们裁定的贸易减损数量。"[27]

在欧共体——香蕉案 III(厄瓜多尔)(欧共体援引第 22.6 条)中,厄瓜多尔在其根据第 22.2 条提起的请求中加入了下列声明,即厄瓜多尔"保留在 GATT1994 框架中所赋予的中止减让或其他义务的权利,但条件是这些权利能够以可行且有效的方式加以行使。"[28]仲裁人认为该项"保留权利"声明并不与第 22 条中的最低正当程序要求相一致,并因此解释其职权范围仅涵盖针对受制于 WTO 协定项下的具体部门提出的那些请求。[29]

就产品清单与 DSB 的授权"有关联"的意义上讲,仲裁人似乎有充分有力的理由认为,有关措施必须只能针对清单中的产品采取。然而,由于 DSU 本身并没有明确要求提交产品清单,正如仲裁人指出的,他们的看法——寻求中止减让的成员方"必须"提供一份确认可能受制于中止减让的产品清单——似乎并没有充分的法律依据来加以支持。

不过,该问题在很大程度上只具有学术上的意义,因为成员方总是出于一个非常实际的理由而使用产品清单,即逐一列举潜在目标产品可以起到下列作用:通知有关成员方境内私营部门的基本单位(elements),它们可能得为使该国一些其他基本单位从中受益的违反性(non-complying)措施"付出代价"。这种通知很可能会给有关成员带来内部压力,从而促进其废除或修订有关措施以便与适用协定相符,并完全避免出现中止减让的结局。考虑到实践中所提交的清单逐一列举的潜在目标商品常常高于所主张的中止数量,这就引发了这样一

---

[25] 巴西——飞机出口融资项目案,WT/DS/46/16,2000 年 5 月 11 日;美国——"外国销售公司"税收待遇案,WT/DS108/13,2000 年 11 月 17 日;加拿大——区域航空器出口信贷和贷款担保案,WT/DS222/7,2002 年 5 月 24 日。

[26] 欧共体——荷尔蒙案,参见前注 16,第 21 段。

[27] 同上。

[28] 参见前注 17,第 27 段。

[29] 同上,第 29 段。

个问题：一成员方可能会凭借 DSB 的一次性授权而不时地改变受制于报复的产品范围。这种做法时常被称为"循环性"（carousel）中止或报复。

269　　　　二、"循环性"中止

在欧共体——荷尔蒙案中，欧共体反对美国官员所做的如下声明，即"如果受制于中止的减让和其他义务不时地改变，尤其是在产品范围方面"，美国将"自由地诉诸'循环性'中止"。[30] "循环性"中止的具体实施方式是，定期性地以清单上的一种产品替代以前被中止减让的另一种产品。这一"周而复始"（on-and off）的做法的目的是，通过定期性地改变受制于中止减让的产品，来制造混乱与不确定性。人们现在普遍认为，这将使得有关成员方更难以实施与适用协定不相符的措施。

然而，在欧共体——荷尔蒙案中。美国向仲裁人宣称，美国"并不打算立即"在循环性的基础上中止减让。所以，仲裁人裁定，它无须就这一问题进行审议。[31] 然而，时间才过去不到一年，美国国会在与非洲和加勒比的贸易自由化法案中就加入了循环性条款。[32] 结果，美国政府不得不实施该条款，而该条款目前还没有在 WTO 中受到过挑战。然而，欧共体已经声称，如果该条款得以实施，则它将对其合法性提出质疑。[33]

　　　　三、仲裁人的管辖权

第 22.7 条规定了仲裁人的管辖权和权限（mandate），其首先对仲裁人的管辖权进行了限制："仲裁人不得审查拟予中止的减让或其他义务的性质。"因此，所拟议的中止的全部质的方面，即涉及将被撤销的减让的"性质"的那些内容，均不在仲裁人的管辖权范围之内。[34] 因此：

> 如果中止减让的提议仅试图对如饼干之类的产品征收 100% 的从价（ad valorem）关税，举个例子来说，则仲裁人就不应裁定：奶酪而非饼干应作为中止关税减让的目标；应征收 150% 关税而非 100% 的关税；该关税增加应以产品重量而非以价格为基础进行征收。[35]

270　　很显然的是，第 22.7 条规定，仲裁人"应该裁定此类中止减让程度是否等

---

〔30〕　参见前注 16，第 22 段。

〔31〕　同上。

〔32〕　2000 年贸易与发展法案，第 407 节。

〔33〕　欧洲委员会，"在美国的贸易和投资壁垒报告"，第 13 页（2002 年 11 月）。

〔34〕　欧共体——香蕉案 III（美国）（欧共体援引第 22.6 条），参见前注 18，第 19 段。

〔35〕　同上。

于丧失或减损程度"。此外,仲裁人的权限还包括,有权裁定适用于中止的原则和程序是否被遵循。[36] 如果仲裁人裁定,拟议中止减让的程度与丧失或减损的程度不相等,欧共体——香蕉案 III(厄瓜多尔)(欧共体援引第 22.6 条)的仲裁人认为,则应请求他们对欧共体认为真正相等的数量进行评估。[37]

中止《与贸易有关的知识产权协定》(TRIPS 协定)下的减让或其他义务,可能会对成员国遵守列入 TRIPS 协定的国际知识产权条约产生影响。不过,依据 DSU 第 22.6 条而行为的仲裁人,无权裁定中止 WTO 义务是否会构成对知识产权条约的违反。对于这些条约的成员方来说,这显然是一个问题。[38]

欧共体——香蕉案 III(美国)(欧共体援引第 22.6 条)的仲裁人,主动地提出和解决了一个有关其管辖权的潜在问题,该管辖权是建立在对第 22 条的某种不当解读(drafting)基础上的,而第 22 条规定的是在一成员方考虑将中止哪些减让时应适用的原则和程序。第 22.3 条列出了三条原则:(a)成员方应首先寻求在相同部门中止减让;(b)如在相同部门中止减让无效或不可行,该成员方应该考虑寻求中止对同一协定项下其他部门的减让;和(c)只有在对同一协定项下的其他部门中止减让无效或不可行时,该成员方才应考虑中止任何其他适用协定下的减让。第 22.6 条提到了"列明在第 3 段中的原则和程序",不过,它仅仅提及根据(b)和(c),而非根据(a)提出的中止请求。相反,第 22.7 条授权仲裁人审议有关"第三段所规定的原则和程序未得到遵守"的诉讼请求,此项管辖授权不仅包括(b)和(c),还包括(a)。

仲裁人认为,第 22.6 条授权审议有关(b)和(c)段中的原则和程序未得到遵守的诉讼请求,这"必然暗示着仲裁人有权审查根据(a)分段提出的请求是否本来应当全部或部分地根据(b)和(c)分段加以提出。"[39]

四、仲裁的结果

271

就中止减让或其他义务的数量提出的仲裁请求,实际上取代了原起诉方向 DSB 提出的授权中止的最初请求。第 22.7 条规定,仲裁结果应迅速通知 DSB。不过除此之外,除非是应请求,否则 DSB 不会采取行动。第 22.7 条接着规定:"如果有关请求与仲裁人的裁决相一致,应请求,DSB 应当授权中止减让或其他义务。"因此,在起诉方可以实施中止减让之前,其必须向 DSB 提出一项与仲裁

---

[36] 这些问题在本章第五节第八目中有所讨论。
[37] 参见前注 17,第 12 段。
[38] 同上,第 152 段。
[39] 同上,第 3.7 段。

裁决相一致的新请求。[40]

五、期限

第 22.6 条非常明确地规定,仲裁"应在合理期限结束之日起 60 天内完成"。这样的期限即使并非是无法遵守的,也至少是难以遵守的,特别是因为,在合理期限结束后,起诉方在请求授权中止上的任何迟延都可能耗费掉 60 天期限的一些时日。

这一问题出现在根据第 22.6 条提起的第一起仲裁案,即欧共体——香蕉案 III(美国)(欧共体援引第 22.6 条)中。在该案中,仲裁员首先强调了 60 日的时间限制,但紧接着指出:"鉴于我们自己的裁决不能被提起上诉,所以我们认为,为了避免各当事方将来再产生什么分歧,有关裁决绝对有必要尽可能达到最大限度的明确性。这一目标的实现,需要各当事方有更多的时间向我们提交为完成我们任务所必需的信息。"[41] 在该案中,合理期限在 1999 年 1 月 1 日到期,而仲裁人的裁决直到 1999 年 4 月 9 日才做出。

欧共体——香蕉案 III(美国)(欧共体援引第 22.6 条)仲裁中存在的困难,在很大程度上是因仲裁程序与专家组在第 21.5 条下的相符性审查程序之间的"先后顺序"(sequencing)问题所引起的。这一问题将在本章第六节中加以讨论。在随后根据第 22.6 条提起的仲裁案中,有关期限是由各当事方在参照第 21.5 条的规定的前提下通过协商确定的。

六、举证责任

作为一个形式上的问题,第 22.6 条下的仲裁中的举证责任与任何其他 WTO 程序中的举证责任并无不同。成员方被推定为遵照其 WTO 义务采取行动,而提出相反主张的成员方承担举证责任。因此,在欧共体——香蕉案 III(美国)(欧共体援引第 22.6 条)中,仲裁人指出,寻求中止减让或其他义务授权的成员方被推定为在中止减让的过程中做出的行为与其义务相一致,提出质疑的成员方负有责任证明实际情形刚好相反。[42] 在此之后,仲裁人总是会援引此句话语,同时又总是强调指出,"所有当事方都有出示证据和在向仲裁人提交证据上进行合作的义务";虽然此义务不同于举证责任,但其"对于第 22 条下的仲裁程序来说是至关重要的"。

---

[40] 参见,例如,欧共体——荷尔蒙案,参见前注 16,该报告的脚注 13:"一旦仲裁人将贸易减损的程度降到 191400000 美元,美国就将向 DSB 会议提出新的请求。"

[41] 参见前注 18,第 2.12 段。

[42] 欧共体——荷尔蒙案(美国)(欧共体援引第 22.6 条),参见前注 16,第 9 段。

然而,在事实上,与仲裁报告中的陈述所可能表明的相比,在提交证据上进行合作的义务与举证责任的联系更为密切得多。其实,寻求授权的成员方和对所请求的授权程度提出异议的成员方事实上都必须证明各自的主张。如果无法加以证明,则其将面临败诉的危险。这是第 22.6 条下的仲裁中所固有的法律性僵化所产生的必然结果。在第 22.6 条下的仲裁中,受到质疑的措施并非是该术语在 WTO 传统意义上的"措施"。它不是法律,也不是法规或对法律或法规的实施。相反,它是对一成员方所主张它已经遭受的丧失和减损的数量的计算。审查此类计算是否正确,必须首先假定所使用的计算方法本身是正确的。正是在这一点上,"在提供证据上进行合作的义务"给受到质疑的成员方施加了全面的义务,除了没有明确提到"举证责任"一词外。[43]

在第 22.6 条下的第一起仲裁案,即欧共体——香蕉案 III(美国)(欧共体援引第 22.6 条)中,仲裁人甚至在他们与各当事方会面以制定工作程序之前,就"邀请"美国提交信函以"解释其在计算拟议的中止程度上所采用的方法"。[44] 仲裁人指出,他们"认为向美国提出的请求仅具有寻求信息的性质(informative nature),目的在于节省时间"。[45] 至于该信函是否的确仅被视作"信息性"的,值得注意的是,仲裁人后来指出:"就举证责任来说,如果美国没有使我们相信确实存在一定程度的丧失或减损,那么我们就会把中止减让的程度设定为零。"[46] 仲裁人向成员方发出的提交用以说明其计算方法的信函的"邀请",几乎没有成员方会对此加以拒绝。

在加拿大——航空器信贷和担保案(加拿大援引第 22.6 条)中,仲裁人对计算方法文件和支持该计算方法文件的证据做出了区别。在强调各当事方负有提供相关信息的义务后,仲裁人指出:"正是因为这种原因,即便加拿大负有最初的举证责任,我们仍然要求巴西提交描述其如何得到所提议的拟采取的反措施的程度的'计算方法文件'。随后,我们要求巴西提交用以证明在该'计算方法文件'中提出的各种事实性主张的证据。"[47] 因此,从结构上讲,可以认为,该程序依次具有下列步骤,首先提交仅由统计数据构成的计算方法文件,接着,在这些统计数据受到质疑的情况下,提交用以证明统计所依据的事实性主张的"证据"。然而,如果计算方法文件在此程序中对仲裁人和提出质疑的成员方都

---

[43] 同上,第 11 段。

[44] 参见前注 18,第 2.1 段。

[45] 同上,脚注 2。

[46] 同上,第 4.13 段。

[47] 仲裁人的裁决,加拿大——区域航空器出口信贷和贷款担保案——加拿大根据 DSU 第 22.6 条和《SCM 协定》第 4.11 条诉诸仲裁,WT/DS222/ARB,2003 年 2 月 17 日,第 2.8 段(脚注省略)。

还有一些用处,则可以推定其必定不仅仅是由统计数据构成的。

正如本章第五节所述,第 22.3 条在总的原则上要求,寻求授权中止减让或其他义务的成员方应首先尽力对与被认定违反义务的部门相同的部门中止减让或其他义务。当一成员在被认定违反义务的相同部门以外的部门寻求中止减让或其他义务时,第 22.3(e)条规定,"该成员方应在其请求中说明有关理由。"仲裁人在欧共体——香蕉案 III(厄瓜多尔)(欧共体援引第 22.6 条)中认为,寻求授权的成员方"必须主动提供信息,有关信息中含有其对规定在第 22.3 条中的原则和程序做出最初考虑的原因及合理的解释;正是由于对有关原则和程序的最初考虑,才致使其请求授权中止在被裁定有违反义务的部门以外的另一个部门或协定下的减让。"[48]然而,一旦寻求授权的成员方做到这一点,则另一成员方需要证明,在被认定有违反义务的部门内的中止,对于寻求授权的成员方而言"既可行且有效"。[49]

274 　　所有这些公式化用语似乎都旨在实现一个非常合理的目标,即及时地向仲裁人提供其做出裁定所必需的信息。一旦实现此目标,正如欧共体——荷尔蒙案(US)(欧共体援引第 22.6 条)中的仲裁人所强调指出的,仲裁人的任务与争端解决专家组及相符性审查专家组的任务之间便存在着一个重大的不同,即,如果仲裁人裁决所拟议的中止是与 WTO 不符的,因为其超过了丧失或减损的程度,"我们不能够像专家组那样,以要求 DSB 建议成员方使其措施符合 WTO 义务的方式来结束我们的审查。"[50]仲裁人必须做得更多。他们必须对他们认为与所遭受的减损相等的中止程度进行评估。[51]"如果这还没有结束的话,"荷尔蒙案的仲裁人指出,"请求中止的成员方必须做出新的评估并应提交新的提议。该提议可能再次遭到反对,并因而可能又被诉诸仲裁。为了避免这种可能出现的无限循环",仲裁人有必要在他们发现所提议的数量不恰当的情况下给出自己确定的数值。[52]

七、私人当事方提交的信息

作为政府与政府之间的程序,WTO 争端解决在表面上不涉及私人当事方。然而,非政府成员方通常在这些程序中拥有强烈的利益,并且从很多方面看,其常常可以被看作是真正的利害关系方。他们提供的信息常常是争端记录的

---

〔48〕　参见前注 17,第 60 段。
〔49〕　同上,第 75 段。
〔50〕　参见前注 16,第 12 段。
〔51〕　同上。
〔52〕　同上,脚注 9。

基础。

在巴西——航空器案(巴西援引第 22.6 条)中,受到质疑的计算方法所依据的一些信息,是由非政府部门提供的。仲裁人认为,非政府部门是独立于政府的,因此,决定不"像我们对待来自国际法的主体的信息那样"对待来自该部门的声明。[53] 仲裁人要求巴西提供"通常被视为证据的材料,如专业媒体上转载(reproduce)的文章或声明、公司年度报告或来自(非政府部门)或其他可靠来源的任何其他经确证的信息",来佐证非政府部门的信息。[54] 相反,至于由巴西政府提供的信息,仲裁人"善意地推定并接受由巴西提供的信息和支持性证据,但其条件是加拿大也接受该信息或没有提供足够的证据来质疑巴西的陈述和/或证据的准确性。"[55]

275

八、应适用的原则

WTO 不仅涉及货物贸易,还涉及服务贸易和与贸易有关的知识产权,因此是一个在范围上比 GATT 要广泛得多的协定。这种广泛性反映在 DSU 为中止减让而设定的原则上。

第一个原则是,起诉方应首先寻求对与已通过的报告认定为丧失或减损的部门相同的一个或几个部门中止减让或其他义务。[56] 其次,如果起诉方认为对相同部门中止减让或其他义务不可行或无效,则其可以寻求中止对同一协定项下其他部门的减让或其他义务。[57] 最后,如果起诉方认为,对同一协定项下的其他部门中止减让或其他义务仍然不可行或无效,并且情况足够严重,则其可以寻求中止另一适用协定项下的减让或其他义务。[58] 其中对"部门"一词的界定是:

(i) 对于货物,指所有货物;

(ii) 对于服务,指在"服务部门分类清单"的现行版本中所确认的那些部门。在乌拉圭回合中确认了 11 个服务部门:商业、通讯、建筑和相关工程、批发、教育、环境、金融、卫生和相关社会服务,旅游和与旅行有关的服务;娱乐、文化和体育;以及运输。[59]

---

[53] 仲裁人的裁决,巴西——飞机出口融资项目案——巴西根据 DSU 第 22.6 条和《SCM 协定》第 4.11 条诉诸仲裁,WT/DS46/ARB,2000 年 8 月 28 日,第 2.11 段。

[54] 同上。

[55] 同上,第 2.10 段。

[56] DSU,第 22.3(a)条。

[57] DSU,第 22.3(b)条。

[58] DSU,第 22.3(c)条。

[59] 服务部门分类清单,MNT.GNS/W/120。

（iii）对于与贸易有关的知识产权,TRIPS 协定第二部分的前七段所涵盖的每一类:版权和相关权利、商标、地理标识、工业设计、专利、集成电路布图设计（拓扑图）、对未披露信息的保护;TRIPS 协定第三部分的实施义务;以及规定知识产权的取得和维持及当事方之间的相关程序的第四部分的义务。[60]

276

如果成员方决定请求授权在已通过的报告认定有违反义务或其他造成利益丧失或减损的部门以外的部门中止减让或其他义务,即如果成员方决定实施"交叉报复",则必须在其请求中说明有关理由。该请求送交 DSB 的同时,还应转交有关理事会和有关部门性机构。[61]

美国在欧共体——香蕉案 III(美国)(欧共体援引第 22.6 条)中有关中止减让的授权请求仅涉及 GATT1994 项下货物贸易方面的义务,尽管有关根本性（underlying）违反既涉及到货物贸易,又涉及到 GATS 项下的服务贸易。[62] 欧共体对此表示反对,并争辩道,当裁定在一个以上部门存在丧失和减损时,中止减让必须与每一部门所遭受的损害相称。[63] 仲裁人不同意欧共体的看法,认为:"如果欧共体在对其体制的修改中仍未完全消除原争端中所认定与欧共体在 GATT 和 GATS 项下义务的不相符之处,美国有权请求在这两个部门中的任意一个或在这两个部门都中止减让,其程度以其遭受的丧失或减损的全部程度为限。"[64]

第二起香蕉案 III 仲裁涉及到厄瓜多尔,该案是第一起发生"交叉报复"的案件。仲裁中的一项重要因素是,该案显示出"WTO 发展中国家成员方与世界最大贸易实体之间巨大的经济差异"。[65] 在"寻求中止的起诉方,同未使其违反 WTO 的措施与其在相关协定下的义务相一致的另一成员方之间,在贸易规模和经济实力上存在严重失衡"的情况下,仲裁人指出,"起诉方如果考虑哪一部门或在哪个协定下的中止会对自身损害最小,这似乎足以使我们裁定起诉方考虑了第 22.3 条下的有效性标准。"[66]

厄瓜多尔争辩道,来自欧共体的绝大部分进口货物是"初级产品"（primary goods）或"投资货物"（investment goods）,而非"消费物品"（consumer

---

〔60〕　DSU,第 22.3(f)条。

〔61〕　DSU,第 22.3(e)条。

〔62〕　参见前注 18,第 1.1 段。

〔63〕　同上,第 3.8 段。

〔64〕　同上,第 3.10 段。

〔65〕　欧共体——香蕉案 III(厄瓜多尔)(欧共体援引第 22.6 条),参见前注 17,第 126 段。

〔66〕　同上,第 73 段。仲裁人也注意到了经济上的道理（truism）,即:"当然,中止减让或其他义务总有可能对请求 DSB 授权的起诉方有某种有限程度的损害。"同上,脚注 29。

goods）。[67] 因此，厄瓜多尔主张，中止在该货物部门下的减让是不可行且无效果的。相反，厄瓜多尔请求授权中止其 GATS 项下的减让，因为欧共体违反了 GATS 项下义务；而在 TRIPS 协定下，则没有发现欧共体的任何违反义务的行为。[68] 仲裁人裁定，欧共体没能证明厄瓜多尔针对"初级"产品和"投资"货物而进行的中止减让既可行又有效。[69] 然而，仲裁人紧接着裁定，厄瓜多尔中止针对"消费品"的减让既可行又有效。[70] 对于服务，仲裁人也裁定，由于厄瓜多尔做出的减让是有限的，因此其中止服务减让的权利也相应地有限，因此，仲裁人接受厄瓜多尔的提议。[71]

基于在货物部门违反义务而允许中止在知识产权方面做出的减让，这是该仲裁案新的突破所在。仲裁人裁定，厄瓜多尔在请求授权中止知识产权方面的减让时应适当考虑到第 22.3 条中的要求。不过，他们紧接着指出了在对厄瓜多尔所选择的三个知识产权领域（即版权和表演者、录音制品制作者及广播组织的相关权利；地理标识；和工业设计）中止减让时可能出现的问题。[72] 例如，尽管厄瓜多尔可能有权在未得到权利持有人许可的情况下制作录音制品，但权利持有人仍然在除厄瓜多尔以外的其他 WTO 成员的市场上享受保护。反过来讲，这些成员国继续负有尊重这些权利的义务。[73] 因此，仲裁人评论道："如果厄瓜多尔仅是出于供给国内市场为目的而中止有关知识产权，则可避免对第三国市场的扭曲。"[74]

最后，应当强调指出的是，诸边性的《政府采购协定》是交叉报复条款的一项例外。《政府采购协定》项下的减让或其他义务，不得因其他协定项下的义务而中止；涉及《政府采购协定》项下的争端，也不得造成其他协定项下减让或其他义务的中止。[75]

九、第三方的权利

第 22 条没有提及第三方参与仲裁程序的问题。在欧共体——香蕉案 III（美国）（欧共体援引第 22.6 条）中，由于缺乏有关第三方的规定，且事实是仲裁

---

〔67〕 同上，第 88 段。
〔68〕 同上，第 2—66 段。
〔69〕 同上，第 96 段。
〔70〕 同上，第 101 段。
〔71〕 同上，第 103 段。
〔72〕 同上，第 159—165 段。
〔73〕 同上，第 155 段。
〔74〕 同上，第 156 段。WTO 法庭做出的执行建议在本章第八节中加以探讨。
〔75〕 《政府采购协定》，第 22.7 条。

人并不认为第三方的权利会受到影响,厄瓜多尔的第三方身份遭到了否定。[76]

然而,在欧共体——荷尔蒙案 III(加拿大)和(美国)(欧共体援引第 22.6 条)中,仲裁人允许加拿大和美国作为第三方参与仲裁程序,而该仲裁程序涉及的是另一方提出的中止针对欧共体的减让的授权请求。[77] 每一个仲裁人都强调指出,DSU 中有关专家组程序的条款,通过仲裁人在其工作程序中“类推性地加以援引”,赋予了仲裁人就不为 DSU 所规范的问题确立工作程序的自由裁量权。仲裁人的推论是,由于 DSU 没有提到第三方的参与问题,它们可以参与仲裁程序。[78]

两名仲裁人都认为,加拿大和美国的权利可能为其他程序所损害,而欧共体“没能证明第三方的参与将损害其权利”。[79]

巴西——飞机案(巴西援引第 22.6 条)的仲裁人否认澳大利亚的第三方参与权,而澳大利亚却作为第三方参加了第 21.5 条下的专家组程序。[80] 仲裁人指出,澳大利亚在巴西——飞机案中的地位,与加拿大和美国在欧共体——牛肉案中的地位很不相同,甚至也与厄瓜多尔在香蕉案 III 中的地位不同。[81] 仲裁人强调指出,澳大利亚从没有就争论中的措施对巴西提起争端解决程序,也没有主张其任何 WTO 权利将受到有关裁决的影响。[82]

第六节　“先后顺序”问题

一、概述

在合理期限内,有关成员方必须使其违反性措施与 WTO 义务相符;而随着合理期限的期满,一直被视为程序性难题的“先后顺序”问题就产生了。这一问题涉及第 21.5 条下的相符性审查和第 22 条下中止减让或其他义务的请求之间的关系。其中的问题在于,每一条款在起草过程中都显然没有参照(reference)另一条款。

第 21.5 条规定,“如果在是否存在为遵守建议和裁决所采取的措施或该措

---

〔76〕　参见前注 18,第 2.8 段。

〔77〕　参见前注 16,第 7 段。

〔78〕　同上。

〔79〕　同上。

〔80〕　参见前注 53,第 2.4—2.5 段。

〔81〕　同上,第 2.6 段。

〔82〕　同上,脚注 11,仲裁人指出,“如果澳大利亚已经证明加拿大计划采取的反措施可能影响澳大利亚在 WTO 协定项下的权利和利益”,则其裁决“可能会是不同的”。

施是否与适用协定相一致的问题上存在分歧",则此争端"应通过援用争端解决程序加以决定"。这是相符性审查专家组审查为执行 DSB 建议和裁决而采取的措施的权利依据所在。第 21.5 条紧接着规定,只要可能,即应求助于原专家组做出该裁定。而相符性审查专家组"应在此事项提交其后的 90 天内散发其报告"。在一般的案件中,这是指合理期限期满后 90 天,因为,至少从理论上讲,在合理期限届满之前,总是有可能就其具体的时限达成协议。在实践中,为了推迟面对尴尬局面的时间,成员方经常希望用掉绝大部分时间,即使不是全部时间的话。

第 22.2 条所指的情况是,在合理的期限内,"有关成员未能使被认定与适用协定不一致的措施符合该协定"。然而,第 22.2 条并没有提到如何以及由谁裁定存在未能使有关措施与协定相符的情况。当然,在某些案件中,有关成员方可能自己会声称,其并不打算遵守有关协定。然而,如果情形是:有关成员方主张其已经使其措施符合有关协定,但起诉方却不同意这种主张,此时,也许可以认为,第 22.2 条隐含意义是,有关问题在此之前已经被根据第 21.5 条建立的相符性审查专家组所解决。第 22.2 条紧接着规定,如果没有使有关措施符合适用协定,则无论是否就此问题做出裁定,有关成员方都应在"不迟于合理期限结束期满之日"就补偿问题开始进行谈判。如果有关谈判在 20 日内没有就补偿问题达成协议,则根据第 22.2 条,起诉成员方可以请求授权中止减让。

在这一点上,第 22.6 条会提供某种指导性意义。首先,第 22.6 条规定,若"发生第 2 款所述的情况",即当有关成员方未能使其措施符合协定(无论就此做出如何裁定),起诉成员方可以"在合理期限结束后 30 天内"请求中止减让的授权。忆及第 2 款要求该 30 天中的 20 天被用于进行补偿谈判,因而,可以说起诉成员方仅有 10 天的时间,即从合理期限结束之日起的第 20 日到第 30 日,请求授权中止减让或其他义务。

随着根据第 22.6 条对起诉成员方所请求的中止授权的数量提起仲裁,先后顺序问题又一次出现了。第 22.6 条(也规定,如有可能,该仲裁应由原专家组成员做出)要求仲裁人"在合理期限结束之日起的 60 天内"发布其裁决。不过,如果第 21.5 条相符性审查专家组直到合理期限结束之日起 90 天才提交其报告,而起诉方又被要求在请求授权之前等待相符性审查专家组的报告(compliance report),则仲裁人不可能在合理期限结束之日起的 60 天内发布其裁决。事实上,如果按照第 21.5 条的规定,相符性争端(compliance dispute)正在通过援引"这些争端解决程序",包括 DSU 中的磋商要求加以解决,则 60 天的正常磋商期限将消耗掉为第 22.6 条下的仲裁人设定的所有名义上的时间。不过,如果起诉成员方不等待相符性审查专家组的报告,则其又以什么为依据主张有

280

关成员方没有使其措施符合协定呢? 所有这些问题在香蕉案 III 中都凸现了出来。[83]

二、香蕉案 III

欧共体——香蕉案 III 的合理期限在 1999 年 1 月 1 日到期。[84] 甚至在合理期限到期之前,当事各方已就欧共体所提议的使其体制与协定相符的措施的充分性问题进行了磋商。[85] 然而,磋商并未解决存在的争议,接着当事方提出了两个建立第 21.5 条下的相符性审查专家组的请求,这两个请求均在合理期限结束之前提出:在 1998 年 12 月 14 日,欧共体请求设立专家组审查其自己措施;[86] 在 1998 年 12 月 18 日,厄瓜多尔请求设立相符性审查专家组。[87] 这两个专家组都由 DSB 在 1999 年 1 月 12 日加以设立。[88]

两天后,即 1999 年 1 月 14 日,没有提出相符性审查的美国,根据第 22.2 条,请求授权中止减让或其他义务。[89] 1 月 25 日,根据第 22.6 条,欧共体提请仲裁;1 月 29 日,DSB 将美国的请求提交仲裁。[90]

总共三个程序——厄瓜多尔第 21.5 条下的审查,欧共体第 21.5 条下的审查,美国第 22.6 条下的仲裁请求——全部提交给原专家组成员,这些原专家组成员以新身份即相符性审查专家组成员和仲裁人进行审查和仲裁。DSB 主席十分清楚这一情形,其指出:

> 专家组和仲裁人将如何协调其工作,仍然是个问题。不过,由于他们是由相同的个人组成的,现实是:经与各争端方协商,他们将找到一条合理

---

[83] 主要可以参见 Petros C. Mavroidis, Proposal for Reform of Article 22 of DSU: Reconsidering the Sequencing Issue and Suspension of Concession, in E. U. Petersmann (ED), *Preparing for the Doha Development Round* 81 (European University Institute, Florence, 2002); Cherise M. Valles and Brendan P. McGivern, Right to Retaliate under the WTO Agreement: The Sequencing Problem, 34 *Journal of World Trade* 63 (Vol. 2. 2000).

[84] 仲裁人的裁决,欧共体——香蕉进口、销售和分销体制案——根据 DSU 第 21.3(c)条提请仲裁,WT/DS27/15,1998 年 1 月 7 日,DSR 1998:I,3,第 20 段。

[85] 专家组报告,欧共体——香蕉进口、销售和分销体制案——厄瓜多尔援引 DSU 第 21.5 条,WT/DS27RW/ECU,1999 年 4 月 12 日,DSR 1999:II,803,第 1.1 段。

[86] 专家组报告,欧共体——香蕉的进口、销售和分销体制案——欧共体援引 DSU 第 21.5 条,WT/DS27RW/EEC 和更正 1,1999 年 4 月 12 日,DSR 1999:II,783。这一请求在上文第七章第七节第三目中已经讨论过。

[87] 欧共体——香蕉案 III(厄瓜多尔援引第 21.5 条),参见前注 85。

[88] 同上,第 1.3 段;欧共体——香蕉案 III(欧共体援引第 21.5 条),参见前注 86,第 1.4 段。

[89] 欧共体——香蕉案 III(美国)(欧共体援引第 21.5 条),参见前注 18,第 1.1 段。

[90] 同上。

的解决办法。[91]

在找到"一条合理的解决办法"的过程中,原专家组三名成员,他们在厄瓜多尔所请求的相符性审查中以专家组成员身份,裁定欧共体为符合协定所采取的措施不够充分。[92] 他们在欧共体所请求的相符性审查中,以专家组成员的身份指出:"由于我们在厄瓜多尔提起的程序中发现,欧共体的执行措施并不与其 WTO 义务相一致,因此,很明显的是,它们在本程序中不能被认定为与 WTO 义务相符。"[93]

在由欧共体所请的第 22.6 条下的程序中以仲裁人的身份,他们事实上就修改后的欧共体体制与 WTO 义务的一致性得出了与他们在相符性审查中得出的相同的实体性结论;并且只是在此时,他们才解决了中止减让的程度问题。不过仲裁报告比执行专家组报告早三日发布,在仲裁报告中,仲裁人找到了一条先前普遍没有被想到的摆脱困境的途径。

首先,他们强调指出,第 22 条第 4 段和第 7 段都要求,中止减让或其他义务的程度应"等于"丧失或减损的程度。[94] 因此,专家组的推论是,"鉴于我们和上诉机构在原争议中的裁定,在我们就修改后的体制是否与 WTO 完全一致形成看法之前",它们不能完成"对这两个程度之间的相等性做出评估的任务"。[95] 所以,在没有参照他们在相符性审查中的结论的情况下,仲裁人分析了欧共体修改后的体制,裁定其与 WTO 义务不相符,并继续确定与由不相符的措施所造成的丧失或减损的程度相等中止减让程度。"考虑到本案的特殊情形",仲裁人指出,"以及 WTO 成员方在第 21 条和第 22 条的恰当解释方面缺乏共识,必须找到一条合理的解决办法,以确保在 DSB 的监督下能够就中止减让的程度做出多边性的裁决。在我们看来,我们完成了这一任务。"[96]

虽然这一办法解决了香蕉案 III 中所面临的紧迫性问题,但是,在美国——欧共体某类产品案中,[97] 上诉机构随后发表的意见对其作为将来的解决办法的可行性表示了强烈的质疑。在欧共体——香蕉案 III(美国)(欧共体援引第 22.6 条)的仲裁人报告发布以前,美国撤销了对原产品清单上的进口产品设定

282

---

[91] 欧共体——香蕉案 III(欧共体援引第 21.5 条),参见前注 86,第 4.16 段;欧共体——香蕉案 III(美国)(欧共体援引第 22.6 条),参见前注 18,第 4.9 段。

[92] 欧共体——香蕉案 III(欧共体援引第 21.5 条),参见前注 85,第 7.1 段。

[93] 欧共体——香蕉案 III(欧共体援引第 21.5 条),参见前注 86,第 4.15 段。

[94] 欧共体——香蕉案 III(美国)(欧共体援引第 21.5 条),参见前注 18,第 4.1 段。

[95] 同上,第 4.8 段。

[96] 同上,第 4.15 段。

[97] 上诉机构报告,美国——对来自欧共体的某类产品的进口措施案,WT/DS165/AB/R,2001 年 1 月 10 日。

的通关便利(liquidation),这些进口产品正是美国在香蕉案 III 中根据第 22.2 条寻求授权中止减让的对象。[98] 如果第 22.6 条下的仲裁人同意美国所请求中止减让的程度,则从这天以后,这样的举措会使得这些产品相应地容易遭受中止减让——并因此对其征收 100% 关税。[99] 在进行分析的过程中,某类欧共体产品案的专家组赞同性地讨论了仲裁人在欧共体——香蕉案 III(美国)(欧共体援引第 22.6 条)中的做法,并指出,除其他外(inter alia),"在评定执行措施是否使 WTO 项下的权利丧失或减损之前,基于丧失的程度评估中止减让的程度,在法律上是不可能的。"[100] 因此,"由于第 22.6 条的仲裁程序被授权确定'与丧失程度相等的程度',所以仲裁人有权评估该等式的两个变量,包括执行措施是否使得任何利益丧失,以及此类被丧失的利益的程度。"[101]

上诉机构出于程序方面的考虑不同意专家组的看法。[102] 至于实体方面,上诉机构接着指出,其"认识到 DSU 第 21.5 条和第 22.6 条之间的关系上存在重要的体系性问题"。[103] 然而,上诉机构声称:"修改 DSU 或做出 WTO 协定第 9.2 条意义上的解释显然不是专家组和上诉机构的职责……确定 DSU 的规则和程序的应有内容,也不是我们和专家组的职责;很显然的是,这正是 WTO 成员方而非其他人的职责。"[104] 它判定专家组犯了错误,因为后者声称第 22.6 条下的仲裁人能够确定一成员方为了遵守 DSB 建议和裁定所采取的措施与 WTO 的一致性,同时裁决:"专家组在此问题上的表述没有法律效力。"[105]

上诉机构之所以能够对美国——欧共体某类产品案中的专家组表述发表意见,是因为该表述正好是专家组做出的陈述。但是,在香蕉案 III 的第 22.6 条下的仲裁中,裁定他们有权确定欧共体的措施与 WTO 的一致性的个人并不是专家组成员,而是仲裁人。需要强调的是,仲裁人的裁决不在上诉范围内。因此,尽管有上诉机构在美国——欧共体某类产品案中的陈述,如果另一仲裁人根据第 22.6 条独自决定裁决一措施与 WTO 的一致性,则只有 DSB 才可以对该裁决提出质疑。DSB 会被请求接受仲裁人的决定,除非 DSB 经协商一致拒绝

---

[98] 专家组报告,美国——对来自欧共体的某类产品的进口措施案,WT/DS165/AB/R 和增补 1,2001 年 1 月 10 日通过,为上诉机构报告所修改,WT/DS165/AB/R,第 2.21 段。"通关便利"("Liquidation")是用于描述进口产品的通关程序的完成,包括关税的评估的术语。

[99] 同上,第 6.2 段。

[100] 同上,第 6.122 段。

[101] 同上。

[102] 参见前注 97,第 89 段。

[103] 同上,第 90 段。

[104] 同上,第 92 段。

[105] 同上,第 128(b)段。

这样做。

美国——欧共体某类产品案的报告,不管怎样看都完全是在 DSB 授权香蕉案 III 的中止减让后发布的,且并不影响从授权之日起在该争端中所采取的行动。然而,香蕉案 III 仍存在的一个问题是:厄瓜多尔的诉讼请求的最终处理问题,即厄瓜多尔认为欧共体修订后的香蕉体制仍是与 WTO 不相符的。正如前面所强调的,在厄瓜多尔案中,相符性审查专家组在 1999 年 4 月 12 日散发了其在第 21.5 条下的报告。直到 1999 年 11 月 8 日,大约在专家组报告散发 7 个月后,也就是在合理期限结束之日起的 10 个多月,厄瓜多尔才请求授权中止减让。[106] 11 月 19 日,欧共体根据第 22.6 条的规定提请仲裁,DSB 在同一天将此事项提交仲裁。[107] 当然,在此时,仲裁人不可能按照第 22.6 条所表述的那样,"在合理期限结束之日起的 60 日内"完成其工作。2000 年 3 月 20 日,大约合理期限结束之日起的 415 天后,仲裁人散发其仲裁报告,授权厄瓜多尔中止减让或其他义务。[108] 尽管欧共体对厄瓜多尔在计算方法上的合理性提出了质疑,但是在该报告中丝毫看不出欧共体提出了有关时限方面的问题,而仲裁人也没有提出这方面的问题。

三、临时解决办法

香蕉案 III 的经历致使以后的争端当事方就第 21.5 条下的相符性审查和第 22.6 条下的仲裁的先后顺序达成了临时协议。其中第一份协议是由澳大利亚和加拿大在澳大利亚——鲑鱼案中达成的。应起诉方加拿大的请求,设立了第 21.5 条下的专家组;加拿大同时根据第 22.2 条提出授权中止减让或其他义务的请求。应澳大利亚的请求,加拿大中止授权请求被提交第 22.6 条下的仲裁。[109] 澳大利亚和加拿大一致同意,直到第 21.5 条下的相符性审查报告散发之前,第 22.6 条下的仲裁都应处于"暂停状态"。它们进一步商定,如果第 21.5 条下的专家组裁定加拿大修订后的措施仍然与其 WTO 义务不相符,则无论任何一方是否对第 21.5 条下的报告提起上诉,加拿大和澳大利亚大都应请求立即恢复第 22.6 条下的仲裁。[110]

经过一些修改,"澳大利亚—加拿大协议"成为了以后的案件中类似协议的

---

[106] 欧共体——香蕉案(厄瓜多尔)(欧共体援引第 22.6 条),参见前注 17,第 1 段。

[107] 同上,第 7—9 段。

[108] 同上。

[109] 专家组报告,澳大利亚——影响鲑鱼进口的措施案——加拿大援引第 USU 第 21.5 条,WT/DS18/RW,2000 年 3 月 20 日通过,DSR 2000:IV,2035,第 1.3 段。

[110] 同上。

样板。几个月过后,澳大利亚和美国达成了一个相类似的协议。按照该协议的规定,美国将请求设立第 21.5 条下的专家组;争端各方都同意进行合作,以确保在 90 日内散发专家组报告;它们都接受该报告,且不提起上诉。如果复审专家组裁定澳大利亚的措施不符合其义务,双方同意,澳大利亚将不反对美国根据第 22.2 条提出授权中止减让的请求,不过澳大利亚可自由决定是否根据第 22.6 条提请仲裁。它们进一步就第 22.6 条下的报告和 DSB 根据该报告采取行动的最后期限达成了一致意见。[111]

当这两个协议被达成之后,第 21.5 条下的报告没有被上诉,因此不知道上诉机构是否会接受对第 21.5 条下的报告提起的上诉。该问题在巴西——飞机案(巴西援引第 21.5 条)中得到了解决。在该案中,上诉机构接受了上诉,但却没有对有关争议予以讨论。[112]

不过,巴西——飞机案的上诉增加了以后的第 22.6 条下的仲裁的复杂性,因为巴西和加拿大之间的双边协议没有对上诉做出明确规定。该协议规定,如果相符性审查专家组裁定巴西没有遵守有关建议和裁决,则 DSB 可以授权加拿大中止减让,但巴西有权根据第 22.6 条提请仲裁。仲裁应在该事项被提交之日起的 30 天内完成。[113]

2000 年 5 月 22 日召开了旨在审查加拿大中止减让的授权请求的 DSB 会议。在该会议上,DSB 应巴西的请求,将此事项提交仲裁。[114] 根据所达成的协议,仲裁报告应在 30 天内,或者说是在 6 月 21 日之前完成。但是,在同一次会议上,巴西向 DSB 通知了其上诉的意图。[115] 直到 2000 年 7 月 21 日,上诉机构报告才被散发,此时距离将加拿大第 22.2 条下的请求提交仲裁已经有大约 60 天的时间了,比在协议中为仲裁报告设定的时间超出了 30 天。

仲裁人强调,规定在协议中的期限"难以应对由于巴西提起上诉所造成的情势"。[116] 由于上诉机构报告可能影响争端各方的权利,所以,正当程序要求它们应当被给予一定的时间来对该报告做出评论。因此,"仲裁人设定了一个时间表,在他们看来,该时间表尊重了 DSU 第 21 条和第 22 条的精神以及 DSU

---

[111] 澳大利亚——向汽车用皮革生产商和出口商提供补贴案——美国援引 DSU 第 21.5 条,WT/DS126/8,1999 年 10 月 4 日。

[112] 上诉机构报告,巴西——飞机出口融资项目案——加拿大援引 DSU 第 21.5 条,WT/DS46/AB/RW,2000 年 8 月 4 日通过,DSR 2000:VIII,4067。

[113] 巴西——飞机出口融资项目案,WT/DS46/13,1999 年 11 月 26 日通过,DSR 2000:VIII,4067。

[114] 参见前注 53,第 1.1—1.2 条。

[115] 巴西——飞行器的出口融资项目案——加拿大对 DSU 第 21.5 条的援引,WT/DS46/AB/RW,2000 年 8 月 4 日通过,DSR 2000:VIII,4067。

[116] 巴西——飞行器案(巴西援引第 22.6 条),参见前注 53,第 2.1 段。

第 22.6 条下的仲裁的目的……同时又不会不当地延缓发布裁决的时间。"[117]　286
该时间表规定了两个日期:其中一个针对的情形是,上诉机构拒绝对第 21.5 条
下的上诉行使管辖权,或者上诉机构完全维持相符性审查专家组的裁定;另一
个针对的情形是,双方中的任何一方都认为上诉机构的裁决会需要提交附加的
陈述。[118]　在上诉结束之时,当事方确实向仲裁人提交了评论意见;而在 8 月 21
日,即在按照当事各方最先商定的时间表本应当发布之日后的大约 60 天,仲裁
人向当事各方发布了报告,并于 8 月 28 日散发了该报告。[119]

在美国——外销公司(FSC)案中,争端各方之间的协议涉及到了上诉的可
能性。[120]　这一做法后来为加拿大——奶制品案所承袭。[121]

澳大利亚——鲑鱼案是争端各方就先后顺序问题达成协议的第一起案件,
同时也是 SPS 协定项下的争端。加拿大——奶制品案涉及到了《农业协定》。
其他案件,即加拿大——车用皮革案 II、巴西——飞机案、美国——外销公司
案,都是有关禁止性补贴的争端,它们也受制于《补贴与反补贴措施协定》第 4
条中的特殊或附加的争端解决规则。《补贴与反补贴措施协定》第 4 条的脚注 6
规定:"本条提到的任何期限均可经双方同意而予以延长。"同样的表述也出现
在《补贴与反补贴措施协定》第 7 条的脚注 20,第 7 条涉及的是可诉补贴。尽管
在 DSU、SPS 协定或《农业协定》中没有出现类似的用语,但自 GATT 起,争端各
方控制争端解决程序的长期传统表明,作为争端各当事方的 WTO 成员,通过双
方同意,可以延长 DSU 设定的时间表。也许可以认为,澳大利亚——鲑鱼案和
加拿大——乳制品案确认了这一点。补贴案件将在本章第七节中加以讨论。

四、进行修订的建议

大量的建议已被提出以补救香蕉案 III 中所暴露出的先后顺序问题。2000　287
年 9 月,日本代表自己和其他 10 个成员方提议对 DSU 的很多方面进行修订以

---

[117]　同上,(脚注省略)。
[118]　同上,第 2.2 段。
[119]　同上,第 2.3 段。
[120]　美国——"外国销售公司"税收待遇案——欧共体和美国根据 DSU 第 21 和 22 条以及《SCM 协
定》第 4 条达成的谅解,WTO/DS108/12,2000 年 10 月 5 日。
[121]　加拿大——影响牛奶进口和奶制品出口的措施案——加拿大和美国根据 DSU 第 21 和 22 条
达成的谅解,WTO/DS103/14,2001 年 1 月 5 日;加拿大——影响牛奶进口和奶制品出口的措
施案——加拿大和新西兰根据 DSB 第 21 和 22 条达成的谅解,WTO/DS113/14,2001 年 1 月 5
日。

解决先后顺序问题。[122]   该提议规定,除其他外(*inter alia*),在相符性审查专家组裁定有关成员方未使其措施与适用协定相符后,起诉方可以根据第 22.2 条请求授权中止减让。[123]   该项请求可以根据第 22.6 条的规定提交仲裁。仲裁裁决应在有关事项提交仲裁之日起 45 天内散发。[124]   上述成员又在多哈第四次部长会议上提出了类似的建议。[125]

　　欧共体提出的提议规定,除其他外(*inter alia*),在相符性审查专家组或上诉机构报告裁定有关成员方的行为与适用协定不相符之后,各当事方应举行磋商。[126]   该提议也赋予第 22.6 条下的仲裁以 45 天的期限,并且也是从有关事项提交仲裁之日算起。[127]   欧共体通过提及后香蕉案 III(post-Bananas III)达成的临时解决办法对其推理进行了解释,并指出,"在当事各方就执行问题看法不一致的情况下,成员方现在似乎会初步达成协议:完成根据 DSU 第 21.5 条设定的程序是援引 DSU 第 22 条的规定的前提条件。"[128]

　　在与欧共体协商后,日本修改了其提议以使丧失或减损程度更早得以裁定,并把"在运输途中的"(en route)货物排除在适用中止减让的范围之外。[129]   墨西哥的建议要求第 22.6 条下的仲裁应在有关事项提交仲裁之日起的 60 天内结束。[130]

288　　虽然香蕉案 III 中出现的情形的确难以解决,然而,正如后来的临时解决办法所表明的,成员方已经找到避开该问题的办法。这也许就解释了总理事会和部长会议都无视修改 DSU 的其他建议,且没有解决先后顺序问题的原因。用欧

---

[122] 《根据〈建立世界贸易组织的马拉喀什协定〉第 10 条修改〈关于争端解决规则与程序谅解〉(DSU)的某些条款的建议》——加拿大、哥伦比亚、哥斯达黎加、厄瓜多尔、日本、韩国、新西兰、挪威、秘鲁、瑞典和委内瑞拉提交总理事会审查和进一步考虑的材料——WT/GC/W410,2000 年 9 月 29 日。后来,智利,增补 1,玻利维亚,增补 2,乌拉圭,增补 3,这三国要求被加到发起人名单之中。

[123] 同上,第 5 段。

[124] 同上,第 6 段。

[125] 《关于争端解决规则与程序谅解》(DSU)某些条款的修正案——玻利维亚、加拿大、智利、哥伦比亚、哥斯达黎加、厄瓜多尔、日本、韩国、新西兰、挪威、秘鲁、瑞典、乌拉圭和委内瑞拉提交的材料,WT/MIN(01)/W/6,2001 年 11 月 1 日。

[126] 欧共体和其成员国推动《WTO 争端解决谅解》的改进,TN/DS/W/1,2002 年 3 月 13 日,第 25 段。

[127] 同上,第 26 段。

[128] 同上,§ II. A。

[129] 《关于争端解决规则和程序谅解》修正案——日本的提议,TN/DS/W/32,2003 年 1 月 23 日。

[130] 《关于争端解决规则和程序谅解》的修正案——来自墨西哥信函(Communication),TN/DS/W/40,2003 年 1 月 27 日。

共体的话说,鉴于有临时性的解决办法,"这一问题因而明显不如过去那么严重。"[131]

五、保障措施的"先后顺序"问题

与 DSU 第 21.5 条和第 22.6 条之间的顺序相类似的问题也出现在《保障措施协定》的第 8 条中。该条设定的内容也许对乌拉圭回合中达成的 GATT/WTO 保障措施要求做出了最重要的修改。在制定《保障措施协定》之前,保障措施仅由 GATT 第 19 条加以规范。其规定,除其他外(inter alia),如果限制进口的当事方不以可接受的形式向其他利害关系方提供补偿,则其他利害关系方可以中止相等的减让。[132]《保障措施协定》第 8 条第 1 段和第 2 段延续了这种要求,不过第 3 段规定,中止减让的权利"不得在保障措施有效的前 3 年内行使,只要该保障措施是由于进口的绝对增长而采取的,且该措施符合本协定的规定"。在许多人看来,这三年不需要对保障措施进行补偿的"豁免期"(holiday)对于使保障措施更容易采取、以便由此打消使用不透明的"灰色领域"措施来说是必要的。

正如 DSU 第 21.5 条和第 22.6 条之间的顺序问题所表明的那样,如因进口的绝对增长事实上是否存在,或有关措施是否符合《保障措施协定》的规定而出现分歧,麻烦就产生了。此时,受影响的成员方是可以自主地解决这些问题,抑或是它们必须寻求一个专家组裁定来证实其看法?

允许出口成员方自己认定实施保障措施的成员方没有遵守《保障措施协定》,或者是进口并没有绝对增长,都将会使得可以随意对贸易施加不受约束的单边贸易限制。不过第 8.2 条授权受影响的成员方"在不迟于保障措施实施后的 90 天内中止减让"。如果必须诉诸专家组,且不说可能会提起上诉,该程序在耗时上就会大大超过 90 天。可以认为,这否认了出口成员方在专家组和上诉机构支持其看法后享有采取行动的法律权利。此外,即便是这样的问题得到了解决,有关成员方也会在相当冗长的专家组和上诉程序期间持续获得由不合法的保障措施所带来的利益。[133]

正如它们在解决 DSU 第 21.5 条和第 22.6 条之间的先后顺序问题上所做

289

---

[131]　参见前注 126,§ II. A。

[132]　GATT,第 19.3 条。

[133]　GATT 第 19.3 条也规定,其他当事方有权"在不迟于该行动采取后 90 日内"中止减让,不过,这没有引起先后顺序问题,因为在 GATT 下不存在对补偿或接受报复义务的"豁免期"。即便除了符合第 19 条的规定外,中止减让也可为未给予补偿而采取的保障措施本身证明为具有合理性。

的那样,成员方也设计了临时解决办法来解决《保障措施协定》中的先后顺序问题。在某些情形下,成员方把第 8.2 条所规定的 90 天期限延长至某一特定日期。[134] 他们甚至也对有关特定日期进行延长。[135] 只要保障措施仍处于有效期间,当事方也同意对 90 天的期限予以延长。[136] 在所有这些临时协议中,最具代表性的是澳大利亚和美国就后者对钢铁产品采取的保障措施达成的协议中所使用的表述:

> 美国和澳大利亚高兴地通知货物贸易理事会,它们已经达成协议:在前面提到的根据《保障措施协定》和 GATT1994 采取措施方面,它们相互享有的权利和承担义务应得到维持。为此目的,它们已经相互同意:就它们双方来说,《保障措施协定》第 8.2 条和 GATT1994 第 19.3(a)条所规定的 90 天期限将被认为是在 2005 年 3 月 20 日到期。[137]

290

第七节　禁止性补贴与可诉补贴

一、概述

正如本书第五章第九节所讨论的,《补贴与反补贴措施协定》规定了一系列规范因补贴引起的争端的特殊或附加的规则和程序。《补贴与反补贴措施协定》中处理禁止性补贴的第 4 条和处理可诉补贴的第 7 条在很大程度上是与 DSU 中类似的条款相平行的,只不过它们对有关争端解决的每一个阶段所设定的期限相对要短得多。然而,需要强调的是,《补贴与反补贴措施协定》中有关补救的规定与其在 DSU 中对应性规定很不相同。

禁止性补贴是指那些视出口实绩或使用国产而非进口货物的情况为惟一

---

[134] 《根据〈保障措施协定〉第 12.5 条就美国有关新鲜、冷冻或冷藏羊肉采取的行动向货物贸易理事会的紧急通知》——澳大利亚和美国联合提交的信函,G/L/339,G/SG/N/AUS/1,G/SG/N/12/AUS/1,1999 年 10 月 27 日。

[135] 《根据〈保障措施协定〉第 12.5 条就巴西有关玩具采取的行动向货物贸易理事会的紧急通知》——巴西和欧共体联合提交的信函,G/SG/N/12/BRA/1,G/SG/N/12/EEC/2 和更正 1,2000 年 3 月 1 日;和 G/SG/N/12/BRA/1/Add.1 和更正 1,G/SG/N/12/EEC/2/增补 1 和更正 1,2000 年 6 月 9 日。

[136] 《根据〈保障措施协定〉第 12.5 条就阿根廷有关进口鞋采取的行动向货物贸易理事会的紧急通知》——阿根廷和欧共体联合提交的信函,G/L/336,G/SG/N/12/ARG/1,G/SG/N/12/EEC/3,2000 年 4 月 19 日。

[137] 《根据〈保障措施协定〉第 12.5 条就美国有关某些钢铁产品采取的行动向货物贸易理事会的紧急通知》——美国和澳大利亚联合提交的信函,G/C/14,G/SG/N/12/USA/9,G/SG/N/12/AUS/2,2002 年 5 月 17 日。

条件而给予的补贴。[138] 可诉补贴是指那些尽管不以出口实绩或使用国产而非进口货物的情况为惟一条件而给予,但却"对其他成员的利益造成不利影响"的补贴。[139] 任何补贴,包括所谓的"国内"补贴,都是可诉的。[140]

正如在本书第七章第八节所探讨的,《补贴与反补贴措施协定》要求裁定一项措施构成禁止性补贴的专家组"应建议给予补贴的成员立刻撤销该项补贴"。它同时要求专家组应在其建议中列明必须撤销该项措施的时限。如果有关补贴没有被撤销,第 4.10 条则授权起诉方"采取适当的反措施"。第 4.11 条规定可根据 DSU 第 22.6 条提起仲裁以"确定反措施是否适当"。对每一次使用"适当"一词所加的脚注都指出:"此措辞并不意味着按照在这些条款下处理的补贴属禁止性补贴这一事实而允许实施不成比例的反措施。"[141] 但并没有对"撤销"、"反措施"和"适当"之类的术语做出明确的界定。

《补贴与反补贴措施协定》第 7.8 条规定,如 DSB 通过的报告确定一项补贴对另一成员的利益造成了不利影响,给予该项补贴的成员"应采取适当的措施以消除不利影响或应撤销该项补贴"。第 7.9 条进一步规定,如果在通过有关报告 6 个月内并未采取前述"适当措施",则起诉方成员可"采取与被确定存在的不利影响的程度和性质相当的反措施"。

二、"适当措施"

第一起对《补贴与反补贴措施协定》第 4 条加以解释的第 22.6 条项下的仲裁是巴西——飞机案(巴西援引第 22.6 条)。由于加拿大请求授权以中止在 GATT1994 和其他协定下的减让和其他义务的形式采取反措施,且巴西并不质疑加拿大这方面的请求的正当性,所以,"适当措施"术语本身并没有引起争议。[142] 关键的问题出在"适当"一词的涵义上。

加拿大请求的并不是采取与丧失或减损程度相当的反措施的授权,而是请求采取与禁止性补贴的数量相当的反措施的授权。巴西同意以禁止性补贴的数量作为分析的出发点,但认为,出于各种因素的考虑,有关数量的计算应做适当的调整。鉴于争端各方之间达成了这样一种共识,仲裁人把有关补贴的数量作为了其进行分析的出发点。[143] 最后,仲裁人拒绝接受支持有关数量应向下

---

[138] 《补贴与反补贴措施协定》,第 3.1 条。

[139] 《补贴与反补贴措施协定》,第 5.1 条。

[140] 《补贴与反补贴措施协定》第四部分暂时规定某些研究性、地区性和环境性补贴是不可诉补贴。这样一种豁免到 2000 年 1 月 1 日到期。见《补贴与反补贴措施协定》第 31 条。

[141] 《补贴与反补贴措施协定》,脚注 9 和脚注 10。

[142] 参见前注 53,第 3.28 段。

[143] 同上,第 3.27 段。

调整的论据,并裁定:"如果涉及的是禁止性出口补贴,与该项补贴的数量相当的反措施是'适当的'。"[144]

仲裁人指出,第 4 条的脚注 10 和脚注 11 *——规定"适当"一词"并不意味着按照在这些条款下处理的补贴属禁止性补贴这一事实而允许实施不成比例的反措施"——本身就是不明确的。[145]不过,他们表达的看法是:"提及所处理的补贴属禁止性补贴的事实最有可能被当作一种加重性的因素,而不是一种减轻性的因素。"[146]因此,尽管仲裁人声称他们并没有得出有关前述脚注涵义的可靠结论,但他们的推论是:有关脚注"至少证实出现在《补贴与反补贴措施协定》第 4.10 条和第 4.11 条中的'适当'一词并不应当被赋予与出现在 DSU 第 22 条中的'等同于'一词相同的涵义。"[147]在对该段陈述所加的一个脚注中,仲裁人表达了这样一种看法:"根据脚注 9 和脚注 10 加以解读,'适当'一词对于评估反措施的适当程度来说可能比'等同于'一词留有更多的余地。"[148]

292　　　　那种认为提及所处理的补贴属禁止性补贴的事实"最有可能被当作一种加重性的因素"的看法是站不住脚的。以出口实绩或使用国产而非进口货物的情况为惟一条件而给予的补贴当然是禁止性补贴,但是比起任何其他违反行为来说,如违反 GATT 第 1 条而拒绝给予最惠国待遇,违反 GATT 第 2 条而征收高于约束税率的关税,违反 GATT 第 3 条而拒绝给予国民待遇,或者是违反 GATT 第 11 条而设定配额,它们并不应被更严格地加以禁止。对于这类补贴来说,使用"禁止性"一词更有可能是为了把它们与"可诉的"补贴区别开来。后者并非是以出口实绩或使用国产而非进口货物的情况为惟一条件而给予的补贴。它们创设了一项独特的 WTO 义务,该项义务不仅建立在补贴的给予上,而且还建立在补贴对其他成员的影响上:《补贴与反补贴措施协定》第 5 条规定任何成员都不得提供"对其他成员的利益造成不利影响"的补贴。只要有关补贴会对其他成员的利益造成不利影响,它们就是"可诉的"。成员并不被要求证明"不利影响"的存在以便根据 WTO 协定的其他条款确定丧失或减损的程度。事实上,它们不必享有任何"法律利益"或"实质性的贸易利益"。[149]根据这样一种解读,第 4 条的脚注 10 和脚注 11 * * 起到了把禁止性补贴与可诉补贴区别开来的

---

[144]　同上,第 3.60 段。

[145]　同上,第 3.51 段。

[146]　同上。

[147]　同上。

[148]　同上,脚注 51。

[149]　上诉机构报告,欧共体——香蕉进口、销售和分销体制案,WT/DS27/AB/R,1997 年 9 月 25 日通过,DSR 1997:Ⅱ,591,第 132 段。

*　　原文有误,应为"第 4 条脚注 9 和脚注 10"。——译注。

* *　　原文有误,应为"第 4 条脚注 9 和脚注 10"。——译注。

作用:禁止性补贴并不比其他违反行为受到更严格或者更不严格的禁止;而可诉补贴如果没有产生任何不利影响,不但不被禁止,事实上还是被允许的。

与在巴西——飞机案中的仲裁人相比,在美国——外销公司(FSC)案(美国援引第22.6条)中的仲裁人发现有关脚注的原文具有更多的确定性。通过特别提到第4.10条的脚注9,他们指出,该脚注"事实上澄清"了应当如何解释"适当的"一词。[150] 他们认为有关脚注要求他们"在对抗引发争议的措施上维持一种相称的关系,以便使有关对抗措施不要超过采取对抗行动所依据的情势的严重程度。但这并不意味着严格的相等,因为应当确立的关系准确说来是一种'成比例'而不是相等的关系"。[151]

美国——外销公司(FSC)案的仲裁人同意巴西——飞机案的仲裁人的理解:鉴于有关补贴是禁止性补贴的事实"只能被合理地解释为(一种)加重性而不是减轻性因素",该脚注要求考虑到反措施的成比例性。[152] 他们指出,"成员有权在其他成员没有实施出口补贴的条件下与其进行贸易"。"在我们看来……有关脚注表明,在评估有关反措施是否不成比例时,其本身就是一个应当加以考虑的因素。"[153]

在加拿大——航空器信贷与担保案(加拿大援引第22.6条)中,仲裁人赞同性地提到了美国——外销公司(FSC)案的仲裁人有关反措施必须要根据所着手处理的案件的具体情况加以调整的声明。[154] 在该案中,一起涉及对航空器的销售提供禁止性融资补贴的案件,巴西主张反措施的适当程度应取决于获得融资性补贴的销售价值[155],而加拿大主张适当的措施应取决于补贴本身的数量。[156] 尽管指出《补贴与反补贴措施协定》第4.10条从其用语上讲并没有先入为主地(a priori)排除前两种方法中的其中一种,但仲裁人决定使用补贴的数量作为分析的出发点。不过,考虑到本案的具体情况,仲裁人认为授权采取的反措施的数量应当高出补贴数量的20%。

导致仲裁人得出这样一种结论的因素是加拿大声明它无意撤销有关补贴。[157] 鉴于加拿大的有关立场,仲裁人"决定调整在补贴总额基础上计算的反

293

---

[150] 仲裁人裁决,美国——外国销售公司税收待遇案——美国根据 DSU 第22.6条和《补贴与反补贴措施协定》第4.11条诉诸仲裁,WT/DS108/ARB,2002年8月30日发布,第5.16段。

[151] 同上,第5.18段。

[152] 同上,第5.23段。

[153] 同上。

[154] 参见前注47,第3.92段。

[155] 同上,第3.1段。

[156] 同上,第3.2段。

[157] 同上,第3.107段。

措施程度,该调整数额为我们认为能够促使加拿大重新考虑维持该项违反其义务的争议性补贴的现有立场而合理且有意义的数额。因而,我们对反措施程度的调整数额相当于所计算的补贴数额的 20%。"[158] 所以,仲裁人授予巴西采取在数额上等于有关补贴的数量的 120% 的反措施的权利。[159] 仲裁人指出:"如果不做出这样的调整,我们认为在本案中所确立的反措施的适当程度是不会令人满意的。"[160]

三、多个起诉方

294 使反措施的数量脱离于(de-coupling)起诉方所遭受的丧失或减让引起了多个起诉方的问题。在 GATT/WTO 判例中得到充分确立的是,成员通常不必证明其遭受了任何实际的贸易损失,以便有资格启动争端解决程序。[161] 因而,可以认为,所有 WTO 成员都可以针对一项单一的出口补贴启动争端解决程序,每一成员都可以被授权根据补贴的数量采取反措施,即使它并没有遭受丧失或减损。

仲裁人在巴西——飞机案中意识到了存在这样一种可能性。在该案中,他们指出:"仲裁人可以在不同起诉方之间根据其在有关产品上的贸易额的比例分配适当的反措施的数量。有关'诱导性'(inducing)效果很有可能是非常相似的。"[162]

不过在美国——外销公司(FSC)案中,仲裁人对有关问题的理解却不一样。在该案中,所给予的税收补贴有利于美国增加向所有 WTO 成员,而不只是作为起诉方的欧共体的出口。然而,仲裁人认为,欧共体有权根据整个补贴数量,包括针对美国向欧共体以外的国家的出口给予的补贴数量采取反措施。他们指出,不给予禁止性补贴的义务"是一项对全体成员所承担的对一切(erga omnes)义务。它不能被看作是可在不同成员之间'加以分配的'"。[163] 仲裁人声称,如果情形刚好相反,有关成员只会对每一成员承担部分的义务,"这显然是与对一切(erga omnes)义务的性质不相符的。"[164] 所以,仲裁人裁定:"考虑到

---

[158] 同上,第 3.121 段。

[159] 同上。

[160] 同上,第 3.122 段。

[161] 专家组报告,欧共体——香蕉进口、销售和分销体制案——源自美国的起诉,WT/DS27/R/USA,1997 年 9 月 25 日通过,为上诉机构报告所修改,WT/DS27/AB/R,DSR 1997:II,943,第 7.49——7.51 段。

[162] 参见前注 53,第 3.59 段。

[163] 参见前注 150,第 6.10 段。

[164] 同上。

美国已经花费的所有金钱,可以认为它违反了对欧共体承担的义务,因为此种违反义务性的花费——美国所承受的开支——正是违法行为的本质所在。"[165]

不过,在美国——外销公司(FSC)案中的仲裁人接着指出,在本案中欧共体是寻求采取反措施的惟一起诉方的事实构成其分析中的一个因素。"如果有多个起诉方各自寻求采取在数额上等于补贴的价值的反措施,"他们指出,"那么,在评估此种反措施在这样的情形下是否可以被看作是'适当'时,这当然会构成一个应当加以考虑的因素。"[166]仲裁人继续强调指出,有关将来会有另外的起诉方的"任何假设""必然会制造一种不同的情形"。[167] 他们也指出,他们并不先入为主地(a priori)排除存在这样一种可能性,即在特定案件中,在确定根据《补贴与反补贴措施协定》第4.10条采取的反措施的"适当"数量时,贸易影响而不是有关补贴的数量可能被当作一个相关因素"加以考虑"。[168]

尽管可能出现多个起诉方的问题并没有为加拿大——航空器信贷与担保案(加拿大援引第22.6条)中的仲裁人直接加以解决,但他们的确赞同性地援引了仲裁人在美国——外销公司(FSC)案中做出的声明:"反措施应当根据所着手处理的案件的具体情况加以调整。"[169]

第八节　专家组和上诉机构的执行建议

一、概述

如专家组或上诉机构认定一项措施与某一适用协定不一致,DSU第19条则要求专家组或上诉机构建议有关成员使该项措施符合该协定。[170] 这是与GATT早先绝大多数实践相一致的。建议——在它提到执行由WTO裁判机构做出的报告时确实需要自由裁量权——的作用,在美国——301贸易法案的专家组报告中得以阐释:

"成员应当使其国内法与WTO义务保持一致是此(WTO)体制的一个基本特征,尽管事实是会由此影响一国国内的法律体系,但也必须严格地履行有关义务。同时,此义务必须尽可能以最小干扰的方式加以实施。在

[165] 同上。
[166] 同上,第6.27段。
[167] 同上,第6.28段。＊原文有误,实为第6.29段。——译注。
[168] 同上,第6.33段。
[169] 参见前注47,第3.92段,引用美国——外销公司(FSC)案(美国援引第22.6条),参见前注150,第5.12段。
[170] DSU,第19.1条。

确保达到此一致性上,有关成员应当被赋予最大限度的自主权,因而,如果存在一种以上实现此目标的合法方式,成员应当可以自由地选择最为适合其自身的方式。"[171]

不过,除此之外,第 19 条也规定专家组和上诉机构可以就如何执行其建议提出办法。尽管此项授权被利用过好几次,但专家组和上诉机构在绝大多数时候不愿就如何执行其建议提出办法。

296

二、反倾销与反补贴税案件

正如在本章第二节中所注意到的,几个 GATT 反倾销专家组不仅就反倾销税令的撤销提出过建议,而且也就根据有关税令支付的税款的返还提出过建议。在 WTO 下第一起反倾销争端案危地马拉——水泥案 I 中,起诉方墨西哥就请求专家组建议类似的救济办法。墨西哥要求专家组不仅建议撤销有关反倾销措施,而且建议退还已经征收的反倾销税。[172] 专家组表达的看法是:根据第 19.1 条的规定,它只是应就有关成员使其措施符合该协定做出建议,除此之外它顶多只能就有关建议如何加以执行提出办法。它不能下令采取某种具体措施,比如退还有关税款。[173] 鉴于该案的具体情况,专家组决定"建议"危地马拉撤销有关反倾销措施,因为"这是执行我们建议的惟一适当的手段"。[174]

尽管认定原专家组没有要求退还反倾销税款的权力,在危地马拉——水泥案 I 中的专家组并没有完全排除这样一种可能性的存在。它强调应当把建议和执行建议的手段区分开来。专家组暗示,如果一项反倾销建议是在没有退还反倾销税款的情况下加以执行的,这可能正好是根据 DSU 第 21 条建立来审查是否相符的专家组应当面对的问题。[175] 专家组在此问题上的裁决没有为上诉机构所审查,但上诉机构基于其他方面的理由推翻了专家组的裁定。[176]

在阿根廷——家禽案中,专家组指出,"考虑到本案中违反行为的性质和程度,如果不撤销在本争端中引发争议的反倾销措施,我们并不认为阿根廷还能

---

[171] 专家组报告,美国——《1974 年贸易法》第 301—310 节案,WT/DS152/R,2000 年 1 月 27 日通过,DSR 2000:II,815,第 7.102 段。

[172] 专家组报告,危地马拉——对从墨西哥进口的硅酸盐水泥反倾销调查案,WT/DS60/R,1998 年 11 月 25 日通过,DSR1998:XI,3797,第 8.1 段。

[173] 同上,第 8.3 段。

[174] 同上,第 8.6 段。

[175] 同上,第 8.3 段。

[176] 上诉机构报告,危地马拉——对从墨西哥进口的硅酸盐水泥反倾销调查案,WT/DS60/AB/R,1998 年 11 月 25 日通过,DSR1998:XI,3767。

够找到适当地执行我们的建议的其他办法。"[177] 因此,专家组建议阿根廷废除有关针对来自巴西进口的家禽征收最终反倾销税的决定。[178]

　　在美国——不锈钢案中,韩国请求专家组建议美国撤销有关反倾销税令。[179] 专家组强调指出:"DSU 第 19.1 条允许但并不要求专家组做出建议,如果专家组认为做出建议是适当的话。"[180] 专家组拒绝做出建议,但同时指出撤销有关税令对于美国来说将是使该项措施与相关适用协定相符的惟一办法。[181]

　　美国——铅铋案 II 涉及的是,美国对那些来自给予补贴后被私有化的公司的进口产品征收反补贴税所采取的行政行为。[182] 尽管专家组裁定美国的做法违反了《补贴与反补贴措施协定》,但它拒绝了欧共体的请求。欧共体请求它"建议美国修订其反补贴税令,以便承认按照市场价格进行的私有化根除了补贴的原则"。[183] 专家组的推理是,由于欧共体没有具体指明美国法中存在任何要求在被私有化后征收反补贴税的规定,它不能做出这样一种建议。[184] 不过,专家组注意到美国在争端解决的过程中继续实施不相符的做法(methodology),并指出:"我们应当向美国做出建议:采取一切适当的措施,包括修正其行政做法,以阻止前面提到的有关违反《补贴与反补贴措施协定》第 10 条的行为在将来再度发生。"[185]

　　美国——1916 年法案(日本)并不涉及反倾销或反补贴措施,而是涉及到该法案本身与 WTO 的相符性。[186] 日本请求专家组建议美国废除该项法案。[187] 专家组认为它不能做出所请求的建议,因为它的权限仅允许它建议使该项措施

297

---

[177]　专家组报告,阿根廷——对从巴西进口的家禽征收最终反倾销税案,WT/DS241/R,2003 年 5 月 19 日通过,DSR1998:XI,3797,第 8.7 段。

[178]　同上。

[179]　专家组报告,美国——对从韩国进口的不锈钢板材和不锈钢薄板和卷材征收反倾销税案,WT/DS179/R,2001 年 2 月 1 日通过。

[180]　同上,第 7.8 段。

[181]　同上,第 7.10 段。

[182]　专家组报告,美国——对原产于英国的热轧铅和铋碳钢产品征收反补贴税案,WT/DS138/R 和更正 2,2000 年 6 月 7 日通过,为上诉机构报告所支持,WT/DS138/AB/R,DSR 2000:VI,2631。

[183]　同上,第 8.2 段。

[184]　同上。

[185]　同上。

[186]　专家组报告,美国——1916 年反倾销法案——源自日本的诉讼,WT/DS162/R 和增补 1,2000 年 9 月 26 日通过,为上诉机构报告所支持,WT/DS136/AB/R,WT/DS162/AB/R,DSR 2000:X,4831。

[187]　同上,第 6.290 段。

298   符合有关适用协定。[188] 不过,根据其调查结果,专家组评论指出,对于美国来说,通过制定修正案的手段来使该项法案与有关适用协定相符将引起广泛的改变,并由此会消除掉该法案的某些主要特征。因而,专家组指出:"我们建议美国使 1916 年法案与其 WTO 义务相符的一种办法将是废除 1916 年法案。"[189]

  与美国——1916 年法案相似的是,在美国——补偿法案(伯德修正案)中的争端也涉及到该法案本身在 WTO 中的合法性问题,而不是涉及一项反倾销或反补贴措施。该法案规定所征收的反倾销和反补贴税款应支付给国内产业界中那些支持在国内贸易救济案件中提出过申请的成员。在裁定这种做法是与 WTO 的要求不相符的以后,专家组指出:"我们认为,很难设想还会有比废除……措施更为适当和(或)有效任何方式的存在。"[190] 因此,专家组建议美国通过废除该法案来使有关措施与 WTO 相关规定相符。[191]

三、其他 WTO 案件

  尽管只有少数在反倾销和反补贴税领域之外的专家组做出过执行建议,但此种做法并不罕见。其中第一例发生在美国——内衣案,即提请专家组解决的第四起争端中。[192] 在该案中,专家组指出:

> 我们认为,通过立即消除该项与美国承担的义务不相符的措施,此类相符可以得到最充分的实现,且哥斯达黎加在(《纺织品与服装协定》)下获得的利益的进一步丧失和减损同时可以得到最大限度地避免。我们进一步建议通过立即撤销由该项措施所设定的限制来使为哥斯达黎加所质疑的措施与美国在《纺织品与服装协定》下承担的义务相符。[193]

299   在印度——专利案(美国)中,美国请求专家组向印度建议它以与巴基斯坦履行其在 TRIPS 协定下承担的在过渡期内建立保护专利申请的机制的义务相似的方式履行其义务。[194] 专家组拒绝了美国的请求,"因为它将损害印度选择

---

〔188〕 同上,第 6.291 段。
〔189〕 同上,第 6.292 段。
〔190〕 专家组报告,美国——《2000 年持续性倾销和补贴补偿法案》案,WT/DS217/R,WT/DS234/R,2003 年 1 月 27 日通过,为上诉机构报告所修改,WT/DS217/AB/R,WT/DS234/AB/R,第 8.6 段。
〔191〕 同上。
〔192〕 专家组报告,美国——棉织和人造纤维内衣进口限制案,WT/DS24/R,1997 年 2 月 25 日通过,为上诉机构报告所修改,WT/DS24/AB/R,DSR 1997:I,31,148,第 7.61 段。
〔193〕 同上,第 8.3 段。
〔194〕 专家组报告,印度——对药品和农业化学药品的专利权保护案,WT/DS50/R,1998 年 1 月 16 日通过,为上诉机构报告所修改,WT/DS50/AB/R,DSR 1998:I,41,第 7.65 段。

如何履行其义务的权利".[195]　不过,专家组强调指出,由于印度还没有建立起
一种适当的机制,它将做出的建议是:在执行 DSB 的建议和裁决的过程中,"印
度应当考虑到如果已经维持了一种适当的机制,那些本来会提交专利申请的人
的利益."[196]

在印度——数量限制案中,专家组建议,争端各方应就违法性补贴商定一
个分阶段削减的期限,如果无法就此达成协议,应根据专家组所讨论的因素设
定一个合理的期限.[197]

正如本书第七章第七节第八目所注意到的,在欧共体——香蕉案 III(厄瓜
多尔援引第 21.5 条)中相符性审查专家组就执行做出了建议.在同一起案件
中根据第 22.6 条提起的仲裁中,厄瓜多尔请求并收到了仲裁人就中止在 TRIPS
协定下的义务做出的建议.[198]　仲裁人的推论是,尽管 DSU 第 19 条并没有明确
提到第 22 条下的仲裁程序,"但 DSU 中没有任何条款禁止仲裁人根据第 22.6
条就如何执行其裁决做出建议".[199]

四、执行建议的法律效果

专家组在危地马拉——水泥案 I 中强调,如果专家组报告获得通过,"且
对受到影响的成员不具有拘束力",那么有关执行建议就不构成专家组或
DSB 的建议的组成部分.[200]　不过,如果有关成员遵从了专家组或上诉机构的
建议,看起来其行为事实上在有关法庭所进行的任何第 21.5 条下的复审中,
将会被裁定为与适用协定相符.当然,上诉机构不可能认为自己会为专家组
做出的建议所拘束,除非它在原专家组报告被上诉的过程中已经事先审查过　300
该建议.[201]

---

[195]　同上.

[196]　同上,第 8.2 段.

[197]　专家组报告,印度——关于进口农产品、纺织品及工业产品数量限制案,WT/DS90/R,1999
年 9 月 22 日通过,为上诉机构报告所支持,WT/DS90/AB/R,DSR 1999:V,1799,第 7.7 段.

[198]　参见前注 17,第 139 段.

[199]　同上.

[200]　参见前注 172,第 8.2 段.

[201]　主要可以参见,Robert E. Hudec, Broadening the Scope of Remedies in WTO Dispute Settlement,
in Friedl Weiss (Ed) *Improving WTO Dispute Settlement Procedures: Issues & Lessons from the Prac-*
tice of Other International Courts and Tribunals 369, 377 (Cameron May, 2000); Petros C. Ma-
vroidis, Remedies in the WTO Legal System: Between a Rock and a Hard Place, 11 *European*
Journal of International Law 763, 784 (No. 4, December 2000).

第九节 "其他情况报告"

有关涉及 GATT 第 23.1(c)条的"其他情况"报告的建议和裁决的执行为《蒙特利尔规则》所规范。[202]《蒙特利尔规则》对于在"其他情况"争端中的补救的影响是不清楚的。如果涉及到发展中国家,《蒙特利尔规则》[203]规定采取的任何行动都必须符合 1979 年《关于通知、磋商、争端解决和监督的决定》第 21 条和第 23 条的规定。[204] 1979 年决定对于补救的影响是不清楚的。鉴于在 GATT 存在的 47 年中一直没有根据此条款提起案件的出现,加上《蒙特利尔规则》保留了 GATT 时代的积极协商一致要求,要事先做出一些澄清似乎是不可能的。

第十节 中止减让的目的

正如本章前面部分所表明的,在 WTO 中的补救问题——通常意义上的中止减让或其他义务和在补贴案件中的反措施——是很复杂的。一点也不奇怪的是,WTO 争端解决的这一领域已经引起了相当多的学者的评论与建议。[205]

301　　　在 GATT 中,尽管有关情形并非是模糊不清的,但主导性的看法是:补救应

---

〔202〕 《1989 年 4 月 12 日决定》,BISD 36 册 61 页。参见本书第四章第十六节第四目和第七章第九节。

〔203〕 《蒙特利尔规则》,第 1.4 段,BISD 36 册 61 和 67 页。

〔204〕 BISD 26 册 210 和 214 页;参见本书第一章第一节第五目。

〔205〕 参见,比如,Joost Pauwelyn, Enforcement and Countermeasures in the WTO: Rules are Rules—Toward a More Collective Approach, 94 *American Journal of International Law* 335 (April 2000); Petros C. Mavroidis, Remedies in the WTO Legal System: Between a Rock and a Hard Place, supra note 201; Patricio Grane, Remedies under WTO Law, 4 *Journal of International Economic Law* 755 (No. 4, December 2001); Chi Carmody, Remedies and Conformity under the WTO Agreement, 5 *Journal of International Economic Law* 307, No. 2, June 2002); Brendan P. McGivern, Seeking Compliance with WTO Rulings: Theory, Practice and Alternatives, 36 *International Lawyer* 141(No. 1, Spring 2002); Steve Charnovitz, The WTO's Problematic "Last Resort" Against Noncompliance, *AUSSENWIRTSCHAFT*, 57, Jahrgang-Heft IV, 409 (December 2002); Kym Andersen, Peculiarities of Retaliation in the WTO Dispute Settlement, 1 *World Trade Review* 123 (No. 2, July 2002); see also, three chapters in Kennedy & Southwick (Eds) *The Political Economy of International Trade Law: Essays in Honor of Robert E. Hudec* (Cambridge, 2002); Steve Charnovitz, *Should the Teeth Be Pulled? An Analysis of WTO Sanctions*; Gary N. Horlick, *Problems with the Compliance Structure of the WTO Dispute Resolution Process*, and David Palmeter & Stanimir A. Alexandrov, "*Inducing Compliance*" in *WTO Dispute Settlement*.

当"重新"平衡争端各方之间达成的交易。正如在本章第二节中注意到的,与GATT 体制最相似的是有关合同的部分解除的法律。根据该法律,一方部分地不履行合同可以为另一方同样部分地不履行合同提供正当理由,同时不必废除整个合同。当然,人们并不总是用在国内合同法和一般意义上的国际公法中盛行的同样道德眼光来看待成员方遵守 GATT 条款的义务,在国际公法中,约定必须信守原则具有根本性的意义。作为一项贸易协定,GATT 是被从一种更注重实用的角度来加以审视的。肯尼思·达姆对其中的基本原理做了精彩的论述:

> 由于贸易问题必然会涉及到关税减让的经济性和国内政治敏感性,一种使关税减让的撤销变得不具有可能性的机制首先很可能会阻碍有关减让的做出。举个例子说,比起仅仅应当做出 50 项承诺同时所有 50 项承诺都应当维持来说,应当做出 100 项承诺同时应当撤回其中 10 项承诺要可取得多。[206]

尽管这样一种看法有其合理性的一面,但它在 WTO 仲裁人中并不流行。[207] 从香蕉案 III 开始的每一起第 22.6 项下的仲裁报告,都指出减让或其他义务的中止,或反措施的目的是"促进遵守"而不是重新平衡有关减让。[208] 尽管在美国——外销公司(FSC)案中的仲裁人指出"在(《补贴与反补贴措施协定》第 4.10 条)中没有任何内容表明有权施加显而易见的惩罚性措施"[209],但正如前面提到的,在加拿大——航空器信贷和担保案中,仲裁人在加拿大声称它不会通过撤销禁止性补贴来遵守有关裁决之后,对已经计算出的反措施的数量做了 20% 的增加以促进遵守。[210] 仍有待观察的是其他仲裁人是否在其裁决中也会提供额外的数量以便促进遵守,以及如果他们会,有关做法是否会仅限于以补贴的数量为基础的补贴案件,而不是以丧失或减损的数量为基础的案件。

302

---

[206]　Kenneth W. Dam, *The GATT: Law and International Economic Organization* 80 (Chicago, 1970).

[207]　有一种对 WTO 背离 GATT"重新平衡"标准持批判的观点,见 Palmeter 和 Alexandrov,参见前注 205。

[208]　参见前注 17,第 6.3 段。

[209]　参见前注 150,第 5.62 段。

[210]　参见前注 47;见本章第七节第二目。

第九章 结 论

用前争端解决机构主席塞尔索·拉弗(Celso Lafer)的话来说,世界贸易组织的《争端解决谅解》描绘的是一幅"法制化色彩逐渐变浓"(a thickening of legality)的图景。[1] 在"外交与诉讼共生"的时代,DSU 代表的是 GATT/WTO 争端解决机制远离外交,并向着诉讼方向迈出的坚实一步。[2]

然而,这并没有降低外交的重要性。对于任何由政府创建的国际组织来说,外交和作为其标志性内容的谈判必然持久地具有重要意义。事实上,外交是国际规则、包括 WTO 规则得以创立的程序。建立在那些一致同意的规则基础上的诉讼的可能性及其结局的可预见性,成为了外交程序本身的组成部分,同时也成为外交家在其相互交易中所考虑的因素。

由于有关规则针对特定争议性事实适用的结果事先是不清楚的,诉讼程序才得以进行下去。或者,尽管结果是清楚的,但它仍得以继续进行,因为政府可能希望向其国内选民表明它尽了自己的一切努力,或者因为它可能希望向狭隘的(parochial)部长表明,在采取行动前不考虑国际义务并面临何种后果,或者因为它仅仅想在做出改变之前"花钱买时间"(buy time)。

不过,案件常常会得到最终解决。一般会达成一项相互同意的解决办法,有时哪怕是"站在法庭的台阶上"(on the court house steps)达成的。若出现这种情况,不论是对于外交、还是对于以规则为基础的诉讼体制而言,都是一种胜利。外交和诉讼都会促进争端的解决,区别在于两种解决方式中,诉讼结果的

透明度或有高低。这样的情形在 WTO 中经常发生。截至 2003 年 5 月,在过去 8 年多的时间里,多达 290 起诉讼通过磋商请求的形式被正式通报到 WTO。[3] 在这些案件中,70 起以通过报告的形式得以解决,16 起正在为专家组所审议,两者合在一起总共达到了 86 件。在剩下的案件中,40 起以达成相互同意的解决办法的形式而正式结案,同时还有 24 起被称之为"已经解决"或"不再有争

---

〔1〕 Celso Lafer, *The World Trade Organization Dispute Settlement System* 11 (1996 Gilberto Amado Memorial Lecture, United Nations, 1996).

〔2〕 该表述是前国际法院主席 Naendra Singh 的说法,为 Shabtai Rosenne 所引用,*The World Court* 259 (5th ed., Martinus Nijhoff, 1995).

〔3〕 WTO 争端解决最新案例,WT/DS/OV/12,2003 年 5 月 1 日。

议",两者合在一起总共达到 64 起。[4] 在剩下来的 140 起案件中,许多起案件显然不可能提请专家组审议,即使它们不会成为正式的、相互同意的解决办法的对象,它们最终也会被归类为已经解决或不再有争议的案件。

但是,尽管谈判和外交仍然至关重要,WTO 现在成为了一个活跃的法律体制,这当然会对谈判起到促进作用。WTO 体制与其在 GATT 中的外交传统保持的距离究竟有多远,其法制化的色彩现在究竟变得多么浓厚,通过审视由专家组和上诉机构发布的报告(正如本书所描述的),并把它们与在 GATT 中裁判的第一起争端加以比较,可以看得一清二楚。GATT 中的首例裁决是在 1948 年 8 月 24 日做出的,完全产生于处理该争端的专家组甚至工作组设立之前。[5] 在前述第一起案件中,荷兰在缔约方全体会议上抱怨,声称古巴正在对来自某些国家的进口产品征收 5% 的领事税,而对来自另外一些国家的进口产品只征收 2% 的领事税。因而,提请缔约方全体解决的争议事项为:领事税是否为规定最惠国待遇的 GATT 第 1.1 条中的"任何种类的费用"一词所包括在内。此次会议的主席裁决它们被包括在有关费用之内:

> 为了答复就第 1 条第 1 段中的"任何种类的费用"一词针对领事税的解释而提出的请求,会议主席裁决:此类税收为"任何种类的费用"一词所包括在内。[6]

单单这样一句话就构成了 GATT 第一起争端解决"报告"的全部内容。这样一种程序当然是非正式的,但正是它播下了当今争端解决体制生长的种子。实事求是地说,在 GATT 缔约方全体会议上的抱怨,以及接下来由主席做出的裁决,并不是在通常意义上所使用的"诉讼"的结果。但是,即使这些事件不是真正的诉讼,它们也不完全是外交。在解决前述第一起争端的过程中,缔约方全体给 GATT 披上了第一层薄薄的合法性外衣。在过去这些年中,其合法性逐渐增加为多层,从而把当今相当厚重的合法性体制确立为解决国际商事争端的基础。

最初,GATT 成员对第 22 条和第 23 条做了修订。后来,它们在东京回合结束之际通过了《关于通知、磋商、争端解决和监督的谅解及其对 GATT 在争端解决领域的习惯做法的一致规定》来增加其正式性。[7] 随后的确认和 1989 年

305

---

[4] 同上。

[5] 参见 Robert E. Hudec, *The GATT System and World Trade Diplomacy* (2d ed., Butterworth, 1990).

[6] BISD 第 2 册 12 页。

[7] BISD 第 26 册第 210 和 215 页。

《蒙特利尔规则》都发生在 DSU 制定之前。[8] 尽管从积极协商一致转变为消极协商一致并创建上诉机构的决定,并不构成这种合法性层次逐渐变厚的进程的组成部分,但决定采取这些重要的步骤,无疑大大增强了对先前体制抱有的信心。再加上 DSU 的制定,以及其合法性浓墨重彩地增强,最终,一个最为活跃和最为发达的法律体制高高屹立于国际公法的广阔平台之上。

---

[8]　主要可以参见本书第一章第一节第五目。

附录 专家组工作程序

1. 在程序中,专家组应遵循本谅解的有关规定。此外,还应适用下列工作程序。

2. 专家组的会议不公开。争端各方和利害关系方只有在专家组邀请到场时方可出席会议。

3. 专家组的审议和提交专家组的文件应保密。本谅解的任何规定不得妨碍任何争端方向公众披露有关其自身立场的声明。各成员应将另一成员提交专家组或上诉机构、并由该另一成员指定为机密的信息按机密信息对待。如一争端方向专家组提交其书面陈述的保密版本,则应一成员请求,该争端方还应提供一份关于其书面陈述所含信息的可对外公布的非机密摘要。

4. 在专家组与争端各方召开第一次实质性会议之前,争端各方应向专家组提交书面陈述,说明案件的事实和论据。

5. 在与各方召开的第一次实质性会议上,专家组应请起诉方陈述案情。随后,仍在此次会议上,专家组请被诉方陈述其观点。

6. 应当书面邀请所有已通知 DSB 其在争端中有利害关系的第三方,在专家组第一次实质性会议期间专门安排的一场会议上陈述其意见。所有此类第三方可参与该场会议的全过程。

7. 正式辩驳应在专家组第二次实质性会议上做出。被诉方有权首先发言, 随后由起诉方发言。各方应在此次会议之前向专家组提交书面辩驳意见。

8. 专家组可随时向各方提出问题,并请它们在各方出席的会议过程中进行说明,或做出书面说明。

9. 争端各方和依照第 10 条应邀陈述意见的任何第三方,应使专家组和其他争端(各)方可获得其口头陈述的书面版本,且在时间上不得迟于有关口头说明做出之日。

10. 为保持充分的透明度,第 5 款至第 9 款中所指的陈述、辩驳及说明均应在各方在场的情况下做出。而且,每一方的书面陈述,包括对报告描述部分的任何意见和对专家组所提问题的答复,均应使另一方或各方可获得。

11. 为了促进争端解决记录的维持,且使陈述、特别是对争端各方提交的证据的援引具有最大限度的明确性,应当建议争端各方在争端解决的整个过程中按照先后顺序对其证据进行编号。

12. 争端各方应当向秘书处提交有关包含在其书面陈述与口头陈述中的诉讼请求和论据的简明概要(executive summaries)。这些简明概要应当为秘书处所利用,惟一的目的是帮助秘书处起草专家组报告中的简要论据部分,以便促进专家组报告的及时翻译并散发给有关成员。它们无论如何都不应起到代替争端各方陈述的作用。第一次书面陈述和辩驳性书面陈述的概要,分别都不应超过 10 页,而每次在专家组会议上做出的口头陈述的概要不得超过 5 页。第三方得向专家组提供其书面陈述和口头陈述的简明概要,且每一概要都不得超过 5 页。简明概要应在原始陈述和有关口头说明做出 10 天内提交给秘书处。第 17 段应当适用于简明概要的送交。

13. 争端方应当在不迟于其向专家组做出第一次陈述之日提出任何初步裁决的请求。如果是起诉方提出这样一种裁决请求,被诉方应在其第一次陈述中对该项请求做出答复。如果是被诉方提出这样一种裁决请求,起诉方应当在专家组第一次实质性会议召开之前对该项请求做出答复。而第一次实质性会议召开的时间,应当由专家组根据有关请求来决定。只有表明存在正当理由,才可以准予适用此程序的任何例外。

14. 每一争端方都应当在不迟于第一次实质性会议期间,向专家组提交所有事实性证据,但有关为反驳或回答提出的问题所必要的证据除外。只有表明存在正当理由,才可以准予适用此程序的任何例外。另一方应当被给予一段合理的时间来对在第一次实质性会议后提交的新的事实性证据发表评论意见。

15. 争端各方都有权决定其自身的代表团的人员构成。争端各方都应对其代表团所有成员的行为负责,并确保代表团所有成员的行为符合 DSU 的规则和本专家组工作程序的规定,特别是在有关程序的保密性方面。

16. 在中期报告散发之后,争端各方应有两周时间来提交对中期报告的具体方面进行复审的书面请求和与专家组举行进一步会议的请求。请求举行这样一次会议的权利,必须在此段时间内行使。在此之后提交的请求不得被接受。在专家组收到有关复审的书面请求之后,如果与专家组举行进一步会议的请求未被提出,则每一争端方都应有一周的时间来提交针对另一方书面复审请求的书面评论意见。此类评论意见应严格限于对另一方的书面复审请求进行评述。

17. 有关文件送交时,应当适用下列程序:

(1) 每一争端方和第三方都应送交其所有书面陈述,包括其口头说明的书面版本和其对问题的答复,以及直接涉及其他争端方和适当第三方的简明概要,并证实它在向秘书处提出这些陈述之时已经做到了这一点。

（2）争端各方和第三方都应当在专家组所确定的最后期限之日的下午 5 点 30 分之前向秘书处提交其陈述,除非专家组设定不同的时间。

（3）争端各方和第三方应当向秘书处提交其书面陈述的 9 份纸面副本。其中的 7 份应当提交××先生(××办公室)。剩下的两份副本应由秘书处提交专家组。争端各方和第三方口头说明的最终书面版本应当在做出之日后一天的下午 5 点 30 分之前进行提交。

（4）争端各方和第三方应当在它们提交其陈述之时向秘书处提供所有陈述的电子版本,如有可能,有关格式应与秘书处采用的格式保持一致。如果电子版是通过 e-mail 提供的,它应当被发送到 DSRegistry@ wto. org,同时应当转发给××,并……。如果是以软盘的形式提供的,它应当被送交××先生。

309

（5）专家组应当尽力向争端各方提供其描述部分、中期报告和最终报告,以及其他适当文件的电子版。当专家组向争端各方或第三方同时提交文件的纸面版和电子版时,出于争端解决记录之目的,纸面版应当成为正式版本。

参 考 书 目

著 作

Brenner, Saul & Spaeth, Harold j. , *Stare Indecisis: The Alteration of Precedent on the Supreme Court* (Cambridge, 1995).

Brownlie, Ian, *Principles of Public International Law* (4th ed. , Oxford, 1990).

Carter, Barry e. & Trimble, Philip r. , *International Law* (2d ed. , Little Brown, 1994).

Chayes, Abram & Chayes, Antonia Handler, *The New Sovereignty: Compliance with International Regulatory Agreements* (Harvard, 1995).

Croome, John, *Reshaping the World Trading System: A History of the Uruguay Round* (World Trade Organization, 1995).

Dam, Kenneth w. , *The Gatt: Law and International Economic Organization* (Chicago, 1970).

Damrosch, Lori F. , Henkin, Louis, Pugh, Richard, Schacter, Oscar, Schmidt, Hans, *International Law* (2d ed. , West, 2002).

David, Rene, *French Law: Its Structure, Sources, and Methodology* (Michael Kindred, Trans.) (Louisiana State University Press, 1972).

European Commission, *Report on United States Barriers to Trade and Investment* (2002).

Evans, Malcolm (ed), *Remedies in International Law: the Institutional Dilemma* (Hart, 1998).

Fitzmaurice, Gerald, *The Law and Procedure of the International Court of Justice* (Cambridge, 1986).

Franck, Thomas, *Fairness in International Law and Institutions* (Clarendon Press, 1995).

Gardner, Richard n. , *Sterling-Dollar Diplomacy in Current Perspective: The Origins and Prospects of Our International Economic Order* (Columbia Univ. Press ed. , 1980).

Gaskin, Richard h. , *Burdens of Proof in Modern Discourse* (Yale, 1992).

Gray, Christine, *Judicial Remedies in International Law* (Oxford, 1990).

Hart, H. L. A. , *The Concept of Law* (2d ed. , Oxford, 1994).

Higgins, Rosalyn, *Problems & Process: International Law and How We Use It* (Oxford, 1994).

Hoekman, Bernard & Kostecki, Michael, *The Political Economy of the World Trading System: From Gatt to the WTO* (Oxford, 1995).

Hudec, Robert e. , *Enforcing International Trade Law: The Evolution of the Modern GATT Legal System* (Butterworth, 1993).

Hudec, Robert e. , *The GATT Legal System and World Trade Diplomacy* (2d ed. , Butterworth, 1990).

Hudec, Robert e. , *GATT and the Developing Countries* (Trade Policy Research Centre, 1988).

International Law Commission, *Report* (United Nations, 2000).

Jackson, John H. , *The World Trading System* (2d ed. , Mit Press, 1997).

Jackson, John H. , *World Trade and the Law of GATT* (Bobbs-Merrill, 1969).

Kazazi, Mojtaba, *Burden of Proof and Related Issues: A Study on Evidence before International Tribunals* (Kluwer, 1996).

Long, Oliver, *Law and Its Limitations in the GATT Multilateral Trade System* (Martinus Nijhoff, 1985).

Maccormick, Neil, *Legal Reasoning and Legal Theory* (Oxford, 1978).

Matsushita, Mitsuo, 5 *Selected GATT/WTO Panel Reports: Summaries and Commentaries* (Fair Trade Center, Tokyo, 1999).

Messerlin, *Patrick, La Nouvelle OMC* (Dunod, 1995).

Montaigne, Michel De, *The Complete Essays of Montaigne* (Donald M. Frame, ed) (Stanford, 1965).

Oppenheim, Lassa, *International Law* (Jennings & Watts, eds) (9th ed. , Longman, 1992).

Paemen, Hugo & Bensch, Alexandra, *From the GATT to the WTO: The European Community in the Uruguay Round* (Leuven University Press, 1995).

Preeg, Ernest h. , *Traders in a Brave New World: the Uruguay Round and the Future of the International Trading System* (Chicago, 1995).

Rosenne, Shabtai, *The World Court* (5th ed. , Martinus Nijhoff, 1995).

Sands, Phillipe, *Principles of International Environmental Law* (Manchester Univ. Press, 1995).

Schott, Jeffrey j. , *The Uruguay Round: An Assessment* (Institute for International Economics, 1994).

Shahabuddeen, Mohamed, *Precedent in the World Court* (Grotius, Cambridge, 1996).

Shaw, Malcolm N. , *International Law* (Grotius, Cambridge, 1991).

Walker, David M. , *The Scottish Legal System* (w. Green & Son, 1981).

World Trade Organization, *Analytical Index, Guide to GATT Law and Practice* (1995).

专　　论

Bilder, Richard B. , The Fact/Law Distinction in International Adjudication, in Richard Lillich (ed) *Fact-Finding before International Tribunals* 95 (Transnational, 1991).

Charnovitz, Steve, Should the Teeth Be Pulled? An Analysis of WTO Sanctions, in Kennedy & Southwick (Eds) *The Political Economy of International Trade Law: Essays in Honor of Robert E. Hudec* 602 (Cambridge, 2002).

Davey, William J. , A Permanent Panel Body for WTO Dispute Settlement: Desirable Or Practical?

in Kennedy & Southwick (eds) *The Political Economy of International Trade Law*: *Essays in Honor of Robert E. Hudec* 496 (Cambridge, 2002).

Davey, William J. , WTO Dispute Settlement: Segregating the Useful Political Aspects and Avoiding "Over-Legalization," in Marco Bronckers & Reinhard *Quick (Eds) New Directions in International Economic Law*: *Essays in Honor of John H. Jackson* 291 (Kluwer, 2000).

Horlick, Gary N. , Problems With the Compliance Structure of the WTO Dispute Resolution Process, in Kennedy & Southwick (Eds) *The Political Economy of International Trade Law*: *Essays in Honor of Robert E. Hudec* 636 (Cambridge, 2002).

Hudec, Robert E. , Broadening the Scope of Remedies in WTO Dispute Settlement, in Friedl Weiss (Ed) *Improving WTO Dispute Settlement Proce Dures*: *Issues & Lessons from the Practice of Other International Courts & Tribunals* 369 (Cameron May, 2000).

Hudec, Robert e. , The Role of the GATT Secretariat in the Evolution of the WTO Dispute Settlement Procedure, in Jagdish Bhagwati & Mathias Hirsch (eds) *The Uruguay Round and Beyond*: *Essays in Honour of Arthur Dunkel* 101 (Springer—Verlag, 1998).

Jansen, Bernhard, Scope of Jurisdiction in GATT/WTO Dispute Settlement: Consulrations and Panel Requests, in Friedl Weiss (Ed) *Improving WTO Dispute Settlement Procedures*: *Issues and Lessons from the Practice of Other International Courts and Tribunals* 45 (Cameron May, 2001).

Lafer, Celso, *The World Trade Organization Dispute Settlement System* (1996 Gilberto Amado Memorial Lecture, United Nations, 1996).

Mattoo, Aaditya & Mavroidis, Petros C. , Trade Environment and the WTO: How Real is the Conflict?, in Ernst-Ulrich Petersmann (Ed) *International Trade Law and the GATT/WTO Dispute Settlement System* (Kluwer, 1997).

Mavroidis, Petros C. , Proposal for Reform of Article 22 of the Dsu: Reconsidering the Sequencing Issue and Suspension of Concessions, in E. U. Petersmann (Ed) *Preparing for the Doha Development Round* 81 (European University Institute, Florence, 2002).

Mavroidis, Petros C. , Amicus Curiae Briefs before the WTO: Much Ado About Nothing, in Armin von Bogdandy, Petros C. Mavroidis and Yves Meny (Eds) *European Integration and International Co-ordination*: *Studies in Transnational Economic Law in Honour of Claus-Dieter Ehlermann* (Kluwer, Leiden, 2002).

Palmeter, David & Alexandrov, Stanimir a. , "Inducing Compliance" in WTO Dispute Settlement, in Kennedy & Southwick (eds) *The Political Economy of International Trade Law*: *Essays in Honor of Robert E. Hudec* 646 (Cambridge, 2002).

Porges, Amelia, Step by Step to an International Trade Court, in Kennedy & Southwick (Eds) *The Political Economy of International Trade Law*: *Essays in Honor of Robert E. Hudec* 496 (Cambridge, 2002).

Shaw, Malcolm N. , A Practical Look at the International Court of Justice, in Malcolm Evans (Ed) *Remedies in International Law*: *The Institutional Dilemma* 13 (Hart Publishing, Oxford, 1998).

论　　文

Alexandrov, Stanimir a. , Non-Appearance before the International Court of Justice, 33 *Columbia Journal of Transnational Law* 41 (1995).

Anderson, Kyml, Peculiarities of Retaliation in WTO Dispute Settlement, 1 *World Trade Review* 123 (No. 2, July 2002).

Bartels, Lorand, Applicable Law in WTO Dispute Settlement Proceedings, 35 *Jou Rnal of World Trade* 499 (No. 3, June 2001).

Bourgeois, Jacques H. J. , Comment on a WTO Permanent Panel Body, 6 *Journal of International Economic Law* 211 (No. 1, Narch 2003).

Carmody, Chi, Remedies and Conformity under the WTO Agreement, 5 *Journal of International Economic Law* 307 (No. 2, June 2002).

Cartland, Michael, Comment on a WTO Permanent Panel Body, 6 *Journal of International Economic Law* 211 (No. 1, March 2003).

Chang, Seung Wha, Comment on a WTO Permanent Panel Body, 6 *Journal of International Economic Law* 211 (No. 1, March 2003).

Charnovitz, Steve, The WTO's Problematic "Last Resort" Against Noncompliance, *Aussenwirtschaft* 57 (2002).

Cottier, Thomas, The WTO Permanent Panel Body, 6 *Journal of International Economic Law* 187 (No. 1, March 2003).

Croley, Steven P. & Jackson, John H. , WTO Dispute Procedures, Standard of Review, and Deference to National Governments, 90 *American Journal of International Law* 193 (April 1996).

Davey, William J. , The Case for a Permanent Panel Body, 6 *Journal of International Economic Law* 177 (No. 1, March 2003).

Davey, William J. , Dispute Settlement in GATT, 11 *Fordham International Law Journal* 51 (1987).

Ehlermann, Claus-dieter, Six Years on the Bench of the "World Trade Court"— Some Personal Experiences as a Member of the Appellate Body of the World Trade Organization, 36 *Journal of World Trade* 605 (No. 4, August 2002).

Grané Patricio, Remedies under WTO Law, 4 *Journal of International Economic Law* 755 (No. 4, December 2001).

Howse, Robert, Trade, Environment and the Role of NGOs, 4 *Journal of World Intellectual Property* 277 (No. 4, March 2001).

Lacarte, Julio, Comment on a WTO Permanent Panel Body, 6 *Journal of International Economic Law* 211 (No. 1, March 2003).

Lennard, Michael, Navigating by the Stars: Interpreting the WTO Agreements, 5 *Journal of Inter-*

national Economic Law 17 (March 2002).

Long, Russell, United States Law and the International Antidumping Code, 5 *International Lawyer* 464 (1969).

Lugard, Maurits, Scope of Appellate Review: Objective Assessment of the Facts and Issues of Law, 1, *Journal of International Economic Law* 323 (1998).

Marceau, Gabrielle, A Call for Coherence in International Law: Praises for the Prohibition Against "Clinical Isolation" in WTO Dispute Settlement, 33 *Journal of World Trade* 87 (No. 5, October 1999).

Martha, Rutsel Silvestre J., Presumptions and Burden of Proof in World Trade Law, 14 *Journal of International Arbitration* 67 (No. 1, March 1997).

Martha, Rutsel Silvestre J., World Trade Dispute Settlement and the Exhaustion of Local Remedies Rule, 30 *Journal of World Trade* 107 (No. 4, August 1996).

Mavroidis, Petros C., Remedies in the WTO Legal System: Between a Rock and a Hard Place, 11 *European Journal of International Law* 763 (No. 4, December 2000).

Mavroidis, Petros C., Government Procurement Agreement: The Trondheim Case, 49 *Aussenwirtschaft* 77 (1993).

McGivern, Brendan P., Seeking Compliance with WTO Rulings: Theory, Practice, and Alternatives, 36 *International Lawyer* 141 (No. 1, Spring 2002).

Meagher, Niall P., The Sound of Silence: Giving Meaning to Omissions in Provisions of the WTO Agreements, 37 *Journal of World Trade* 417(No. 2, April 2003).

Monnier, Pierre, The Time to Comply With an Adverse WTO Ruling, 35 *Journal of World Trade* 825 (No. 5, October 2001).

Palmeter, David, the WTO as a Legal System, 24 *Fordham International Law Journal* 444 (November—December 2000).

Palmeter, David, The WTO Appellate Body Needs Remand Authority?, 32 *Journal of World Trade* 51 (No. 1, February 1998).

Palmeter, David, The WTO Appellate Body's First Decision, 9 *Leiden Journal of International Law* 337 (1996).

Palmeter, David, Section 337 and the WTO Agreements: Still in Violation?, 20 *World Competition* *No.* 1 (September 1996).

Palmeter, David, A Commentary on the WTO Anti-Dumping Code, 30 *Journal of World Trade* 43 (No. 4, August 1996).

Pauwelyn, Joost, The Role of Public International Law in the WTO: How Far Can We Go?, 95 *American Journal of International Law* 535 (April 2001).

Pauwelyn, Joost, Enforcement and Countermeasures in the WTO: Rules Are Rules—Toward a More Collective Approach, 94 *American Journal of International Law* 535 (April 2000).

Pauwelyn, Joost, Evidence, Proof and Persuasion in WTO Dispute Settlement, 1 *Journal of International Economic Law* 227 (1998).

Petersrnann, Ernst-Ulrich, The Dispute Settlement of the World Trade Organization and the Evolution of the GATT Dispute Settlement System Since 1948, 31 *Common Market Law Review* 1157 (1994).

Petersmann, Ernst-Ulrich, Dispute Settlement Proceedings in the Field of Antidumping Law, 28 *Common Market Law Review* 69 (1991).

Quick, Reinhard, Trade, Environment and the Role of NGOs, 4 *Journal of World Intellectual Property* 281 (No. 4, March 2001).

Roess]er, Frieder, Comment on a WTO Permanent Panel Body, 6 *Journal of International Economic Law* 211 (No. 1, March 2003).

Shoyer, Andrew W., Panel Selection in WTO Proceedings, 6 *Journal of International Economic Law* 203 (No. 1, March 2003).

Thomas, J. C., The Need for Due Orocess in WTO Proceedings, 31 *Journal of World Trade* 45 (No. 1, February 1997).

Trachtman, Joel P., The Domain of WTO Dispute Settlement, 40 *Harvard International Law Journal* 333 (Spring, i999).

Valles, Cherise M. & McGivern, Brendan P., The Right to Retaliate Under the WTO Agreement: The "sequencing" Problem, 34 *Journal of World Trade* 63 (No. 2, 2000).

Wasescha, Luzius, Comment on a WTO Permanent Panel Body, 6 *Journal of International Economic Law* 211 (No. 1, March 2003).

Weiler, H. H. H., The Rule of Lawyers and the Ethos of Diplomats: Reflections on the Internal and External Legitimacy of WTO Dispute Settlement, 35 *Journal of World Trade* 191 (No. 2, April 2001).

Zonnekeyn, Geert a., The Appellate Body's Communication on Amicus Curiae Briefs in the Asbestos Case, 35 *Journal of World Trade* 553 (No. 3, June 2001).

索 引

（索引中页码为原版书页码，即本书边码）